普通高等教育新工科智能制造工程系列教材

机械工程创新人才培养系列教材

智能决策技术及应用

刘丽兰　高增桂　蔡红霞　编著

机械工业出版社

智能决策是指决策的自动化，是新时代专家系统的升级，从基于规则到机器学习再到智能自主学习。不仅是决策的自动化，还是整个管理决策过程的智能自主，包括方案选择的自动化以及效果跟踪、评估与反馈。全书分为 3 篇，共 10 章：第 1 章绪论、第 2 章制造数据感知基础与原理、第 3 章制造数据分析基础与原理、第 4 章统计推理、第 5 章生物进化与群智能、第 6 章人工神经网络、第 7 章智能决策综合评价、第 8 章设备级决策、第 9 章产线级决策、第 10 章系统级决策。本书可作为大学高年级和研究生的"智能决策""智能制造"等课程的教材，对从事智能制造、智能决策、工业互联网、工业软件、智能机器人等领域的研究人员也具有重要的参考价值。

图书在版编目（CIP）数据

智能决策技术及应用/刘丽兰，高增桂，蔡红霞编著. —北京：机械工业出版社，2022.7

普通高等教育新工科智能制造工程系列教材

ISBN 978-7-111-70720-2

Ⅰ.①智… Ⅱ.①刘… ②高… ③蔡… Ⅲ.①智能决策-决策支持系统-高等学校-教材 Ⅳ.①C934

中国版本图书馆 CIP 数据核字（2022）第 078031 号

机械工业出版社（北京市百万庄大街 22 号 邮政编码 100037）

策划编辑：丁昕祯　　　　　责任编辑：丁昕祯
责任校对：陈　越　贾立萍　封面设计：王　旭
责任印制：任维东
北京玥实印刷有限公司印刷
2022 年 12 月第 1 版第 1 次印刷
184mm×260mm · 21.75 印张 · 529 千字
标准书号：ISBN 978-7-111-70720-2
定价：69.00 元

电话服务　　　　　　　　　　网络服务
客服电话：010-88361066　　　机 工 官 网：www.cmpbook.com
　　　　　010-88379833　　　机 工 官 博：weibo.com/cmp1952
　　　　　010-68326294　　　金 书 网：www.golden-book.com
封底无防伪标均为盗版　　　机工教育服务网：www.cmpedu.com

我国制造业正处在由数字化向智能化转型的关键阶段。传感、工业互联网、大数据、云计算等技术迅速发展，多源异构工业大数据驱动人工智能与工业化加速融合，使得制造业企业智能化转型成为现实，同时也给企业治理和决策带来新的挑战。

决策作为管理活动的基础，是企业经营中最重要的组成部分。诺贝尔奖获得者、人工智能奠基人之一的赫伯特·西蒙有一句名言："管理就是决策。"众多制造企业在探路智能化转型时，大多是寻求开箱即用的商业化解决方案，以实现企业内部极为复杂的管理、供应链、财务等流程的整合，比如信息化系统、机器视觉、语音助手等，这些方案技术成熟、应用广泛，但优化信息处理流程提升的效率很难帮助制造企业大幅提升实际经营能力和价值。

智能决策是从业务数据中发现规律，进而做出更精准、高效的管理方案，优化决策的准确性、及时性和科学性，帮助企业在同等资源条件下做出更好的选择，实现智能制造"感知-决策-执行"的闭环链路。决策类人工智能目前已成为人工智能发展的核心驱动力，占据人工智能的中心地位。

教育部在 2017 年设置智能制造工程专业，上海大学是首批设置该专业的 4 所高校之一。该专业要求学生具有扎实的数学和物理基础，同时专业内容涵盖"数据感知-特征分析-智能决策-任务执行"完整的知识结构，其中智能决策是该专业核心基础课程之一。

本书是供智能制造专业本科生、研究生乃至教师学习的难得教材，其智能决策体系完整，知识由浅入深，章节安排由理论、算法到应用案例，教学中可以采用项目式教学方法，方便业内相关人士参考与借鉴，值得推荐。

中国工程院院士

浙江大学教授 谭建荣

2021 年 9 月

前 言

当前，我国经济发展已由高速增长阶段转向高质量发展阶段，处在转变发展方式、优化经济结构、转换增长动力的攻关期，创新驱动发展、推进供给侧结构性改革是实现高质量发展的迫切要求和战略任务。制造业是实体经济的主体，是技术创新的主战场，是供给侧结构性改革的主要领域。实现高质量发展，必须要加快推动制造业实现质量效益提高、产业结构优化、发展方式转变、增长动力转换。

当前，我国要继续做好信息化和工业化深度融合这篇大文章，推进智能制造，推动制造业加速向数字化、网络化、智能化发展。必须坚持质量第一、效益优先，以供给侧结构性改革为主线，推动经济发展质量变革、动力变革，提高全要素生产率，着力加快建设实体经济、科技创新、现代金融、人力资源协同发展的产业体系；加快发展先进制造业，推动互联网、大数据、人工智能和实体经济深度融合，促进我国产业迈向全球价值链中高端。我国将智能制造确定为国家经济发展新动能的重要发展方向，《中国制造2025》从国家层面确定了我国建设制造强国的总体战略，明确提出：要以创新驱动发展为主题，以新一代信息技术与制造业深度融合为主线，以推进智能制造为主攻方向，实现制造业由大变强的历史跨越。

制造业生产过程智能化的本质是智能感知、优化控制和决策。知识型工作者具有感知、认知和决策的能力，因此使系统具有一定的面向生产过程的感知、认知和决策能力是实现生产过程智能化的根本挑战。阿里巴巴集团副总裁、阿里研究院院长高红冰认为，智能制造的意义就在于如何以数据的自动流动化解不确定性，让正确的数据，在正确的时间、以正确的方式，自动传递给正确的人和机器，以实现资源配置效率的优化。因此，制造业生产智能化亟须改变对人工方式的依赖，实现生产过程智能化。其实质是以人工智能技术驱动实现生产过程优化，关键是围绕多目标、多环节的生产全流程决策要素，建立一种集智能感知、知识发现和分析、智能关联、判断和自主决策于一体的人工智能驱动的生产优化决策系统。智能制造已成为提升制造业整体竞争力的核心高技术，新一代人工智能技术与先进控制技术深度融合，将重构制造流程的各个环节，形成从技术模式到价值链的新一代智能制造体系，助力流程制造业优化升级。借助人工智能技术，建立具有智能感知、智能控制、智能协同、智能优化决策的智能制造系统，实现制造业生产过程的智能化。

将新一代人工智能方法和技术与具体工业生产过程相结合，推进智能制造、绿色制造和高端制造，实现智能感知、智能建模、智能控制、智能优化与智能安环等技术在制造业中的应用，解决工业制造过程中面临的供应链、计划、调度、工艺运行指标以及控制系统设定值等优化决策问题，是促使我国由"全球制造大国"向"全球智造强国"转变的必由之路，对制造业提质增效、转型发展和优化升级具有重大意义。

本书系统地介绍了智能决策的概念和方法，吸收了智能制造、人工智能、运筹学、数据科学、管理科学等方面的研究成果，综合探索智能制造过程科学决策的性质和规律。

全书分为三篇，共 10 章：第 1 章绪论、第 2 章制造数据感知基础与原理、第 3 章制造数据分析基础与原理、第 4 章统计推理、第 5 章生物进化与群智能、第 6 章人工神经网络、第 7 章智能决策综合评价、第 8 章设备级决策、第 9 章产线级决策、第 10 章系统级决策。

本书可作为大学高年级和研究生的"智能决策""智能制造"等课程的教材，对从事智能制造、智能决策、工业互联网、工业软件、智能机器人等领域的研究人员也具有重要的参考价值。

智能决策是处于研究发展中的前沿交叉学科，许多概念和理论尚待探讨，加之编者水平有限，撰写时间仓促，因此书中难免存在错误或不妥之处，恳请读者指正。

刘丽兰

2022 年 3 月

目录
CONTENTS

第二篇 智能决策方法

第三篇　智能决策应用

1.1 智能制造技术概述

从第一件石器工具诞生起，人类社会就和制造紧密联系在一起。从手工制作到机械化，从机械化到电气化、自动化，直至如今的网络化、智能化，制造对象经历了从单件、批量化再到个性化定制的升级。现在人类已经进入到工业 4.0 阶段。如图 1-1 所示，第一次工业革命人类发明了蒸汽机，开启了机械化；随之开启了机械制造，推动了工业革命。18 世纪的制造基本处于机械制造阶段，有了各种机械化的装备。第二次工业革命是 20 世纪 20 年代初，人类发明了电，开启了电气化时代，人们通过电动机带动生产制造。这个时期制造业已经进入到一个大规模的生产阶段——批量化。随着 20 世纪中叶计算机发明后，在数字化驱动下，并延续至今，工业已经进入到了自动化的生产，其设备有机器、数控和机器人，即进入了一个数字化、智能化和机器人化的时代。

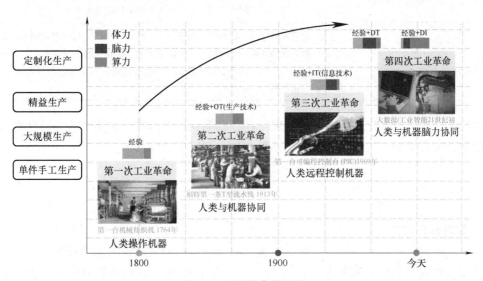

图 1-1　工业革命的历程

当今时代，信息技术与工业化呈加速融合趋势，世界发达国家纷纷提出相应的智能制造发展规划和战略布局，世界各主要国家的智能制造战略见表 1-1。美国提出互联网络制造强

2

国，未来用互联网打造制造业，通过对大数据进行智能分析和管理，提升传统制造。德国是一个全球制造业大国，为了提振其强大的制造业，2013 年提出了工业 4.0，主要体现在如何将嵌入式系统和信息技术切入到装备制造中，提升制造水平。日本早在 1989 年就提出了发展智能制造系统，并在 1990 年 4 月倡导发起了"智能制造系统 IMS"国际合作研究计划。目前，我国是制造大国，还不是制造强国。为了使制造大国向制造强国转型，加快制造业转型，要以新一代的新型技术与制造业进行深度融合为主线，以智能制造为主攻方向，发展智能制造。

表 1-1   世界各主要国家的智能制造战略

国家	战略名称	智能制造战略内容
美国	美国先进制造业国家战略计划	执行新技术政策，大力支持关键重大技术，包括信息技术和新的制造工艺，智能制造自然包括在其中；美国政府希望借此改造传统制造业，并启动新制造业
日本	日本制造业白皮书	提出智能制造系统，启动先进制造国际合作研究项目，包括企业集成和全球制造、制造知识体系、分布智能系统控制、分布智能系统技术等
英国	英国制造业 2050	推进服务+再制造（以生产为中心的价值链）；致力于更快速、更敏锐地响应用户需求；把握新的市场机遇，坚持可持续发展，加大力度培养高素质人才
德国	德国工业 4.0 战略实施建议	建设一个网络——信息物理系统网络；研究两大主题——智能工厂和智能生产；实现三项集成——横向集成、纵向集成、端对端集成；实施八项保障计划
法国	新工业法国战略	解决能源、数字革命和经济生活三大问题，确定 34 个优先发展的工业项目；通过信息网络与物理生产系统来改变当前的工业生产和服务
中国	中国制造 2025	紧密围绕重点制造领域关键环节，开展新一代信息技术与制造装备融合的集成创新和过程应用；依托优势企业，紧扣关键工序智能化、关键岗位机器人替代、生产过程智能化、供应链优化，建设重点领域智能工厂/数字化车间

智能制造代表未来先进制造业的发展方向，已受到广泛重视，多国政府均将此列入国家发展计划，大力推动实施。不过目前总体处于概念和试验阶段。

1.1.1   智能制造的概念与内涵

1. 智能制造定义

尽管智能制造作为一个热门的概念已为大家所熟知，但对其定义和内涵仍未形成一致意见。赖特（P. K. Wright）和伯恩（D. A. Bourne）在 1998 年出版的智能制造研究领域首部专著《智能制造》（Manufacturing Intelligence）中指出，通过集成知识工程、制造软件系统和机器人控制来对制造技工们的技能和专家知识进行建模，以使智能机器可自主地进行小批量生产。我国工业和信息化部印发的《2015 年智能制造试点示范专项行动实施方案》中对智能制造给出了定义，指出"智能制造是基于新一代信息技术，贯穿设计、生产、管理、服务等制造活动各个环节，具有信息深度自感知、智慧优化自决策、精准控制自执行等功能的先进制造过程、系统与模式的总称"。

智能制造的概念包含过程、系统、模式三个层次，以"信息深度自感知、智慧优化自决策、精准控制自执行"为功能特征，通过网络互联打通端到端数据流，从关键制造环节和工厂两个层面实现智能化，从而在绿色发展的基础上，从速度、质量、成本三个方面提升制造业核心竞争力。由于这种制造模式突出了知识在制造活动中的价值地位，而知识经济又是继工业经济后的主体经济形式，所以智能制造就成为影响未来经济发展过程的制造业的重要生产模式。

2. 智能制造的内涵

智能制造是人工智能在制造领域的具体应用，其发展是制造业发展需求和人工智能技术共同推动的结果。

从制造业发展需求的角度看，现代工业产品性能大幅提升，功能越发多样，结构更加复杂精细，市场竞争日趋激烈，其背后所需要的设计和工艺的工作量猛增，造成企业生产线和生产设备内部的信息流量增加，制造过程和管理工作的信息量暴涨。这种情况下，制造系统由原先的能量驱动型加速转变为信息驱动型，提高制造系统对爆炸性增长的制造信息处理的能力、效率及规模，成为制造业技术发展的首要需求，制造系统必须具备一定的智能性，才能应对大量复杂的信息工作。

从人工智能技术发展的角度看，20世纪60年代以来，计算机技术以及以深度学习为代表的模拟人类神经网络的算法技术的发展，促使人工智能技术有了长足的进步，已经在模式识别、自动工程、知识工程等领域获得了实际应用，这为其在工业制造领域与传统技术的融合，奠定了发展的基础。

3. 智能制造的三个范式

智能制造作为制造技术和信息技术深度融合的产物，相关范式的诞生和演变发展与数字化、网络化、智能化的特征紧密联系，这些范式从其诞生之初就具有数字化特征，计算机集成制造、网络化制造、云制造和智能化制造等网络化特征，而未来融入新一代人工智能的智能化制造则具有智能化特征。

根据智能制造数字化、网络化、智能化的基本技术特征，智能制造可总结归纳为三种基本范式，如图1-2所示。即数字化制造——第一代智能制造，数字化网络化制造——互联网+制造或第二代智能制造，新一代智能制造——数字化、网络化、智能化制造。

（1）数字化制造　主要特征表现为：①产品方面，数字技术在产品中得到广泛应用，形成以数控机床等为代表的"数字一代"产品。②制造方面，大量应用数字

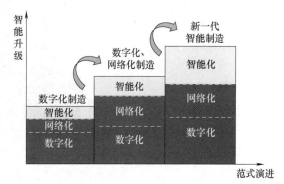

图1-2　智能制造的范式

化装备、数字化设计、数字化建模与仿真，采用信息化管理。③集成和优化运行成为生产过程的突出特点。

（2）数字化、网络化制造　主要特征表现为：①在产品方面，在数字技术应用的基础上，网络技术得到普遍应用，成为网络连接的产品，设计、研发等环节实现协同与共享。②在制造方面，在实现厂内集成基础上，进一步实现制造的供应链、价值链集成和端到端集成，制造系统的数据流、信息流实现连通。③在服务方面，设计、制造、物流、销售与维护等产品全生命周期，以及用户、企业等主体通过网络平台实现连接和交互，制造模式从以产品为中心走向以用户为中心。

（3）新一代智能制造　主要特征表现为：具备了学习的能力，具备了生成知识和更好地运用知识的能力，实现了质的飞跃。新一代智能制造将为制造业的设计、制造、服务等环节及其集成带来根本性的变革，新技术、新产品、新业态、新模式层出不穷，将深刻影响和改变社会的产品形态、生产方式、服务模式乃至人类的生活方式和思维模式，极大地推动社会生产力的发展。新一代智能制造将给制造业带来革命性的变化，成为制造业未来发展的核心驱动力。

1.1.2　智能制造架构与技术体系

1. 智能制造的架构

智能制造涵盖了产品、制造、服务全生命周期，是一个大概念智能制造总体架构（也称作智能制造系统架构，或智能制造系统参考架构），是对智能制造活动各相关要素及要素间关系的一种映射，是对智能制造活动的抽象化、模型化认识。

从微观层面看，构建智能制造总体架构是为智能制造实践提供构建、开发、集成和运行的框架；从中观层面看，是为企业实施智能制造提供技术路线指导；从宏观层面看，是为国家制定和推进制造业智能转型提供顶层设计模型，推动智能制造标准化建设。

中国工程院从价值维、技术维和组织维三个维度，提出了中国智能制造总体架构，如图1-3所示。

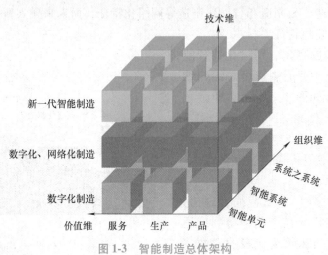

图1-3　智能制造总体架构

（1）技术维　以两化融合为主线的技术进化维度。智能制造从技术进化的维度可以分为三个范式：数字化制造，数字化、网络化制造，新一代智能制造（图1-3）。这三个范式之间的演进是互相关联，迭代升级的。

（2）价值维 以制造为主体的价值实现维度。智能制造主要由智能产品、智能生产及智能服务构成。其中，智能产品是主体，智能生产是主线，以智能服务为中心的产业模式变革是主题。智能制造的价值实现主要体现在产品、生产、服务三个方面。

（3）组织维 以人为本的组织系统维度。智能制造是一个大系统，内部和外部均呈现出前所未有的系统"大集成"特征，从组织维度看，智能制造主要体现在智能单元、智能系统、系统之系统三个层面。

2. 智能制造技术体系

参考德国工业 4.0 的思路，智能制造体系主要有三个特征：①通过价值链及网络实现企业之间横向的集成；②贯穿整个价值链端到端数字化集成；③企业内部灵活可重构的网络化制造体系的纵向集成。该体系的核心是实现资源、信息，物体和人之间的互联，产品要与机器互联，机器与机器之间、机器与人之间、机器与产品之间互联。依托传感器和互联网技术实现互联互通智能制造的核心是智能建设，实现单机智能设备互联不同设备的单机和设备，形成生产线，不同的智能生产线组合成智能车间，不同的智能车间组成智能工厂，不同地域、行业和企业的智能互联形成一个制造能力无所不在的智能制造系统。这个制造系统是广泛的系统，智能设备、智能生产线、智能车间及智能工厂自由动态的组合，满足变化的制造需求。

显然，智能制造系统是一种基于泛在网络及组合的智能制造网络化服务系统，它集成了人、机、物、环境、信息，并为智能制造和随需应变服务在任何时间和任何地点提供资源和能力。它是基于"互联网（云）加上用于智能制造的资源和能力"的网络化智能制造系统，集成了人、机器和商品。典型的智能制造技术体系框图如图 1-4 所示。

1）最底层是支撑智能制造、亟待解决的通用标准与技术。

2）第二个层次是智能制造装备。这一层的重点不在于装备本体，而更应强调装备的系统数据格式与接口。

3）第三个层次是智能工厂、车间。划分为工业控制和工业经营管理两部分。工业控制包括 DCS、PLC、FCS 和 SCADA 系统等工控系统，在各种工业通信协议、设备行规和应用行规的基础上，实现设备及系统的兼容与集成。工业经营管理在 MES 和 ERP 的基础上，将各种数据和资源融入全生命周期管理，同时实现节能与工艺优化。

4）第四个层次实现制造新模式。通过云计算、大数据和电子商务等互联网技术，实现离散型智能制造、流程型智能制造、个性化定制、网络协同制造与远程运维服务等制造新模式。

5）第五个层次是上述层次技术内容在典型离散制造业和流程工业的实现与应用。

3. 智能制造系统

《国家智能制造标准体系建设指南》重点研究了智能制造在两个领域的幅度与界定：一方面是基于装备的硬件智能制造，即智能制造技术；另一方面，是基于管理系统的软件智能制造管理系统，即智能制造系统。

智能制造系统（Intelligent Manufacturing System，IMS）是一种由智能机器和人类专家共同组成的人机一体化系统。智能制造系统是智能技术集成应用的环境，也是智能制造模式展现的载体，核心是大规模信息处理、识别、分析、决策等工业软件技术的研发和应用。

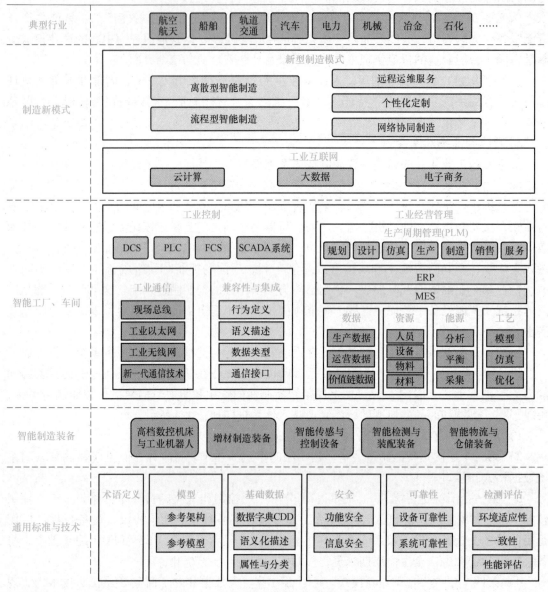

图 1-4　智能制造技术体系

IMS 由智能制造模式、智能生产和智能产品组成,其中智能产品可在产品生产和使用中展现出自我感知、诊断、适应和决策等一系列智能特征,且其实现了产品的主动配合制造;智能生产是组成智能制造系统最为核心的内容,是指产品设计、制造工艺和生产的智能化;智能制造是指通过将智能技术和管理方法引入制造车间,以优化生产资源配置、优化调度生产任务与物流、精细化管理生产过程和实现智慧决策。

新的智能制造研究背景,更多地强调大数据对智能制造带来的新应用与智能制造本身的智能化,基于产品、系统和装备的统一智能化水平有机结合,最终形成基于数据应用的全过程价值链的智能化集成系统。

从系统层级方面看，完整的智能制造系统主要包括五个层级，如图1-5所示。包括设备层、控制层、车间层、企业层和协同层。在系统实施过程中，目前大部分工厂主要解决了产品、工艺、管理的信息化问题，很少触及制造现场的数字化、智能化，特别是生产现场设备检测装置等硬件的数字化交互和数据共享。智能制造可以从五个方面认识和理解，即产品的智能化、装备的智能化、生产的智能化、管理的智能化和服务的智能化，要求装备、产品之间，装备和人之间，以及企业、产品、用户之间全流程、全方位、实时的互联互通，能够实现数据信息的实时识别、及时处理和准确交换的功能。其中实现设备、产品和人相互间的互联互通是智能工厂的主要功能，智能设备和产品的互联互通、生产全过程的数据采集与处理、监控数据利用、信息分析系统建设等都将是智能工厂建设的重要基础，智能仪器及新的智能检测技术主要集中在产品的智能化、装备的智能化、生产的智能化等方面。处在设备层、控制层和车间层中，其控制层级与设备层级涉及大量测量仪器、数据采集等方面的需求，尤其在进行车间内状态感知、智能决策的过程中，更需要实时、有效的检测设备作为辅助，所以智能检测技术是智能制造系统中不可缺少的关键技术，可以为上层的车间管理、企业管理与协同层级提供数据基础。

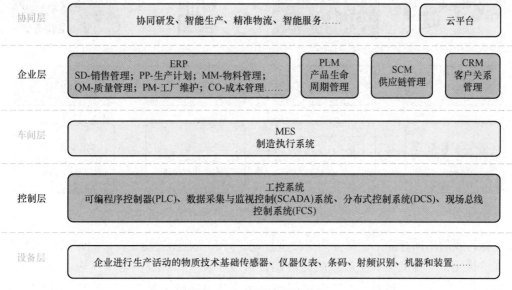

图1-5 智能制造系统架构

浙江大学教授，中国工程院谭建荣院士提出智能制造系统具有如下五个主要特征：

（1）智能感知 智能制造系统中的制造装备具有对自身状态与环境的感知能力，通过对自身工况的实时感知分析，支撑智能分析和决策。

（2）智能决策 智能制造系统具有基于感知搜集信息进行分析判断和决策的能力，强大的知识库是智能决策能力的重要支持。

（3）智能学习 智能制造系统能基于制造运行数据或用户使用数据进行数据分析与挖掘，通过学习不断完善知识库。

（4）智能诊断 智能制造系统能基于对运行数据的实时监控，自动进行故障诊断和预测，进而实现故障的智能排除与修复。

（5）智能优化　智能制造系统能根据感知信息自适应地调整组织结构和运行模式，使系统性能和效率始终处于最优状态。

4. 智能工厂

智能制造是一种全新的智能能力和制造模式，核心在于实现机器智能和人类智能的协同，实现生产过程中自感知、自适应、自诊断、自决策、自修复等功能。从结构方面，智能工厂内部灵活可重组网络制造系统的纵向集成，将不同层面的自动化设备与系统集成在一起。

智能生产是新一代智能制造系统的主线。智能工厂是智能生产的主要载体。智能工厂在工业界和学术界得到了巨大的发展和深入探索。智能工厂的基本特征是将柔性自动化技术、物联网技术、人工智能和大数据技术等全面应用于产品设计、工艺设计、生产制造、工厂运营等阶段，其核心任务流程如图1-6所示。发展智能工厂有助于满足客户的个性化需求、优化生产过程、提升制造智能、促进工厂管理模式的改变。

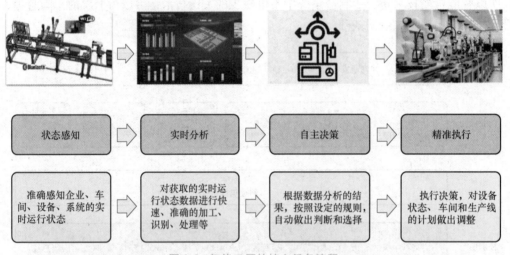

图1-6　智能工厂的核心任务流程

根据行业的不同智能工厂可分为离散型智能工厂和流程型智能工厂，追求的目标都是生产过程的优化，大幅度提升生产系统的性能、功能、质量和效益。全球制造业正在向个性化、服务化、智能化、协同化、生态化和绿色化的方向发展，为实现提振制造业的战略目标，欧美工业发达国家都在积极发展新一代网络制造和智能工厂的技术体系，构建创新生态环境，抢占技术升级换代的战略制高点。

智能工厂是面向工厂层级的智能制造系统。通过物联网对工厂内部参与产品制造的设备、材料、环境等全要素的有机互联与泛在感知，结合大数据、云计算、虚拟制造等数字化和智能化技术，实现对生产过程的深度感知、智慧决策、精准控制等功能，达到对制造过程的高效、高质量管控一体化运营的目的。

智能工厂是信息物理深度融合的生产系统。通过信息与物理一体化的设计与实现，制造系统构成可定义、可组合，制造流程可配置、可验证，在个性化生产任务和场景驱动下，自主重构生产过程，大幅降低生产系统的组织难度，提高制造效率及产品质量。智能工厂作为实现柔性化、自主化、个性化定制生产任务的核心技术，将显著提升企业制造水平和竞争力。

1.1.3　智能制造支撑技术与平台

新一代智能制造主要特征在于学习能力，能够通过深度学习、强化学习、迁移学习等使知识的产生、获取、应用和传承效率发生革命性变化，显著提高感知认知、自主控制和创新决策能力。以高端化、绿色化为主题的智能优化制造，就是要在工程技术层面实现四化，即数字化：结合过程机理，采用大数据技术建立企业的数字化工厂，实现虚拟制造；智能化：充分挖掘机理知识和专家知识，采用知识型工作自动化技术实现企业的智能生产和智慧决策；网络化：依托物联网和（移动）互联网技术，发展基于信息物理系统的智能装备，实现分布式网络化制造；自动化：采用现代控制技术，实现自动感知信息，主动响应需求变化，进行自主控制。同时，智能优化制造在企业运行层面也要实现四化，即敏捷化：对市场变化做出快速反应，实现资源动态配置和企业的柔性生产；高效化：实现企业生产、管理和营销的全流程优化运行，实时动态优化生产模式；绿色化：对生产环境和危化品能实现全生命周期的监控，实现能源的综合利用和污染物的近零排放；安全化：保证生产流程的质量安全和企业信息安全，并通过故障诊断和自愈控制技术实现生产制造过程的安全运行。上述目标的实现离不开新一代人工智能技术的发展，它能够为制造业生产转型升级提供强有力的支撑，为把我国建设成为具有技术引领能力的制造业强国开辟广阔的前景。

1. 人工智能

人工智能是制造智能软件和系统的科学和工程。智能制造广泛依赖于人工智能。21世纪以来，人工智能技术得以快速发展，尤其是高性能计算能力大幅提升和以深度学习为代表的算法突破，催生了人工智能技术与应用的发展进入了一个新的进化阶段。2017年，我国发布了《新一代人工智能发展规划》，制定了我国新一代人工智能技术、产业、应用三步走的战略目标及五大重点任务。

人工智能与最新信息技术给智能制造带来了新的机遇，包括：①远程实时监控与低时延控制；②通过优化的工艺规划与调度实现零缺陷加工；③考虑成本效益和安全的资产预测维护；④供应链的全面规划与整体控制等。预计在未来几年内，复杂性和不确定性仍将是制造业面临的主要挑战。然而，人工智能可为这些挑战的解决提供有效方法。

智能化是制造自动化的发展方向，在制造过程的各个环节几乎都广泛应用人工智能技术。专家系统技术可以用于工程设计、工艺过程设计、生产调度和故障诊断等。也可以将神经网络和模糊控制技术等先进的智能方法应用于产品配方、生产调度等，实现制造过程智能化。而人工智能技术尤其适合解决特别复杂和不确定的问题。要在企业制造的全过程中全部实现智能化，如果是现在做不到的事情，至少也是在遥远的将来可以实现。有人甚至提出这样的问题，下个世纪会实现智能自动化吗？而如果只在企业的某个局部环节实现智能化，而又无法保证全局的优化，则这种智能化的意义是有限的。

2. 工业大数据

大数据是指无法在一定时间范围内用常规软件工具进行捕捉、管理和处理的数据集合，是需要新处理模式才能具有更强的决策力、洞察发现力和流程优化能力的海量、高增长率和多样化的信息资产。大数据分析技术将给全球工业带来深刻的变革，创新企业的研发、生产、运营、营销和管理方式，给企业带来更快的速度、更高的效率和更深远的洞察力。大数据与云计算密不可分，它必须依托云计算的分布式处理、分布式数据库和云存储、虚拟化技术。

基于大数据的人工智能服务技术是一种以数据为核心的新型云计算服务模式，在多源异构数据关联与整合的基础上，发现数据内在价值，并按需为用户提供数据各类服务，包括数据查询服务、数据智能分析服务、数据资源管理服务等。目前，主要研发的大数据技术，包括大数据采集与感知技术、大数据集成与清洗技术、大数据存储与管理技术、大数据智能分析与挖掘技术、大数据可视化技术、大数据标准与质量体系技术、大数据安全技术。

3. 云计算

云计算（Cloud Computing）是分布式计算的一种，是指通过网络"云"将巨大的数据计算处理程序分解成无数个小程序，然后，通过多部服务器组成的系统处理和分析这些小程序，得到结果并返回给用户。早期的云计算，简单地说，就是简单的分布式计算，解决任务分发并进行计算结果的合并。因而，云计算又称为网格计算。通过这项技术，可以在很短的时间内（几秒钟）完成对数以万计的数据的处理，从而达到强大的网络服务。对于制造业来讲，云制造是在"制造即服务"理念的基础上，借鉴了云计算思想发展起来的一个新概念，它可以将制造资源转化为可全面共享和流通的服务。云制造中，各种生产资源和加工能力可以被智能地感知并连接到云中。云计算涵盖了整个产品生命周期中的设计、模拟、制造、测试和维护，因此通常被看作是一个平行的、网络化的、智能化的制造系统（制造云），而这个系统可以更加智能地管理生产资源和能力。因此，可以为所有类型的终端用户按需提供制造服务。

如果说物联网是人的神经中枢，那么云计算就相当于人的大脑。云计算自动化集中式管理使大量企业无需负担日益高昂的数据中心管理成本。"云"的通用性使资源的利用率比传统系统大幅提升。根据美国国家标准与技术研究院（National Institute of Standards and Technology，NIST）的建议，理想的"云"应具有五个特征：按需自助服务（On-demand Self-service）、无处不在的网络访问（Broad Network Access）、资源共享池（Resource Pooling）、快速而灵活（Rapid Elasticity）和计量付费服务（Measured Service）。

云计算的部署模型分为四种，分别是公共云、私有云、社区云和混合云，并以三种服务模型呈现，即软件即服务（SAAS），平台即服务（PAAS）和基础设施即服务（IAAS）。过去几十年，制造系统的复杂性呈几何倍数增长，如图1-7所示，传统的IT平台解决方案已经无法满足该系统所需要的信息响应能力，制造业的技术架构向云架构的解决方案迁移是发展的必然。

4. 工业互联网

工业互联网最先由美国通用公司提出，是一种先进的工业理念，认为智能机器、先进的分析和互联的人类是未来制造业的关键要素，从而使人类和机器能做出更明智的决策。工业互联网的三个主要组成部分是智能设备、智能系统和智能决策。工业互联网是数据、硬件、软件和智能的流通，通过存储、分析和可视化，通过智能机器和网络获取的数据进行最终的智能决策，从而实现它们之间的互动联通。

工业互联网能够使各种制造资源（如设备、人员、物料等）之间实现即时数据收集与共享。即时数据收集与共享是在诸如射频识别（RFID）和无线通信标准等关键技术的基础上实现的。通过射频识别技术，可以使包括物料移动在内的物理制造流程与各种生产操作的可见性和可追溯性等相关信息流无缝集成。将射频识别标签和读取器部署到典型的制造场

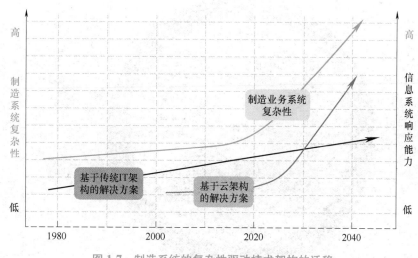

图 1-7　制造系统的复杂性驱动技术架构的迁移

所，如车间、装配线和仓库，在这里，射频识别设备将制造实物并创造智能产品。这样就可以实时检测车间异动并反馈给制造系统，从而提高制造和生产决策的有效性和效率。

5. 边缘计算

2018 年发布的《边缘计算与云计算协同白皮书》将边缘计算定义为"在靠近物或数据源头的网络边缘侧，融合网络、计算、存储、应用核心能力的分布式开放平台，就近提供边缘智能服务，满足行业数字化在敏捷连接、实时业务、数据优化、应用智能、安全与隐私保护等方面的需求。它可以作为链接物理和数字世界的桥梁，赋能智能资产、智能网关、智能系统和智能服务"。

边缘计算的构成包括两大部分：一是资源的边缘化，具体包括计算、存储、缓存、带宽、服务等资源的边缘化分布，把原本集中式的资源纵深延展，靠近需求侧，提供高可靠、高效率、低时延的用户体验；二是资源的全局化，即边缘作为一个资源池，而不是中心提供所有的资源。边缘计算融合集中式的计算模型（如云计算、超算），通过中心和边缘之间的协同，达到优势互补、协调统一。

因此，边缘计算与云计算之间不是替代关系，而是互补协同关系。两者需紧密协同才能更好地满足各种需求场景的匹配，从而放大边缘计算和云计算的应用价值。

6. 信息物理系统（CPS）

信息物理系统（Cyber-Physical System，CPS）通过集成先进的感知、计算、通信、控制等信息技术和自动控制技术，构建物理空间与信息空间中的人、机、物、环境、信息等要素相互映射、适时交互、高效协同的复杂系统，实现系统内资源配置和运行的按需响应、快速迭代、动态优化。**CPS 是一个集成了信息网络世界和动态物理世界的多维复杂系统。**

CPS 的本质就是构建一套信息空间与物理空间之间基于数据自动流动的状态感知、实时分析、科学决策、精准执行的闭环赋能体系，解决生产制造、应用服务过程中的复杂性和不确定性问题，提高资源配置效率，实现资源优化，如图 1-8 所示。信息物理融合是智能制造的重要前提，因为 CPS 从产品生命周期的数据实时传输和分析，以及基于模型的仿真和优化来创造智能，从而对制造业各方面产生积极影响。

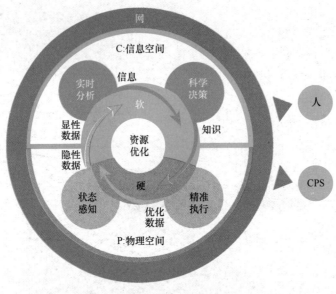

图 1-8　CPS 的本质

7. 数字孪生

数字孪生（Digital Twin）是一种集成多物理、多尺度、多学科属性，具有实时同步、虚实映射、高保真度等特性，能够实现客观世界与虚拟世界交互与融合的技术手段，以数字化方式在虚拟世界中构建客观世界的虚拟模型，借助数据模拟客观世界在真实环境中的行为，通过虚实交互反馈、数据融合分析、决策迭代优化等手段，赋予客观世界新的特征和能力。

数字孪生的主要思想是为物理实体创建数字副本（即虚拟模型），通过建模和仿真分析来模拟和反映其状态和行为，并通过反馈，预测和控制它们的状态和行为。由于物理世界的状态、行为和属性是动态变化的，所以从产品设计开始到产品生产、服务，不断产生、使用和存储各种数据。数字孪生集成了全要素、全业务和全流程数据，以确保一致性。

与传统的产品设计不同，数字孪生技术是在虚拟的三维空间里打造产品，可以轻松修改部件和产品的每一处尺寸和装配关系，使得产品几何结构的验证工作、装配可行性的验证工作、流程的可实行性大为简化，可以大幅度减少迭代过程中物理样机的制造次数、时间和成本。据 Gartner 预测，到 2021 年，全球 50% 的大型工业企业将使用数字孪生技术，效率提高达 10%。尤其是制造业和工程行业的公司，如果想在竞争中保持领先地位，就需要考虑将实施数字孪生技术纳入公司的智能发展战略中。

1.2　智能制造中的决策问题

1.2.1　决策理论概述

1. 决策的概念

在心理学中，决策（Decision Making）是一种认知过程，经过这个过程之后，个人可以在各种选择方案中，根据个人信念或综合各项因素的推理，决定出行动，或是决定出个人要向外表达的意见。每个决策过程都会以产生最终决定、选取最终选择为目标。而这些选择的形式可以是一种行动或选取的意见。决策者做决定之前，往往面临不同的方案和选择，以及决策后果某种程度上的不确定性；决策者需要对各种选择的利弊、风险做出权衡，以期达到最优的决策结果。

美国的诺贝尔经济学奖获得者西蒙（H. A. Simon）有一句至理名言"管理就是决策"。企业管理离不开决策，决策是管理的核心，是执行各项管理职能的基础。西蒙非常强调决策在组织中的重要作用，认为决策不仅仅是高层管理的事，组织内的各个层级都要做出决策，组织就是由作为决策者的个人所组成的系统。管理活动的中心就是决策。决策贯彻于管理的全过程，计划、组织、指挥、协调和控制等管理职能都是做出决策的过程。因此，管理就是决策的过程，管理就是决策。

2. 决策的类型

制造活动中的决策是指企业为实现某一特定目标，借助一定的科学手段和方法，从两个或两个以上的可行方案中，选择一个最优方案并组织实施的全部行为过程。根据企业经营活动分类，决策的类型可概括为采购决策、生产决策、营销决策和决策预算四个方面。本书重点讨论生产决策部分。

对于企业来说，为了应对日益激烈的市场竞争环境，企业如何运筹帷幄、多谋善断，以快速响应顾客的需求，维持竞争优势，创造企业利润，成为极为重要的问题。大数据时代，企业所面临的决策形态与过去由上而下的决策方式有着重要的差异，若不能理解其中的异同，就不能把握先机，自然无法做出卓越的决策。

决策面临的障碍包括：问题不明确、目标不清楚，信息有限（不足或太多），相关性不明，存在不确定性因素或是模糊性的数据，再加上决策环境变化快，完成决策的时间急迫，实现决策方案的资源匮乏，决策者的认知能力受限于问题的复杂程度与风险性，决策者不能同时有效处理多个问题，决策者难以权衡不同目标（特别是不同层次的目标），决策结果不易衡量且不易与他人沟通，乃至决策不能具体落实等。

可以依据问题特性将决策分为结构化决策、半结构化决策和非结构化决策。

（1）结构化决策　结构化决策是指对某一决策过程的环境及规则，能用确定的模型或语言描述，以适当的方法产生决策方案，并能从多种方案中选择最优的决策。通过计算机语言来编制相应的程序，就可以在计算机上处理这些信息。结构化决策完全可以用计算机来代替，例如，应用解析方法，运筹学方法等求解资源优化问题。

（2）半结构化决策　决策过程中涉及的数据不确定或不完整，虽有一定的决策准则，也可以建立适当的模型来产生决策方案，但决策准则因决策者的不同而不同，不能从这些决策方案中得到最优化的解，只能得到相对优化的解，这类决策称为半结构化决策，如经费预算、市场开发方案等。

（3）非结构化决策　非结构化决策是指那些决策过程复杂，其决策过程和决策方法没有固定的规律可以遵循，没有固定的决策规则和通用模型可依，决策者的主观行为（学识、经验、直觉、判断力、洞察力、个人偏好和决策风格等）对各阶段的决策效果有相当影响，往往是决策者根据掌握的情况和数据临时做出决定。

1.2.2　决策分析过程与方法

在实际的生产、工程和科学活动中经常存在着需要对多个目标的方案进行判断，以取得较好综合指标的情况。例如，生产调度问题，既要求在制品最少，又要求尽量高的设备利用率，还要满足一定的生产率等。这些指标并不都是一致的，有些甚至是对立的，所以只有对所有指标进行综合平衡，才能做出合理的决策。

决策的基本要素是决策者和决策对象，两者构成一个矛盾对立的统一体——决策系统。决策者和决策对象相互作用最一般的抽象是信息，信息是决策的必要条件，也是决策的基本要素。此外，决策活动还离不开决策者的决策技术与方法，以及最后获得的决策结果，包括行动方针、行动原则和行动方案等。

一个决策问题，须具备以下五个条件：

（1）决策目标　有一个希望达到的明确目标，是决策者解决决策问题所希望实现的目标，可以是单个目标，也可以是多个目标。用决策准则或最优值 M 表示。

（2）自然状态　采取某种决策方案时，决策环境客观存在的各种状态。自然状态可以是确定的、不确定的或随机的，也可以是离散的或随机的。一般来说：①能给出系统所处各种可能的状态，用状态集 $S=\{s\}$ 表示，它是所有状态构成的集合，是随机变量。②能知道系统各种状态出现的可能性大小，用状态存在的概率 $P(s)$ 表示。

（3）决策准则　决策准则为实现决策目标而选择行动方案所依据的价值标准和行为标准。一般来说，决策准则依赖于决策者的价值倾向和偏好态度。

（4）行动方案　行动方案是实现决策目标所采取的具体措施和手段，要有多个备选方案。方案称为决策变量，用 a 表示，所有方案构成的集合称为方案集，用 $A=\{a\}$ 表示。

（5）条件结果值　条件结果值是采取某种行动方案在不同自然状态下所出现的结果。能估算出系统在不同状态下的结果或效益，用受益值、损失值或效用值 $V(a,s)$ 表示，它是状态变量和决策变量 a 的函数。

决策问题通常比较复杂，须采用抽象办法，找出参与决策过程诸变量之间的约束关系，建立数学模型。据此，一个决策问题的数学模型，可以表示为如下要素构成的五重数据结构：

$$D=\{M、S=\{s\}、P(s)、A\{a\}、V(a,s)\}$$

科学决策是指在科学的决策理论指导下，以科学的思维方式，应用各种科学的分析手段与方法，按照科学的决策程序进行的符合客观实际的决策活动。常用决策方法主要有多目标决策、模糊决策、智能决策等，智能决策支持系统是决策方法的应用手段。

（1）多目标决策　多目标决策是指对多个相互矛盾的目标进行科学、合理的选优，然后做出决策的理论和方法。在社会经济系统的研究控制过程中，人们所面临的系统决策问题常是多目标的，例如，在研究生产过程的组织决策时，既要考虑生产系统的产量最大，又要使产品质量高，生产成本低等。这些目标之间相互作用和矛盾，使决策过程相当复杂，使决策者常常很难轻易做出决策。这类具有多个目标的决策就是多目标决策。多目标决策问题的某一可行方案与其他可行方案进行比较时，其结果有三种可能：①所有目标都是最优的方案，称为完全最优解，这种情况极少出现。②所有目标都是最劣的方案，称为劣解，立即可以淘汰。③目标有优有劣，既不能肯定方案为最优，也不能立即予以淘汰，这种方案称为非劣解，又称有效解或帕雷托最优解。

（2）模糊决策　模糊决策是指在模糊环境下进行决策的数学理论和方法。严格地说，现实的决策大多是模糊决策。模糊决策的研究开始较晚，但涉及面很广，还没有明确的范围。常用的模糊决策方法有模糊排序、模糊寻优和模糊对策等。①模糊排序，研究决策者在模糊环境下确定各种决策方案之间的优劣次序。②模糊寻优。给定方案集及各种目标函数和限制条件以后，寻求最优方案便成了一个优化问题。若目标函数或约束条件是模糊的，这时的最优化就称为模糊寻优。③模糊对策。当决策者在对方也有决策的情况下进行决策时，就需要应用对策论。如果双方在选取策略时接受一定的模糊约束，这就需要应用模糊对策论。

（3）智能决策　智能决策是人工智能和制造业深度融合的结果，通过深度数据分析，以人工智能代替经验辅助决策。例如，在计算机显示屏检测方面，运用机器视觉采集照片，机器算法分析照片来替代人工进行判断，既高效又准确。在智能化排产方面，利用订单计划整合系统，可以实现每分钟内几百次的订单与物料的匹配计算，得出能够满足客户需求且产能充分利用，并且给出客户明确收货时间点的最优交付计划。深度学习和知识图谱是当前智能决策实现的两大技术方向，正不断拓展可解工业问题的边界。"绕过机理直接通过数据形成结果"是以深度学习和机器学习为代表的数据科学，能更好地解决机理未知或模糊的决策问题。当前决策智能主要体现在以知识图谱为代表的知识工程，以及以深度学习为代表的机器学习两大技术领域的突破，其中深度学习侧重于解决影响因素较少，但计算高度复杂的问题，如产品复杂缺陷质量检测。而知识图谱侧重于解决影响因素较多，但机理相对简单的问题，如供应链管理决策等。

（4）智能决策支持系统　智能决策支持系统（Intelligent Decision Support System，IDSS）是利用人工智能，特别是专家系统的原理和技术所建立的辅助决策的计算机软件系统，支持半结构化和非结构化问题的决策。将具有感知能力的深度学习和具有决策能力的增强学习结合在一起，构成深度增强学习，两者优势互补，实现智能产品与装备的设计制造服役多目标、多过程自主决策。多技术路线工作方案优化决策是指应用信息集成与智能控制技术，使装备具有一定的自我感知、自主决策和自动控制的功能，可归类于智能决策范畴。

1.2.3　智能制造中的决策问题

新一代人工智能引领下的智能制造应用互联网、大数据和云计算等技术，实现高度协作的高效率制造，快速响应客户需求，为企业在智能制造装备、智能生产、智能管理和智能服务方面注入强劲生命力。本书针对的内容和范围界定为智能制造中的决策问题。智能制造决策可在没有人干预或干预程度很低的情况下，把生产系统的感知能力、决策能力、协同能力和执行能力有机地结合起来，在柔性制造过程中根据一定的控制策略自我决策并执行一系列控制功能完成预定目标。

1. 制造过程决策

一般而言，制造过程决策可分为设备级决策、产线级决策和系统级决策三个层面。

（1）设备级决策　设备级决策是指通过物理硬件（如传动轴承、机械臂、电动机等）、自身嵌入式软件系统及通信模块，构成含有"感知-分析-决策-执行"数据自动流动的基本闭环，实现在设备工作能力范围内的资源优化配置（如优化机械臂、AGV 小车的行走路径等）。在这一层级上，感知和自动控制硬件、工业软件及基础通信模块主要支撑和定义产品的功能。

（2）产线级决策　产线级决策中，多个最小单元（设备级）通过工业网络（如工业现场总线、工业以太网等）实现更大范围、更宽领域的数据自动流动，实现产线多台设备间的互联、互通和互操作，进一步提高制造资源优化配置的广度、深度和精度。产线级决策基于现场状态感知、信息交互、实时分析，实现局部制造资源的自组织、自配置、自决策和自优化。

（3）系统级决策　系统级决策是指在产线基础上，通过构建智能服务平台，实现不同制造单元之间的协同优化，如多条产线或多个工厂之间的协作，以实现产品生命周期全流程及企业全系统的整合。智能服务平台能够将多个制造单元工作状态统一监测、实时分析、集中管控。利用数据融合、分布式计算、大数据分析技术对多个单元的生产计划、运行状态、寿命估计统一监管，实现企业级远程监测诊断、供应链协同、预防性维护，实现更大范围内的资源优化配置，避免资源浪费。

生产制造是制造业的核心环节，也是制造企业将用户需求变成实际产品、实现产品价值的重要过程。但是，传统生产制造模式中的生产设备分散，而且特殊设备处于高危区域中，所以使生产设备的操作、监测、管理等极为不便。此外，因设备与设备之间的不能通信而造成生产制造过程缺乏协同性，从而出现设备闲置或设备不足的现象，造成生产资源及生产能力分配不合理和浪费。另一方面，由于缺乏数据传导渠道和工具，对生产制造过程中的状态、数据、信息很难进行传输和分析。因此，生产过程的管理和控制缺乏数据信息等决策依据的支撑，管理者的决策难以准确传递和执行，使资源调度和生产规划不合理，并阻碍生产制造效率和质量的提高。

2. 智能制造中的决策

根据具体问题分类，智能制造中的决策问题可以大致分为以下几类：

（1）设备管理决策　智能制造系统将无处不在的传感器、智能硬件、控制系统、计算设施、信息终端、生产装置通过不同的设备接入方式（例如，串口通信、以太网通信、总线模式等）连接成一个智能网络，构建形成设备决策平台或云平台。在不同的布局和组织方式下，企业、人、设备、服务之间能够互联互通，具备了广泛的自组织能力，状态采集、数据感知和决策能力，数据和信息能够通畅流转，同时也具备了对设备实时监控和模拟仿真能力。通过数据的集成、共享和协同，实现对工序设备的实时优化控制和配置决策，使各种组成单元能够根据工作任务需要自行集结成一种超柔性组织结构，并最优和最大限度地开发、整合和利用各类信息资源。

（2）生产管理决策　在生产管理过程中，通过集成工业软件、构建工业云平台对生产过程的数据进行管理，实现生产管理人员、设备之间无缝信息通信，将车间人员、设备等运行移动、现场管理等行为转换为实时数据信息，对这些信息进行实时处理分析，实现生产制造环节的智能决策，并根据决策信息和领导层意志及时调整制造过程，进一步打通从上游到下游的整个供应链，从资源管理、生产计划与调度来对整个生产制造进行管理、控制以及科学决策，使整个生产环节的资源处于有序可控的状态。

（3）柔性管理决策 柔性管理的要求就是能够根据快速变化的需求变更生产。这需要在制造过程中进行数据采集并存储，对各种加工程序和参数配置进行监控，为相关的生产人员和管理人员提供可视化的管理指导，方便设备、人员的快速调整，并通过精准决策提高整个制造过程的柔性。

建立机器自主学习的认知决策系统，通过智能决策支持，突破传统专家系统等模式受人员素质限制的桎梏，向用户提供更加便利、高效的人与环境协同优化服务，即视情使用和视情管理服务。

（4）智能调度决策 生产调度是企业生产管理的重要组成部分，不仅是企业生产运行的指挥中心，也是企业产生经济效益的重要来源。随着制造行业的发展，企业订单更加多样化、复杂化，这就要求企业快速、准确地根据客户订单安排生产任务。车间生产调度问题极其复杂，其本质是大规模组合优化问题，求解过程的计算量随着问题的规模增大呈指数增长。企业面向订单生产时，首先需要对订单进行有效管理，在约束理论（TOC）的指导下识别车间生产系统中的瓶颈资源，然后对订单进行优先级排序、车间生产调度等。车间生产调度的目的是在保证按时交货的前提条件下，尽可能多地提高设备利用效率，减少工艺加工总时间，减少每个工件的延时时间；节省生产运行成本和存储成本，从而使企业效益最大化。

智能调度主要是利用先进的模型和算法来提取传感器捕获的数据。数据驱动技术和高级决策体系结构可以用于智能调度。例如，为了达到实时、可靠的调度与执行目的，可以采用分散式分层交互架构的智能模型。

（5）人机协作决策 在工业 4.0 时代，人类和机器将通过工业环境中的认知技术协同工作。通过语音识别、计算机视觉、机器学习和先进的同步模型，智能机器能够帮助人类完成大部分工作。未来，"人在回路"工作模式将逐渐成为主流，需要为智能系统设计高级机器学习模型，使人类能够有效地与决策模型进行交互。构建充分的人机信任关系同样重要，足够的人机信任可以保证人类拥有顺畅、高效的决策体验。

1.3 本书主要内容

本书系统地介绍了智能决策的概念和方法，吸收了智能制造、人工智能、运筹学、数据科学、管理科学等方面的研究成果，综合探索智能制造过程科学决策的性质和规律。全书分为三篇，共计 10 章。

第一篇智能决策基础，介绍了制造数据感知基础与原理和制造数据分析与原理，包含第 2~3 章；第二篇智能决策方法，按照人工智能的主要三大学派分别介绍人工智能算法在智能决策中的应用，并将各类智能决策方法的结果统一起来，构建起系统的综合评价体系，包含第 4~7 章；第三篇智能决策应用，主要针对制造过程中的决策问题并结合案例进行讲解说明，包含第 8~10 章。

第 1 章为绪论。介绍智能制造与智能决策，内容包括智能制造技术概述，智能制造的概念与内涵，智能决策理论，智能制造中的决策方法等。

第2章介绍制造数据感知基础与原理。首先介绍制造过程中产生的"人-机-料-法-环"数据及其分类方法，然后针对不同数据类型，介绍了具体数据采集方法和流程，最后从现场总线和工业以太网技术、无线传感网络技术和工业通信协议三个方面详细介绍了数据传输与通信技术。

第3章介绍制造数据分析基础与原理。在第2章数据采集与传输的基础上，首先介绍数据预处理方法，将采集的原始数据处理成为高质量的可用数据，主要包括数据清理、数据集成、数据变换和数据归约。然后介绍了数据仓库的概念及其设计和使用方法，涉及OLAP的基本概念，建模，结构，一般实现、数据立方体技术以及数据仓库和其他数据泛化的关系。其次介绍了特征提取方法和流程，在特征提取的基础上，最后分别以关联、分类和聚类为主题，详细介绍了数据分析的基本方法和步骤。

第4章介绍统计推理。利用统计思维、统计方法去改进和求解决策中的问题，以便在实际生产决策中把人工智能与统计学完全结合。所以本章重点选取了统计学中的贝叶斯决策、马尔科夫决策、K近邻和决策树这几个经典的统计学方法进行讲解。

第5章介绍生物进化与群智能。5.1节遗传算法主要介绍了经典的遗传算法。遗传算法不但可以用于进化迭代寻优，而且可以和神经网络等算法结合，在函数优化、模式识别、机器学习、神经网络训练、智能控制等众多领域都有着广泛的应用，这在后文的人工智能决策中会有所涉及。5.2~5.3节的群智能理论研究领域主要介绍了两种代表性算法：粒子群算法和蚁群算法。群智能方法易于实现，算法中仅涉及各种基本的数学操作，其数据处理过程对CPU和内存的要求也不高。而且，这种方法只需目标函数的输出值，而无需其梯度信息，是一种能够有效解决大多数全局优化问题的新方法。由于群智能潜在的并行性和分布式特点，为处理大量的以数据库形式存在的数据提供了技术保证。

第6章介绍人工神经网络。一般可以把神经网络的发展历史分成四个时期，萌芽时期（1890—1960），第一次高潮时期（1969—1982），第二次高潮时期（1982—1986），第三次高潮时期（2000至今）。本章主要从神经网络第二次高潮时期讲起，其中6.1节前馈神经网络主要介绍其中的代表BP神经网络，其误差反向传播学习算法是后面深度神经网络的基础。6.2节从第三次高潮时期开始讲起，介绍卷积神经网络，这是一类包含卷积计算且具有深度结构的前馈神经网络（Feedforward Neural Networks），是深度学习的代表算法之一。6.3节主要介绍一种典型的RNN神经网络——长短记忆网络。6.4节强化学习，从介绍深度学习网络引入强化学习的自我学习反馈过程，类似AlphaGo自我对弈，不断地提高，解决延迟反馈的问题。6.5节迁移学习，从介绍深度学习网络引入迁移学习策略，解决跨领域学习及数据不足问题。

第7章介绍智能决策综合评价。使用比较系统的、规范的方法对于多个指标、多个单位同时进行评价的方法。它不只是一种方法，而是一个方法系统，是指对多指标进行综合的一系列有效方法的总称。综合评价可以避免一般评价方法局限性，使得运用多个指标对多个单位进行评价成为可能。综合评价过程也是一种决策过程。一般地说，评价是指按照一定的标准（客观/主观、明确/模糊、定性/定量），对特定事物、行为、认识、态度等评价客体的价值或优劣好坏进行评判比较的一种认知过程，同时也是一种决策过程。

第8章介绍设备级决策应用。根据设备级决策在工业控制中的应用，分别从设备自适应控制、设备预测性维护与智能交互决策三方面介绍了智能决策在设备及决策中的应用。设备级自适应控制以六自由度机械臂的自适应控制、AGV 轨迹规划自适应控制、多自由度机械臂目标抓取自适应控制为例进行阐述。预测性维护中分别介绍了预测性维护概述、预测性维护架构，并说明了预测性维护在 VMC1000 立式加工中心的应用。智能交互决策中分别介绍了基于人机协作的智能交互与基于增强现实的智能交互。

第 9 章介绍产线级决策。分别从布局优化决策、工艺优化决策、调度优化决策三个方面介绍了产线级决策在实际产线中的应用。阐述了生产线各生产要素的布局对产线效率的影响，并根据布局约束条件，建立优化模型求解得到最优布局方案，最后以实际生产线布局为例，进一步验证。工艺优化决策阐述了工艺路线对生产线效率的影响，并对实际生产线中的生产工艺的参数建立优化模型，求解得到最优工艺参数提供的产线决策。最后对产线中生产调度建立优化模型，求解最优调度方案，以实际的生产线调度为例说明了调度决策在产线中的应用，并对调度系统结构做了进一步的介绍。

第 10 章介绍系统级决策。分别从产品个性化定制、物料需求计划预测、库存优化决策、系统可靠性预测等方面进行了介绍。介绍个性化定制如何通过增加多样化和定制化提供令客户满意的商品和服务，而不相应地增加成本和延长交货期。物料需求计划预测介绍了如何将企业所有资源进行整合集成管理，对物流、资金流、信息流进行全面一体化管理。库存优化决策从维护需求的种类与维护策略、维护与配件库存的联合优化策略、预测性维护与配件库存联合优化模型等方面，探索智能工厂内基于故障预测的维护优化调度与决策模型，给出面向智能工厂的备件库存的联合优化决策。系统可靠性预测介绍了如何将以往的工程经验和故障数据作为预测的基础，结合当前的技术水平，以零部件失效率为基础依据，推测产品可能达到的可靠度。

参 考 文 献

[1] 陶飞，刘蔚然，刘检华，等. 数字孪生及其应用探索 [J]. 计算机集成制造系统，2018，24 (01)：1-18.

[2] 庄存波，刘检华，熊辉，等. 产品数字孪生体的内涵、体系结构及其发展趋势 [J]. 计算机集成制造系统，2017，23 (04)：753-768.

[3] 王友发，周献中. 国内外智能制造研究热点与发展趋势 [J]. 中国科技论坛，2016 (04)：154-160.

[4] 肖静华，毛蕴诗，谢康. 基于互联网及大数据的智能制造体系与中国制造企业转型升级 [J]. 产业经济评论，2016 (02)：5-16.

[5] 周济. 智能制造——"中国制造2025"的主攻方向 [J]. 中国机械工程，2015，26 (17)：2273-2284.

[6] 延建林，孔德婧. 解析"工业互联网"与"工业4.0"及其对中国制造业发展的启示 [J]. 中国工程科学，2015，17 (07)：141-144.

[7] 吕铁，韩娜. 智能制造：全球趋势与中国战略 [J]. 人民论坛·学术前沿，2015 (11)：6-17.

[8] 曲道奎. 中国机器人产业发展现状与展望 [J]. 中国科学院院刊，2015，30 (03)：342-346+429.

[9] 张曙. 工业4.0和智能制造 [J]. 机械设计与制造工程，2014，43 (08)：1-5.

[10] 李小丽，马剑雄，李萍，等. 3D打印技术及应用趋势 [J]. 自动化仪表，2014，35 (01)：1-5.

[11] 姚锡凡，于森，陈勇，等. 制造物联的内涵、体系结构和关键技术 [J]. 计算机集成制造系统，2014，20 (01)：1-10.

[12] 王雪莹. 3D 打印技术与产业的发展及前景分析 [J]. 中国高新技术企业，2012（26）：3-5.

[13] 赵杰. 我国工业机器人发展现状与面临的挑战 [J]. 航空制造技术，2012（12）：26-29.

[14] 路甬祥. 走向绿色和智能制造——中国制造发展之路 [J]. 中国机械工程，2010，21（04）：379-386+399.

[15] 杨海成，祁国宁. 制造业信息化技术的发展趋势 [J]. 中国机械工程，2004（19）：3-6+22.

[16] 肖田元. 虚拟制造研究进展与展望 [J]. 系统仿真学报，2004（09）：1879-1883+1913.

智能决策基础

制造过程中数据感知与分析是智能决策的基础，本篇将其分解为两章进行详细阐述，包括制造数据感知基础与原理和制造数据分析与原理。

制造数据感知基础与原理的主要任务是解决制造过程中来自"人-机-料-法-环"的数据采集与传输问题，通过学习这一部分内容，可以加深制造过程中大量数据来源及分类的理解，掌握不同数据类型的采集方法，初步了解不同系统间的通信方式，为后续的数据处理与分析过程奠定基础，对应本篇第 2 章制造数据感知基础与原理。

制造数据分析是智能决策的关键步骤，在数据采集与感知的前提下，通过分析数据之间的数理关系，可以更容易、快捷、清楚地分析事物间的内在联系，为观察并分析事物提供全新视角。通过学习这一部分内容，可以掌握数据预处理方法、数据仓库设计与使用方法、数据特征提取方法与流程，以及包括分类、关联、聚类在内的数据分析方法，对应第 3 章制造数据分析基础与原理，第一篇内容如下所示。

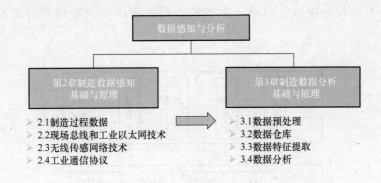

第2章 制造数据感知基础与原理

随着全球新一轮信息化、数字化浪潮的来临及"中国制造2025"国家战略的实施，工业制造业面临重大的转型，大数据成为提升制造业生产力、创造力的关键。自动化、信息化、智能化等技术渗透到生产制造过程的各个环节。生产制造过程中会产生大量的数据，这些数据来自于各种不同的数据源，代表着不同的设备、物料在不同时刻的状态信息。这些数据包括文本、二进制数据、视频、音频等数据。而海量数据中蕴含大量有价值的信息，对这些数据的提取有利于指导人们在生产制造、设备管理和生产调度及供应链中做出正确的决策，提高生产制造的效能。

本章从制造过程中产生的多源数据入手，详细介绍了数据的分类、感知与传输方法，如图2-1所示。具体地，第2.1节制造过程数据，阐述了制造过程中产生"人-机-料-法-环"数据及采集方式。不同的数据源导致数据呈现多源异构的特点，如何高效运用采集到的海量多源异构数据是人们关注的重点，其中面临的第一个问题就是数据的传输与通信。因此，第2.2节~第2.4节介绍数据传输与通信技术，包括现场总线和以太网技术、无线传感网络技术以及工业通信协议。本章制造数据的感知为数据的分析与应用奠定了基础。

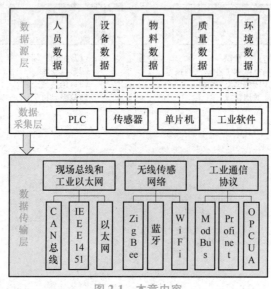

图2-1　本章内容

2.1　制造过程数据

2.1.1　制造过程数据分类

　　制造生产车间数据种类纷杂多样，为获取完整的数据，需要对其进行科学的分类。如图 2-2 所示，可以按照数据源车间数据可分为五类：人员数据、设备数据、物料数据、质量数据、环境数据。

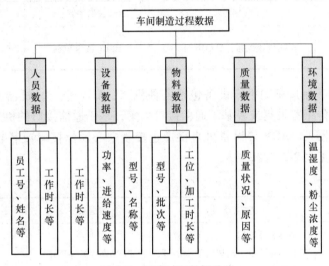

图 2-2　制造过程数据分类

　　（1）人员数据　与车间工作人员相关的数据。包含人员静态数据和动态数据。静态数据：车间生产人员、管理人员信息，如工号、姓名等数据。车间动态数据：某员工工作时长、加工某型号工件件数、当前绩效等数据。人员数据是计算员工绩效、保证生产执行进度、追溯产品质量的重要保障。

　　（2）设备数据　与车间生产设备相关的数据。设备数据可以分为三种：设备自身静态数据：如设备型号、编号、生产厂家、投入运行时间等。设备运转统计数据：已工作时长、加工某零件使用时长等。设备当前运行数据：如机床的进给速度、主轴转速、AGV 小车所处的位置、运行速度等。完善的设备数据可为设备维护、产品质量因素分析提供依据。

　　（3）物料数据　车间加工物料的数据。包含物料的静态数据，如物料编号、批次号、物料库存等，以及动态数据，如当前所处加工环节、加工时长。物料数据反映了生产过程以及产品库存状况。

　　（4）质量数据　加工过程中的质量数据。如报废品编号、报废率、报废原因等。质量数据可为产品质量追溯、缺陷因素分析、工艺优化提供重要支持。

　　（5）环境数据　车间生产环境的数据。如当前加工车间的温度湿度、粉尘浓度、噪声大小等数据。良好的环境可以保证车间生产安全及产品质量。

2.1.2 制造过程数据来源

根据第 2.1.1 节分类信息，需要对不同类别的数据具体来源进行详细说明。

（1）人员数据　人员数据包含员工编号、员工姓名、所属部门、所属车间等一系列信息，实际操作中可通过员工编号关联数据库中的其他信息，员工使用员工卡在车间或者工位上进行登记，可得到员工与车间或者工位的绑定关系。读卡器的数据传输方式一般包括串口、以太网等。具体见表 2-1。

表 2-1　人员数据类型及采集方式

	数据类型	数据来源	应用服务
人员	空间位置数据、身份数据	RFID/图像识别	位置控制程序 信号处理程序

（2）设备数据　制造车间生产设备包括各种机床、AGV 小车、机器人等。数控机床数据采集方式可使用传感器采集或者基于通信接口采集，基于通信接口的机床主要包含串口机床与联网机床。机器人、AGV 等设备可直接通过控制中心通信接口或者软件二次开发获取其运行参数。具体见表 2-2~表 2-4。

表 2-2　加工设备数据类型及采集方式

	数据类型	数据来源	应用服务
加工设备	平移关节数据、旋转关节数据、工具动作信号、机床门动作信号、设备状态	PLC/单片机/传感器	运动控制程序 信号处理程序

表 2-3　物流设备数据类型及采集方式

	数据类型	数据来源	应用服务
AGV	空间位置数据、移载动作信号、AGV 状态	PLC/单片机	运动控制程序 信号处理程序
传送带	启/停信号、传感器信号	传感器/PLC	信号处理程序

表 2-4　机器人数据类型及采集方式

	数据类型	数据来源	应用服务
工业机器人	关节驱动数据、末端执行器动作信号、机器人状态	PLC/单片机	运动控制程序 信号处理程序

（3）物料数据　物料数据包含物料种类、批次、型号以及所处加工环节等信息。为方便物料或者产品的追踪与回溯，可以采用粘贴条形码或者 RFID 标签的形式标记数据。获取上述数据的扫码枪或者 RFID 读写器多使用以太网或者串口通信。具体见表 2-5。

表 2-5　零件/物料数据类型及采集方式

	数据类型	数据来源	应用服务
产品/零部件	订单信息、质量信息、加工工艺信号	工业软件/RFID	状态演变程序

（4）质量数据　质量数据依赖机器检测和人工检测。使用机器检测的环节，可以直接通过通信接口上传，而人工检测数据需要工人通过工业 PAD（Portable Device，便携式设备）或者计算机直接录入并上传。

（5）环境数据　环境数据包含通用的温度、湿度、粉尘浓度、噪声以及特殊车间的一氧化碳、甲烷浓度等。该类数据可以通过部署各种不同的传感器实现，适用于远距离传输的工业现场仪表使用数字信号传输数据，该类传感器的传输链路一般为串口、以太网、无线网。

2.1.3　制造过程数据采集

（1）传感器数据采集　传感器数据采集系统应用于车间底层的加工生产线，面对复杂的车间现场，对系统硬件的设计提出很高的要求。数据采集硬件主要包括前端传感器和数据采集仪。在车间中应用的传感器种类及其相关功能见表 2-6。

表 2-6　传感器种类及其相关功能

编号	名称	功能
1	射频识别设备	与电子标签配合使用，用于感知特定范围内移动的制造资源，如员工、物料、在制品等的变化信息
2	条形码读写器	与条形码配合使用，用于感知特定范围内移动的制造资源
3	位移传感器	用于感知工件加工过程质量信息
4	数显测量仪	用于检测工件完工后的加工尺寸信息和表面质量信息，包括数显游标卡尺和数显粗糙度测量仪
5	环境传感器	为人因工程分析提供源自生产现场的数据源，包括温度传感器和湿度传感器
6	加速度传感器	可快速、准确、安全地测出机械振动加速度，通过分析加速度的时间历程找出机械振动的根源和产生机械噪声的原因。振动传感器多采用压电加速度计，用加速度计测得振动的加速度，通过一次积分求得速度，通过二次积分求得位移
7	电力参数测量仪	通过连接路由器实现远程访问，可实现在线监控机床的参数，如频率、电流、电压、功率、功率因数等。降低电力成本，实时监测电力参数，提高系统运行效率

数据采集仪是系统硬件设计的核心，数据采集仪集信号调理与数据采集两功能为一体，实现信号的放大、隔离、滤波以及多路转换，很大程度上提高了数据采集系统的可靠性与集成性。由于车间生产现场的情况复杂，传感器采集的信号易混杂外界的干扰，传感器通过串

行接口与特制的采集仪相连，采集仪内部结构如图 2-3 所示。含有电压放大滤波、电荷适调、ICP 适调和恒压等模块，采样速度频率最高可达 100kHz，实现原始信号的提取，防止信号干扰和衰减，放大处理测量信号以满足数据采集模块模拟输入电压范围的要求，多路信号混叠输入数据采集模块。数据采集仪内置+24V 电源，用于为外接传感器供电，简化了系统布线要求，方便传感点的选择，通过无线模块接入车间局域网，采用非阻塞方式进行数据的发送与接收。

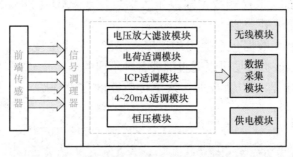

图 2-3　数据采集仪结构图

（2）PLC 数据采集　在工业的信息化、智能化，甚至工业 4.0 的大潮中，很多高级算法都是由上位机、云来实现，而 PLC 数据采集是最基本的前提条件之一。面对这种需求，以前的串口局限性太大，速度慢，出错概率高，新的 PLC 大都开始支持以太网，有的甚至在 CPU 上直接设置以太网接口，编程、数据传输都可以通过该端口来完成，不再需要增加一个以太网接口卡。

要实现数据采集，还需要软件，对于软件，实现方式大概有以下几种：

1）PLC 编程，与外部建立以太网连接，通过收发指令进行数据交换。为了实现这种方式，需要通过硬件配置来建立连接通道，然后再由用户编程进行收发，因此调试难度很大。这种方式虽然实施困难，但是每次发送的数据量大，速度快。以西门子 PLC 为例，标准的以太网通信，一次可以发送 8000 字节，但是用非编程的方式，可能只有 200 多字节（因 PLC 的型号而不同）。另外，电文发送由 PLC 程序控制，节奏可控。

2）PLC 提供不需要编程的外部访问协议，如 OPC-UA、MODBUS TCP 等。OPC-UA 是目前使用比较多的开放协议，但是 PLC 的 OPC-UA 协议不是免费的，要购买授权，成本很高，同时开发困难。MODBUS TCP 虽然是免费的，但是也需要在 PLC 里进行编程、配置（如西门子 PLC 需要自己调用 MODBUS TCP 库，配置好资源，才能使用。但是，有些 PLC 原生支持该协议，如施耐德 PLC，就可以直接用。另外有一些 PLC 需要配置，启用该功能，也不需要编程实施）。而且该协议兼容性不一定好，有很多变化，例如，地址是否从 0 开始等。

3）通过通信中间件或者中间软件进行中转。最典型中转软件的就是 OPC 软件，一端访问 PLC，另外一端对外提供数据。但是从效率、安全性、系统兼容性以及成本看，OPC 软件已逐渐趋于淘汰。除了 OPC，还有专业的中间软件，如 KEPWARE，可同时访问的 PLC 和协议非常多，对外提供数据的途径也很多，如 OPC、OPC-UA 等。但是，配置一套成本高达数万人民币，另外，KEPWARE 对外的协议依然是个问题。

国产软件 PLC-Recorder，用于专业录波，支持大部分主流 PLC，自带驱动库，体积极小，可在很多场合替代 PLC-Analyzer 或 iba 软件，同时具有数据转发功能，使用兼容性极强的 WebScoket 协议和 Json 数据通信格式。客户端开发非常简单，用一个 web 页面就能完成用户验证、订阅、实时数据刷新等功能。如果用高级语言（如 C#、Java 等）开发，能实现更加丰富的功能。该软件目前功能还在不断丰富，稳定性在逐步提高，价格低是其一个巨大的优势。

（3）工业软件数据采集　工业软件（Industrial Software）是指在工业领域里特定应用、解决特定问题的软件，大体分为两种类型：嵌入式软件和非嵌入式软件。嵌入式软件是指嵌入在控制器、通信、传感装置之中的采集、控制、通信等软件，非嵌入式软件是指安装在通用计算机或者工业控制计算机之中的设计、编程、工艺、监控、管理等软件，这类工业软件又可分为研发设计类（CAD/CAM/CAE、PLM 等）、生产制造类（APM、ERP、MES、SCM、PLM 等）、销售类（ERP、CRM 等）、运营类（ERP、CRM、APM、OPM 等）和服务类（SLM、FSM、MRO 等）。研发类设计工业软件 CAD、CAE、CAM、PLM 等，其功能覆盖产品的生命全周期，从工业产品的概念设计到生产制造，再到售后保修和报废。CAD 即计算机辅助设计，用于产品设计的软件解决方案。CAE 即计算机辅助工程，用于分析产品物理行为的软件解决方案。CAE 软件可作静态结构分析、动态分析，研究线性、非线性问题，以及分析固体、流体、电磁体等。CAM 即计算机辅助制造，用于定义制造作业的软件解决方案。PLM 即产品生命周期管理系统，用于帮助企业共享产品数据、统一工作流程，扩展型的企业可充分利用企业知识完成产品从概念设计直至退出市场全部过程的开发，PLM 是 CAD、CAE、CAM、PDM 的组合集成。详细的工业软件分类如图 2-4 所示。

企业资产及系统				
研发	制造	销售	运营	服务
CAD	APM	ERP	ERP	SLM
PLM	增材	CRM	CRM	FSM
ERP	ERP/SCM	营销	FSA	MRO
物联网	物联网	物联网	物联网	物联网
ALM	MES		物流	电话订票
ECAD	OPM		APM	逆向物流
增材	OT/PLC		OPM	零件规划
	PLM/MPM		SW/固件	保证
	历史数据库			

图 2-4　工业软件分类

MES 系统是生产车间进行数据采集的管理系统，MES 系统有个非常重要的功能是数据传输，通过数据传输使 MES 系统与外界产生联系和数据交互。众所周知，相比于 ERP 产品，MES 的一个特殊之处是其不仅与外围 IT 系统通信，还需要与下游的控制设备通信，从而在计划层与控制层之间起承上启下的桥梁作用。对于 MES 与 ERP、PLM 等之间的数据交换，通过 REST API 或者 WEB SERVICE 可以很方便地实现。

1）**REST API** 连接。REST（Representational State Transfer，表述性状态转移）标准是

一种针对网络应用的设计和开发方式，可以降低开发的复杂性，提高系统的可伸缩性。基于 HTTP 协议的 RESTful 接口，可以实现和数据平台的远程连接和交互。

REST 指的是一组架构约束条件和原则。满足这些约束条件和原则的应用程序或设计就是 RESTful。Web 应用程序最重要的 REST 原则是客户端和服务器之间的交互在请求之间是无状态的。从客户端到服务器的每个请求都必须包含理解请求所必需的信息。如果服务器在请求之间的任何时间点重启，客户端不会得到通知。此外，无状态请求可以由任何可用服务器回答，这十分适合云计算之类的环境。客户端可以缓存数据以改进性能。

在服务器端，应用程序状态和功能可以分为多种资源。资源是一个有趣的概念实体，它向客户端公开。资源包括：应用程序对象、数据库记录、算法等。每个资源都使用 URI（Universal Resource Identifier）得到一个唯一的地址，所有资源都共享统一的接口，以便在客户端和服务器之间传输状态。使用的方法是标准的 HTTP，如 GET、PUT、POST 和 DELETE。Hypermedia 是应用程序状态的引擎，资源表示通过超链接互联。

2）**Web Service**。Web Service 是一个平台独立、低耦合、自包含、基于可编程的 web 应用程序，可使用开放的 XML（标准通用标记语言下的一个子集）标准来描述、发布、发现、协调和配置 Web Service 应用程序，以开发分布式的交互操作的应用程序。

Web Service 技术，能使运行在不同机器上的不同应用无需借助附加的、专门的第三方软件或硬件，就可相互交换数据或集成。依据 Web Service 规范实施的应用之间，无论它们所使用的语言、平台或内部协议是什么，都可以相互交换数据。Web Service 是自描述、自包含的可用网络模块，可以执行具体的业务功能。Web Service 也很容易部署，因为它们基于一些常规的产业标准以及已有的一些技术，诸如标准通用标记语言下的子集 XML、HTTP。Web Service 减少了应用接口的花费。Web Service 为整个企业甚至多个组织之间的业务流程的集成提供了一个通用机制。

2.2 现场总线和工业以太网技术

2.2.1 CAN 总线

CAN（Controller Area Network）是控制器局域网的简称，是德国 Bosch 公司在 1986 年为解决现代汽车中众多测量控制部件之间的数据交换而开发的一种串行数据通信总线。尽管 CAN 最初是为汽车电子系统设计的，但由于它在技术与性价比方面的独特优势，在航天、电力、石化、冶金、纺织、造纸、仓储等领域也得到了广泛应用。在火车、轮船、机器人、楼宇自控、医疗器械、数控机床、智能传感器、过程自动化仪表等自控设备和现场总线系统中，都有 CAN 技术的身影，CAN 已成为工业数据通信的主流技术之一。

1. CAN 总线的优越性

CAN 属于现场总线的范畴，它是一种有效支持分布式控制或实时控制的串行通信网络。较之目前许多基于 R 线构建的 RS-485 分布式控制系统而言，基于 CAN 总线的分布式控制系统在以下方面具有明显的优越性。

（1）网络各结点之间的数据通信实时性强　CAN 控制器以多种方式工作，网络中的各结点都可根据总线访问优先权（取决于报文标识符），采用无损结构的逐位仲裁的方式竞争向总线发送数据。且 CAN 协议废除了占地址编码，代之以对通信数据进行编码，这可使不同的结点同时接收到相同的数据。这些特点使得 CAN 总线构成的网络各结点之间的数据通信实时性增强，并且容易构成冗余结构，提高系统的可靠性和系统的灵活性。

（2）CAN 总线结点安全性好　CAN 总线通过 CAN 收发器接口芯片 82C250 的两个输出端 CANH 和 CANL 与物理总线相连，如图 2-5 所示。CANH 端的状态只能是高电平或悬浮状态，CANL 端只能是低电平或悬浮状态。这就保证在系统有错误时，不会出现多结点同时向总线发送数据，使总线短路从而损坏某些结点的现象。而且 CAN 结点在错误严重的情况下具有自动关闭输出功能，以使总线上其他结点的操作不受影响，从而保证不会出现因个别结点出现问题，使得总线处于"锁死"状态。而且，CAN 具有的完善的通信协议，可由 CAN 控制器芯片及其接口芯片来实现，从而大大降低系统开发难度，缩短开发周期。

（3）CAN 总线的数据通信具有突出的可靠性、实时性和灵活性　由于其良好的性能和独特的设计，CAN 总线越来越受到人们的重视。它在汽车领域的应用是最广泛的，世界上一些著名的汽车制造厂商，如 BENZ（奔驰）、BMW（宝马）、PORSCHE（保时捷）、ROLLS-ROYCE（劳斯莱斯）和 JAGUAR（美洲豹）等都采用了 CAN 总线来实现汽车内部控制系统与各检测和

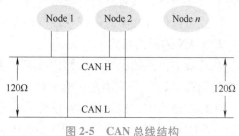

图 2-5　CAN 总线结构

执行机构间的数据通信。同时，由于 CAN 总线本身的特点，其应用范围已不再局限于汽车行业，而向自动控制、航空航天、航海、过程工业、机械工业、纺织机械、农用机械、机器人、数控机床、医疗器械和传感器等领域发展。CAN 已经形成国际标准，并已被公认为几种最有前途的现场总线之一。其典型的应用协议有 SAEJ1939/ISO11783、CANOpen、CANaerospace、DeviceNet、NMEA2000 等。CAN 总线通信接口中集成了 CAN 协议的物理层和数据链路层功能，可完成对通信数据的成帧处理，包括位填充、数据块编码、循环冗余检验、优先级判别等工作。

（4）CAN 总线网络内结点个数理论上不受限制　CAN 协议的一个最大特点是废除了传统的占地址编码，代之以对通信数据块进行编码。采用这种方法的优点是可使网络内的结点个数在理论上不受限制，数据块的标识码可由 11 位或 29 位二进制数组成，因此可以定义两个或两个以上不同的数据块。这种按数据块编码的方式，还可使不同的结点同时接收到相同的数据，这一点在分布式控制系统中非常有用。数据段长度最多为 8 个字节，可满足通常工业领域中控制命令、工作状态和测试数据的一般要求。同时，8 个字节不会占用总线时间过长，从而保证了通信的实时性。CAN 协议采用 CRC 检验并可提供相应的错误处理功能，保证了数据通信的可靠性。CAN 卓越的特性、极高的可靠性和独特的设计，特别适合工业过程监控设备的互联，因此，越来越受到工业界的重视，并已公认为最有前途的现场总线之一。

（5）CAN 总线各结点之间可以自由通信　CAN 总线采用了多主竞争式总线结构，具有多主站运行和分散仲裁的串行总线以及广播通信的特点。CAN 总线上任意结点可在任意时

刻主动地向网络上其他结点发送信息而不分主次，因此可在各结点之间自由通信。CAN 总线协议已被国际标准化组织认证，技术比较成熟，控制用的芯片已经商品化，性价比高，特别适用于分布式测控系统之间的数据通信。CAN 总线插卡可以任意插在 PCATXT 兼容机上，便于构成分布式监控系统。

（6）CAN 总线具有较高的效率　CAN 总线以报文为单位进行数据传送，报文的优先级结合在 11 位标识符中，具有最低二进制数的标识符有最高的优先级。这种优先级一旦在系统设计时被确立，就不能再被更改。总线读取中的冲突可通过位仲裁解决。当几个站同时发送报文时，站 1 的报文标识符为 0111111；站 2 的报文标识符为 0100110；站 3 的报文标识符为 0100111。所有标识符都有相同的两位 01，直到第 3 位进行比较时，站 1 的报文被丢掉，因为它的第 3 位为高，而其他两个站的报文第 3 位为低。站 2 和站 3 报文的 4、5、6 位相同，直到第 7 位时，站 3 的报文才被丢失。CAN 具有较高的效率是因为只有那些请求总线悬而未决的站可以利用总线，这些请求是根据报文在整个系统中的重要性按顺序处理的。这种方法在网络负载较重时有很多优点，因为总线读取的优先级已被按顺序放在每个报文中了，所以可以保证在实时系统中较低的个体隐伏时间。

2. CAN 的报文格式

在总线中传送的报文，每帧由七部分组成。CAN 协议支持两种报文格式，其唯一不同的是标识符（ID）长度不同，标准格式为 11 位，扩展格式为 29 位。

在标准格式中，报文的起始位称为帧起始（SOF），然后是由 11 位标识符和远程发送请求位（RTR）组成的仲裁段。RTR 位标明是数据帧还是请求帧，在请求帧中没有数据字节。

控制段包括标识符扩展位（IDE），指出是标准格式还是扩展格式。它还包括一个保留位（RB0），为将来扩展使用。它的最后四个字节用来指明数据段中数据的长度（DLC）。数据段范围为 0~8 字节，其后有一个检测数据错误的循环冗余检查（CRC）。

应答段（ACK）包括应答位和应答分隔符。发送站发送的这两位均为隐性电平（逻辑 1），这时正确接收报文的接收站发送主控电平（逻辑 0）去覆盖它。用这种方法，发送站可以保证网络中至少有一个站能正确接收到报文。

CAN 数据帧的组成如图 2-6 所示，包含帧起始、仲裁段、控制段、数据段、CRC 段、ACK 段和帧结束。远程帧不存在数据段，远程帧的 RTR 位必须是隐位。

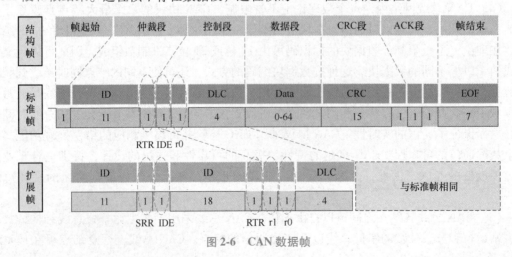

图 2-6　CAN 数据帧

DLC 的数据值是独立的，它可以是 0~8 中的任何数值，以对应数据帧的数据长度。

错误帧由两个不同段组成，第一个段由来自各站的错误标志叠加得到，第二个段是错误界定符。错误帧具有两种形式，包含主动错误标志和被动错误标志，如图 2-7 所示。

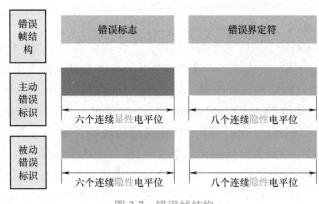

图 2-7　错误帧结构

1）主动错误标志（Active error flag），由六个连续的显位组成。

2）被动错误标志（Passive error flag），由六个连续的隐位组成。

错误界定符包括八个隐位。

过载帧包括两个位段，过载标志和过载帧界定符，如图 2-8 所示。发送过载帧的过载条件为：①要求延迟下一个数据帧或远程帧；②在间歇段检测到显位。

过载标志由六个显位组成。过载界定符由八个隐位组成。

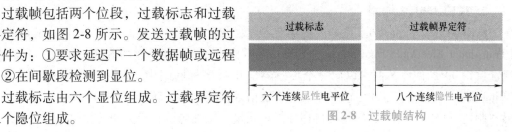

图 2-8　过载帧结构

2.2.2　IEEE1451

为了解决传感器与各种网络相连的问题，以 KanglLee 为首的一些有识之士在 1993 年就开始构造一种通用智能化传感器的接口标准。1993 年 9 月，IEEE 第九届技术委员会，即传感器测量和仪器仪表技术协会决定制定一种智能传感器通信接口的协议。1994 年 3 月，美国国家技术标准局 NIST 和 IEEE 共同组织了一次关于制定智能传感器接口和制定智能传感器连接网络通用标准的研讨会，从这以后已连续举办了四次会议，讨论 IEEE1451 传感器/执行器智能变送器接口标准。直到 1995 年 4 月，成立了两个专门的技术委员会，即 P1451.1 工作组和 P1451.2 工作组。P1451.1 工作组主要负责对智能变送器的公共目标模型进行定义和对相应模型的接口进行定义；P1451.2 工作组主要定义 TEDS 和数字接口标准，包括 STIM 和 NACP 之间的通信接口协议和引脚定义分配。1995 年 5 月即给出了相应的标准草案和演示系统。经过几年的努力，IEEE 会员分别在 1997 年和 1999 年投票通过了其中的 IEEE1451.2 和 IEEE1451.1 两个标准，同时新成立了两个新的工作组对 EEE1451.2 标准进行进一步的扩展，即 IEEEP1451.3 和 IEEEP1451.4。IEEE、NIST 和波音、惠普等一些大公司积极支持 IEEE1451，并在传感器国际会议上进行了基于 IEE1451 标准的传感器系统演示。

自 IEEE 和 NIST 组织制定网络化智能传感器接口标准 IEEE1451，美国一些大公司积极参与 IEEE1451 标准的制定，并在多次国际传感器博览会上进行网络化智能传感器的演示和实验，部分公司还推出了网络化智能传感器系统开发工具。

1. IEEE1451.1 标准

IEEE1451.1 标准定义了网络独立的信息模型，使传感器接口与 NCAP 相连，它使用了面向对象的模型定义提供给智能传感器及其组件。该标准通过采用一个标准的应用编程接口（API）来实现从模型到网络协议的映射。同时，该标准以可选的方式支持所有的接口模型的通信方式，例如，其他的 IEEE1451 标准提供的 STIM、TBIM（Transducer Bus Interface Module）和混合模式传感器。IEEE1451.1 标准支持的现场设备和应用具有很多优点，如丰富的通信模型、支持客户/服务器模型和发布/订阅模型，这些强有力的模型，简化了分布式测控系统软件的开发和系统的复杂度，模块化的结构可以容易地定制任意大小的系统等。IEEE1451.1 标准是围绕面向对象系统技术建立的，这些系统中的核心是类的概念。一个类可以描述功能模块所共有的特征，这些功能模块被称为实例或对象。基本类的概念被附加的规范所扩展以用于 IEEE1451.1。这些规范包括发布集合（类所产生的事件）、订阅集合（类所响应的时间）、状态机（一个大规模的状态转换规则标准集）以及一组数据类型的定义（提供互用性所必需的一部分特性）。

2. IEEE1451.2 标准

IEEE1451.2 标准规定了连接传感器到微处理器的数字接口，描述了电子数据表格（Transducer Electronic Data Sheet，TEDS）及数据格式，提供了连接 STIM 和 NCAP 的 10 线标准接口 TII，使制造商可以把一个传感器应用到多种网络中，使传感器具有"即插即用（Plug and Play）"兼容性。该标准没有指定信号调理、信号转换或 TEDS 如何应用，由各传感器制造商自主实现，以保持各自在性能、质量、特性与价格等方面的竞争力。

3. IEEEP1451.3 标准

IEEEP1451.3 标准提议定义一个标准的物理接口指标，以多点设置的方式连接多个物理上分散的传感器。这是非常必要的，例如，在某些情况下，由于恶劣的环境，不可能在物理上把 TEDS 嵌入在传感器中。IEEEP1451.3 标准提议以一种"小总线"（mini-bus）方式实现变送器总线接口模型（TBIM）。这种小总线因足够小且便宜，可以轻易地嵌入到传感器中，从而允许通过一个简单的控制逻辑接口进行最大量的数据转换。

图 2-9 所示为 IEEEP1451.3 的物理连接表示。其中，一条单一的传输线既被用作支持变送器的电源，又用来为总线控制器与变送器总线接口模型 TBIM 提供通信。这条总线可具有一个总线控制器和多个 TBIM。网络适配器（NCAP）包含总线的控制器和支持很多不同终端、NCAP 和变送器总线的网络接口。如果变送器总线存在于网络内部，总线控制器只能在 NCAP 中；否则，它应该设在主机或其他设备中。一个变送器总线接口模型 TBIM 可以有一到多个不同的变送器。所有 TBIM 都包含有五个通信函数。这些通信函数在一个物理传输媒介上最少可利用其中两个通信通道，通信通道与启动变送器的电源共享这个物理媒介。对高功耗的变送器，通过通信电缆共享也许是不够的，这时可提供外电源来驱动变送器。

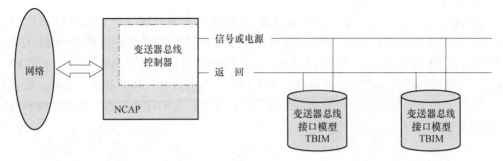

图 2-9　IEEEP1451.3 的物理连接表示

4. IEEEP1451.4 标准

IEEEP1451.4 提议定义一个允许模拟量传感器（如压电传感器、变形测量仪）以数字信息模式（或混合模式）通信的标准，目的是传感器能进行自识别和自设置。此标准同时建议数字 TEDS 数据的通信将使用最少量的线（远少于 IEEE1451.2 标准所需的 10 根线）与传感器的模拟信号共享。一个 IEEE1451.4 的变送器包括一个变送器电子数据表格 TEDS 和一个混合模式的接口 MMI。

作为 IEEE1451 标准成员之一，IEEEP1451.4 定义了一个混合模式变送器接口标准，如果为了控制和自我描述的目的，模拟量变送器将具有数字输出能力。IEEEP1451.4 将建立一个标准允许模拟输出的混合模式的变送器与 IEEE1451 兼容的对象进行数字通信。

每一个 IEEEP1451.4 兼容的混合模式变送器将至少有一个变送器、变送器电子数据表格 TEDS、控制和传输数据进入不同的、已存在的模拟接口。变送器的 TEDS 很小，但定义了足够的信息，可允许一个高级的 IEEE1451 对象进行补充。

IEEEP1451.4 的 TEDS 是 IEEE1451.2 标准定义的 TEDS 的一个子集，其目的是尽量减小 TEDS 存储器的大小。IEEEP1451.4 的 TEDS 设计的主要要素有帮助用户的相关信息、即插即用功能、支持所有的变送器类型、足够的开放性以满足个别需求和与 IEEE1451.2 兼容。IEEEP1451.4 的 TEDS 将包括以下内容：

1）识别参数，如生产厂家、模块代码、序列号、版本号和数据代码。
2）设备参数，如传感器类型、灵敏度、传输带宽、单位和精度。
3）标定参数，如最后的标定日期、校正引擎系数。
4）应用参数，如通道识别、通道分组、传感器位置和方向。

5. IEEEP1451.5 标准

IEEEP1451.5 为无线传感器通信接口标准。IEEEP1451.5 标准提案于 2001 年 6 月推出，在已有的 IEEE1451 框架下提供了一个开放的标准无线传感器接口，以满足工业自动化等不同应用领域的需求。IEEEP1451.5 使用无线的传输介质，描述了智能传感器与网络适配器模块之间的无线连接规范，而不是网络适配器模块与网络之间的无线连接，实现了网络适配器模块与智能传感器的 EEE802.11、Bluetooth、ZigBee 无线接口之间的互操作性。

IEEE1451.1 标准可以独立于其他 IEEE1451.X 硬件接口标准而单独使用；IEEE1451.X 也可不需要 IEEE1451.1 而单独使用，但是，必须要有一个与 IEEE1451.1 相似的软件结构，它能够提供物理参数数据、应用功能函数和通信功能，以便将 IEEE1451.X 设备与网络连接，实现 IEEE1451.1 的功能。

IEEE1451 传感器代表了下一代传感器技术的发展方向。网络化智能传感器接口标准 IEEE1451 的提出将有助于解决目前市场上多种现场网络并存的问题。随着 IEEEP1451.3、EEEP1451.4、IEEEP1451.5、IEEEP1451.6 标准的陆续制定、颁布和执行，基于 IEEE1451 的网络化智能传感器技术将对工业测控、智能建筑、远程医疗、环境和水文监测、农业信息化、航空航天和国防军事等领域带来革命性影响，带来巨大的社会效益、经济效益和环境效益，应用前景广阔。

2.2.3　以太网

以太网最早由 Xerox（施乐）公司创建，1980 年由 DEC、Intel 和 Xerox 三家公司联合开发成为一个标准。以太网是应用最为广泛的局域网，包括标准以太网（10Mbps）、快速以太网（100Mbps）和 10G（10Gbps）以太网，采用的是 CSMA/CD 访问控制法，它们都符合 IEEE802.3 标准。

IEEE802.3 标准规定了包括物理层的连线、电信号和介质访问层协议等内容。以太网是当前应用最普遍的局域网技术。很大程度上取代了其他局域网标准，如令牌环、FDDI 和 ARCNET。历经 100Mbps 以太网在 20 世纪末的飞速发展后，目前千兆以太网甚至 10Gbps 以太网正在国际组织和相关企业的推动下不断拓展应用范围。

1979 年，梅特卡夫成立了 3Com 公司，1980 年 9 月 30 日出台了通用的以太网标准。它不是一种具体的网络，是一种技术规范。该标准定义了在局域网（LAN）中采用的电缆类型和信号处理方法。以太网在互联设备之间以 10~100Mbps 的速率传送信息包，双绞线电缆 10BaseT 以太网由于其低成本、高可靠性以及 10Mbps 的速率而成为应用最为广泛的以太网技术。许多制造供应商提供的产品都能采用通用的软件协议进行通信，开放性最好。

1. 以太网的连接

总线型以太网连接示意图如图 2-10 所示。其所需的电缆较少、价格便宜，但管理成本高，不易隔离故障点，采用共享的访问机制，易造成网络拥塞。早期以太网多使用总线型拓扑结构，采用同输电平作为传输介质，连接简单，通常在小规模网路中不需要专用的网络设备。但由于它存在的固有缺陷，已经逐渐被以集线器和交换机为核心的星形网络所代替。

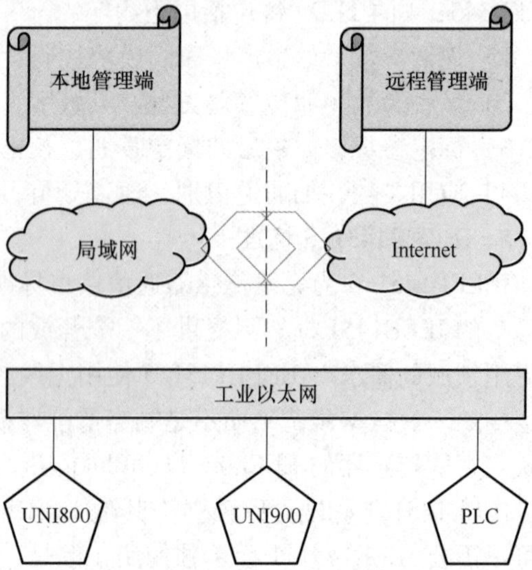

星形以太网连接示意图如图 2-11 所示。其管理方便、容易扩展，但需要专用的网络设备作为网络的核心结点，需要更多的网线，对核心设备的可靠性要求高。采用专用的网络设备（如集线器或交换机）作为核心结点，通过双绞线缆将局域网中的各台主机连接到核心结点上，这就形成了星形结

图 2-10　总线型以太网连接示意图

构。星形网络虽然需要的线缆比总线型多，但布线和连接器比总线型要便宜。此外，星形拓扑可以通过级联的方式很方便地将网络扩展到很大的规模，因此得到了广泛的应用，被绝大部分以太网所采用。

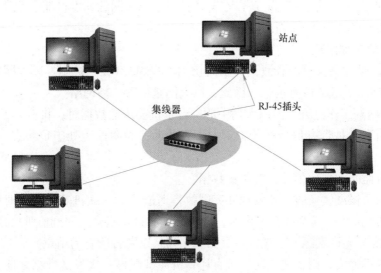

图 2-11 星形以太网连接

以太网可以采用多种连接介质，包括同轴电缆，双绞线缆和光纤等。其中，双绞线缆多用于从主机到集线器或交换机的连接，而光纤则主要用于交换机间的级联和交换机到路由器间的点到点链路上。同轴电缆作为早期的主要连接介质已经逐渐趋于淘汰。

带冲突检测的载波侦听多路访问（CSMA/CD）技术采用了多台计算机共享一个通道的方法。该项技术最早出现在 20 世纪 60 年代，由夏威夷大学开发的 ALOHAnet，它使用无线电波为载体。该技术要比令牌环网或主控制网简单。当某台计算机要发送信息时，必须遵守以下规则：

1）开始。如果线路空闲，则启动传输，否则转到第 4）步发送。

2）如果检测到冲突，继续发送数据直到达到最小报文时间（保证所有其他转发器和终端检测到冲突），再转到第 4）步。

3）成功传输。向更高层的网络协议报告发送成功，退出传输模式。线路忙：等待，直到线路进入空闲状态，等待一个随机的时间，转到第 1）步，除非超过最大尝试传输次数。

4）向更高层的网络协议报告发送失败，退出传输模式。如果传输失败超过一次，将采用退避指数增长时间的方法。退避时间通过截断二进制指数退避算法（truncated binary exponential backoff）来实现。

最初的以太网采用同轴电缆来连接各个设备。计算机通过一个称作附加单元接口（Attachment Unit Interface，AUI）的收发器连接到电缆上。一根简单网线对于一个小型网络来说还是很可靠的，对于大型网络，某处线路的故障或某个连接器的故障，都会造成以太网某个或多个网段的不稳定。

因为所有的通信信号都在共用线路上传输，即使信息只是发给其中的一个终端（Destination），某台计算机发送的消息都将被所有其他计算机接收。在正常情况下，网络接口卡会滤掉不是发送给自己的信息，接收目标地址是自己的信息时才会向 CPU 发出中断请求，除非网卡处于混杂模式（Promiscuous Mode）。这种"一个说，大家听"的特点是共享介质以太网在安全上的弱点，因为以太网上的每一个结点都可以选择是否监听线路上传输的所有信息。共享电缆也意味着共享带宽，所以在某些情况下以太网的速度可能会非常慢，如电源故障后，当所有的网络终端都重新启动时。

2. 以太网的工作原理

以太网采用带冲突检测的载波侦听多路访问（CSMA/CD）机制。以太网中每个结点都可以看到在网络中发送的所有信息，因此，以太网是一种广播网络。

（1）以太网的工作过程　当以太网中的一台主机要传输数据时，将按如下步骤进行。

1）监听信道上是否有信号在传输。如果有的话，表明信道处于忙状态，就继续监听，直到信道空闲。

2）若没有监听到任何信号，就传输数据。

3）传输的时候继续监听，若发现冲突则执行退避算法，随机等待一段时间后，重新执行发送信息时的步骤1）（当冲突发生时，涉及冲突的计算机会返回到监听信道状态。注意，每台计算机一次只允许发送一个包，一个拥塞序列，以警告所有的结点）。

4）若未发现冲突，则发送成功，所有计算机在试图再一次发送数据之前，必须在最近一次发送后等待 $9.6\mu m$（以 10Mbps 运行）。

（2）以太网的帧结构　以太网的帧是数据链路层的封装，网络层的数据包加上帧头和帧尾后成为可以被数据链路层识别的数据帧（成帧）。虽然帧头和帧尾所用的字节数是固定不变的，但按照被封装的数据包大小不同，以太网的长度也在变化，其范围是 64~1518B（不算 8B 的前导字）。

（3）冲突/冲突域

1）冲突（Collision）。在以太网中，当两个数据帧同时被发到物理传输介质上，并完全或部分重叠时，就会发生数据冲突。当冲突发生时，物理网段上的数据不再有效。

2）冲突域。同一个冲突域中的每一个结点都能收到所有被发送的帧。

3）影响冲突产生的因素。冲突是影响以太网性能的重要因素，由于冲突的存在使得传统以太网在负载超过40%时，效率明显下降。产生冲突的原因有很多，如同一冲突域中结点的数量越多，产生冲突的可能性就越大。此外，诸如数据分组的长度（以太网的最大帧长度为 1518B）、网络直径等因素也会影响冲突的产生。因此，当以太网的规模增大时，就必须采取措施以控制冲突的扩散。通常的办法是使用网桥和交换机将网络分段，将一个大的冲突域划分为若干小冲突域。

（4）广播/广播域

1）广播。在网络传输中，向所有连通的结点发送消息称为广播。

2）广播域。网络中能接收任何一设备发出的广播帧的所有设备的集合。

3）广播和广播域的区别。广播域是指网络中所有的结点都可以收到传输的数据帧，不管该帧是否会发给这些结点。非目标结点的主机虽然收到该数据帧但不做处理。广播是指由广播帧构成的数据流量，这些广播帧以广播地址（地址的每一位都为1）为目的地址，告知网络中所有的计算机接收此帧并处理它。

2.3　无线传感网络技术

目前，无线通信方面，WSN 可以采用的主要有 ZigBee、蓝牙、WiFi 和红外等技术。其中，红外技术的实现和操作相对简单，成本低廉，但红外光线直线传输、易受遮挡，可移动性差，只支持点对点视距连接，无法灵活地构建网络；蓝牙技术是工作在 2.4GHz 频段的无线技术，目前在计算机外设方面应用较广。但由于其协议本身较复杂、开发成本高、结点功耗大等缺点，而限制了其在工业方面的进一步推广；WiFi 技术的通信速率为 11Mbps，通信距离为 50~100m，适合多媒体应用，但其本身实现成本高，功耗大，安全性能低，从而在 WSN 中应用较少；ZigBee 技术以其经济、可靠、高效等优点在 WSN 中有着广泛的应用前景。

2.3.1　ZigBee 技术

1. ZigBee 技术概述

ZigBee 技术是一种短距离、低复杂度、低功耗、低数据速率、低成本的双向无线通信技术或无线网络技术，是一组基于 IEEE802.15.4 无线标准研制开发的有关组网、安全和应用软件方面的通信技术。ZigBee 的名字来源于蜂群使用的赖以生存和发展的通信方式，蜜蜂通过跳 ZigZag 形状的舞蹈来通知同类发现的新食物源的位置、距离和方向等信息，ZigBee 技术就是以此作为新一代无线通信技术的名称。

随着通信技术的迅速发展，人们提出了在自身附近几米范围内通信的要求，这样就出现了个人区域网络（Personal Area Network，PAN）和无线个人区域网络（Wireless Personal Area Network，WPAN）的概念。WPAN 网络为近距离范围内的设备建立无线连接，把几米范围内的多个设备通过无线方式连接在一起，使它们可以相互通信甚至接入 LAN 或 Intenet。虽然蓝牙技术的出现缓解了 WPAN 范围内无线通信的压力，但由于其协议复杂、实现成本高，使其在进一步推广中受阻。在这种情况下，协议简单、实现成本低的 ZigBee 技术应运而生。ZigBee 技术具有低速率、低功耗、低成本、时延短和高安全性等特点。

2. ZigBee 协议总体架构

ZigBee 标准采用分层结构，每一层为上层提供一系列特殊的服务：数据实体提供数据传输服务；管理实体则提供所有其他服务。所有的服务实体都通过服务接入点（Service Access Point，SAP）为上层提供接口，每个 SAP 都支持一定数量的服务原语来实现所需的功能。ZigBee 标准的分层架构是在 OSI 七层模型的基础上根据市场和应用的实际需要来定义。其中，IEEE 802.15.4—2003 标准定义了底层协议：物理层（Physical Layer，PHY）和媒体访问控制层（Medium Access Control Sub-Layer，MAC）。ZigBee 联盟在此基础上定义了网络层（Network Layer，NWK）、应用层（Application Layer，APL）架构。其中，PHY 层主要功能包括启动和关闭无线收发器、信道能量检测、链路质量检测、信道选择，空闲信道评估（CCA）以及通过物理信道对数据包进行发送和接收等；MAC 层主要实现信标管理、信道接入、时隙管理、发送与接收帧结构数据、提供合适的安全机制等；网络安全层主要用于

ZigBee 网络的组网连接、数据管理和网络安全等；应用层主要为 ZigBee 技术的实际应用提供一些应用框架模型。

　　ZigBee 网络中，根据设备所具有的通信能力，可以分为全功能设备（Full-Function Device，FFD）和精简功能设备（Reduced-Function Device，RFD）。图 2-12 所示为 ZigBee 网络组件和拓扑关系。FFD 之间以及 FFD 和 RFD 之间都可以相互通信；但 RFD 只能与 FFD 通信，而不能与其他 RFD 通信。RFD 主要用于简单的控制应用，传输的数据量较少，对传输资源和通信资源占用不多，可以采用相对廉价的实现方案，在网络结构中一般作为通信终端。FFD 则需要功能相对较强的 MCU，一般在网络结构中拥有网络控制和管理的功能。

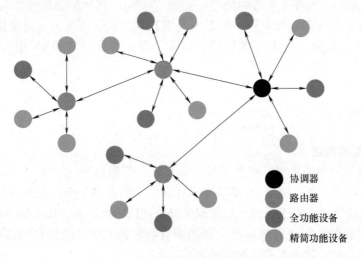

图 2-12　ZigBee 网络组件和拓扑关系

　　ZigBee 网络中，有一个称为 PAN 网络协调者（PAN coordinator）的 FFD 设备，它是网络的中心结点。PAN 网络协调者除直接参与应用以外，还要负责其他网络成员的身份管理、链路状态信息的管理以及分组转发等功能。

　　从网络拓扑的角度看，ZigBee 设备主要有三种角色：网络协调者、网络路由器和网络终端设备。其中网络协调者主要负责网络的建立以及网络的相关配置；路由器主要负责找寻、建立以及修复网络报文的路由信息，并负责转发网络报文；网络终端具有加入、退出网络的功能，并可以接收和发送网络报文，但终端设备不允许路由转发报文。通常协调者和路由器结点由 FFD 功能设备构成，终端设备由 RFD 设备组成。根据应用的需要 ZigBee 网络可以组织成星形网络、网状网络和簇状网络三种拓扑结构，如图 2-13 所示。

2.3.2　蓝牙

1. 蓝牙的形成背景

　　蓝牙的创始人是瑞典爱立信公司，爱立信早在 1994 年就已进行研发。1997 年，爱立信与其他设备生产商联系，并激发了他们对该技术的浓厚兴趣。1998 年 5 月，爱立信、诺基亚、东芝、IBM 和英特尔公司五家著名厂商，在联合开展短程无线通信技术的标准化活动时提出了蓝牙技术，其宗旨是提供一种短距离、低成本的无线传输应用技术。这五家厂商还成

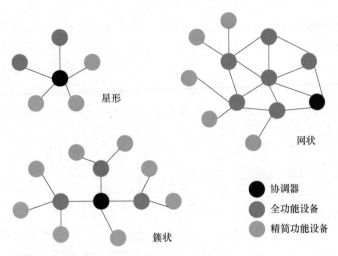

图 2-13　ZigBee 网络结构

立了蓝牙特别兴趣小组（Bluetooth Special Inercst Group，Bluetooth SIG）以使蓝牙技术能够成为未来的无线通信标准。芯片霸主 Intel 公司负责半导体芯片和传输软件的开发，爱立信负责无线射频和移动电话软件的开发，IBM 和东芝负责微型计算机接口规格的开发。1999年下半年，著名的业界巨头微软、摩托罗拉、三康、朗讯与蓝牙特别小组的五家公司共同发起成立了蓝牙技术推广组织，从而在全球范围内掀起了一股蓝牙热潮。Bluetooth SIG 致力于推动蓝牙无线技术的发展，为短距离连接移动设备制订低成本的无线规范，并将其推向市场。2006 年 10 月 13 日，联想公司取代了 IBM 在 Bluetooth SIG 中的创始成员位置，拥有蓝牙技术联盟董事会一席，并积极推动蓝牙标准的发展。

2. 蓝牙技术

蓝牙是一种支持设备短距离通信（一般 10m 内）的无线电技术，从而使数据传输变得更加迅速高效，为无线通信拓宽了道路。蓝牙采用分散式网络结构以及快跳频和短包技术，支持点对点及点对多点通信，频段为全球通用的 2.4GHz（即工业、科学、医学），其数据速率为 1Mbps，采用时分双工传输实现全双工传输，使用 IEEE802. 15 协议。

蓝牙技术是一种无线数据与语音通信的开放性全球规范，它以低成本的近距离无线连接为基础，为与移动设备通信环境固定建立一个特别连接。

ISM 频带是对所有无线电系统都开放的频带，因此使用其中的某个频段都会遇到不可预测的干扰源。例如，某些家电、无绳电话、汽车房开门器、微波炉等，都可能是干扰。为此，蓝牙特别设计了快速确认和跳频方案以确保链路稳定。跳频技术把频带分成若干个跳频信道（Hop Channel），在每次连接中，无线电收发器都按一定的码序列（即一定的规律，技术上称为"伪随机码"，就是"假"的随机码）不断地从一个信道"跳"到另一个信道，只有收发双方是按此规律进行通信，而其他的设备不可能按同样的规律进行干扰。跳频的瞬时带宽很窄，但通过扩展频谱技术可使这个窄带宽成百倍地扩展成宽频带，使干扰可能的影响变得很小。

与其他工作在相同频段的系统相比，蓝牙跳频更快，数据包更短，这使蓝牙比其他系统都更稳定。FEC（Forward Error Correction，前向纠错）的使用抑制了长距离链路的随机噪声，二进制调频（FM）技术的跳频收发器被用来抑制干扰和防止衰落。

蓝牙基带协议是电路交换与分组交换的结合。被保留的时隙中可以传输同步数据包，每个数据包以不同的频率发送。一个数据包名义上占用一个时隙，但实际上可以被扩展到占用五个时隙。蓝牙可以支持异步数据信道、多达三个同时进行的同步语音信道，还可以用一个信道同时传送异步数据和同步语音。每个话音信道支持6Kbps同步语音链路。异步信道可以支持一端最大速率为721Kbps而另一端速率为57.6Kbps的不对称连接，也可以支持43.2Kbps的对称连接。

2.3.3　WiFi

1. WiFi 技术概述

所谓WiFi，其实就是IEEE802.11b的别称，是由一个名为"无线以太网相容联盟"（Wireless Ethernet compatibility Alliance，WECA）的组织所发布的业界术语，中文译为"无线相容认证"。它是一种短程无线传输技术，能够在数百米范围内支持互联网接入的无线电信号。

WiFi可以将个人计算机、手持设备（如PDA、手机）等终端以无线方式互相连接。随着技术的发展，以及IEEE802.11a和IEEE802.11g等标准的出现，现在IEEE802.11这个标准已被统称为WiFi。它为用户提供了无线的宽带互联网访问，同时，它也是在家里、办公室或在旅途中上网的快速、便捷途径。WiFi无线网络是由AP（Access Point）和无线网卡组成的无线网络。在开放性区域，通信距离可达305m；在封闭性区域，通信距离为76～122m，便于与现有的有线以太网络整合，组网成本更低。WiFi以其自身诸多优点，受到人们推崇。

2. WiFi 技术的优点和不足

（1）WiFi技术突出的优势

1）较广的局域网覆盖范围。WiFi的覆盖半径可达100m左右，相比于蓝牙技术覆盖范围较广。

2）传输速度快。WiFi技术传输速度非常快，适合高速数据传输业务。

3）不需要布线。WiFi最主要的优势在于不需要布线，因此非常适合移动办公用户的需要。

4）健康安全。IEEE8021规定的发射功率不可超过100mW，实际发射功率约60～70mW，而手机的发射功率为200mW～1W，手持式对讲机高达3W。与后者相比，WiFi产品的辐射更小。

（2）WiFi技术的不足之处　首先它的覆盖面积有限，其次它的移动性不佳，只有在静止或者步行的情况下使用时才能保证其通信质量。为了改善WiFi网络覆盖面积有限和低移动性的缺点，最近又提出了802.11n协议草案。802.11n相比前面的标准技术优势明显，在传输速率方面，802.1ln可以将WLAN的传输速率由目前802.11b/g提供的54Mbps提高到300Mbps甚至600Mbps。在覆盖范围方面，820.11n采用智能天线技术，可以动态调整波束，保证让WLAN用户接收到稳定的信号，可以减少其他信号的干扰，从而获得更宽的覆盖范围。

2.4　工业通信协议

各种工业通信协议见表 2-7。本节就常用的几种工业通信协议：**ModBus** 协议、**Profinet** 协议和 **OPC UA** 协议进行详细介绍。

表 2-7　各种工业通信协议

协议	设计目的	优缺点
ModBus 协议	通用的工业通信协议	—
Profibus 协议	用于实现离散制造，现已扩展到过程自动化和企业范围的应用	支撑模拟信号和离散信号的器件级总线，适用于整流器，可互操作且可互换
HART 协议	为现场硬件设备和控制设备智能通信而设计	它使仪器工程师能够保留现有的 4~20mA 仪器电缆，并同时使用相同的导线来承载叠加在模拟信号上的数字信息
Ethernet/IP 协议	从机器级到过程级，始终涉及工业工厂通信	在数据交换中提供了极大的易配置性，在每个循环中需要的配置时间少，且在带宽管理方面具有更好的性能。然而周期时间具有较大的方差，并且不是很稳定，在网络上会产生错误数据，对网络攻击的抵抗力较低
POWERLINK 协议	适用于工厂内设备较为分散的场合	可以为用户提供更大的适应性和扩展灵活性的结构。当网络受到攻击时，具有很好的稳定性能，总线进入错误状态后的恢复时间更加稳定和可预测，调试和配置通信所需的时间更快、更简单
Profinet 协议	为下一代工业 4.0 推出的针对以太网层的总线标准	—
Devicenet 协议	将低级设备（传感器和执行器）与高级设备（控制器）互连	DeviceNet 最多可以支持 64 个结点，这些结点可以在通电的情况下单独拆除，而无需切断中继线
InterBus 协议	是一种快速传感器/执行器总线，用于工业环境中传输过程数据	易于操作和安装，满足光纤技术的最佳要求等功能。InterBus 主/从系统可以在 16 个网络级别上连接 512 个设备，在 InterBus 系统中，数据会使用其在系统中的物理位置自动分配给设备
OPC UA 协议	解决语义互操作问题	—

2.4.1　ModBus 协议

ModBus 协议是由 Modicon 公司开始研发的，经过几十年的使用，如今 ModBus 协议已经成为全球最流行的工业领域通信协议，如图 2-14 所示。由于 ModBus 协议是完全公开透明的，所需的软硬件又非常简单，这就使它成为一种通用的工业标准。ModBus 协议有两种传输模式：**ASCII**（标准码信息交换）和 **RTU**（远程终端单元）。在 ASCII 模式下，信息以 ASCII 字符的形式发送。在 RTU 模式下，数据以十六进制字符发送。

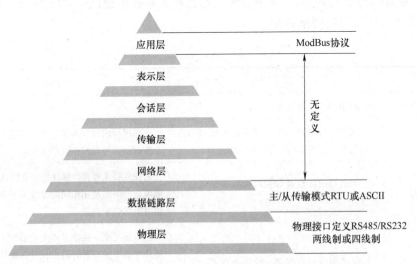

图 2-14　ModBus OSI 参考模型

ModBus 协议总结：

1）两种类型的信息：RTU 和 ASCII。

2）两种校验方法：CRC 校检、LRC 校检（CRC 代表 RTU，LRC 代表 ASCII）。

3）通信配置：主/从。

4）一个网络上最多连接 32 个设备（最多 64 个带有中继器）。

5）最大距离 4920ft⊖（19680ft，带中继器）。

2.4.2　Profinet 协议

PROFINET 是为下一代工业 4.0 推出的针对以太网层的总线标准，PROFINET 由几部分组成，包括分布式自动化（PROFINET CBA）、分布式现场设备（PROFINET IO）、网络管理、安装指南和 WEB 集成，这些部分将有助于使标准交互式以太网更容易用于工业自动化。PROFINET 接口可以使用带以太网的分布式现场设备、分散式现场设备，所有自动化设备（包括 I/O 设备，阀岛，变频器等）都可以轻松地用于同质网络基础架构中。PROFINET 接口定义了三种不同类型的功能。

1）I/O 控制器是一种控制设备，其可以与一个或多个 I/O 现场设备进行关联。

2）I/O 设备是现场设备，根据功能执行活动。

3）I/O 监视器是一种工程设备，负责管理 I/O 控制器和 I/O 设备配置数据的提供和诊

⊖　1ft = 0.3048m。

断数据的收集。

PROFINET 接口可以在不到 1ms 的时间内提供 32 个现场设备的 1000 多个输入和输出的循环交换。I/O 控制器和 I/O 设备之间的通信是通过建立应用关系来完成的。每个应用关系是指在两个设备之间提供数据交换所需的逻辑连接。要交换的数据在不同通信关系中定义，提供不同类型的通信关系表，循环过程数据在 I/O 数据通信关系上流动，配置数据和其他非循环数据在记录数据通信关系上流动，实时报警数据在报警通信关系上流动。在 PROFINET 协议中，I/O 控制器和 I/O 设备之间的循环数据交换只有在它们之间的所有通信关系都配置和参数化之后才能开始。

2.4.3　OPC UA 协议

OPC UA 解决了语义互操作问题，提供了统一定义异构网络中数据的标准，是当前智能制造过程中的通信解决方案。

20 世纪 90 年代初期 Windows 操作系统在工业制造领域中的广泛使用产生了大量以 COM 技术和 DOOM 技术为基础的自动化产品，为了进一步推动自动化信息标准化，让使用不同总线、协议以及接口的自动化系统之间能够访问设备数据，1996 年一些自动化领域企业与微软公司共同成立了 OPC 基金会。OPC 基金会成立的目的是在以微软 COM/DCOM 为基础的平台上开发出一套新的数据访问标准，通过增加不同系统之间的互操作性来提高整个自动化系统的控制性能。随后 OPC 基金会针对当时自动化系统的不同需要分别推出 OPC 数据访问（Data Access）、OPC 警报和事件（Alarm & Event）以及 OPC 历史数据获取（Historical Data Access）等规范协议，这些不同的通信接口构成了 OPC 技术的基础体系。

随着网络技术的发展微软的 COM/DCOM 技术逐渐暴露出越来越多的缺点，使得 OPC 在一些方面已经无法满足生产的需求，存在的缺点为：① OPC 使用平台单一，除了微软系统，在其他平台无法使用。②基于 COM/DCOM 的 OPC 技术终端间的信息交互没有穿透防火墙的能力，导致 OPC 的应用范围不够广泛。③OPC 各种服务所定义的信息模型和接口不同，不利于自动化系统信息的统一与整合。

OPC 基金会在此基础上又成立了 UA（Unified Architecture）工作组，为了解决上述 OPC 技术存在的缺陷以及进一步增强控制系统的互联互通性，发布了基于 SOA 架构的具有跨平台性、高安全性、高可靠性以及更大程度数据集成性的 OPC UA 技术规范。

与传统 OPC 技术相比，优越性体现在：

1) **OPC UA 从命名上可看出其主要特点就是统一的架构**。区别于 OPC 对不同服务都有独立的访问方式和接口，OPC UA 将 OPC 的各种规范，如数据访问（Data Access）、事件警报（Alarm & Event）以及历史数据采集（Historical Data Access）等服务集成到统一的地址空间中，向外对 OPC UA 客户端以统一接口的方式提供各项服务。

2) **OPC UA 借鉴了 SOA 架构具有松祸合型的特点**。面向服务架构的基本粒度为服务，该架构定义了良好的接口和协议，将各个服务组织成一个网络，使得整个架构的各个组成构件在异构系统中能够以统一的方式进行交互。OPC UA 技术融合了 SOA 架构的特点，在此基础上还加入了二进制编码的形式，使 OPC UA 协议能够满足各种通信需求，使用时可以根据工业需求选择编码方式。

　　3）OPC UA 具有跨平台性。在通信方式统一的前提下，SOA 架构的实现可以有多种形式，这就允许 OPC UA 服务器和客户端能够用不同的语言在不同的系统上实现交流。由于任何系统都支持基于 HTTP 信道 SOAP 编码的 Web-Services，所以 OPC UA 协议可以广泛应用于任何系统。

　　4）OPC UA 具有更高的安全性。由于 COM/DCOM 技术的限制，OPC 的安全性只能通过配置访问控制列表设定来实现，导致 OPC 的安全配置灵活性较差。OPC UA 在这方面进行了优化，用户认证和加密有多种配置方式可供选择，大大提高了 OPC UA 的灵活性和安全性。

　　OPC UA 规范由 13 部分组成，各部分内容如图 2-15 所示，前七个部分详细说明了 OPC UA 的核心功能，这些核心功能定义了 OPC UA 地址空间的结构和操作地址空间的服务。第 8～第 11 部分将这些核心功能应用于由单独 OPC COM 规范处理的特定类型的访问，如数据访问（DA）、警报和事件（A&E）以及历史数据访问（HDA）。第 12 部分描述了 OPC UA 的发现机制，第 13 部分描述了聚合数据的方法。

图 2-15　OPC UA 规范构成部分

　　OPC UA 系统工作模式为 C/S 模式，由若干 OPC UA 服务器和 OPC UA 客户端构成。每个 OPC UA 客户端都可以与多个服务器连接并申请服务，一个 OPC UA 服务器也能够并发处理来自不同 OPC UA 客户端的连接和服务。

　　OPC UA 客户端是服务请求的发起者，每一个基本的 OPC UA 客户端都有客户端应用程序（Client-Application）、客户端服务接口（Client API）以及 UA 通信栈（UA Communication Stack），如图 2-16 所示。OPC UA 客户端的主要功能由应用程序部分实现，客户端服务接口位于通信栈和应用程序之间，使功能实现与通信细节相隔离，以接口调用的方式处理往返于客户端与服务器的请求和响应信息。OPC UA 通信栈处理通信信息，一方面接收服务接口的调用，将服务请求数据转换成能够通过通信实体发送给服务器的请求信息，另一方面处理来自通信实体的响应信息，将其转换成能够被服务接口传送至应用程序所使用的信息。

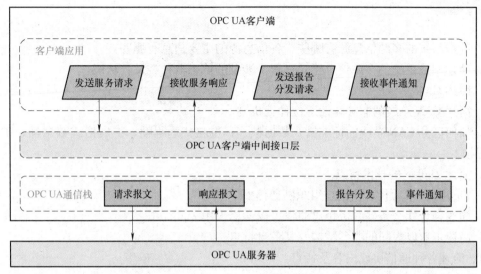

图 2-16　OPC UA 客户端架构

OPC UA 服务器向下对底层数据进行实时采集，向上对客户端提供多种服务，如数据读写、订阅和历史数据查询等服务，它的架构如图 2-17 所示。实际对象（real object）是服务器应用程序提供服务的主要对象，可以有两种形式。其一是物理对象和软件对象，这种对象能够通过服务器应用程序来访问，实际对象还可以是像诊断计时器那样的应用程序内部所维护的对象。与客户端架构类似，服务器的功能也是由服务器应用程序来实现的。不同的是在服务器收到请求信息后，根据服务类型在地址空间进行一系列操作，操作完成后经由服务接口和 UA 通信栈由通信实体发送响应给客户端。

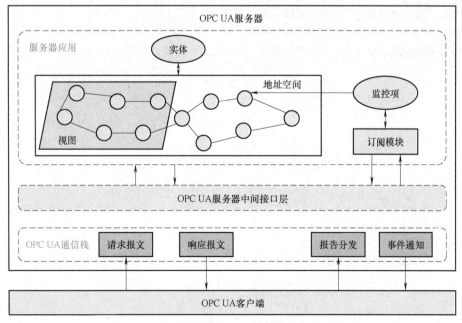

图 2-17　OPC UA 服务器架构

习题 ·········

1. 制造系统的多源信息源有哪些，各信息源的主要信息有哪些？

2. 简述制造系统的多源信息感知过程中涉及的传感器种类及其功能。

3. 简述 CAN 总线的特点和优点。

4. 简述 CAN 总线的非破坏性逐位仲裁机制。

5. 如何区分 CAN 总线的标准格式数据帧、标准格式远程帧、扩展格式数据帧、扩展格式远程帧？

6. 简述 ZigBee 的技术特点。

7. ZigBee 技术为什么使用自组织网通信？

8. 简述符合什么条件的短距离通信可以考虑采用 ZigBee 技术？

9. 简述工业以太网的典型结构及其各自特点。

10. 简述各种通信协议内容及特点。

参 考 文 献

［1］陈艾. 敏感材料与传感器［M］. 北京：化学工业出版社，2004.

［2］ZigBee 联盟. ZigBee 技术引领无线数字新生活［J］. 电脑知识与技术，2006，27：29-34.

［3］EGAN D. The Emergence of ZigBee in Building Automation and Industrial Control［J］. Computing & Control Engineering Journal，2005，16（02）：14-19.

［4］蒋挺，赵成林. 紫蜂技术及其应用［M］. 北京：北京邮电大学出版社，2006.

［5］贺文. 基于 IEEE802.15.4/ZigBee 的无线传感器网络研究［D］. 杭州：浙江大学，2006.

［6］CREED HUDDLESTON. 智能传感器设计［M］. 北京：人民邮电出版社，2009.

［7］沙占有. 集成化智能传感器原理与应用［M］. 北京：电子工业出版社，2004.

［8］刘迎春，叶湘滨. 现代新型传感器原理与应用［M］. 北京：国防工业出版社，2004.

［9］沙占有. 智能化集成温度传感器原理与应用［M］. 北京：机械工业出版社，2002.

第**3**章　制造数据分析基础与原理

　　随着信息化和自动化技术的飞速发展，特别是数控机床、传感器、数据采集装置和其他具备感知能力的智能设备在离散车间底层的大量使用，车间生产从自动化、数字化向智能化发展。智能车间的制造数据呈现典型的大数据 3V 特性，即规模性（Volume）、多样性（Variety）和高速性（Velocity），此外，由于智能车间中的性能指标多样、生产方式多变、随机扰动频发、生产环境开放，车间制造大数据还体现出高维度、多尺度、不确定和高噪声等特性。从范围上，车间制造大数据包括从车间现场到车间管理所有生成、交换和集成的数据，以及所有与制造相关的业务数据和衍生附加信息；从作用上，车间制造大数据对车间运行过程进行了全面描述，任何数据的变化都可能改变车间运行过程，影响车间运行性能，是进行车间运行分析与决策的重要依据。

　　大数据背景下，在智能车间中进行数据挖掘与分析可以量化数据值之间的数理关系，以便更容易、快捷、清楚地分析事物间的内在联系，为人们观察并分析事物提供新视角的可能，这也是本章介绍数据分析基础与原理的目的。数据分析的基本流程包括数据预处理、特征提取与数据分析，如图 3-1 所示。按照这个思路，本章的具体章节包括：第 3.1 节数据预处理，这是数据分析的基础；第 3.2 节数据仓库，对数据进行存储与管理以便决策；第 3.3 节数据特征提取，这是进行数据分析必不可少的步骤，是数据降维的过程；第 3.4 节数据分析，主要包括数据分类、关联分析和数据聚类。

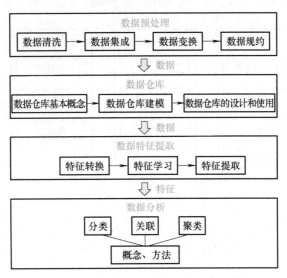

图 3-1　本章内容

3.1 数据预处理

当今世界数据库极易受噪声、缺失值和不一致数据的侵扰，因为数据库太大（常多达数兆兆字节，甚至更多），并且多半来自多个异种数据源。低质量的数据将导致低质量的数据分析结果。如何对数据进行预处理，提高数据质量，从而提高分析结果的质量？如何对数据预处理，使得分析过程更加有效、更加容易？

数据如果能满足其应用要求，那么它将是高质量的。数据质量涉及许多因素，包括准确性、完整性、一致性、时效性、可信性和可解释性。在真实世界中，数据通常是不完整的（缺少某些感兴趣的属性值）、不一致的（包含代码或者名称的差异）、极易受到噪声（错误或异常值）的侵扰。因为数据库太大，而且数据集经常来自多个异种数据源，低质量的数据将导致低质量的挖掘结果。

导致不正确的数据（即具有不正确的属性值）可能有多种原因：收集数据的设备可能出故障；人或计算机的错误可能在数据输入时出现。重复元组也需要数据清洗。

不完整数据的出现可能有多种原因。来自多源感知设备所采集的多模态制造数据，由于探测设备、网络、数据传输等错误往往存在丢失；有些感兴趣的属性，如销售事务数据中顾客的信息，并非总是可以得到的。缺失的数据，特别是某些属性上缺失值的元组，可能需要推导出来。

影响数据质量的另外两个因素是可信性和可解释性。可信性（Believability）反映了有多少数据是值得信赖的，而可解释性（Interpretability）反映了数据是否容易理解。即便该数据库现在是正确的、完整的、一致的、及时的，但是由于很差的可信性和可解释性，在使用时仍然可能把它看成低质量的数据。

为保证数据质量，数据分析前对其进行预处理是必要的，数据预处理基本步骤包括数据清洗、数据集成、数据变换和数据规约，如图 3-2 所示。

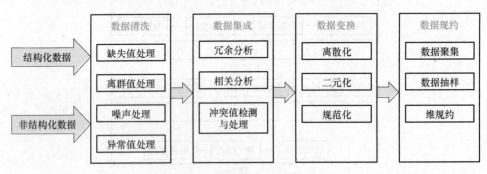

图 3-2　数据预处理流程

3.1.1　数据清洗

数据清洗主要针对数据数值上的各种异常情况的处理。根据数值异常情况的不同，常见的数据清洗方法包括：缺失值处理、离群和噪声值处理、异常值处理。

缺失值是指数据记录丢失了部分信息，一些鲁棒性不佳的模型也会因为缺失值而导致无法计算数据。缺失值的处理，一般有以下两种方法：丢弃和估计。

（1）丢弃　根据该数据记录上其他的数据是否有价值，选择丢弃缺失项处的值，或者丢弃包含缺失项的整条数据记录。在数据样本较少的情况下，需要着重权衡丢弃方法。

（2）估计　不想丢弃缺失值时，需要对缺失值进行估计。估计方法有多种，最直接的是让有经验的人员手工填写，除此之外其他的常见方法有如下几种。

1）替代。用缺失值所处属性上全部值的平均值（此时也可以加权重）或某个分位值代替。对于时间序列，则可以用相邻数据记录处值（或平均值）替代。

2）填充。可以用与缺失值记录"相似"记录上的值来填充缺失值，但需要先定义"相似"。这可能会是一个棘手的问题，用 K 最邻近、聚类等方法估计缺失值都是基于这种思想。对于时间序列，则可以用插值的方法，包括线性和非线性插值。

3）基于统计模型的估计。基于非缺失的值构建统计模型，并对模型参数进行估计，然后再预测缺失处的值。

噪声包含的范围比较广，对计算过程无用或造成干扰的都可以称为噪声，如缺失值、异常值均属于噪声范畴。之所以将噪声和离群点放在一起讨论，是想明确噪声和离群点之间的关系。

离群点则是指与数据总体特征差别较大的数据。离群点是否是噪声需要在实际的应用场景中判断，比如建立系统总体的模型，那么离群点就可以视为噪声，因为它对模型的创建毫无用处，甚至会影响模型的准确性。而在一些模式识别领域，就要考虑离群点是噪声还是对模式创建有用的点，因为模式总是针对少量样本的。

上面关于离群点的说明中，还应该有一个"离群点数据量"的问题，个别与数据总体特征差别较大的点可以称为离群点，但如果有相当一部分与数据总体特征差别较大的点，那么，就需要判断该点为离群点还是噪声。

噪声处理可以针对具体的情况进行，离群点处理前先要判断该点是否有用，若是无用点，则可以当做噪声处理，若有用则保留。

异常值是指记录数据超过当前场景下属性可取值的范围，比如记录 AGV 小车速度为 1km/s，或者某零件材料密度为负值，这显然也是不合理的。对于以上两种情况，如果数据记录异常是有规律的，比如 AGV 速度记录下的数据依次为"1km/s，0.5km/s，0.8km/s，…"，那么可能的原记录是"1m/s，0.5m/s，0.8m/s，…"。如果异常值是随机的，那么可以将这些异常值当做缺失值处理。

3.1.2　数据集成

数据分析经常需要数据集成，即合并来自多个数据存储的数据。数据集成有助于减少结果数据集的冗余和不一致，这有助于提高数据分析过程的准确性和速度。

1. 冗余和相关分析

冗余是数据集成的另一个重要问题。一个属性（例如年收入）如果能由另一个或另一组属性"导出"，则这个属性可能是冗余的。属性或维命名的不一致也可能导致结果数据集中的冗余。

有些冗余可以被相关分析检测到。给定两个属性，这种分析可以根据可用的数据，度量一个属性能在多大程度上包含另一个。对于标称数据，我们使用 χ^2（卡方）检验。对于数值属性，我们使用相关系数（Correlation Coefficient）和协方差（Covariance），它们都评估一个属性的值如何随另一个变化。

对于标称数据，两个属性 A 和 B 之间的相关联系可以通过 χ^2（卡方）检验发现。假设 A 有 c 个不同值 a_1，a_2，$\cdots$，a_c，B 有 r 个不同值 b_1，b_2，$\cdots$，b_r。用 A 和 B 描述的数据元组可以用一个相依表显示，其中 A 的 c 个值构成列，B 的 r 个值构成行。令 (A_i, B_j) 表示属性 A 取值 a_i、属性 B 取值 b_j 的联合事件，即 $(A_i=a_i, B_j=b_j)$。每个可能的 (A_i, B_j) 联合事件都在表中有自己的单元。χ^2 值（又称 Pearson χ^2 统计量）可以用下式计算：

$$\chi^2 = \sum_{i=1}^{c} \sum_{j=1}^{r} \frac{(o_{ij} - e_{ij})^2}{e_{ij}} \tag{3-1}$$

式中，o_{ij} 是联合事件 (A_i, B_j) 的观测频度（即实际计数），而 e_{ij} 是 (A_i, B_j) 的期望频度，可以用下式计算：

$$e_{ij} = \frac{count(A_i=a_i) \times count(B_j=b_j)}{n} \tag{3-2}$$

式中，n 是数据元组的个数，$count(A_i=a_i)$ 是 A 上具有值 a_i 的元组个数，而 $count(B_j=b_j)$ 是 B 上具有值 b_j 的元组个数。式（3-1）中的和在所有 $r \times c$ 个单元上计算。注意，对 χ^2 值贡献最大的单元是其实际计数与期望计数很不相同的单元。

χ^2 统计检验假设 A 和 B 是独立的。检验基于显著水平，具有自由度 $(r-1) \times (c-1)$。下面用例 3.1 解释该统计量的使用。如果可以拒绝该假设，则 A 和 B 是统计相关的。

例 3.1 使用标称属性的相关分析。

假设调查了 1500 个故障齿轮，记录了每个齿轮的类型，以及每个齿轮的故障类型。这就有两个属性 type 和 fault。每种可能的联合事件的观测频率（或计数）汇总在例 3.1 的数据 2×2 相依表中，见表 3-1。其中括号中的数是期望频率。期望频率根据两个属性的数据分布，用式（3-2）计算。

表 3-1 例 3.1 的数据 2×2 相依表　　　　　　　　　　　　　（单位：个）

	直齿	斜齿	合计
断裂	250（90）	200（360）	450
磨损	50（210）	1000（840）	1050
合计	300	1200	1500

使用式（3-2），可以验证每个单元的期望频率。例如，单元（直齿，断裂）的期望频率是：

$$e_{11} = \frac{count(\text{直齿}) \times count(\text{断裂})}{n} = \frac{300 \times 450}{1500} = 90$$

使用计算 χ^2 的式（3-1），得到：

$$\chi^2 = \frac{(250-90)^2}{90} + \frac{(50-210)^2}{210} + \frac{(200-360)^2}{360} + \frac{(1000-840)^2}{840}$$

$$= 284.44 + 121.90 + 71.11 + 30.48 = 507.93$$

对于这个 2×2 的表，自由度为（2-1）×（2-1）=1。对于自由度 1，在 0.001 的置信水平下拒绝假设的值是 10.828（取自 χ^2 分布上百分点表，通常可以在统计学教材中找到）。由于计算的值大于该值，因此可以拒绝 gender 和 preferred-reading 独立的假设，并断言对于给定的人群，这两个属性是（强）相关的。

2. 数值数据的相关系数

对于数值数据，可以通过计算属性 A 和 B 的相关系数（又称 Pearson 积矩系数，Pearson's product moment coefficient，用发明者 Karl Pearson 的名字命名），估计这两个属性的相关度 $r_{A,B}$：

$$r_{A,B} = \frac{\sum_{i=1}^{n}(a_i - \overline{A})(b_i - \overline{B})}{n \sigma_A \sigma_B} = \frac{\sum_{i=1}^{n}(a_i b_i) - n\overline{A}\,\overline{B}}{n \sigma_A \sigma_B} \tag{3-3}$$

式中，n 是元组的个数；a_i 和 b_i 分别是元组 i 在 A 和 B 上的值；$\overline{A}$ 和 $\overline{B}$ 分别是 A 和 B 的均值；σ_A 和 σ_B 分别是 A 和 B 的标准差；$\sum(a_i b_i)$ 是 AB 叉积和（即对于每个元组，A 的值乘以该元组 B 的值）。

注意，$-1 \leq r_{A,B} \leq +1$。如果 $r_{A,B} > 0$，则 A 和 B 是正相关的，这意味着 A 值随 B 值的增加而增加。该值越大，相关性越强（即每个属性蕴涵另一个的可能性越大）。因此，一个较高的 $r_{A,B}$ 值表明 A（或 B）可以作为冗余而被删除。

如果该结果值等于 0，则 A 和 B 是独立的，并且它们之间不存在相关性。如果该结果值 <0，则 A 和 B 是负相关的，一个值随另一个减小而增加，即一个属性会阻止另一个出现。注意，相关性并不蕴涵因果关系。即如果 A 和 B 是相关的，这并不意味着 A 导致 B 或 B 导致 A。例如，在分析人口统计数据库时，可能发现一个地区的医院数与汽车盗窃数是相关的。这并不意味一个事件导致另一个事件。实际上，二者必然地关联到第三个属性——人口。

3. 数值数据的协方差

在概率论与统计学中，协方差和方差是两个类似的度量，是评估两个属性如何一起变化。考虑两个指数型 A、B 和 n 次观测的集合 $\{(a_1, b_1), \cdots, (a_n, b_n)\}$，A 和 B 的均值又分别称为 A 和 B 的期望值，即：

$$E(A) = \overline{A} = \frac{\sum_{i=1}^{n} a_i}{n}$$

且

$$E(B) = \overline{B} = \frac{\sum_{i=1}^{n} b_i}{n}$$

A 和 B 的协方差定义为：

$$Cov(A,B) = E[(A - \overline{A})(B - \overline{B})] = \frac{\sum_{i=1}^{n}(a_i - \overline{A})(b_i - \overline{B})}{n} \tag{3-4}$$

如果把$r_{A,B}$（协相关系数）的式（3-3）与式（3-4）相比较，则可以看到：

$$r_{A,B} = \frac{Cov(A,B)}{\sigma_A \sigma_B} \tag{3-5}$$

式中，σ_A和σ_B分别是A和B的标准差。还可以证明：

$$Cov(A,B) = E(A \cdot B) - \overline{A}\,\overline{B} \tag{3-6}$$

则该式可以简化计算。

对于两个趋向于一起改变的属性A和B，如果A大于A的期望值，则B很可能大于B的期望值。因此，A和B的协方差为正。另一方面，如果当一个属性小于它的期望值时，另一个属性趋向于大于它的期望值，则A和B的协方差为负。

如果A和B是独立的（即它们不具有相关性），则$E(A \cdot B) = E(A) \cdot E(B)$。因此，协方差为$Cov(A,B) = E(A \cdot B) - \overline{A}\,\overline{B} = E(A) \cdot E(B) - \overline{A}\,\overline{B} = 0$。然而，其逆不成立。某些随机变量（属性）对可能的协方差为0，但是不一定是独立的。仅在某种附加的假设下（如数据遵守多元正态分布），协方差0蕴含独立性。

例3.2 数值属性的协方差分析。

见表3-2，它给出了在五个时间点观测到的 AllElectronics 和 HighTech（某高技术公司）股票价格的简化例子。如果股市受相同的产业趋势影响，它们的股价会一起涨跌吗？

$$E(\text{AllElectronics}) = \frac{6+5+4+3+2}{5}\text{美元} = 4\text{ 美元}$$

而

$$E(\text{HighTech}) = \frac{20+10+14+5+5}{5}\text{美元} = 10.80\text{ 美元}$$

于是，使用式（3-4），计算：

$$Cov(\text{AllElectronics},\text{HighTech}) = \frac{6 \times 20 + 5 \times 10 + 4 \times 14 + 3 \times 5 + 2 \times 5}{5} - 4 \times 10.80$$

$$= 50.2 - 43.2 = 7$$

由于协方差为正，因此两个公司的股票同时上涨。

表 3-2　AllElectronics 和 HighTech 股票价格

时间点	AllElectronics	HighTech
$t1$	6	20
$t2$	5	10
$t3$	4	14
$t4$	3	5
$t5$	2	5

4. 元组重复

除了检测属性间的冗余，还应在元组级检测是否重复（如对于给定的唯一数据实体，包容在两个或多个相同的元组）。去规范化表（Denormalization Table）的使用（这样做通常是通过避免连接来改善性能）是数据冗余的另一个来源。不一致通常出现在各种不同的副本之间，由于不正确的数据输入，或者由于更新了出现的某些数据，但未更新所有出现的数据。例如，如果订单数据库包含订货人的姓名和地址属性，而不是这些信息在订货人数据库中的码，则差异就可能出现，如同一订货人的名字可能以不同的地址出现在订单数据库中。

5. 数据值冲突的检测与处理

数据集成还涉及数据值冲突的检测与处理。例如，①对于现实世界的同一实体，来自不同数据源的属性值可能不同。这可能是因为表示、尺度或编码不同。②质量属性可能在一个系统中以公制单位存放，而在另一个系统中以英制单位存放。对于连锁旅馆，不同城市的房价不仅可能涉及不同的货币，而且可能涉及不同的服务（如免费早餐）和税收。③不同学校交换信息时，每个学校可能都有自己的课程计划和评分方案。一所大学可能采取学季制，开设三门数据库系统课程，用 A+~F 评分；而另一所大学可能采用学期制，开设两门数据库课程，用 1~10 评分。很难在这两所大学之间制定精确的课程成绩变换规则，这就使信息交换非常困难。

属性也可能在不同的抽象层，其中，属性在一个系统中记录的抽象层可能比另一个系统中"相同的"属性抽象层低。例如，total sales 在一个数据库中可能涉及 AllElectronics 的一个分店，而在另一个数据库中相同名字的属性可能表示一个给定地区的 AllElectronics 分店的总销售量。

3.1.3 数据变换

数据变换包含的方法众多，作用也不尽相同。数据变换的目的可以简单地概括为改变数据的特征，方便计算及发现新的信息。常见的数据变换过程包含以下方法：离散化、二元化、规范化（标准化）、特征转换与创建、函数变换。

1. 离散化

通常，离散化应用于在分类或关联分析中使用到的属性。一般来说，离散化效果取决于所使用的算法，以及可能用到的其他属性。然而，属性离散化通常单独考虑。

连续属性变换成分类属性涉及两个子任务：决定需要多少个分类值，以及确定如何将连续属性值映射到这些分类值。第一步中，将连续属性值排序后，通过指定 $n-1$ 个分割点把它们分成 n 个区间。第二步中，将一个区间中的所有值映射到相同的分类值上。因此，离散化问题就是决定选择多少个分割点和确定分割点位置的问题。结果可以用区间集合 $\{(x_0, x_1], (x_1, x_2], \cdots, (x_{n-1}, x_n]\}$ 表示，其中 x_0 和 x_n 可以分别为 $-\infty$ 或 $+\infty$，或者用一系列不等式 $x_0 < x \leq x_1, \cdots, x_{n-1} < x \leq x_n$ $x_0 \leq x \leq x_1, \cdots, x_{n-1} < x \leq x_n$ 表示。

（1）非监督离散化 用于分类的离散化方法之间的根本区别在于是使用类信息还是不使用类信息。如果不使用类信息，则常使用一些相对简单的方法。例如，等宽方法将属性的值域划分成具有相同宽度的区间，而区间的个数由用户指定。这种方法可能受离群点的影响而性能不佳，因此等频率或等深方法通常更为可取。等频率方法是将相同数量的对象放进每个区间。作为非监督离散化的另一个例子是可以使用诸如 K 均值等聚类方法。目测检查数据有时也可能是一种有效的方法。

（2）监督离散化 上面介绍的离散化方法通常比不离散化要好，但是记住最终目的并使用附加信息，常常能够产生更好的结果，因为未使用类标号知识构造的区间常包含混合的类标号。一种概念上的简单方法是以极大化区间纯度的方式确定分割点。然而，实践中这种方法可能需要人为确定区间的纯度和最小区间的大小。为了解决这一问题，一些基于统计学的方法是用每个属性值来分隔区间，并通过合并类似于根据统计检验得出的相邻区间来创建较大的区间。基于熵的方法是最有前途的离散化方法之一，下面介绍一种简单的基于熵的方法。

首先，需要定义熵。设 k 是不同的类标号数，m_i 是某划分的第 i 个区间中值数，而 m_{ij} 是区间 i 中类 j 的值的个数。第 i 个区间的熵 e_i 由下式给出：

$$e_i = -\sum_{j=1}^{k} p_{ij} \log_2 p_{ij} \tag{3-7}$$

式中，$p_{ij} = m_{ij}/m_i$ 是第 i 个区间中类 j 的概率（值的比例）。该划分的总熵 e 是每个区间熵的加权平均，即：

$$e = \sum_{i=1}^{n} w_i e_i \tag{3-8}$$

式中，$w_i = m_i/m$ 是第 i 个区间的值的比例，m 是值的个数；n 是区间个数。直观上，区间的熵是区间纯度的度量。如果一个区间只包含一个类的值（该区间非常纯），则其熵为 0，并不影响总熵。如果一个区间中的值类出现的频率相等（该区间尽可能不纯），则其熵最大。

一种划分连续属性的简单方法是：将初始值划分成两部分，让两个结果区间产生最小熵。该方法只需要把每个值看作可能的分割点即可，因为假定区间包含了有序值的集合。然后，取一个区间，通常选取具有最大熵的区间，重复此分割过程，直到区间的个数达到用户指定的个数，或者满足终止条件。

2. 二元化

有一些算法中要求属性为二元属性（如关联模式算法），即属性的取值只能为 0 或 1，此时就要用到属性二元化方法。

二元化方法是指用多个二元属性来表示一个多元属性。假设属性取值有 m 个，则将整数区间 $[0, m-1]$ 中的每个值唯一地赋予该属性的每个取值，如果该属性的取值是有序的，则赋值的过程也必须按顺序赋值，然后将这 m 个值用二进制表示，共需要 $\lceil \log_2 m \rceil$（结果向上取整）个二进制位。例如，一台设备具有 5 个健康状态的属性 ｛健康，亚健康，正常，劣化，故障｝，可以用三个二元属性 x_1、x_2、x_3 表示。见表 3-3。

表 3-3 二元化方法

分类值	整数值	x_1	x_2	x_3
健康	0	0	0	0
亚健康	1	0	0	1
正常	2	0	1	0
劣化	3	0	1	1
故障	4	1	0	0

以上的二元化方法可能会导致属性间关系复杂化，例如，表 3-3 中属性 x_2 和 x_3 是相关的，因为"劣化"值需要这两个属性来表示。这种情况下可以为每一个取值引入一个二元属性，

改进的方式见表 3-4。

表 3-4 改进二元化方法

分类值	整数值	x_1	x_2	x_3	x_4	x_5
健康	0	1	0	0	0	0
亚健康	1	0	1	0	0	0
正常	2	0	0	1	0	0
劣化	3	0	0	0	1	0
故障	4	1	0	0	0	1

当一个属性取值数量较多时，这种做法会引入过多的属性值，此时可以在二元化之前先离散化，以减少属性取值。

3. 规范化

数据规范化是指调整属性取值的一些特征，如取值范围、均值或方差统计量等，这在一些算法中很重要。常见的规范化方式有：最小-最大规范化、z-score 规范化、小数定标规范化。

（1）最小-最大规范化　该方法是对原始数据进行线性变换，将数值映射到［0，1］上。例如，图片里面的每个像素值并不能保证在 0~256，对于区间外的像素点会导致灰度图无法显示，需要进行规范化操作。可以将每个值都乘以 256，再将所有的值映射到这个区间内。最小-最大规范化算法为：

$$x' = \frac{x - min}{max - min} \tag{3-9}$$

式中，min、max 分别为属性取值的最小值和最大值。

（2）z-score 规范化　该方法又称为标准差规范化，处理后属性取值为 0，方差为 1。该过程为：

$$x' = \frac{x - \bar{u}}{\sigma} \tag{3-10}$$

式中，$\bar{u}$、σ 分别为属性的均值和标准差。当数据存在一些离群点时，上述规范化方式受离群点影响较大，此时可以用中位数代替均值，用绝对偏差代替标准差，以弱化离群点的影响。绝对偏差的定义为：

$$s = \sum_{i=1}^{m} |x_i - \bar{u}| \tag{3-11}$$

（3）小数定标规范化　该方法通过移动小数点的位置，将数值映射到［-1，1］上。该过程为：

$$x' = \frac{x}{10^k} \tag{3-12}$$

式中，k 表示小数点移动的位数，它取决于属性取值绝对值中的最大值和最小值。如属性取值的最大、最小值分别为 987、-678，则 k 应该为 3。

4. 特征转换与创建

对于一些时间序列，可以通过傅里叶变换、小波变换、EMD 分解等方法得到数据的频域或其他类型特征，这有助于从另一个角度分析问题，如 EMD 分解在经济学上就有较多的应用。采用这一类方法时，一个比较重要的问题是如何解释在频域或时域上得到的新特征。

假如属性集中包含"质量"和"体积"这两种属性，那么可以利用"密度=质量/体积"的方法得到密度属性，这样就创建了一个新的属性。

3.1.4 数据规约

数据规约的目的是减少数据量，降低数据的维度，删除冗余信息，提升分析准确性，减少计算量。数据规约包含的方法有：数据聚集、抽样、维规约。

（1）数据聚集 数据聚集是指将多个数据对象合并成一个数据对象，其目的是为了减少数据及计算量，同时也可以得到更加稳定的特征。聚集时需要考虑如何合并所有数据，记录上每个属性上的值，可以采用对所有记录的每个属性值求和、求平均（也可以加权重）的方式，也可以依据应用场景采用其他方式。

（2）数据抽样 有许多数据抽样方法，但是这里只介绍少数最基本的抽样方法和它们的变形。最简单的抽样是简单随机抽样。对于这种抽样，选取任何特定项的概率相等。随机抽样有两种变形：①无放回抽样，即每个选中项立即从构成总体的所有对象集中删除；②有放回抽样，即对象被选中时不从总体中删除。有放回抽样中，相同的对象可能被多次抽出。当样本与数据集相比相对较小时，两种方法产生的样本差别不大。但是，对于分析，有放回抽样较为简单，因为在抽样过程中，每个对象被选中的概率保持不变。

当总体由不同类型的对象组成，每种类型的对象数量差别很大时，简单随机抽样不能充分地代表不太频繁出现的对象类型。当分析需要所有类型的代表时，就可能出现问题。例如，当为稀有类构建分类模型时，样本中适当地提供稀有类抽取是至关重要的，因此需要提供具有不同频率的感兴趣项的抽样方案，分层抽样就是这样一种抽取方法。它从预先指定的组开始抽样，在最简单的情况下，尽管每组的大小不同，但是从每组抽取的对象个数相同。另一种变形是从每一组抽取的对象数量正比于该组的大小。

有时合适的样本容量可能很难确定，因此需要使用自适应或渐进抽样方法。这些方法从一个小样本开始，然后增加样本容量直至得到足够容量的样本。尽管这种方法不需要在一开始就确定正确的样本容量，但是需要有方法评估样本的容量，确定它是否足够大。

例如，假定使用渐进抽样来学习一个预测模型，预测模型的准确率随样本容量的增加会在某一点趋于稳定，我们希望在稳定点停止增加样本容量。通过掌握模型准确率随样本容量逐渐增大的变化情况，并通过选取接近于当前容量的其他样本，可以估计出与稳定点的接近程度，从而停止抽样。

（3）维规约 维归约有多方面的好处。关键的好处是，如果维度（数据属性的个数）较低，许多数据分析算法的效果就会更好，因为维归约可以删除不相关的特征并降低噪声，还可以避免维数灾难产生。另一个好处是因为模型可能只涉及较少的属性，所以维归约可以使模型更容易理解。此外，维归约也可以更容易让数据可视化，即使维归约没有将数据归约到二维或三维，数据也可以通过观察属性对或三元组属性达到可视化，并且这种组合的维数也会大大减少。最后，使用维规约可以降低数据分析算法的时间和内存需求。

维数灾难是指随着数据维度的增加，许多数据分析变得非常困难。特别是随着维度增加，数据在其所占据的空间中越来越稀疏。对于分类，这可能意味没有足够的数据对象来创建模型，也不能将所有可能的对象可靠地归到一个类。对于聚类，点之间的密度和距离的定义（对聚类是至关重要的）失去了意义。导致对于高维数据许多分类和聚类算法准确率降低，聚类质量下降。

最常用的维归约方法是使用线性代数技术，将数据由高维空间投影到低维空间，特别是对于连续数据。主成分分析（Principal Components Analysis，PCA）是一种用于连续属性的线性代数技术，它找出新的属性（主成分），这些新属性是原属性的线性组合，是相互正交的，并且捕获了数据的最大变差。奇异值分解（Singular Value Decomposition，SVD）也是一种线性代数技术，与 PCA 有关，并且也用于维归约。近年来，随着深度学习技术的发展，越来越多的深度学习算法应用到维规约中，如循环神经网络。

3.2　数据仓库

3.2.1　数据仓库基本概念

1. 数据仓库定义

数据仓库的建立为企业主管提供了体系结构和工具，以便他们系统地组织、理解和使用数据进行决策。数据仓库已有多种方式定义，但很难给出一个严格的定义。宽泛地讲，数据仓库是一种数据库，它与单位的操作数据库是分别维护的。数据仓库系统允许将各种应用系统集成在一起，为统一的历史数据分析提供坚实的平台，对信息处理提供支持。

按照数据仓库系统构造方面专家 Wiliam H. Inmon 的说法"数据仓库是一个面向主题的、集成的、时变的、非易失的数据集合，支持管理者的决策过程"。这个简短而又全面的定义指出了数据仓库的主要特征。四个关键词，面向主题的、集成的、时变的、非易失的，将数据仓库与其他数据存储系统（如关系数据库系统、事务处理系统和文件系统）区别开。

下面进一步看看这些关键特征。

（1）面向主题的（Subject-oriented）　数据仓库围绕一些重要主题，如顾客、供应商、产品和销售组织。数据仓库关注决策者的数据建模与分析，而不是单位的日常操作和事务处理。因此，数据仓库通常排除对于决策无用的数据，只提供特定主题的简明视图。

（2）集成的（Integrated）　通常，构造数据仓库是将多个异构数据源，如关系数据库、一般文件和联机事务处理记录等集成在一起。使用数据清洗和数据集成技术，确保命名约定、编码结构、属性度量等的一致性。

（3）时变的（Time-variant）　数据存储从历史的角度（如过去 5~10 年）提供信息。数据仓库中的关键结构都隐式或显式地包含时间元素。

（4）非易失的（Nonvolatile）　数据仓库总是物理地分离存放数据，这些数据源于操作环境下的应用数据。由于这种分离，数据仓库不需要事务处理、恢复和并发控制机制。通常，它只需要两种数据访问操作：数据的初始化装入和数据访问。

总之，数据仓库是一种语义上一致的数据存储，它是决策支持数据模型的物理实现，并存放企业战略决策所需要的信息。数据仓库也常被看做是一种体系结构，通过将异构数据源中的数据集成在一起而构建，支持结构化和/或专门的查询、分析报告和决策制订。

综上所述，可以把建立数据仓库（Data Warehousing）看作构建和使用数据仓库的过程。数据仓库的构建需要数据集成、数据清洗和数据统一。数据仓库的应用常需要一些决策支持技术。这使得"知识工人"（如经理、分析人员和主管）能够使用数据仓库快捷、方便地得到数据的总体视图，根据数据仓库中的信息作出准确的决策。有些学者使用术语 Data warehousing 表示构造数据仓库的过程，而用术语 Warehouse DBMS 表示数据仓库的管理和使用。本书将不区分二者。

2. 操作数据库系统与数据仓库的区别

联机操作数据库系统的主要任务是执行联机事务和查询处理，这种系统称为联机事务处理（Online Transaction Processing，OLTP）系统。它们涵盖了单位的大部分日常操作，如购物、库存、制造、银行、工资、注册、记账等。而数据仓库系统在数据分析和决策方面为用户或"知识工人"提供服务。这种系统可以用不同的格式组织和提供数据，以便满足不同用户的各种需求，称为联机分析处理（OnLine Analytical Processing，OLAP）系统。

OLTP 和 OLAP 的主要区别概述如下：

（1）用户和系统的面向性　OLTP 是面向顾客的，用于办事员、客户和信息技术专业人员的事务和查询。OLAP 是面向市场的，用于"知识工人"（包括经理、主管和分析人员）的数据分析。

（2）数据内容　OLTP 系统管理当前数据。通常，这种数据太琐碎，很难用于决策。OLAP 系统管理大量历史数据，提供汇总和聚集机制，并在不同的粒度层上存储和管理信息。这些特点使得数据更容易用于有根据的决策。

（3）数据库设计　通常，OLTP 系统采用实体-联系（ER）数据模型和面向应用的数据库设计。而 OLAP 系统通常采用星形或雪花模型和面向主题的数据库设计。

（4）视图　OLTP 系统主要关注一个企业或部门内部的当前数据，不涉及历史数据或不同单位的数据。相比之下，由于单位的演变，OLAP 系统常跨越数据库模式的多个版本。OLAP 系统还处理来自不同单位的信息，以及由多个数据库集成的信息。由于数据量巨大，OLAP 数据存放在多个存储介质上。

（5）访问模式　OLTP 系统的访问主要由短的原子事务组成。这种系统需要并发控制和恢复机制。然而，对 OLAP 系统的访问大部分是只读操作（由于大部分数据仓库存放历史数据，而不是最新数据），尽管许多可能是复杂的查询。

既然操作数据库存放了大量数据，读者可能奇怪为什么不直接在这种数据库上进行联机分析处理，而是另外花费时间和资源去构造分离的数据仓库？分离的主要原因是有助于提高两个系统的性能。操作数据库是为已知的任务和负载设计的，如使用主码索引和散列，检索特定的记录，优化"定制的"查询。而数据仓库的查询通常是复杂的，涉及大量数据在汇总级的计算，可能需要特殊的基于多维视图的数据组织、存取方法和实现方法。在操作数据库上处理 OLAP 查询，可能会大大降低操作任务的性能。

此外，操作数据库支持多事务的并发处理，需要并发控制和恢复机制（如加锁和记日志），以确保一致性和事务的鲁棒性。通常，OLAP 查询只需对汇总和聚集数据进行只读访问。如果将并发控制和恢复机制用于这种 OLAP 操作，就会危害并行事务的运行，从而大大降低 OLTP 系统的吞吐量。

最后，数据仓库与操作数据库分离是由于这两种系统中数据结构、内容和用法都不相同。决策支持需要历史数据，而操作数据库一般不维护历史数据。在这种情况下，操作数据库中的数据尽管很丰富，但对于决策，常常还是远非完整的。决策支持需要整合来自异构源的数据（如聚集和汇总），产生高质量的、纯净的和集成的数据。相比之下，操作数据库只维护详细的原始数据（如事务），这些数据在进行分析之前需要整理。由于两种系统提供的功能大不相同，需要不同类型的数据，因此需要分别维护数据库。然而，许多关系数据库管理系统供应商正开始优化这种系统，使之支持 OLAP 查询。随着这一趋势的继续，OLTP 和 OLAP 系统之间的区别有望减少。

3. 数据仓库体系结构和仓库模型

（1）体系结构　通常，数据仓库采用三层体系结构，如图 3-3 所示。

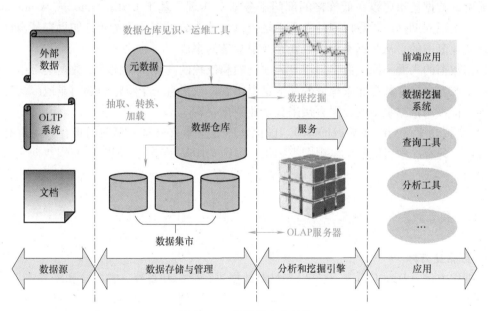

图3-3　三层数据仓库结构

1）底层。其为数据仓库服务器，它几乎就是一个关系数据库系统。使用后端工具和实用程序，由操作数据库或其他外部数据源（如由外部咨询者提供的顾客侧面信息）提取数据后放入底层。这些工具和实用程序进行数据提取、清洗和变换（如将来自不同数据源的数据合并成一致的格式），以及装入和刷新，以更新数据仓库。数据提取使用一种称作信关（Gateway）的应用程序。信关由基础 DBMS 支持，允许客户程序产生 SQL 代码，在服务器上执行。信关的例子包括微软的 ODBC（开放数据库链接）和 OLE-DB（数据库开放链接和嵌入）以及 JDBC（Java 数据库链接）。这一层还包括元数据库，存放关于数据仓库及其内容的信息。

2）中间层。其为 OLAP 服务器，其典型的实现使用①关系 OLAP（ROLAP）模型（即扩充的关系 DBMS，它将多维数据上的操作映射为标准的关系操作），或者使用②多维 OLAP（MOLAP）模型（即专门的服务器，它直接实现多维数据的操作）。

3）顶层。其为前端应用层，它包括查询和报告工具、分析工具和/或数据挖掘工具（如趋势分析、预测等）。

（2）仓库模型　从结构角度看，有三种数据仓库模型：企业仓库、数据集市和虚拟仓库。

1）企业仓库（Enterprise Warehouse）。企业仓库搜集了关于主题的所有信息，跨越整个企业。它提供企业范围内的数据集成，通常来自一个或多个操作数据库系统或外部信息提供者，并且是多功能的。通常，它包含细节数据和汇总数据，其规模由数兆兆字节到数千兆兆字节，甚至更多。企业数据仓库可以在传统的大型机、超级计算机服务器或并行结构平台上实现。它需要广泛的商务建模，可能需要多年设计和建设。

2）数据集市（Data Mart）。数据集市包含企业范围数据的一个子集，对于特定的用户是有用的。其范围限于选定的主题。例如，销售数据集市可能限定其主题为顾客、商品和销售，包括在数据集市中的数据通常是汇总的。

通常，数据集市可以在低价格的部门服务器上实现，基于 UNIX/Linux 或 Windows。数据集市的实现周期一般是数以周计，而不是数以月计或数以年计。然而，如果它的设计和规划不是企业范围的，从长远来看，可能涉及很复杂的集成。

根据数据的来源不同，数据集市分为独立的和依赖的两类。在独立的数据集市中，数据来自一个或多个操作数据库系统或外部信息提供者，或来自一个特定的部门或地区局部产生的数据。依赖的数据集市的数据直接来自企业数据仓库。

3）虚拟仓库（Virtual Warehouse）。虚拟仓库是操作数据库上视图的集合。为了有效地处理查询，只有一些可能的汇总视图被物化。虚拟仓库易于建立，但需要操作数据库服务器还有余力。

3.2.2　数据仓库建模

1. 数据立方体

数据立方体（Data Cube）允许以多维对数据进行建模和观察。它由维和事实定义。

一般而言，维是一个单位想要记录的透视或实体。例如，AllElectronics 可能创建一个数据仓库 sales，记录产品的销售，涉及维有 time、item、branch 和 location。这些维使得企业能够记录产品的月销售，销售产品的分店和地点。每个维都可以有一个与之相关联的表。该表称为维表，它可以进一步描述维。例如，item 的维表可以包含属性 item_name、brand 和 type。维表可以由用户或专家设定，或者根据数据分布自动产生和调整。

通常，多维数据模型围绕诸如销售这样的中心主题来组织。主题用事实表表示。事实是用数值度量的。把它们看作数量，是因为要根据它们来分析维之间的联系。例如，数据仓库 sales 的事实包括 dollars_sold（销售额）、units_sold（销售量）和 amount_budgeted（预算额）。事实表包括事实的名称或度量，以及每个相关维表的码。

尽管经常把数据立方体看作 3-D 几何结构，但是在数据仓库中，数据立方体是 n 维的。

为了更好地理解数据立方体和多维数据模型，可从考察 2-D 数据立方体开始。例如，观察 AllElectronics 的销售数据中温哥华每季度销售的产品，这些数据见表 3-5。在表 3-5 中，温哥华的销售按 time 维（按季度组织）和 item 维（按所售商品的类型组织）显示，所显示的事实或度量是 dollars_sold（单位：1000 美元）。

表 3-5　AllElectronics 的销售数据的 time 和 item 维的 2-D 视图

（单位：1000 美元）

| time（季度） | location = "温哥华" | | | |
| | item（类型） | | | |
	家庭娱乐	计算机	电话	安全
Q1	605	825	14	400
Q2	680	952	31	512
Q3	812	1023	30	501
Q4	927	1038	38	580

假定要从三维角度观察销售数据。例如，要根据 time、item 和 location 观察数据。location 是城市芝加哥、纽约、多伦多和温哥华。3-D 数据见表 3-6。该 3-D 数据表以 2-D 数据表的序列的形式表示。从概念上讲，也可以用 3-D 数据立方体的形式表示这些数据，如图 3-4 所示。

表 3-6　AllElectronics 的销售数据的 time、item 和 location 维的 3-D 视图

（单位：1000 美元）

| time | location = "芝加哥" | | | | location = "纽约" | | | | location = "多伦多" | | | | location = "温哥华" | | | |
| | item | | | | item | | | | item | | | | item | | | |
	家庭娱乐	计算机	电话	安全	家庭娱乐	计算机	电话	安全	家庭娱乐	计算机	电话	安全	家庭娱乐	计算机	电话	安全
Q1	854	882	89	623	1087	968	38	872	819	746	43	591	605	825	14	48
Q2	943	890	64	698	1130	1024	41	925	894	769	52	682	680	952	31	512
Q3	1023	924	59	789	1034	1048	45	1002	940	795	58	728	812	1023	30	501
Q4	1129	992	63	870	1142	1091	54	984	978	864	59	784	927	1038	38	580

2. 星形、雪花形和事实星座

实体-联系数据模型广泛用于关系数据库设计。在关系数据库中，数据库模式用实体集和它们之间的联系表示。这种数据模型适用于联机事务处理。然而，数据仓库需要简明的、面向主题的模式，以便于联机数据分析。

最流行的数据仓库的数据模型是多维数据模型。这种模型可以是星形模式、雪花模式或事实星座模式。下面介绍这些模式。

（1）星形模式（Star Schema）　最常见的模型是星形模式，其中数据仓库包括：①一个

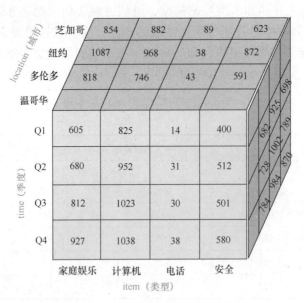

图 3-4　表 3-6 数据的 3-D 数据立方体表示

大的中心表（事实表），它包含大批数据并且不含冗余；②一组小的附属表（维表），每维一个。这种模式图很像星光四射，维表显示在围绕中心表的射线上。

例 3.3　AllElectronics 销售的星形模式如图 3-5 所示。从四个维 time、item、branch 和 location 考虑销售。该模式包含一个中心事实表 sales，其中包含四个维的码和两个度量 dollars_sold 和 units_sold。为尽量减小事实表的大小，维标识符（如 time_key 和 item_key）

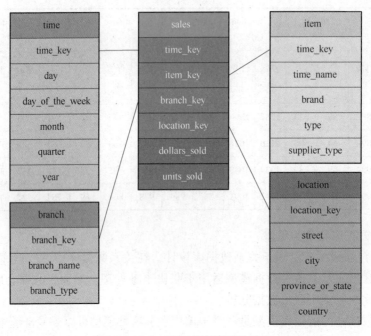

图 3-5　sales 数据仓库的星形模式

是系统产生的标识符。

（2）雪花模式（Snowflake Schema） 雪花模式是星形模式的变种，其中某些维表被规范化，因而把数据进一步分解到附加的表中，最终模式图形呈类似于雪花的形状。

雪花模式和星形模式的主要不同在于，雪花模式的维表可能是规范化形式，以便减少冗余。这种表易于维护，并节省存储空间。然而，与典型的巨大事实表相比，这种空间的节省可以忽略。此外，由于执行查询需要更多的链接操作，雪花结构可能降低浏览的效率，系统的性能可能受到影响。因此，尽管雪花模式减少了冗余，但是在数据仓库设计中，雪花模式不如星形模式流行。

例 3.4 AllElectronics 的 sales 的雪花模式如图 3-6 所示。其中，事实表 sales 与图 3-5 所示的星形模式相同。两个模式的主要差别是维表。星形模式中 item 的单个维表在雪花模式中被规范化，形成新的 item 表和 supplier 表。例如，图中维表 item 包含属性 item_key、item_name，brand，type 和 supplier_key，其中 supplier_key 链接到包含 supplier_key 和 supplier_type 信息的维表 suppier。类似地，星形模式中单个维表 location 也被规范化成两个新表；location 和 city。图中新的 location 表中的 city_key 被链接到 city 维。注意，图 3-6 所示的雪花模式中的 province_or_state 和 country 还可以进一步规范化。

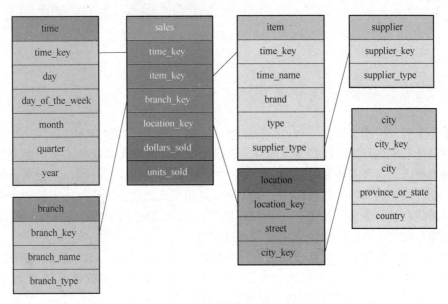

图 3-6 sales 数据仓库的雪花模式

（3）事实星座（Fact Constellation） 复杂的应用可能需要多个事实表共享维表。这种模式可以看作星形模式的汇集，因此也称作星系模式（Galaxy Schema）或事实星座。

例 3.5 事实星座模式的例子如图 3-7 所示。该模式中有两个事实表，sales 和 shipping。sales 表的定义与星形模式（图 3-5）相同。shipping 表有五个维或码——item key、time key、shipper key、from location 和 to_location，两个度量——dollars_cost 和 units_shipped。事实星座模式允许事实表共享维表。例如，事实表 sales 和 shipping 共享维表 time、item 和 location。

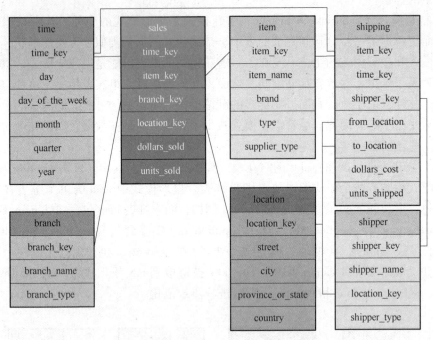

图 3-7　sales 和 shipping 数据仓库的事实星座模式

3.2.3　数据仓库的设计和使用

数据仓库可以使用自顶向下和自底向上方法，或二者结合的混合方法设计。自顶向下方法由总体设计和规划开始，当技术成熟并自己已经掌握，对必须解决的商务问题清楚并且已经很好地理解时，这种方法是有用的。自底向上方法以实验和原型开始。在商务建模和技术开发的早期阶段，这种方法是有用的。这样可以以相当低的代价推进，做出重要承诺之前评估技术带来的利益。混合方法下，一个组织既能利用自顶向下方法的规划性和战略性的特点，又能像自底向上方法一样快速实现和立即应用。

从软件工程的角度看，数据仓库的设计和构造包含以下步骤：规划、需求研究、问题分析、仓库设计、数据集成和测试，最后，部署数据仓库。大型软件系统可以用两种方法开发：瀑布式方法和螺旋式方法。瀑布式方法在进行下一步之前，每一步都进行结构和系统的分析，就像瀑布一样，从一级落到下一级。螺旋式方法涉及功能渐增的系统的快速产生，相继发布新设计和功能之间的间隔很短。对于数据仓库，特别是对于数据集市的开发，这是一个好的选择，因为其周转时间短，能够快速修改，并且新的设计和技术可以及时接受。

一般而言，数据仓库的设计过程包含如下步骤：

1）选取待建模的事务（例如，订单、发票、发货、库存、记账管理、销售或一般分类账）。如果是事务的完整过程，并涉及多个复杂的对象，应当选用数据仓库模型。然而，如果是处理某个部门的事务，只关注某一类商务处理的分析，则应选择数据集市。

2）选取事务处理的粒度。对于处理的事务，粒度是基本的处理单元，在事实表中，粒度是数据的原子级（如单个事务、一天的快照等）。

3）选取用于每个事实表记录的维。典型的维是时间、商品、顾客、供应商、仓库、事务类型和状态。

4）选取将安放在每个事实表记录中的度量。典型的度量是可加的数值量，如 dollars_sold 和 unis_sold。

由于数据仓库的构造是一项困难、长期的任务，因此应清楚地定义它的实现范围。最初数据仓库的实现目标应当是详细而明确、可实现和可测量的。这涉及确定时间和预算的分配、一个组织的哪些子集需要建模、选取的数据源数量，提供服务的部门数量和类型。

一旦设计和构造好数据仓库，数据仓库的最初部署就包括初始化安装、首次展示规划、培训和熟悉情况。平台的升级和维护也要考虑。数据仓库管理包括数据刷新、数据源同步、规划灾难恢复、管理存取控制和安全、管理数据增长、管理数据库性能以及数据仓库的增强和扩充。

3.3　数据特征提取

3.3.1　特征的概念

从最基本的层面来说，特征是指对机器学习过程有意义的数据属性。工作中经常需要查看表格，以确定哪些列是特征，哪些只是普通的属性。在文献中，特征（Feature）、属性（Attribute）、维（Dimension）和变量（Variable）可以互换地使用。"维"一般用于数据仓库中，机器学习文献更倾向于使用术语"特征"，而统计学家则更加愿意使用术语"变量"，数据挖掘和数据库的专业人士一般使用术语"属性"。

3.3.2　特征转换

特征提取就是将数据转换为能更好地表示潜在问题的特征，从而提高机器学习的性能。特征提取是特征转换和特征学习的超级算法，这两类算法都尝试提取数据的潜在结构，将原始数据转换为新的特征集。然而，这两类算法的工作原理截然不同。

特征转换是一组矩阵算法，会在结构上改变数据，产生本质上全新的数据矩阵。其基本思想是，数据集的原始特征是数据点的描述符/特点，也应该能创造一组新的特征，用更少的列来解释数据点，并且效果不变，甚至更好。

假设一个简单的长方形房间，其房间是空的，只在中间有一个人体模型。人体模型永远不会移动，而且永远面向一个方向。你的任务是全天候监控这个房间。你会想到在房间里安装摄像头，确保房内的所有活动都被捕获并记录下来。可以把摄像头装在房间角落，对准人体模型的面部，并且尽可能包括房间的大部分区域。用一台摄像头就基本上可以看见整个房间的所有区域。不过问题是摄像头有盲区，例如，看不到摄像头的正下方（物理缺陷），而且看不见人体模型的后面（视野被遮挡）。那么，可以在人体模型后面再放一个摄像头，弥补第一个摄像头的盲区。即在监控室里面，用两个摄像头可以看见房间内99%以上的区域。

在这个例子中，房间表示数据的原始特征空间，人体模型表示特征空间特定区域上的数据点。即你是在思考一个带有单一数据点的三维特征空间：$[X, Y, Z]$用单个摄像头捕获数据点时，就像把数据集压入一个维度，即该摄像头看见的数据：

$$[X, Y, Z] \approx [C1] \tag{3-13}$$

但是只用一个维度很可能无法充分描述数据，因为一个摄像头有盲区。增加一个摄像头，即

$$[X, Y, Z] \approx [C1, C2] \tag{3-14}$$

这两个摄像头就是特征转换形成的新维度，以一种新的方式捕获数据，但是只需要两列而非三列就可以提供足够的信息。在特征转换中，最棘手的问题是一开始就认为原始特征空间不是最好的。需要接受一个事实：可能有其他的数学坐标轴和系统能用更少的特征描述数据，甚至可以描述得更好。

特征选择仅限于从原始列中选择特征；特征转换算法则将原始列组合起来，从而创建可以更好地描述数据的特征。因此，特征选择的降维原理是隔离信号列和忽略噪声列。特征转换方法是使用原始数据集的隐藏结构创建新的列，生成一个结构与之前不同的全新数据集。这一算法创建的新特征非常强大，只需要几个就可以准确地解释整个数据集。特征转换的原理是生成可以捕获数据本质的新特征，这一点和特征构造的本质类似：都是创建新特征，捕捉数据的潜在结构。需要注意，这两个不同的过程方法截然不同，但是结果类似。

3.3.3　特征学习

特征学习算法可以接收清洗后的数据，通过数据的潜在结构创建全新的特征，3.3.2节也是这样定义特征转换的，这两类算法的差异在于创建新特征时的参数假设。

参数假设是指算法对数据形状的基本假设。在3.3.2节特征转换中，假设原始数据的形状可以进行（特征值）分解，并且可以用单个线性变换（矩阵计算）来表示。但如果不是这样呢？如果特征转换算法不能从原始数据集中提取有用的特征，那该怎么办呢？例如，主成分分析法（PCA）和线性判别分析（LDA）算法肯定都能找到特征，但找到的特征不一定有用。此外，这些算法都基于预定的算式，每次肯定输出同样的特征。

特征学习算法希望可以去除这个参数假设，从而解决该问题。特征学习算法不会对输入数据的形状有任何假设，而是依赖于随机学习。即该算法并不是每次都输出相同的结果，而是一次次循环检查数据点以找到要提取的最佳特征，并且拟合成一个解决方案（在运行时可能会有所不同）。

这样，特征学习算法可以绕过PCA和LDA等特征转换算法的参数假设，解决更难的问题。这种复杂的想法（绕过参数假设）需要使用复杂的算法。很多数据科学家和机器学习流水线会使用深度学习算法，从原始数据中学习新特征。

3.4 数据分析

3.4.1 关联分析：基本概念和方法

关联分析是一种认知模式，这种关联规则和人的反射类似，就是在认识事物的过程中，在认知中建立关联规则。关联分析是数据分析里很重要的部分。

1. 频繁模式

例如，一个超市每天有很多的购物记录，而且消费者购买单品的顺序是无序的，所以一个无序的组合就是"模式"。在这些模式中有的出现频率低，有的出现频率高，一般来说频率较高的通常更有指导意义，这种高频率的模式就称为"频繁模式"。衡量频率的指标有两个：支持度和置信度。

这两个指标分别指的是这种模式的有用性和确定性。设置其指标的阈值，只有置信度和支持度同时高于各自的阈值时才认为是频繁模式，其中需要注意，置信度是有方向的。

支持度和置信度多高才算高？这需要通过专家知识来确定。如果没有专家知识，可以通过尝试在所有的商品中找出所有的模式，会发现有一些模式的支持度和置信度均比其他高很多。这时可以考虑用所有模式支持度的平均值和置信度的平均值作为参考，作为阈值用于过滤。这样过滤下来的模式就可以作为频繁模式进行进一步的研究了。

单纯支持度或置信度高可否直接被认为是频繁模式呢？

如果支持度高、置信度低，说明模式频繁，但是"转化率"低。而如果支持度比较低，但是转化率比较高，说明这种模式在所有的模式中很平常，甚至不能算"频繁"。通常都会选择支持度和置信度都高于阈值的模式作为频繁模式。

找出频繁集，实际上是找出同时满足最小支持度和最小置信度的模式，常用 Apriori 算法，其基本步骤如下。

1）先设置一个最小支持度作为阈值门限进行扫描，因为对于同时过滤最小支持度和最小置信度这两个操作，最小支持度的查找更为简单一些。

2）扫描所有满足最小支持度的单品。在这个过程中可以发现，大量小于阈值的单品被过滤掉，这个过程在算法中称为"剪枝"。逐级查找模式时，有很多单品可以完全置之不理。

3）查找满足步骤 2）项的模式。

4）查找满足步骤 3）项的模式，该过程同步骤 3）。

利用 Apriori 能够过滤出关联度较高的模式，但不能对相关性做出解释。下面引入一个有关相关规则的分析。

提升度是一种简单的关联度度量，也是一种比较容易实现的统计方法。计算方法为：

$$Lift(A,B) = \frac{P(B \mid A)}{P(B)} \tag{3-15}$$

当相关性是 1 时，即在全样本空间中 A 和 B 是没有关系的。

当相关性大于 1 时，B 和 A 是正相关的，即 A 的发生促进了 B 的发生。

当相关性小于 1 时，B 和 A 是负相关的，即 A 的发生抑制了 B 的发生。

2. 稀有模式和负模式

前面介绍了频繁模式，但有一些情况下更关心"不频繁"的模式，即稀有模式和负模式。

（1）稀有模式　支持度远低于设定的支持度阈值的模式，在实际生产中可以考虑用支持度的倒序功能去查找那些支持度极低的模式。

（2）负模式　两种模式是负相关的。一般来说，如果 x 和 y 都是频繁的，但是很少或者不同时出现，那么就说 x 和 y 是负相关的，x 和 y 组成的模式就是负相关模式。如果 x 和 y 组成的模式支持度远小于 x 的支持度与 y 的支持度的乘积，则 x 和 y 是强负相关的。

3.4.2　分类：基本概念和方法

1. 什么是分类

轴承故障诊断需要分析数据，查明发生故障的轴承是"内圈"还是"外圈"损坏；销售经理需要数据分析，以帮助他猜测具有某些特征的顾客是否会购买新的计算机；医学研究人员希望分析乳腺癌数据，以便预测病人应当接受三种具体治疗方案中的哪一种。在上面的例子中，数据分析任务都是分类（Classfication），都需要构造一个模型或分类器（Classifer）来预测类标号，如故障诊断的"内圈"或"外圈"，销售数据的"是"或"否"，医疗数据的"治疗方案 A""治疗方案 B"或"治疗方案 C"。

这些类别可以用离散值表示，其中值之间的次序没有意义。例如，可以使用值 1、2 和 3 表示上面的治疗方案 A、B 和 C，其中这组治疗方案之间并不存在蕴涵的序。

假设销售经理希望预测一位指定顾客在一次购物期间将花多少钱，该数据分析任务就是数值预测（Numeric Prediction）的一个例子。其中所构造的模型将预测一个连续值函数或有序值，而不是类标号，这种模型称为预测器（Predictor）。尽管还存在其他数值预测方法，但回归分析（Regression Analysis）是数值预测最常用的统计学方法。分类和数值预测是预测问题的两种主要类型。

2. 分类的一般方法

数据分类有两个阶段，即学习阶段（构建分类模型）和分类阶段。

第一阶段，建立描述预先定义的数据类或概念集的分类器。这是学习阶段（或训练阶段），其中分类算法是通过分析或从训练集"学习"来构造分类器。训练集由数据库元组和与它们相关联的类标号组成。元组 X 用 n 维属性向量 $X=(x1, x2, \cdots, xn)$ 表示，分别描述元组在 n 个数据库属性 $A1, A2, \cdots, An$ 上的 n 个度量。假定每个元组 X 都属于一个预先定义的类，由一个称为类标号属性（Class Label Attribute）的数据库确定属性。类标号属性是离散和无序的，被分类（或标称），因为每个值就是一个类别或类。构成训练数据集的元组称为训练元组，从所分析的数据库中随机选取。当谈到分类时，数据元组也称为样本、实例、数据点或对象。

由于提供了每个训练元组的类标号，这一阶段也称为监督学习（Supervised Learning，即分类器的学习是在被告知每个训练元组属于哪个类的"监督"下进行的）。它不同于无监督学习（Unsupervised Learning，或聚类），每个训练元组的类标号是未知的，并且要学习的类的个数或集合也可能事先不知道。例如，如果没有用于训练集的 loan_decision 数据，则可以使用聚类尝试确定"相似元组的组群"，可能对应于贷款申请数据中的风险组群。

分类过程的第一阶段也可以看作是学习一个映射或函数 $y=f(X)$，它可以预测给定元组 X 的类标号 y。在这种观点下，希望学习能把数据类分开的映射或函数。典型情况下，该映射用分类规则、决策树或数学公式的形式提供。

第二阶段，使用模型进行分类。首先评估分类器的预测准确率。如果使用训练集来度量分类器的准确率，则评估可能是乐观的，因为分类器趋向于过拟合（Overfit）数据（即在学习期间，它可能包含了训练数据中的某些特定的异常，这些异常不在一般数据集中出现）。因此，需要使用由检验元组和与它们相关联的类标号组成的检验集（Test Set）。它们独立于训练元组，即不使用它们构造分类器。

分类器在给定检验集上的准确率（Accuracy）是分类器正确分类的检验元组所占的百分比。每个检验元组的类标号与学习模型对该元组的类预测进行比较。如果认为分类器的准确率是可以接受的，那么就可以用它对类标号未知的数据元组进行分类（这种数据在机器学习中也称为"未知的"或"先前未见到的"数据）。

3.4.3 聚类分析：基本概念和方法

与分类不同，每个客户的类标号（或 Group-ID）是未知的，需要去发现这些分组。考虑到大量客户和描述客户的众多属性，靠人工研究数据，并且由人工找出，将客户划分成有战略意义组群的方法可能代价很大，甚至是不可行的，需要借助聚类工具。

聚类是指把数据对象集划分成多个组或簇的过程，使得簇内的对象具有很高的相似性，但与其他簇中的对象完全不同。相异性和相似性常根据描述对象的属性值评估，并且通常设计距离度量。作为一种数据挖掘工具聚类已经植根于许多应用领域，如生物学、安全、商务智能和 Web 搜索。

1. 什么是聚类分析

聚类分析（Cluster Analysis）简称聚类（Clustering），是指把数据对象（或观测）划分成子集的过程。每个子集是一个簇（Cluster），使得簇中的对象彼此相似，但与其他簇中的对象不同。由聚类分析产生的簇的集合称作一个聚类。在这种语境下，在相同的数据集上，不同的聚类方法可能产生不同的聚类。划分不是通过人，而是通过聚类算法进行。通过聚类可以发现数据内事先未知的群组。

聚类分析已经广泛用于许多应用领域，包括商务智能、图像模式识别、Web 搜索、生物学和安全，其中图像模式识别在制造过程中有广泛应用。在图像识别应用中，聚类可以在手写字识别系统中用来发现簇或"子类"。假设有手写数字的数据集，其中每个数字标记为1、2、3 等。注意，人们写相同的数字可能存在很大差别。例如，数字"2"，有些人写的时候可能在左下方带一个小圆圈，而另一些人不会。可以使用聚类确定"2"的子类，每个子类代表手写可能出现的"2"的变体。使用基于子类的多个模型可以提高整体识别的准确率。

作为一种数据挖掘功能，聚类分析也可以作为一种独立的工具，用于洞察数据的分布，观察每个簇的特征，将进一步分析集中在特定簇的集合上。另外，聚类分析可以作为其他算法（如特征化、属性子集选择和分类）的预处理步骤，之后这些算法将在检测到的簇和选择的属性或特征上进行操作。

由于簇是数据对象的集合，簇内对象彼此相似，而与其他簇的对象不同，因此数据对象的簇可以看为隐含的类。在这种意义下，聚类有时又称为自动分类。再次强调，至关重要的区别是，聚类可以自动地发现这些分组，这是聚类分析的突出优点。

在某些应用中，聚类又称为数据分割（Data Segmentation），因为它可以根据数据的相似性把大型数据集合划分成组。聚类还可以用于离群点检测（Outlier Detection），其中离群点（"远离"任何簇的值）可能比普通情况更值得注意。

作为统计学的一个分支，聚类分析已经广泛地研究了许多年，主要集中在基于距离的聚类分析。基于 K-均值（K-means）、K-中心点（K-medoids）和其他一些方法的聚类分析工具已经被加入到许多统计分析软件包或系统中，例如，S-Plus、SPSS 以及 SAS。

总结一下，在机器学习领域，分类称为监督学习，因为给定了类标号信息，即学习算法是受到监督的，他被告知每个训练元组的类隶属关系。聚类被称为无监督学习（Unsupervised Learning），因为没有提供类标号信息。由于此原因，聚类一般通过观察学习，而不是通过示例学习。在数据挖掘领域，研究工作一直集中在为大型数据库的有效聚类分析寻找合适的方法上。活跃的研究主题包括聚类方法的可伸缩性，对复杂形状（如非凸形）和各种数据类型（如文本、图形和图像）聚类的有效性，高维聚类技术（如对具有数千特征的对象聚类），以及针对大型数据库中数值和标称混合数据的聚类方法。

数据挖掘对聚类的典型要求如下。

（1）可伸缩性　许多聚类算法在小于几百个数据对象的小数据集合上运行良好，然而，对于大数据驱动的制造模型，聚类算法在大型数据集的样本上进行聚类可能会导致结果偏离。因此，需要具有高度可伸缩性的聚类算法。

（2）处理不同属性类型的能力　许多算法是为聚类数值（基于区间）数据设计的。然而，应用可能要求聚类其他类型的数据，如二元的、标称的（分类的）、序数的，或者这些数据类型的混合。近来，越来越多的应用需要对诸如图、序列、图像和文档这样的复杂数据类型进行聚类的技术。

（3）发现任意形状的簇　许多聚类算法是基于欧几里德或曼哈顿距离度量来确定簇，基于这些距离度量的算法趋向于发现具有相近尺寸和密度的球状簇。然而，一个簇可能是任意形状。

（4）对于确定输入参数的领域知识要求　许多聚类算法都要求用户以输入参数（如希望产生的簇数）的形式提供领域知识，因此，聚类可能对这些参数十分敏感。通常，参数很难确定，对于高维数据集和用户尚未深入理解的数据来说更是如此。要求提供领域知识不仅加重了用户的负担，而且也使聚类的质量难以控制。

（5）处理噪声数据的能力　现实世界中的大部分数据集都包含离群点和/或缺失数据、未知或错误的数据。例如，传感器读数通常是有噪声的——有些读数可能因传感机制问题而不正确，而有些读数可能因周围对象的瞬时干扰而出错。一些聚类算法可能对这样噪声敏感，从而产生低质量的聚类结果。因此，需要对噪声鲁棒的聚类方法。

（6）增量聚类和对输入次序不敏感　在许多应用中，增量更新（提供新数据）可能随时发生。一些聚类算法不能将新插入的数据（如数据库更新）合并到已有的聚类结构单元中，而是需要重新聚类。一些聚类算法还可能对输入数据的次序敏感，即给定数据对象集合，当以不同的次序提供数据对象时，这些算法可能生成差别很大的聚类结果。因此，需要开发增量聚类算法和对数据输入次序不敏感的算法。

（7）聚类高维数据的能力　数据集可能包含大量的维或属性。例如，文档聚类时，每个关键词都可以看作一个维，并且常有数以千计的关键词。许多聚类算法擅长处理低维数据，如只涉及两三个维的数据。高维空间中数据对象的簇聚类是一个挑战，特别是在制造过程中，这样的数据可能非常稀疏。

（8）基于约束的聚类　现实世界的应用可能需要在各种约束条件下进行聚类。假设你的工作是在一个城市中为给定数目的自动提款机（ATM）选择安放位置。为了做出决定，你可以对住宅进行聚类，同时考虑诸如城市的河流和公路网、每个簇的客户类型和数量等情况。找到既满足特定约束又具有良好聚类特性的数据分组是一项具有挑战性的任务。

（9）可解释性和可用性　用户希望聚类结果是可解释的、可理解的和可用的，即聚类可能需要与特定的语义解释和应用相联系。重要的是研究应用目标如何影响聚类特征和聚类方法的选择。

可以从下面几方面对聚类方法进行比较：

① 划分准则　在某些方法中，所有的对象都被划分，使得簇之间不存在层次结构。即在概念上，所有的簇都在相同的层。这种方法是有用的。例如，把客户分组，使得每组都有自己的经理。但用其他方法分层划分数据对象时，则簇可以在不同的语义层形成。又如，在文本挖掘中，可能想把文档资料组织成多个一般主题，如"轴承"和"刀具"，每个主题都可能有子主题，如"刀具"可能有"车刀""铣刀""镗刀"和"拉刀"子主题。在层次结构中，后四个子主题都处于比"刀具"低的层次。

② 簇的分离性　有些聚类方法可以把数据对象划分成互斥的簇。把客户聚类成组，每组由一位经理负责，此时每个客户可能只属于一个组。在其他一些情况下，簇可以不是互斥的，即一个数据对象可以属于多个簇。例如，在把文档聚类到主题时，一个文档可能与多个主题有关。因此，作为簇的主题可能不是互斥的。

③ 相似性度量　有些方法是用对象之间的距离来确定两个对象之间的相似性。这种距离可设定为欧氏空间、公路网、向量空间或在其他空间中进行定义。在其他方法中，相似性可以用基于密度的连通性或邻近性定义，并且可能不依赖两个对象之间的绝对距离。相似性度量在聚类方法的设计中起着重要作用。虽然基于距离的方法常可以利用最优化技术，但是基于密度或基于连通性的方法常可以发现任意形状的簇。

④ 聚类空间　许多聚类方法都在整个给定的数据空间中搜索簇。这些方法对于低维数据集是有用的。然而，对于高维数据，有许多不相关的属性，可能使得相似性度量不可靠，因此，在整个空间中发现的簇常没有意义。最好是在相同数据集的不同子空间内搜索簇，在子空间聚类发现对象相似性的簇和子空间（通常是低维的）。

总而言之，对聚类算法有多种要求，这些要求包括可伸缩性和处理不同属性类型、噪声数据、增量更新、任意形状的簇和约束的能力，可解释性和可用性也是重要的。此外，关于划分的层次、簇是否互斥，所使用的相似性度量是否在子空间聚类，聚类方法等也可能有区别。

2. 聚类基本方法概述

目前很难对聚类方法提出一个简洁的分类，因为这些类别可能重叠，从而使得一种方法具有几种类别的特征。尽管如此，对各种不同的聚类方法提供一个相对有组织的描述仍然十分有用。一般而言，主要的基本聚类算法可以划分为如下几类。

(1) 划分方法（Partitioning Method）　给定一个有 n 个对象的集合，构建数据的多个分区，其中每个分区表示一个簇，并且 $k \leq n$。即它把数据划分为 k 个组，使得每个组至少包含一个对象。换言之，划分方法是在数据集上进行一层划分。典型地，基本划分方法采取互斥的簇划分，即每个对象必须恰好属于一个组。但这一要求在模糊划分技术中可以放宽。

大部分划分方法都是基于距离。给定要构建的分区数 k，首先创建一个初始划分，然后，采用一种迭代的重定位技术，通过把对象从一个组移动到另一个组来改进划分。好的划分的一般准则是：同一个簇中的对象尽可能相互"接近"或相关，而不同簇中的对象尽可能"远离"或不同。还有许多评判划分质量的其他准则。传统的划分方法可以扩展到子空间聚类，而不是搜索整个数据空间。当存在很多属性并且数据稀疏时，这是有用的。

为了达到全局最优，基于划分的聚类可能需要穷举所有可能的划分，计算量极大。实际上，大多数应用都采用了流行的启发式方法，如 K-均值和 K-中心点算法，渐近地提高聚类质量，接近局部最优解。这些启发式聚类很适合发现中小规模数据库中的球状簇。为了发现具有复杂形状的簇和对超大型数据集进行聚类，需要进一步开发基于划分的方法。

(2) 层次方法（Hierarchical Method）　层次方法创建给定数据对象集的层次分解。根据层次分解如何形成，层次方法可以分为凝聚或分裂。凝聚也称自底向上的方法，开始时将每个对象作为单独的一个组，然后逐次合并相近的对象或组，直到所有的组合并为一个组（层次的最顶层），或者满足某个终止条件。分裂也称为自顶向下的方法，开始时将所有的对象置于一个簇中，在每次相继迭代中，一个簇被划分成更小的簇，直到最终每个对象在单独的一个簇中，或者满足某个终止条件。

层次聚类可以是基于距离或基于密度和连通性的。层次聚类方法的一些扩展也考虑了子空间聚类。层次方法的缺陷在于，一旦一个步骤（合并或分裂）完成，就不能被撤销。这个严格规定是有用的，因为不用担心不同选择的组合数目，产生的计算成本较小。然而，该技术不能更正错误的决定。

(3) 基于密度的方法（Density-based Method）　大部分划分方法是基于对象之间的距离进行聚类。这样的方法只能发现球状簇，而在发现任意形状的簇时会遇到困难。已经开发的基于密度的聚类方法，其主要思想是：只要"邻域"中的密度（对象或数据点的数目）超过某个阈值就继续增长给定的簇。即对给定簇中的每个数据点，在给定半径的邻域必须至少包含最少数目的点。该方法可以用于过滤噪声或离群点，发现任意形状的簇。

基于密度的方法可以把一个对象集划分成多个互斥的簇或簇的分层结构。通常，基于密度的方法只考虑互斥的簇，而不考虑模糊簇。此外，可以把基于密度的方法从整个空间聚类扩展到子空间聚类。

(4) 基于网格的方法（Grid-based Method）　基于网格的方法是把对象空间量化为有限个单元，形成一个网格结构。所有的聚类操作都在这个网格结构（即量化的空间）上进行。该方法的主要优点是处理速度很快，其处理时间通常独立于数据对象的个数，而仅依赖于量化空间中每一维的单元数。

对于许多空间数据挖掘问题（包括聚类），使用网格通常都是一种有效的方法。因此，基于网格的方法可以与其他聚类方法（如基于密度的方法和层次方法）集成。

聚类方法概览见表 3-7。有些聚类方法集成了多种聚类方法的思想，因此有时很难将一个给定的算法只划归到一种聚类方法类别。此外，有些应用可能有多种聚类准则，要求集成多种聚类技术。

表 3-7　聚类方法概览

方法	一般特点
划分方法	发现球形互斥的簇 基于距离 可以用均值或中心点等代表簇中心 对中小规模数据集有效
层次方法	聚类是一个层次分解（即多层） 不能纠正错误的合并或划分 可以集成其他技术，如微聚类或考虑对象"连接"
基于密度的方法	可以发现任意形状的簇 簇是对象空间中被低密度区域分隔的稠密区域 簇密度：每个点的"邻域"内必须具有最少个数目的点 可以过滤离群点
基于网格的方法	使用一种多分辨率网格数据结构 快速处理（典型地，独立于数据对象数，但依赖于网格大小）

 习题 •

1. 数据分析之前为什么需要对原始数据进行预处理？

2. 简述处理空缺值的方法。

3. 数据仓库和数据库有何不同？有哪些相似之处？

4. 简述 OLTP 与 OLAP 的概念并说明它们的主要区别。

5. 为什么需要构建单独隔离的数据仓库？

6. 假定数据仓库包含三个维（equipment、maintainer 和 fault）、两个度量（count 和 charge），其中，charge 是维修人员对每台设备进行维修的费用。

（a）列举三种流行的数据仓库建模模式。

（b）使用以上列举的模式之一，画出数据仓库的模式图。

7. 简述频繁模式、稀有模式和负模式三者的联系和区别。

8. 为什么说强关联规则不一定都是有效的，请举例说明。

9. 使用下面的方法规范化如下数据组：

200，300，400，600，1000

（a）令 min = 0，max = 1，最小-最大规范化。

（b）z 分数规范化。

（c）z 分数规范化，使用均值绝对偏差而不是标准差。

（d）小数定标规范化。

10. 一个车间每个月的检修记录见表 3-8，其中每一条事务表示每次监测过程中需要进行维护的设备。假定 supmin＝40％，confmin＝40％，使用 Apriori 算法计算生成的关联规则，表明每趟数据库扫描时的候选集和大项目集。

表 3-8　检修记录

事务	项目
T1	车床、机械臂 1、AGV1
T2	铣床、AGV2
T3	车床、机械臂 2、AGV1
T4	铣床、AGV2
T5	三坐标测量仪、机械臂 2

参 考 文 献

［1］ L C MOLINA, L BELANCHE, A NEBOT. Feature Selection Algorithms：A Survey and Experimental Evaluation［C］. In Proc. of the 2002 IEEE Intl. Conf. on Data Mining，2002.

［2］ F OLKEN, D ROTEM. Random Sampling from Databases-A Survey［J］. Statistics & Computing, 1995, 5（1）:25-42.

［3］ 杨志，苏发慧，吴华英. 清晰集原理及应用［M］. 北京：科学出版社，2016.

［4］ OSBOME. Notes on the Use of Data Transformations［J］. Practical Assessment, Research & Evaluation, 2002：28（6）.

［5］ 李航. 统计学习方法［M］. 北京：清华大学出版社.

［6］ F J PROVOST, D JENSEN, T OATES. Efficient Progressive Sampling［C］. In Proc. of the 5th Inl. Conf. on Knowledge Discovery and Data Mining, 1999：23-32.

［7］ INMON W H 著. 数据仓库［M］. 王志海. 等译. 北京：机械工业出版社，2003.

［8］ RALPH KIMBALL，等著. 数据仓库工具箱［M］. 王念滨，周连科，韦正现，译. 北京：清华大学出版社，2016.

［9］ 李敏强，潘振江. 基于数据仓库技术的决策支持系统的研究与应用［J］. 系统工程理论与实践，1998（3）：14-19.

［10］ 何玉洁，刘乃嘉. 数据库技术［M］. 北京：高等教育出版社，2017.

［11］ 张宁，李强娇. 基于 ERP 的企业数据仓库设计［J］. 计算机工程与设计，2005（2）：351-353+374.

［12］ T C REDMAN. Data Quality：The Field Guide［M］. England：Digital Press，2001.

［13］ A SHOSHANI. OLAP and statistical databases：similarities and differences［C］. In Proc. of the Sixteenth ACM SIGACT-SIGMOD-SIGART Symp. on Principles of Database Systems, 185-196. New York：ACM Press，1997.

［14］ 爱丽丝·郑，阿曼达·卡萨丽著. 精通特征工程［M］. 陈光欣，译. 北京：人民邮电出版社，2020.

［15］ R SPENCE. Information Visualization［M］. New York：ACM Press，2000.

第二篇

智能决策方法

人工智能是最广泛的定义，与数学规划、统计学等学科交叉，机器学习是实现人工智能的重要方法，深度学习是实现机器学习的最新技术之一。主要分为三大学派：

符号学派：又称为逻辑主义（Logicism）、心理学派（Psychologism）或计算机学派（Computerism），原理主要为物理符号系统（即符号操作系统）假设和有限合理性原理。其将学习看作逆向演绎，并从哲学、心理学、逻辑学中寻求洞见。主要包括：专家系统、语义网、知识图谱、贝叶斯学派（朴素贝叶斯）、类推学派（支持向量机）。对应第4章统计推理。

行为主义学派/进化主义学派：又称为进化主义（Evolutionism）或控制论学派（Cyberneticsism），其原理为控制论及感知-动作型控制系统。智能行为只能在现实世界中与周围环境交互作用而表现出来，在计算机上模拟进化，并利用遗传学和进化生物学知识。主要包括：强化学习、群体智能（粒子群算法、蚁群算法）、进化学派（遗传算法）。对应第5章生物进化与群智能。

联结学派：又称为仿生学派（Bionicsism）或生理学派（Physiologism），其主要原理为神经网络及神经网络间的连接机制与学习算法。其对大脑进行逆向分析，灵感来源于神经科学和物理学。主要包括：感知机、神经网络、深度学习等。对应第6章人工神经网络。

本篇主要按照这三大学派的分类顺序进行介绍。本书第7章智能决策综合评价，将各类智能决策方法的结果统一起来，为第三篇 智能决策应用的开启构建起系统的综合评价体系。第二篇内容如下所示。

第4章 统计推理

1956 年夏，以麦卡赛、明斯基、罗切斯特和申农等为首的一批有远见卓识的年轻科学家在一起聚会，共同研究和探讨用机器模拟智能的一系列有关问题，并首次提出"人工智能"（英文缩写为 AI）这一术语，它标志着人工智能学科的正式诞生。IBM 公司"深蓝"计算机击败人类的世界国际象棋冠军、Alpha Go 击败世界围棋冠军，便是人工智能技术的一个优异表现。诺贝尔经济学奖获得者 Thomas J. Sargent 甚至认为人工智能就是统计学，只不过它用了一个很华丽的辞藻而已。或许，这个观点过于极端了。那么，人工智能与统计学到底是什么关系呢？本书认为，统计学是人工智能的重要基础之一。无论是人工智能还是统计学，都有三个基本要素：问题、数据和方法。实现三个基本要素的统一是两者的共同任务，互相借鉴，这两者之间既有共性也有差异。

两者之间的共性是：都以数据为基础，主要基于归纳思维；都以解决实际问题为目标，即寻找规律、探求关系、发现趋势；都需借助一定的数学模型，体现了贝叶斯思想。

两者之间的差异包括：统计学基于人脑思维导向，而人工智能基于计算机思维导向；统计学基于人的能动性学习，而人工智能基于机器的程序化学习；统计学包括了各种各样定性与定量相结合的方法，而人工智能只是基于经验的算法（目前情况下）；统计学思维同时具有正逆向思维（既可根据已掌握数据推断未知数据，也可对缺失数据进行推断），而人工智能只能进行正向思维（只根据所输入数据进行学习推断）；统计分析结果是否符合实际情况，一般只能进行事后验证，而人工智能的实际效果通常可以进行同步验证；统计误差一般是理论评判，而人工智能误差可以进行实效评判。

本章为第二篇 智能决策方法的开篇之章，必须思考如下问题：如何利用统计思维、统计方法去改进和创新人工智能算法？如何利用人工智能算法去改进和创新统计思维、统计方法？特别是围绕因果关系和因果推断、事物发展拐点判断这两个核心问题，这在人工智能与统计学完全可以找到很好的结合点。所以本章重点选取了统计学中的贝叶斯决策、马尔科夫决策、K 近邻和决策树这几个经典的统计学方法进行讲解。

4.1 贝叶斯决策

贝叶斯决策（Bayesian Decision Theory）是在信息不完全的情况下，对部分未知的状态用主观概率估计，然后用贝叶斯公式对发生概率进行修正，最后再利用期望值和修正概率做出最优决策。贝叶斯决策是基于贝叶斯定理发展起来用于系统地阐述和解决统计问题的方法。一个完整的贝叶斯分析应该包括数据分析，概率模型的构造，先验信息和效应函数的假设以及最后的决策。贝叶斯理论能够有效地综合模型信息、数据信息和先验信息三类信息，使决策者能够利用更多的信息做出最优决策。

贝叶斯决策属于风险型决策，决策者虽不能控制客观因素的变化，但却能掌握其变化的可能状况及各状况的分布概率，并利用期望值即未来可能出现的平均状况作为决策准则。基本思想是：已知类条件概率密度参数表达式和先验概率，利用贝叶斯公式转换成后验概率，最后根据后验概率大小进行决策分类。

4.1.1　贝叶斯决策理论

1. 贝叶斯决策的基本方法

利用市场调查获取的补充信息值 H，或修正状态变量的先验分布，即依据似然分布矩阵所提供的充分信息，用贝叶斯公式求出在信息值 H 或事件 H 发生的条件下，状态变量 θ 的后验概率 $p(H/\theta)$。其中：

（1）补充信息（信息值）　指通过市场调查分析获取的补充信息，用已发生的随机事件 H 或已取值的随机变量 τ 表示，称 H 或为 τ 信息值。

（2）信息值的可靠程度　在状态变量 θ 的条件下，用信息值 H 的后验概率 $p(H/\theta)$ 表示。

（3）先验概率 $p(\theta)$　由以往的数据分析得到的概率。

（4）后验概率 $p(H/\theta)$　在得到信息之后，重新加以修正的概率。

2. 贝叶斯决策的流程

（1）验前分析　依据数据和资料以及经验和判断，测算和估计状态变量 θ 的先验概率 $p(\theta)$；计算各可行方案在不同 θ 条件下的结果值；根据某种决策准则评价，找出最满意方案。

（2）预验分析　是指比较分析补充信息的价值和成本的过程，其目的是判断是否值得去补充信息。

判断：如果信息价值高于其成本，则补充信息会给企业带来正效益，应该补充信息，反之，补充信息大可不必。如果获取补充信息的费用很小，甚至可以忽略不计，本步骤可以省略，直接进行调查和收集信息，并依据获取的补充信息转入下一步骤。

（3）验后分析　利用补充信息修正先验概率，得到更加符合实际的后验概率；再利用后验概率进行决策分析，选出最满意的可行方案；对信息的价值和成本进行对比分析，对决策分析的经济效益情况作出合理的说明。

验后分析和预验分析的异同：

1）相同：都是通过贝叶斯公式修正先验概率。

2）不同：主要是侧重点不同。

（4）序贯分析（主要针对多阶段决策）　是指把复杂决策问题的决策分析全过程划分为若干阶段，每一阶段都包括先验分析、预验分析和验后分析等步骤，每个阶段前后相连，形成决策分析全过程。

3. 贝叶斯决策的基本步骤

贝叶斯决策中，人们首先进行验前分析。决策者首先要清楚地知道各种信息的自然状态及其发生的概率，以及对不同自然状态采用不同方案后的损益值，据此决策者可以做出初步选择。例如，某企业对未来市场情况有三种预计，依次记为 θ_1、θ_2、θ_3，该企业也有三种可供选择的行动方案 a_1、a_2、a_3，三个行动方案在不同市场情况下遭受的损失见表 4-1。

表 4-1　不同行动方案对应不同市场情况的损失值

预测情况	实际情况		
	a_1	a_2	a_3
θ_1	x_{11}	x_{12}	x_{13}
θ_2	x_{21}	x_{22}	x_{23}
θ_3	x_{31}	x_{32}	x_{33}

按照该行业的历史资料以及该项目本身的具体情况，初步估算不同市场情况下的发生概率，给出如下先验概率：

$$\pi(\theta_1)=p_1, \quad \pi(\theta_2)=p_2, \quad \pi(\theta_3)=p_3 \tag{4-1}$$

用此先验概率可以算出各行动方案的先验期望损失：

$$E^\theta\left[L(\theta,a_i)\right]=p_1x_{1i}+p_2x_{2i}+p_3x_{3i}, i=1,2,3 \tag{4-2}$$

其中，使先验期望损失达到最小的行动方案 a'：

$$E^\theta\left[L(\theta,a')\right]=\min E^\theta\left[L(\theta,a_i)\right] \tag{4-3}$$

就是先验期望准则下的最优行动方案。

贝叶斯决策方法在实际生活中得到广泛应用。当人力、时间和财力不允许收集更加完整的信息时，决策者往往用验前分析的方法进行决策。贝叶斯决策中，验后分析是统计分析的主要方法，决策者需要根据人力、时间、财力等各方面的因素去思考问题，从而付出代价 α，最后进行决策。权衡这些信息之后，决策者根据验后分析得出决策的风险和收益出现的结果。所以验后分析牵扯到两个问题，第一是否需要对信息追加，第二，如果要追加信息，应该采取什么样的策略行动。

决策者知道客观调查不可能是完全准确的，但一般能估计出调查的准确程度。当实际情况为 θ_1 时，调查结果为 θ_1' 的概率为 p_{11}，θ_2' 的概率为 p_{21}，θ_3' 的概率为 p_{31}，见表 4-2。

表 4-2　不同实际情况对应不同预测情况的概率值

预测情况	实际情况		
	θ_1	θ_2	θ_3
θ_1	p_{11}	p_{12}	p_{13}
θ_2	P_{21}	p_{22}	P_{23}
θ_3	P_{31}	p_{32}	P_{33}

由全概率公式得出：

$$p_i'=p(\theta_i')=p(\theta_i'\mid\theta_1)\pi(\theta_1)+p(\theta_i'\mid\theta_2)\pi(\theta_2)+p(\theta_i'\mid\theta_3)\pi(\theta_3)=\sum_{j=1}^{3}p_{ij}p_j \quad i=1,2,3 \tag{4-4}$$

想要知道的是，当可能的调查情况为已知时，实际三种市场情况的概率分别是多少，也就是要找出修正后的先验概率，即

$$\pi(\theta_i \mid \theta_j') = \frac{p(\theta_i' \mid \theta_i)\pi(\theta_i)}{p(\theta_j')} = \frac{p_{ji}p_i}{p_j'} \quad i=1,2,3, j=1,2,3 \tag{4-5}$$

上述结果见表 4-3。

表 4-3 不同预测情况对应不同实际情况的概率值

预测情况	实际情况		
	θ_1'	θ_2'	θ_3'
θ_1'	$\dfrac{p_{11}p_1}{p_1'}$	$\dfrac{p_{12}p_1}{p_2'}$	$\dfrac{p_{13}p_1}{p_3'}$
θ_2'	p_{21}	p_{22}	p_{23}
θ_3'	p_{31}	p_{32}	p_{33}

由此可以算得各行动的后验期望损失：

$$E^{\theta \mid \theta_i'}\left[L(\theta, a_j)\right] = \frac{p_{i1}p_1}{p_i'}x_{1j} + \frac{p_{i2}p_2}{p_i'}x_{2j} + \frac{p_{i3}p_3}{p_i'}x_{3j} \quad i=1,2,3, j=1,2,3 \tag{4-6}$$

当调查结果为 θ_1' 时，取：

$$E^{\theta \mid \theta_1'}\left[L(\theta, a^{(1)})\right] = \min_{a_j} E^{\theta \mid \theta_1'}\left[L(\theta, a_j)\right] \tag{4-7}$$

当调查结果为 θ_2' 时，取：

$$E^{\theta \mid \theta_2'}\left[L(\theta, a^{(2)})\right] = \min_{a_j} E^{\theta \mid \theta_2'}\left[L(\theta, a_j)\right] \tag{4-8}$$

当调查结果为 θ_3' 时，取：

$$E^{\theta \mid \theta_3'}\left[L(\theta, a^{(3)})\right] = \min_{a_j} E^{\theta \mid \theta_3'}\left[L(\theta, a_j)\right] \tag{4-9}$$

根据后验风险越小越好的准则，对调查结果的每个可能制定出最优行动方案，这样就得到了最优决策函数 a''：

$$a'' = \begin{cases} a^{(1)}, & \theta' = \theta_1' \\ a^{(2)}, & \theta' = \theta_2' \\ a^{(3)}, & \theta' = \theta_3' \end{cases} \tag{4-10}$$

它表示使后验期望损失达到最小的行动方案组合。

此时就可以解答关于收集追加信息的价值问题了。先计算后验损失的期望值：

$$E^{\theta \mid \theta'}\left[L(\theta, a'')\right] = p_1' E^{\theta \mid \theta_1'}\left[L(\theta, a^{(1)})\right] + p_2' E^{\theta \mid \theta_2'}\left[L(\theta, a^{(2)})\right] + p_3' E^{\theta \mid \theta_3'}\left[L(\theta, a^{(3)})\right] \tag{4-11}$$

那样抽样信息期望值为：

$$Q = E^{\theta}\left[L(\theta, a')\right] - E^{\theta \mid \theta'}\left[L(\theta, a'')\right] \tag{4-12}$$

式（4-12）表示追加信息前后各最优行动方案使决策者蒙受期望损失的减少量，或者是由追加信息给决策者带来的增益。

从事经济活动时，决策者对有关的自然状态了解得越多，收集到的信息越多，据此做出

的最优决策越可靠，其获得的收益也会越高。但要想获得信息越多，其付出的代价也可能越高。只有当采集的新信息是有益的，即 $Q>\alpha$，决策者才会去收集新的信息，否则只要选择最优的验前策略，便可以获得更大的收益。

4.1.2 应用案例分析

1. 案例背景

某工厂准备生产一种新产品，产量可以采取小批、中批、大批三种行动方案，分别记为 a_1、a_2、a_3，市场销售情况可分为畅销、一般、滞销三种状态，分别记为 θ_1、θ_2、θ_3。三种行动方案在不同市场状态下可获利润见表4-4。

表4-4 不同产量对应不同市场销售情况的利润值 （单位：万元）

	a_1	a_2	a_3
θ_1	10	50	100
θ_2	9	40	30
θ_3	6	−20	−60

同一问题的损失函数，见表4-5。

表4-5 不同产量对应不同市场销售情况的损失值单位 （单位：万元）

	a_1	a_2	a_3
θ_1	90	50	0
θ_2	31	0	10
θ_3	0	26	66

2. 案例求解

假如市场销售状态的先验分布为：

$$\pi(\theta_1)=0.6, \pi(\theta_2)=0.3, \pi(\theta_3)=0.1$$

从而可得各行动方案的先验期望损失：

$$E^{\theta}[L(\theta,a_1)]=63.3, E^{\theta}[L(\theta,a_2)]=32.6, E^{\theta}[L(\theta,a_3)]=9.6$$

若在先验期望准则下进行决策，那么最优行动方案应为 a_3，因其先验期望损失最小。

该工厂打算聘请一个咨询公司来调查市场情况，这项调查的花费为5000元。这样做将会改变工厂对于市场情况预测的先验概率，该公司是否应该选择这一方式呢？该工厂查阅了咨询公司的历史业绩记录，记录显示当市场实际销售情况为一般时，该咨询公司60%的报告预见到了这一情况，同时20%的报告预见的是市场情况为畅销，但也有20%的报告预测的是滞销。不同实际销售情况对应不同预测销售情况的概率值见表4-6。

表 4-6　不同实际销售情况对应不同预测销售情况的概率值

预测销售	实际销售		
	畅销	一般	滞销
畅销	0.7	0.2	0.1
一般	0.2	0.6	0.2
滞销	0.1	0.2	0.7

由全概率公式得出：

$$p_1' = 0.49, \quad p_2' = 0.32, \quad p_3' = 0.19$$

修正后的先验概率见表 4-7。

表 4-7　不同预测销售情况对应不同实际销售情况的概率值

实际销售	预测销售		
	畅销	一般	滞销
畅销	0.86	0.38	0.32
一般	0.12	0.56	0.32
滞销	0.02	0.06	0.36

当咨询公司预测市场将会畅销时，市场确实会畅销的概率是 0.86，增强了决策者对于未来市场的信心。对其他修正后的先验概率也可作类似的解释。

各行动方案的后验期望损失值，详见表 4-8。

表 4-8　不同预测销售情况对应不同实际销售情况的损失值　　　（单位：万元）

实际销售	畅销	一般	滞销
$E^{\theta \mid \theta'}[L(\theta, a_1)]$	81.12	51.56	38.72
$E^{\theta \mid \theta'}[L(\theta, a_2)]$	43.52	20.56	24.32
$E^{\theta \mid \theta'}[L(\theta, a_3)]$	2.52	9.56	26.96

当咨询公司预测市场会畅销时，最优行动方案为 a_3；一般时，最优行动方案也为 a_3；滞销时，应采取行动方案 a_2，这样就得到了最优决策函数：

$$a'' = \begin{cases} a_3, \theta' = \theta_1', \theta_2' \\ a_2, \theta' = \theta_3' \end{cases}$$

后验期望损失值为：

$$E^{\theta \mid \theta'}[L(\theta, a'')] = 0.49 \times 2.52 + \times 0.32 \times 9.56 + 0.19 \times 24.32 = 8.9148$$

咨询公司给工厂带来的增益为：

$$Q = 9.6 - 8.9148 = 0.6852 （万元）$$

此时，如果只做验前分析，不做进一步咨询研究，应采取行动方案 a_3，可得先验损失的期望值为 9.6 万元。如果做进一步的咨询研究，工厂所知的信息就会增加，从而能使工厂的决策更加有利，即后验期望损失值能够有所减少。当采用新信息进行研究时，该工厂有可能获得的增益为 6 852 元，这个数值就是收集到的新信息的价值。

实际上，请咨询公司的花费为 500 元，小于 6 852 元，此时决策者收集信息是值得的，若请咨询公司的花费大于 6 852 元，则只需要选择最优的验前策略即可。

利用贝叶斯决策方法讨论不同行动方案对于不同自然状态所产生的影响，得到先验期望损失最小的决策方案，再通过追加新信息得到后验期望损失值最小的决策方案，只有当收集到的新信息是有益的，决策者才会去增加成本进行新信息的采集，否则只需采用先验期望损失最小的决策方案即可。本例根据期望损失最小得到决策方案，当然也可根据期望收益最大得到决策方案，可得到类似的结果。

4.2　马尔科夫决策

马尔科夫链，因俄国数学家安德雷·马尔科夫（A. A. Markov，1856—1922）得名。马尔科夫在 1906—1907 年期间为了证明随机变量间的独立性不是弱大数定律（Weak Law of Large Numbers）和中心极限定理（Central Limit Theorem）成立的必要条件，构造了一个按条件概率相互依赖的随机过程，并证明其在一定条件下收敛于一组向量，该随机过程被后世称为马尔科夫链。马尔科夫链主要是基于如下假设：

1）在给定当前指示或信息的情况下，过去（即当前以前的历史状态）对于预测将来（即当前以后的未来状态）是无关的。

2）每个状态的转移只依赖于之前的 n 个状态，这个过程被称为一个 n 阶模型，其中 n 是影响转移状态的数目。

马尔科夫性质（Markov Property）是概率论中的一个概念，是指当一个随机过程在给定现在状态及所有过去状态的情况下，其未来状态的条件概率分布仅依赖于当前状态。换句话说，给定现在状态时，随机过程与过去状态（即该过程的历史路径）是条件独立的，那么此随机过程即具有马尔科夫性质。这类具有马尔科夫性质的过程通常称之为马尔科夫过程。

4.2.1　理论基础

本节主要介绍马尔科夫模型（Markov Model）、隐马尔科夫模型（Hidden Markov Model HMM）和隐马尔科夫模型的概率计算问题。

1. 马尔科夫模型（Markov Model）

有随机过程：如果一个系统有 N 个状态 S_1、S_2、$\cdots$、S_T，随着时间的推移，该系统从某一状态转移到另一状态。如果用 q_t 表示系统在时刻 t 的状态变量，那么 t 时刻的状态取值为 $S_i(1 \leqslant i \leqslant N)$ 的概率取决于前 t-1 个时刻（1，2，$\cdots$，t-1）的状态，该概率为：

$$P(q_t = S_i \mid q_{t-1} = S_j, q_{t-2} = S_k, \cdots) \tag{4-13}$$

一阶马尔科夫链：

假设：如果在特定的状态下，系统在时刻 t 的状态只与其在时刻 t-1（前一时刻）的状态相关，则该系统构成一个离散的一阶马尔科夫链：

$$P(q_t = S_i \mid q_{t-1} = S_j, q_{t-2} = S_k, \cdots) = P(q_t = S_i \mid q_{t-1} = S_j) \tag{4-14}$$

$$P(q_t = S_i \mid q_{t-1} = S_j) = a_{ij} \quad 1 \leqslant i, j \leqslant N \tag{4-15}$$

在马尔科夫模型中，状态转移概率 a_{ij} 必须要满足条件：

$$a_{ij} \geqslant 0, \quad \sum_{j=1}^{N} a_{ij} = 1 \tag{4-16}$$

该模型类似于一个随机有限状态机，该有限状态机的每一个状态转换过程都有一个相应的概率，该概率表示有限状态机采用这一状态转换的可能性。状态序列 S_1、S_2、S_3、$\cdots$、S_T 的概率：

$$\begin{aligned}
P(S_1, S_2, \cdots, S_T) &= P(S_1) P(S_2 \mid S_1) P(S_3 \mid S_1, S_2) \cdots P(S_T \mid S_1, \cdots, S_{T-1}) \\
&= P(S_1) P(S_2 \mid S_1) P(S_3 \mid S_2) \cdots P(S_T \mid S_{T-1}) \\
&= \pi_{S_1} \prod_{t=1}^{T-1} a_{S_t S_{t+1}}
\end{aligned} \tag{4-17}$$

式中，$\pi_{S_1} = P(q_1 = S_i)$，为初始状态的概率。

2. 隐马尔科夫模型（Hidden Markov Model，HMM）

马尔科夫模型可以视为一个随机的有限状态机，一个马尔科夫链状态序列的概率可以通过状态转移矩阵上的状态转移概率计算。隐马尔科夫模型是在马尔科夫模型基础上发展而来的，它用来描述一个含有隐含未知参数的马尔科夫过程。其难点是从可观察的参数中确定该过程的隐含参数，然后利用这些参数进行进一步的分析。在被建模的系统中，被认为是一个马尔科夫过程与未观测到（隐藏的）状态的统计马尔科夫模型。人们不知道模型所经过的状态序列（模型的状态转换过程是不可观察的、隐蔽的），只知道状态的随机函数。

隐马尔科夫模型是关于时序的概率模型，描述了由一个隐藏的马尔科夫链随机生成不可观测的状态随机序列，再由各个状态生成一个观测从而产生观测随机序列的过程。隐藏的马尔科夫链随机生成的状态序列，称为状态序列（State Sequence）。每个状态生成一个观测，而由此产生观测的随机序列，称为观测序列（Observation Sequence）。序列的每一个位置又可以看作是一个时刻。隐马尔科夫模型在语音识别、自然语言处理、生物信息、模式识别等领域有着广泛的应用。

隐马尔科夫模型作了两个基本假设：

（1）齐次马尔科夫性假设　即假设隐藏的马尔科夫链在任意时刻 t 的状态只依赖于其前一时刻的状态，与其他时刻的状态及观测无关，也与时刻 t 无关。

（2）观测独立性假设　即假设任意时刻的观测只依赖该时刻的马尔科夫链的状态，与其他观测及状态无关。

隐马尔科夫模型由初始概率分布 π、状态转移概率分布 A 以及观测概率分布 B 确定，隐马尔科夫模型的形式定义如下：

$$\lambda = (A, B, \pi) \tag{4-18}$$

1）对 A 的解释：

① I 是长度为 T 的状态序列，O 是对应的观测序列：

$$I = \{i_1, i_2, \cdots, i_T\} \tag{4-19}$$

$$O = \{o_1, o_2, \cdots, o_T\} \tag{4-20}$$

② A 是状态转移概率矩阵（方阵）：

$$A = [a_{ij}]_{N \times N}, a_{ij} = P(i_{t+1} = q_j \mid i_t = q_i) \qquad (4\text{-}21)$$

上一时刻是 q_i，下一时刻为 q_j 的概率。

2）对 B 的解释：

① 观测概率矩阵：

$$B = [b_{ik}]_{N \times M}, B_{ik} = P(o_t = v_k \mid i_t = q_i) \qquad (4\text{-}22)$$

② 是在时刻 t 由 i 号隐状态（Inner）观测到 k 号观测值的 N 行 M 列概率矩阵。

③ 如果观测序列的状态是连续的，B 则为概率密度函数。

3）对 π 的解释：

① π 是初始状态向量：

$$\pi = (\pi_i), \pi_i = P(i_1 = q_i) \qquad (4\text{-}23)$$

② π_i 是第一个时刻处于状态 q_i 的概率。

3. 隐马尔科夫模型的概率计算问题——前向算法

给定模型 $\lambda = (A, B, \pi)$ 和观测序列 $O = (o_1, o_2, \cdots, o_T)$，计算在模型 λ 下观测序列 O 出现的概率 $P(O \mid \lambda)$。

输入：隐马尔科夫模型 λ、观测序列 O。

输出：观测序列概率 $P(O \mid \lambda)$。

（1）初值

$$\alpha_1(i) = \pi_i b_i(o_1), \quad i = 1, 2, \cdots, N \qquad (4\text{-}24)$$

（2）递推　对 $t = 1, 2, \cdots, T-1$：

$$\alpha_{t+1}(i) = \left[\sum_{j=1}^{N} a_t(j) a_{ji} \right] b_i(o_{t+1}) \quad i = 1, 2, \cdots, N \qquad (4\text{-}25)$$

（3）终止

$$P(O \mid \lambda) = \sum_{i=1}^{N} \alpha_T(i) \qquad (4\text{-}26)$$

4.2.2　应用案例分析

1. 案例背景

考虑盒子和球模型的 $\lambda = (A, B, \pi)$，状态集合 $Q = \{1, 2, 3\}$，观测集合 $V = \{红，白\}$

$$A = \begin{pmatrix} 0.5 & 0.2 & 0.3 \\ 0.3 & 0.5 & 0.2 \\ 0.2 & 0.3 & 0.5 \end{pmatrix}, B = \begin{pmatrix} 0.5 & 0.5 \\ 0.4 & 0.6 \\ 0.7 & 0.3 \end{pmatrix}, \pi = \begin{pmatrix} 0.2 \\ 0.4 \\ 0.4 \end{pmatrix}$$

设 $T = 3$，$O = (红，白，红)$，试用前向算法计算 $P(O \mid \lambda)$。

2. 案例求解

1）计算初值：

$$\alpha_1(1) = \pi_1 b_1(o_1) = 0.10$$
$$\alpha_1(2) = \pi_2 b_2(o_1) = 0.16$$
$$\alpha_1(3) = \pi_3 b_3(o_1) = 0.28$$

2）递推计算：

$$\alpha_2(1) = \Big[\sum_{i=1}^{3} a_1(i)a_{i1} \Big] b_1(o_2) = 0.154 \times 0.5 = 0.077$$

$$\alpha_2(2) = \Big[\sum_{i=1}^{3} a_1(i)a_{i2} \Big] b_2(o_2) = 0.184 \times 0.6 = 0.1104$$

$$\alpha_2(3) = \Big[\sum_{i=1}^{3} a_1(i)a_{i3} \Big] b_3(o_2) = 0.202 \times 0.3 = 0.0606$$

$$\alpha_3(1) = \Big[\sum_{i=1}^{3} a_2(i)a_{i1} \Big] b_1(o_3) = 0.04187$$

$$\alpha_3(2) = \Big[\sum_{i=1}^{3} a_2(i)a_{i2} \Big] b_2(o_3) = 0.03551$$

$$\alpha_3(3) = \Big[\sum_{i=1}^{3} a_2(i)a_{i3} \Big] b_3(o_3) = 0.05284$$

3）终止：

$$P(O \mid \lambda) = \sum_{i=1}^{3} \alpha_3(i) = 0.13022$$

4.3　K 近邻

K 近邻（简称 KNN）是一种基于统计的数据挖掘算法。给定一个训练数据集，对新的输入实例，在训练数据集中找到与该实例最近邻的 K 个实例，如果这 K 个实例的多数属于某个类，就把该输入实例分到该类。从这段描述中可以看出，K 近邻算法的学习过程只是简单地存储已知的训练数据，当遇到新的查询实例时，再从存储器中取出一系列相似的实例，用来分类新的查询实例。K 近邻算法的这种分类特点称为消极学习方法，具有同样特点的学习算法还有局部加权回归，它的优点在于不是在整个实例空间上一次性地估计目标函数，而是针对每个待分类的新实例做出局部和相异的估计。而与之对应的分类算法，称之为积极学习方法。例如：支持向量机、神经网络等，它的特点是在新的查询实例到来之前，通过训练实例总结归纳出相似判断的目标函数。K 近邻同样可以应用于回归任务。K 近邻做分类预测时，一般是选择多数表决法，即将训练集里和预测的样本特征最接近的 K 个样本，预测为里面数量最多的类别。而 K 近邻做回归时，一般是选择平均法，即将最接近的 K 个样本的输出平均值作为回归预测值。由于两者区别不大，虽然本节主要是讲解 K 近邻的分类方法，但该思想对 K 近邻的回归方法也适用。

4.3.1　理论基础

K 近邻算法使用的模型实际上对应于对特征空间的划分。K 值的选择、距离度量和分类决策规则是该算法的三个基本要素：

1）K 值的选择会对算法的结果产生重大影响。K 值较小意味着只有与输入实例较接近的训练实例才会对预测结果起作用，但容易发生过拟合。如果 K 值较大，优点是可以减少学习的估计误差，但缺点是学习的近似误差增大，这时离输入实例较远的训练实例也会对预测起作用，使预测发生错误。在实际应用中，K 值一般选择一个较小的数值，通常采用交叉验证的方法来选择最优的 K 值。随着训练实例数目趋向于无穷和 $K=1$ 时，误差率不会超过贝叶斯误差率的两倍，如果 K 也趋向于无穷，则误差率趋向于贝叶斯误差率。

2）该算法中的分类决策规则往往是多数表决，即由输入实例的 K 个最邻近的训练实例中的多数类决定输入实例的类别。分类任务：输出结果为 K 个训练样本中占大多数的类。回归任务：输出结果为 K 个训练样本值的平均值。

3）距离度量一般采用 L_p 距离。设特征空间 X 是 n 维实数向量空间 R^n，x_i，$x_j \in X$，$x_i = (x_i^{(1)}, x_i^{(2)}, \cdots, x_i^{(n)})$，$x_j = (x_j^{(1)}, x_j^{(2)}, \cdots, x_j^{(n)})$，$x_i$、$x_j$ 的 L_p 距离定义为：

$$L_p(x_i, x_j) = \left(\sum_{l=1}^{n} \left| x_i^{(l)} - x_j^{(l)} \right|^p \right)^{\frac{1}{p}} \tag{4-27}$$

$p=1$ 时，为曼哈顿距离；$p=2$ 时，为欧氏距离；$p=\infty$ 时，为各个坐标距离的最大值。度量之前，应将每个属性的值规范化，这样有助于防止具有较大初始值域的属性比具有较小初始值域属性的权重过大。

4.3.2 应用案例分析

1. 案例背景
电影分类问题，样本数据见表 4-9，求未知电影所属类型？

表 4-9 电影名称及其内容镜头

电影名称	打斗镜头	接吻镜头	电影类型
California Man	3	104	爱情片
He's Not Really into Dudes	2	100	爱情片
Beautiful woman	1	81	爱情片
Kevin Longblade	101	10	动作片
Robo Slayer 3000	99	5	动作片
Amped II	98	22	动作片
?	18	90	未知

2. 案例求解
计算出已知电影与未知电影的距离，见表 4-10。

表 4-10 已知电影与未知电影的距离

电影名称	与未知电影的距离
California Man	20.5
He's Not Really into Dudes	18.7

（续）

电影名称	与未知电影的距离
Beautiful woman	19. 2
Kevin Longblade	115. 3
Robo Slayer 3000	117. 4
Amped II	118. 9

按照距离递增排序，可以找到 k 个距离最近的电影。假定 $k=3$，则三个最靠近的电影依次是：①He's Not Really into Dudes；②Beautiful woman；③California Man。KNN 按照距离最近的三部电影的类型，确定未知电影的类型为爱情片。

87

4.4 决策树

决策树（Decision Tree）是一种基本的分类与回归方法。本质上决策树是通过一系列规则对数据进行分类的过程。首先对数据进行处理，利用归纳算法生成可读的规则和决策树，然后使用决策对新数据进行分析。其思想主要来源于与决策树相关的重要算法 CLS、ID3、C4.5、CART。下面介绍这几个决策树算法的发展历程。

Hunt. Marin 和 Stone 于 1966 年研制的 CLS 学习系统，用于学习单个概念。1979 年 J. R. Quinlan 给出了 ID3 算法，并在 1983 年和 1986 年对 ID3 进行了总结和简化，使其成为决策树学习算法的典型。Schlimmer 和 Fisher 于 1986 年对 ID3 进行改造，在每个可能的决策树结点创建缓冲区，使决策树可以以递增方式生成，得到 ID4 算法。1988 年，Utgoff 在 ID4 基础上提出了 ID5 学习算法，进一步提高了效率。1993 年，Quinlan 进一步发展了 ID3 算法，改进成 C4.5 算法。另一类决策树算法为 CART，与 C4.5 不同的是，CART 的决策树由二元逻辑问题生成，每个树结点只有两个分枝，分别包括学习实例的正例与反例。

本节主要介绍最经典的决策树 ID3 算法。决策树模型呈树形结构，在分类问题中，表示基于特征对实例进行分类的过程。它可以认为是 if-then 规则的集合，也可以认为是定义在特征空间与类空间上的条件概率分布。主要优点是模型具有可读性，分类速度快。学习时，利用训练数据，根据损失函数最小化的原则建立决策树模型。预测时，对新的数据，利用决策树模型进行分类。决策树学习通常包括三个步骤：特征选择、决策树的生成和决策树的修剪。

4.4.1 理论基础

1. 决策树模型

如图 4-1 所示，决策树的基本组成有：决策结点、分支和叶子。决策树中最上面的结点称为根结点，是整个决策树的开始。每个分支是一个新的决策结点，或者是树的叶子。每个决策结点代表一个问题或者决策，通常对应待分类对象的属性，每个叶结点代表一种可能的分类结果。在沿着决策树从上到下遍历的过程中，每个结点都有一个测试。对每个结点上问题的不同测试输出导致不同的分枝，最后会到达一个叶子结点。这一过程就是利用决策树进行分类的过程，利用若干个变量来判断属性的类别。

2. 信息增益

选取对训练数据具有分类能力的特征，这样可以提高决策树学习的效率。如果利用一个特征进行分类的结果与随机分类的结果没有很大差别，则称这个特征是没有分类能力的，根据经验扔掉这样的特征对决策树学习的精度影响不大。为了选择更好特征，就要求确定选择特征的准则。直观上，如果一个特征具有更好的分类能力，

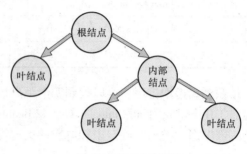

图 4-1 决策树模型

或者说，按照这一特征将训练数据集分割成子集，使得各个子集在当前条件下有最好的分类，应该优先选择该特征。信息增益（Information Gain）就能够很好地表达这一直观的准则。

为了便于说明这个问题，先给出熵与条件熵的定义。在信息论与概率统计中，熵（Entropy）是表示随机变量不确定性的度量。

设 X 是一个取有限个值的离散随机变量，其概率分布为：

$$P(X=x_i)=p_i, \quad i=1,2,\cdots,n \tag{4-28}$$

则随机变量 X 的熵定义为：

$$H(X)=-\sum_{i=1}^{n} p_i \log_2 p_i \tag{4-29}$$

熵的单位称为比特（Bit）或纳特（Nat），熵只依赖于 X 的分布，与 X 的取值无关。

特征 A 对训练数据集 D 的信息增益 $g(D,A)$，定义为集合 D 的经验熵 $H(D)$ 与特征 A 给定条件下 D 的经验条件熵 $H(D|A)$ 之差，即：

$$g(D,A)=H(D)-H(D|A) \tag{4-30}$$

其中，信息增益是指已知特征 X 的信息而使得类 Y 信息的不确定性减少的程度。一般，熵 $H(Y)$ 与条件熵 $H(Y|X)$ 之差称为互信息（Mutual Information），决策树学习中的信息增益等价于训练数据集中类与特征的互信息。

信息增益的计算步骤：

输入：训练数据集 D 和特征 A。

输出：特征 A 对训练数据集 D 的信息增益 $g(D, A)$。

（1）计算数据集 D 的经验熵 $H(D)$

$$H(D)=-\sum_{k=1}^{K} \frac{|C_k|}{|D|} \log_2 \frac{|C_k|}{|D|} \tag{4-31}$$

（2）计算特征 A 对数据集 D 的经验条件熵 $H(D|A)$

$$H(D|A)=\sum_{i=1}^{n} \frac{|D_i|}{|D|} H(D_i)=-\sum_{i=1}^{n} \frac{|D_i|}{|D|} \sum_{k=1}^{K} \frac{|D_{ik}|}{|D_i|} \log_2 \frac{|D_{ik}|}{|D_i|} \tag{4-32}$$

（3）计算信息增益

$$g(D,A) = H(D) - H(D \mid A) \tag{4-33}$$

3. 决策树经典 ID3 算法

ID3 算法的核心是在决策树各个结点上应用信息增益准则选择特征，递归地构建决策树。具体方法是：从根结点（Boot Node）开始，对结点计算所有可能的特征的信息增益，选择信息增益最大的特征作为结点特征，由该特征的不同取值建立子结点；再对子结点递归地调用以上方法，构建决策树；直到所有特征的信息增益均很小或没有特征可以选择，最后得到一棵决策树。ID3 相当于用极大似然法进行概率模型的选择。其基本思想是，以信息熵为度量，用于决策树结点的属性选择，每次优先选取信息量最多的属性，也即能使熵值变为最小的属性，以构造一棵使叶子结点处的熵值为 0 下降最快的决策树。此时，每个叶子结点对应的实例集中的实例属于同一类。

决策树分类中，假设 S 是训练样本集合，$|S|$ 是训练样本数，样本划分为 n 个不同的类 C_1、C_2、$\cdots$、C_n，这些类的大小分别标记为 $|C_1|$、$|C_2|$、$\cdots$、$|C_n|$。则任意样本 S 属于类 C_i 的概率为：

$$p(S_i) = \frac{|C_i|}{|S|} \tag{4-34}$$

$$\text{Entropy}(S \mid A) = \sum (|S_v| / |S|) \times \text{Entropy}(S_v) \tag{4-35}$$

式中，$\sum$ 是属性 A 的所有可能值 v；S_v 是属性 A 有 v 值的 S 子集；$|S_v|$ 是 S_v 中元素的个数；$|S|$ 是 S 中元素的个数。

4. 经典 ID3 算法流程

1）决定分类属性。

2）对目前的数据表，建立一个结点 N。

3）如果数据库中的数据都属于同一个类，N 就是树叶，在树叶上标出所属的类。

4）如果数据表中没有其他属性可以考虑，则 N 也是树叶，按照少数服从多数的原则，在树叶上标出所属类别。

5）否则，根据平均信息期望值 E 或 GAIN 值选出一个最佳属性作为结点 N 的测试属性。

6）结点属性选定后，对于该属性中的每个值：从 N 生成一个分支，并将数据表中与该分支有关的数据收集形成分支结点的数据表，在表中删除结点属性那一栏。如果分支数据表非空，则运用以上算法从该结点建立子树。

4.4.2 应用案例分析

1. 案例背景

由 16 行样本组成的潜在客户购买计算机样本训练数据见表 4-11。数据包括潜在客户的四个特征（属性）：第一个特征是年龄，有三个可能值：青年、中年、老年；第二个特征是年收入，有三个可能值：高、中、低；第三个特征是是否为学生，有两个可能值：是、否；第四个特征是信誉情况，有两个可能值：优、良。表的最后一列是类别，是否购买计算机，取两个值：买、不买。

表 4-11　潜在客户购买计算机样本数据表

计数	年龄	收入	学生	信誉	归类：买计算机？
64	青	高	否	良	不买
64	青	高	否	优	不买
128	中	高	否	良	买
60	老	中	否	良	买
64	老	低	是	良	买
64	老	低	是	优	不买
64	中	低	是	优	买
128	青	中	否	良	不买
64	青	低	是	良	买
132	老	中	是	良	买
64	青	中	是	优	买
32	中	中	否	优	买
32	中	高	是	良	买
63	老	中	否	优	不买
1	老	中	否	优	买

希望通过所给的训练数据学习一个潜在客户的决策树，用于对未来的潜在客户购买趋势进行分类。

2. 案例求解

第 1 步计算决策属性的熵

决策属性"买计算机？"。该属性分两类：买，不买

$|C_1|$（买）= 641

$|C_2|$（不买）= 383

$|D| = |C_1| + |C_2| = 1024$

$P_1 = 641/1024 = 0.6260$

$P_2 = 383/1024 = 0.3740$

$H(D) = -P_1\log_2 P_1 - P_2\log_2 P_2 = -(P_1\log_2 P_1 + P_2\log_2 P_2) = 0.9537$

第 2 步计算条件属性的熵

条件属性共有四个：年龄、收入、学生、信誉。分别计算不同属性的信息增益。

1）计算青年年龄的熵。年龄共分三个组：青年、中年、老年。其中，青年买与不买比例为 128/256。

$|D_{11}|$（买）= 128

$|D_{12}|$（不买）= 256

$$|D_1| = 384$$

$$P_1 = 128/384$$

$$P_2 = 256/384$$

$$H(D_1) = -P_1\log_2 P_1 - P_2\log_2 P_2 = -(P_1\log_2 P_1 + P_2\log_2 P_2) = 0.9183$$

2）计算中年年龄的熵。中年买与不买比例为 256/0。

$$|D_{21}|（买）= 256$$

$$|D_{22}|（不买）= 0$$

$$|D_2| = 256$$

$$P_1 = 256/256$$

$$P_2 = 0/256$$

$$H(D_1) = -P_1\log_2 P_1 - P_2\log_2 P_2 = -(P_1\log_2 P_1 + P_2\log_2 P_2) = 0$$

3）计算老年年龄的熵。老年买与不买比例为 125/127。

$$|D_{31}|（买）= 125$$

$$|D_{32}|（不买）= 127$$

$$|D_3| = S_1 + S_2 = 252$$

$$P_1 = 125/252$$

$$P_2 = 127/252$$

$$H(D_1) = -P_1\log_2 P_1 - P_2\log_2 P_2 = -(P_1\log_2 P_1 + P_2\log_2 P_2) = 0.9157$$

4）计算年龄的平均信息期望与年龄信息增益。年龄共分三个组：所占比例：青年组 $384/1025 = 0.375$；中年组 $256/1024 = 0.25$；老年组 $384/1024 = 0.375$。

计算年龄的平均信息期望：

$$E（年龄）= 0.375 \times 0.9183 + 0.25 \times 0 + 0.375 \times 0.9157 = 0.6877$$

$$G（年龄信息增益）= 0.9537 - 0.6877 = 0.2660$$

第 3 步计算收入的熵

收入共分三个组：高、中、低。

$$E（收入）= 0.9361$$

$$收入信息增益 = 0.9537 - 0.9361 = 0.0176$$

第 4 步计算学生的熵

学生共分两个组：学生、非学生。

$$E（学生）= 0.7811$$

$$年龄信息增益 = 0.9537 - 0.7811 = 0.1726$$

第 5 步计算信誉的熵

信誉分两个组：良好，优秀。

$$E（信誉）= 0.9048$$

$$信誉信息增益 = 0.9537 - 0.9048 = 0.0453$$

第 6 步计算选择结点

$$年龄信息增益 = 0.9537 - 0.6877 = 0.2660$$

$$收入信息增益 = 0.9537 - 0.9361 = 0.0176$$

$$年龄信息收益 = 0.9537 - 0.7811 = 0.1736$$

$$信誉信息收益 = 0.9537 - 0.9048 = 0.0453$$

可以看出，年龄作为结点的概率最高，所以第一个结点为"年龄"（图 4-2），即得出青年买与不买比例为 128/256。

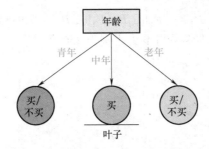

图 4-2　年龄结点信息增益

$|C_1|$（买）= 128

$|C_2|$（不买）= 256

$|D|$ = 384

P_1 = 128/384

P_2 = 256/384

$H(D_1) = -P_1\log_2 P_1 - P_2\log_2 P_2 = -(P_1\log_2 P_1 + P_2\log_2 P_2) = 0.9183$

如果选择收入作为结点：分高、中、低（图 4-3）：

$H(D_1) = 0$

比例：128/384 = 0.3333

$H(D_2) = 0.9183$

比例：192/384 = 0.5

$H(D_3) = 0$

比例：64/384 = 0.1667

平均信息期望（加权总和）：

E（收入）= 0.3333×0+0.5×0.9183+0.1667×0 = 0.4592

收入增益 = $H(D) - E$（收入）= 0.9183 - 0.4592 = 0.4

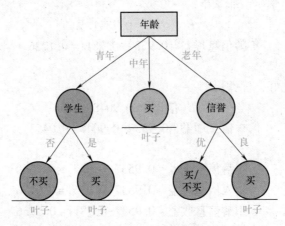

图 4-3　收入结点信息增益

习题 •

1. 试述贝叶斯决策法的基本思想。

2. K 近邻算法的基本思路是什么？简述 K 近邻算法的一般流程。

3. 决策树法对于常规统计方法的优缺点是什么？

4. 什么是马尔科夫模型？

5. 隐马尔科夫模型是什么？和普通的马尔科夫模型有什么区别？

6. 某工程项目按合同应在 3 个月内完工，其施工费用与工程完工期有关。假定天气是影响能否按期完工的决定因素，如果天气好，工程能按时完工，获利 5 万元；如果天气不好，不能按时完工，施工单位将被罚款 1 万元；若不施工就要付出窝工费 2 千元。根据过去的经验，在计划施工期天气好的可能性为 30%。为了更好地掌握天气情况，可以申请气象中心进行天气预报，并提供同一时期天气预报资料，但需要支付资料费 800 元。从提供的资料中可知，气象中心对好天气预报准确性为 80%，对坏天气预报准确性为 90%。问如何进行决策？

7. 某地区有甲、乙、丙三家食品厂生产同一食品，有 1000 个用户（或订购点）。假设在研究期间无新用户加入无老用户退出，只有用户的转移。已知，2009 年 5 月份有 500 户是甲厂的顾客；400 户是乙厂的顾客；100 户是丙厂的顾客。6 月份，甲厂有 400 户是原来的顾客，上月的顾客有 50 户转乙厂，50 户转丙厂；乙厂 300 户原来的顾客，上月的顾客有 20 户转甲厂，80 户转丙厂；丙厂有 80 户原来的顾客，上月的顾客有 10 户转乙厂，10 户转甲厂。试计算其状态转移概率。

8. 设承包商拟对两个项目书 x_1 和 x_2 中的一项进行投标，根据过去类似工程的投标经验，确定相应的中标概率分别为 0.4、0.3。根据估计，在工程施工过程中，项目进展状况为顺利（y_1）、一般（y_2）和较差（y_3）的概率分别为 0.4、0.4、0.2。在投不同的标时，其投标文件的制作费用是固定的：8 万元。该企业通过对以往的相关工程资料整理，对业主的具体状况深入了解和对现场各种自然条件的调查，得出了两个项目在三种进展情况下的预期收益和不同收益下的条件概率。见表 4-12。

表 4-12　项目在不同进展情况下的预期收益和不同收益下的条件概率

效益状况	发生概率 $P(y_i)$	收益状态/万元		条件概率	
		x_1	x_2	$P(x_1/y_i)$	$P(x_2/y_i)$
顺利（y_1）	0.4	750	950	0.35	0.3
一般（y_2）	0.4	450	650	0.4	0.55
较差（y_3）	0.2	−150	−300	0.25	0.15

参 考 文 献

[1] 王国华，梁梁. 决策理论与方法 [M]. 合肥：中国科学技术大学出版社，2006.

[2] 王明辉. 贝叶斯决策方法及其应用 [J]. 韶关学院学报，2014，35（10）：8-12.

［3］李航. 统计学习方法［M］. 北京：清华大学出版社，2012.

［4］郁磊. MATLAB 智能算法 30 个案例分析［M］. 北京：北京航空航天大学出版社，2011.

［5］吴鹏. MATLAB 高效编程技巧与应用：25 个案例分析［M］. 北京：北京航空航天大学出版社，2010.

［6］ALPAYDIN E. 机器学习导论：计算机科学丛书［M］. 2 版. 北京：机械工业出版社，2014.

［7］LI Y，XU M，WEI Y，et al. A new rolling bearing fault diagnosis method based on multiscale permutation entropy and improved support vector machine based binary tree［J］. Measurement，2016，77：80-94.

［8］KRUSCHKE J. Doing Bayesian data analysis：R 和 BUGS 软件数据分析示例［M］. 北京：机械工业出版社，2015.

［9］孙群丽，刘长良，甄成刚. 隐马尔科夫模型在滚动轴承故障诊断中的应用［J］. 热能动力工程，2018，033（010）：95-100.

［10］石勇. 多目标线性决策系统：理论及应用［M］. 北京：高等教育出版社，2007.

［11］YANG D，LIU Y，LI S，et al. Gear fault diagnosis based on support vector machine optimized by artificial bee colony algorithm［J］. Mechanism and Machine Theory，2015，90：219-229.

［12］崔海龙. 隐半马尔科夫模型在滚动轴承故障诊断中的研究和应用［D］. 北京：中国矿业大学，2014.

［13］贾俊平，何晓群，金勇进. 统计学［M］. 7 版. 北京：中国人民大学出版社，2018.

［14］TANG BO，KONG JIANYI，WANG XINGDONG，et al. Steel Surface Defect Recognition Based on Support Vector Machine and Image Processing［J］. China Mechanical Engineering，2011，22（12）：1402-1405.

第**5**章 生物进化与群智能

在遗传、选择和变异等一系列作用下，自然界的生物体优胜劣汰，不断地由低级向高级进化和发展，人们将这种适者生存进化规律的实质加以模式化而构成一种优化算法，即进化计算。20 世纪 50 年代中期创立了仿生学，人们从生物进化的机理中受到启发，提出了许多用于解决复杂优化问题的新方法，如进化规划、进化策略、遗传算法等，这些算法成功地解决了一些实际问题。进化计算是指一系列的搜索技术，包括遗传算法、进化规划、进化策略等。其中，遗传算法是进化计算中具有普遍影响的模拟进化优化算法。5.1 节遗传算法主要介绍了经典的遗传算法。遗传算法不但可以用于进化迭代寻优，而且可以和神经网络等算法结合，在函数优化、模式识别、机器学习、神经网络训练、智能控制等众多领域都有着广泛的应用，这在后文的人工智能决策中会有所涉及。

相对于进化类算法，群智能是一种由简单智能的个体通过某种形式的聚集协同而表现出的智能行为。它在没有集中控制、不提供全局模型的前提下为寻找复杂的分布式问题求解方案提供了基础。群智能算法是指通过模仿生物界的进化机理和群体协作行为而提出的仿生类随机搜索算法。

随着群智能理论和应用算法研究的不断发展，研究者已尝试将其用于各种工程优化问题，并取得了意想不到的收获。多种研究表明，群智能在离散求解空间和连续求解空间均表现出了良好的搜索效果，并在组合优化问题中表现突出。由于算法中仅涉及各种基本的数学操作，所以群智能方法易于实现，其数据处理过程对 CPU 和内存的要求也不高；而且，这种方法只需目标函数的输出值，无需其梯度信息。已完成的群智能理论和应用方法研究证明群智能方法是一种能够有效解决大多数全局优化问题的新方法。更重要的是，群智能潜在的并行性和分布式特点为处理大量的以数据库形式存在的数据提供了技术保证。无论从理论研究还是应用研究的角度分析，群智能理论及其应用研究都具有重要学术意义和现实价值。

群智能理论研究领域有两种主要的代表性算法：蚁群算法（Ant Colony Optimization，ACO）和粒子群算法（Particle Swarm Optimization，PSO），这在本章的 5.2 节粒子群算法与 5.3 节蚁群算法中有具体介绍。前者是对蚂蚁群落食物采集过程的模拟，已成功应用于解决许多离散优化问题。粒子群算法也是起源于对简单社会系统的模拟，最初是模拟鸟群觅食的过程，是一种很好的优化工具。

5.1 遗传算法

自然选择学说认为：适者生存，生物要存活下去，就必须进行生存斗争。生存斗争包括种内斗争、种间斗争以及生物跟环境之间的斗争三个方面。生存斗争中，具有有利变异的个体容易存活下来，并且有更多的机会将有利变异传给后代；具有不利变异的个体就容易被淘汰，产生后代的机会也将少得多。因此，凡是在生存斗争中获胜的个体都是对环境适应性比较强的个体。达尔文把这种在生存斗争中适者生存、不适者淘汰的过程称为自然选择。

达尔文的自然选择学说表明，遗传和变异是决定生物进化的内在因素。遗传是指父代与子代之间，在性状上存在相似的现象；变异是指父代与子代之间，以及子代的个体之间，在性状上存在差异的现象。在生物体内，遗传和变异的关系十分密切。一个生物体的遗传性状往往会发生变异，而变异性状有的可以遗传。遗传能使生物性状不断地传送给后代，因此保持了物种的特性；变异能够使生物的性状发生改变，从而适应新的环境而不断地向前发展。

由于生物在繁殖中可能发生基因交叉和变异，引起生物性状的连续微弱改变，为外界环境的定向选择提供了物质条件和基础，使生物进化成为可能。人们正是通过对环境的选择、基因的交叉和变异这一生物演化迭代过程的模仿，才提出了能够用于求解最优化问题的强鲁棒性和自适应性的遗传算法。遗传算法的起源可追溯到 20 世纪 60 年代初期。1967 年，美国密歇根大学 J. Holland 教授的学生 Bagley 在他的博士论文中首次提出遗传算法这一术语，并讨论了遗传算法在博弈中的应用，但早期研究缺乏指导性的理论和计算工具的开拓。1975 年，J. Holland 等提出了对遗传算法理论研究极为重要的模式理论，出版专著《自然系统和人工系统的适配》，在书中系统阐述了遗传算法的基本理论和方法，推动了遗传算法的发展。20 世纪 80 年代后，遗传算法进入兴盛发展时期，广泛应用于自动控制、生产计划、图像处理、机器人等研究领域。该算法是根据大自然中生物体进化规律而设计提出的。是模拟达尔文生物进化论的自然选择和遗传学机理的生物进化过程的计算模型，是一种通过模拟自然进化过程搜索最优解的方法。基本原理是仿效生物界物竞天择、适者生存的演化法则。其借鉴生物界自然选择和自然遗传机制的随机搜索算法，非常适用于处理传统搜索算法难以解决的复杂和非线性优化问题。目前，遗传算法广泛应用于组合优化、机器学习、信号处理、自适应控制等领域，并在这些领域取得了良好的成果。与传统搜索算法不同，遗传算法从随机产生的初始解开始搜索，通过一定的选择、交叉、变异操作逐步迭代以产生新的解。群体中的每个个体代表问题的一个解，称为染色体，染色体的好坏用适应度值来衡量，根据适应度的好坏从上一代中选择一定数量的优秀个体，通过交叉、变异形成下一代群体。经过若干代的进化之后，算法收敛于最好的染色体，它即是问题的最优解或次优解。

遗传算法提供了求解的通用框架，它不依赖于问题的具体领域。遗传算法的优点是将问题参数编码成染色体后进行优化，而不针对参数本身，从而不受函数约束条件的限制；搜索过程从问题解的一个集合开始，而不是单个个体，具有隐含并行搜索特性，可大大减少陷入局部最小的可能性。而且优化计算时算法不依赖于梯度信息，且不要求目标函数连续及可导，使其适合于求解传统搜索方法难以解决的大规模、非线性组合优化问题。由于遗传算法采用选择、交叉和变异算子进行搜索，虽然全局搜索能力较强，但是局部搜索能力较弱，一般只能得到问题的次优解，而不是最优解。

5.1.1　理论基础

1. 遗传算法的基本概念

简单而言，遗传算法使用群体搜索技术，用种群代表一组问题解，通过对当前种群施加选择、交叉和变异等一系列遗传操作来产生新一代的种群，并逐步使种群进化到包含近似最优解的状态。由于遗传算法是自然遗传学与计算机科学相互渗透而形成的计算方法，所以遗传算法经常会使用一些有关自然进化的基础术语，术语对应关系见表 5-1。

表 5-1　遗传学与遗传算法术语对照表

遗传学	遗传算法
群体	可行解集
个体	可行解
染色体	可行解的编码
基因	可行解编码的分量
基因形式	遗传编码
适应度	适应度函数
选择	选择操作
交叉	交叉操作
变异	变异操作

（1）群体和个体　群体是生物进化过程中的一个集团，表示可行解集。个体是组成群体的单个生物体，表示可行解。

（2）染色体和基因　染色体是包含生物体所有遗传信息的化合物，表示可行解的编码。基因是控制生物体某种性状（即遗传信息）的基本单位，表示可行解编码的分量。

（3）遗传编码　遗传编码将优化变量转化为基因的组合表示形式，优化变量的编码机制有二进制编码和十进制编码（实数编码）等。

（4）适应度　适应度即生物群体中个体适应生存环境的能力。评价个体优劣的数学函数，称为个体的适应度函数。

遗传算法在进化搜索中基本上不用外部信息，仅以适应度函数为依据。它的目标函数不受连续可微的约束，定义域可以为任意集合。对适应度函数的唯一要求是，针对输入可计算出能进行比较的结果。这一特点使遗传算法应用范围很广。具体应用中，适应度函数的设计要结合求解问题本身的要求而定。适应度函数评估是选择操作的依据，适应度函数设计直接影响遗传算法的性能。常见的适应度函数构造方法有：目标函数映射成适应度函数，基于序的适应度函数等。

（5）遗传操作　遗传操作是优选强势个体的"选择"、个体间交换基因产生新个体的"交叉"、个体基因信息突变而产生新个体的"变异"这三种变换的统称。在生物进化过程中，一个群体生物特性的保持是通过遗传来继承的。生物的遗传主要是通过选择、交叉、变异三个过程把当前父代群体的遗传信息遗传到下一代（子代）成员。与此对应，遗传算法中最优解的搜索过程也模仿生物这个进化过程，使用所谓的遗传算子来实现，即选择算子、交叉算子、变异算子。

2. 遗传算法主要参数解释

（1）群体规模 M　群体规模将影响遗传优化的最终结果以及遗传算法的执行效率。当群体规模 M 太小时，遗传优化性能一般不会太好。采用较大的群体规模可以减小遗传算法陷入局部最优解的机会，但较大的群体规模意味着计算复杂度较高。一般 M 取 10~200。

（2）交叉概率 P_c　交叉概率 P_c 控制交叉操作被使用的频度。较大的交叉概率可以增强遗传算法开辟新搜索区域的能力，但高性能模式遭到破坏的可能性增大；若交叉概率太低，遗传算法搜索可能陷入迟钝状态。一般 P_c 取 0.25~1.00。

（3）变异概率 P_m　变异在遗传算法中属于辅助性搜索操作，它的主要目的是保持群体的多样性。一般低频度的变异可防止群体中重要基因的丢失可能，高频度的变异将使遗传算法趋于纯粹的随机搜索。通常 P_m 取 0.001~0.1。

（4）遗传运算的终止进化代数 G　终止进化代数 G 是表示遗传算法运行结束条件的一个参数。它表示遗传算法运行到指定的进化代数之后就停止运行，并将当前群体中的最佳个体作为所求问题的最优解输出。一般视具体问题而定，G 的取值为 100~1000。

3. 遗传算法流程

遗传算法的基本流程步骤如下：

（1）编码　GA 在进行搜索之前先将解空间的解数据表示成遗传空间的基因型串结构数据，这些串结构数据的不同组合便构成了不同的点，称为编码。

（2）种群初始化　由于遗传算法不能直接处理问题空间的参数，因此必须通过编码把要求解问题的可行解表示成遗传空间的染色体或者个体。常用的编码方法有位串编码、Grey 编码、实数编码（浮点法编码）、多级参数编码、有序串编码、结构式编码等。实数编码不必进行数值转换，可以直接在解的表现型上进行遗传算法操作。若采用该方法编码，每个染色体为一个实数向量。

（3）适应度函数　适应度函数是用来区分群体中个体好坏的标准，是进行自然选择的唯一依据，一般是由目标函数变换得到。如果是求函数的最小值，可以把函数值的倒数作为个体的适应度值。函数值越小的个体，适应度值越大，个体越优。适应度计算函数为：

$$F[f(x)] = \frac{1}{f(x)} \tag{5-1}$$

（4）选择操作　选择操作从旧群体中以一定概率选择优良个体组成新的种群，以繁殖得到下一代个体。个体被选中的概率跟适应度值有关，个体适应度值越高，被选中的概率越大。遗传算法选择操作有轮盘赌法、锦标赛法等方法。如果选择轮盘赌法，即基于适应度比例的选择策略，个体 i 被选中的概率为：

$$p_i = \frac{F_i}{\sum_{j=1}^{N} F_i} \tag{5-2}$$

式中，F_i 为个体 i 的适应度值；N 为种群个体数目。

（5）交叉操作　交叉操作是指从种群中随机选择两个个体，通过两个染色体的交换组合，把父串的优秀特征遗传给子串，从而产生新的优秀个体。由于个体采用实数编码，所以交叉操作采用实数交叉法，第 k 个染色体 a_k 和第一个染色体 a_l 在 j 位的交叉操作方法为：

$$a_{kj} = a_{ij}(1-b) + a_{lj}b$$
$$a_{lj} = a_{lj}(1-b) + a_{kj}b \tag{5-3}$$

式中，b 是 $[0, 1]$ 区间的随机数。

（6）变异操作　变异操作的主要目的是维持种群多样性。变异操作从种群中随机选取一个个体，选择个体中的一点进行变异以产生更优秀的个体。第 i 个个体的第 j 个基因 a_{ij} 进行变异的操作方法为：

$$a_{ij} = \begin{cases} a_{ij} + (a_{ij} - a_{max}) \times f(g), & r \geqslant 0.5 \\ a_{ij} + (a_{min} - a_{ij}) \times f(g), & r \leqslant 0.5 \end{cases} \tag{5-4}$$

式中，a_{max} 是基因 a_{ij} 的上界；a_{min} 是基因 a_{ij} 的下界；$f(g) = r_2(1 - g/G_{max})^2$，$r_2$ 是一个随机数，g 是当前迭代次数，G_{max} 是最大进化次数，r 为 $[0, 1]$ 区间的随机数。

（7）算法寻优　遗传算法每进化一定代数后，以所得到的结果为初始值，进行局部寻优，并把寻找到的局部最优值作为新个体染色体继续进化。图 5-1 所示为遗传算法流程。

5.1.2　应用案例分析

1. 案例背景

为了更好地理解遗传算法的运算过程，下面用手工计算来简单地模拟遗传算法各个主要执行步骤。

例　求下述二元函数的最大值：

$$\begin{cases} \max f(x_1, x_2) = x_1^2 + x_2^2 \\ s.t. \quad x_1 \in \{1,2,3,4,5,6,7\} \\ \quad\quad x_2 \in \{1,2,3,4,5,6,7\} \end{cases}$$

2. 案例求解

（1）个体编码　遗传算法的运算对象是表示个体的字符串，所以必须把变量 x_1、x_2 编码为一种符号串。本例中，用无符号二进制整数来表示。

因 x_1、x_2 为 0~7 之间的整数，所以分别用三位无符号二进制整数来表示，将它们连接在一起组成的六位无符号二进制数就形成了个体的基因型，表示一个可行解。例如，基因型 $X = 101110$ 所对应的表现型是：$x = [5, 6]$。个体的表现型 x 和基因型 X 之间可通过编码和解码程序相互转换。

（2）初始群体的产生　遗传算法是对群体进行的进化操作，需要给其准备一些表示起始搜索点的初始群体数据。

本例中，群体规模的大小取为 4，即群体由四个个体组成，每个个体可通过随机方法产

图 5-1　遗传算法流程

生。如011101、101011、011100、111001。

（3）适应度计算　遗传算法以个体适应度的大小来评定各个体的优劣程度，从而决定其遗传机会的大小。

本例中，目标函数总取非负值，并且以求函数最大值作为优化目标，故可直接利用目标函数值作为个体的适应度。

（4）选择运算　选择运算（或称为复制运算）是把当前群体中适应度较高的个体按某种规则或模型遗传到下一代群体中。一般要求适应度较高的个体将有更多的机会遗传到下一代群体中。

本例中，采用与适应度成正比的概率来确定各个个体复制到下一代群体中的数量。具体操作过程是：

1）先计算出群体中所有个体适应度的总和 $\sum f_i$（$i=1$，2，$\cdots$，M）。

2）计算出每个个体相对适应度的大小 $f_i / \sum f_i$，它即为每个个体被遗传到下一代群体中的概率。

3）每个概率值组成一个区域，全部概率值之和为1。

4）最后再产生一个 $0\sim1$ 之间的随机数，依据该随机数出现在上述哪一个概率区域内来确定各个个体被选中的次数。个体间选择运算结果见表5-2。

表 5-2　个体间选择运算结果

个体编号	初始群体 $p(0)$	x_1	x_2	适值	占总数的百分比（%）	选择次数	选择结果
1	011101	3	5	34	0.24	1	011101
2	101011	5	3	34	0.24	1	111001
3	011100	3	4	25	0.17	0	101011
4	111001	7	1	50	0.35	2	111001
总和				143	1		

（5）交叉运算　交叉运算是遗传算法产生新个体的主要操作过程，它以某一概率相互交换某两个个体之间的部分染色体。

本例采用单点交叉的方法，其具体操作过程是：先对群体进行随机配对；其次随机设置交叉点位置；最后再相互交换配对染色体之间的部分基因。运算结果见表5-3。

表 5-3　个体间交叉运算结果

个体编号	选择结果	配对情况	交叉点位置	交叉结果
1	011101			011001
2	111001	1-2	1-2：2	111101
3	101011	3-4	3-4：4	101001
4	111001			111011

可以看出，新产生的个体"111101""111011"的适应度比原来两个个体的适应度都要高。

（6）变异运算 变异运算是对个体的某一个或某一些基因座上的基因值按某一较小的概率进行改变，它也是产生新个体的一种操作方法。

本例中，采用基本位变异的方法来进行变异运算，具体操作过程是：首先确定各个个体的基因变异位置，随机产生的变异点位置见表 5-4。其中的数字表示变异点设置在该基因座外；然后依照某一概率将变异点的原有基因值取反。

表 5-4 个体间变异结果

个体编号	交叉结果	变异点	变异结果	子代群体 $p(1)$
1	011001	4	011101	011101
2	111101	5	111111	111111
3	101001	2	111001	111001
4	111011	6	111010	111010

对群体 $P(t)$ 进行一轮选择、交叉、变异运算之后可得到新一代的群体 $p(t+1)$，见表 5-5。

表 5-5 新一代群体适值

个体编号	子群体 $p(1)$	x_1	x_2	适值	占总数的百分比
1	011101	3	5	34	14%
2	111111	7	7	98	42%
3	111001	7	1	50	21%
4	111010	7	2	53	23%
总和				235	1

从表 5-5 可以看出，群体经过一代进化后，适应度的最大值、平均值都得到了明显的改进。事实上，这里已经找到了最佳个体"1111111"。需要说明的是，表中有些栏的数据是随机产生的。为了更好地说明问题，特意选择一些较好的数值以便能够得到较好的结果，而在实际运算过程中有可能需要一定的循环次数才能达到这个最优结果。分别见表 5-6~表 5-8。

表 5-6 初始种群的适值及所占比例

个体编号	初始群体 $p(0)$	x_1	x_2	适值 $f_i(x_1, x_2)$	占总数的百分比 $f_i/\sum f$（%）
1	011101	3	5	34	0.24
2	101011	5	3	34	0.24
3	011100	3	4	25	0.17
4	111001	7	1	50	0.35

表 5-7 个体间的选择、交叉、变异

选择次数	选择结果	配对情况	交叉点位置	交叉结果	变异点	变异结果
1	011101			011001	4	011101
1	111001	1-2	1-2：2	111101	5	111111
0	101011	3-4	3-4：4	101001	2	111001
2	111001			111011	6	111010

表 5-8 新一代群体适值

初始群体 $p(0)$	x_1	x_2	适值 $f_i(x_1, x_2)$	占总数的百分比 $f_i/\sum f$ （%）
011101	3	5	34	0.14
111111	7	7	98	0.42
111001	7	1	50	0.21
111010	7	2	53	0.23

5.2 粒子群算法

自然界中，各种生物体均具有一定的群体行为，而人工生命的主要研究领域之一就是探索自然界生物的群体行为，从而在计算机上构建其群体模型。粒子群算法（Particle Swarm Optimization，PSO）是计算智能领域，除了蚁群算法、鱼群算法之外的一种应用最广泛的群体智能优化算法。

鸟群的群体行为一直是科学家的研究兴趣，鸟类的有组织飞行（Organized Flight）现象是非常常见的一种现象，但却是生物学中非常不容易研究的一种现象。通常来说，鸟类的有组织飞行大致可以分为两种方式，一种方式是呈线性排列方式（Line Formation）飞行，另一种方式是聚集（Cluster Formation）飞行方式。其中，聚集飞行方式则多为小型鸟类所采用，如鸽子或棕鸟（Starling）会聚集在一起飞行，但是它们不会像水禽那样有规律地排列。采用聚集飞行方式的鸟类行动非常协调一致，它们可以在飞行过程中同步、快速地改变方向。研究者对鸟群中每只鸟之间如何能够保持这种高度的协调性感到非常好奇。虽然人类对这种现象已经观察了好久，但是直到1970年才开始有人对鸟类的这种有组织飞行现象进行科学研究。

美国罗德岛大学环境与生命科学学院的生物学家Frank Heppner专门为鸟类群体构建一套分类命名方法。他首先将鸟群划分为两大类，即飞行的聚集体（Flight Aggregations）和飞行团队（Flight Flocks）。所谓飞行的聚集体指的是各种不同的鸟类为了某个共同的目的而无组织的聚集在一起，如海鸥经常会在拖网渔船（Fishing Trawler）附近盘旋就属于这种情况；而飞行团队指的就是鸟群有组织地在一起共同执行某些任务，如起飞、转向、着陆等。生物学家Craig Reynolds在1987年提出了一个非常有影响的鸟群聚集模型，在他的仿真中，每一个个体遵循：

1）避免与邻域个体相冲撞。

2）匹配邻域个体的速度。

3）飞向鸟群中心，且整个群体飞向目标。

仿真中仅利用上面三条简单的规则，Craig Reynolds 就可以非常接近地模拟出鸟群飞行的现象。1995 年由美国社会心理学家 James Kennedy 和电气工程师 Russell Eberhart 共同提出了粒子群算法。他们的模型和仿真算法主要对 Frank Heppner 的模型进行了修正，以使粒子飞向解空间并在最好解处降落，其指导思想是鸟群的觅食群体行为。鸟群在一个给定的区域内随机搜索食物，整个区域内只有一块食物，大家都不知道食物的具体位置，但是它们知道食物离自己的距离是多少。在这种情况下最直接、有效的方法就是搜索离食物最近的区域。

5.2.1　理论基础

1. 算法的构成要素

PSO 算法正是从这种生物种群行为特征中得到启发并用于求解优化问题的。首先在可行解空间中初始化一群粒子，每个粒子都代表极值优化问题的一个潜在最优解，用位置、速度和适应度值三项指标表示该粒子特征，适应度值由适应度函数计算得到，其值的好坏表示粒子的优劣。粒子在解空间中运动，通过跟踪个体极值 Pbest 和群体极值 Gbest 更新个体位置。个体极值 Pbest 是指个体所经历位置中计算得到的适应度值最优位置，群体极值 Gbest 是指种群中的所有粒子搜索到的适应度最优位置。粒子每更新一次位置，就计算一次适应度值，并且通过比较新粒子的适应度值和个体极值、群体极值的适应度值，更新个体极值 Pbest 和群体极值 Gbest 位置，不断迭代，更新速度和位置。其中粒子的速度决定了粒子移动的方向和距离，速度随自身及其他粒子的移动经验进行动态调整，从而实现个体在可解空间中的寻优，最终得到满足终止条件的最优解，完成寻优计算。PSO 的理论基础是个体认知与群体信息的社会共享。所有的粒子都有一个由被优化的函数决定的适值（Fitness Value），每个粒子还有一个速度决定它们飞翔的方向和距离，然后粒子们就追随当前的最优粒子在解空间中搜索。大家也可以观察一下，鸟群在寻找食物的过程中，开始鸟群比较分散，逐渐这些鸟就会聚成一群，这个群忽高忽低、忽左忽右，直到最后找到食物。该算法的构成要素可以简单描述如下：

1）每个寻优的问题解都被想象成一只鸟，称为"粒子"。所有粒子都在一个 D 维空间进行搜索。

2）所有的粒子都由一个 Fitness Function 确定适应值以判断目前的位置好坏。

3）每一个粒子必须赋予记忆功能，能记住搜寻到的最佳位置。

4）每一个粒子还有一个速度以决定飞行的距离和方向。这个速度根据它本身的飞行经验以及同伴的飞行经验进行动态调整。

2. 算法的数学描述

假设在 D 维空间中，有 N 个粒子：

粒子 i 位置：$x_i = (x_{i1}, x_{i2}, \cdots, x_{iD})$，将 x_i 代入适应函数 $f(x_i)$ 求得适应值。

粒子 i 速度：$v_i = (v_{i1}, v_{i2}, \cdots, v_{iD})$。

粒子 i 个体经历过的最好位置：$Pbest_i = (p_{i1}, p_{i2}, \cdots, p_{iD})$。

种群所经历的最好位置：$Gbest=(g_1，g_2，\cdots，g_D)$。

其中，第 d（$1 \leqslant d \leqslant D$）维的位置变化范围限定在 $[X_{min,d}，X_{max,d}]$ 内，速度变化范围限定在 $[-V_{max,d}，V_{max,d}]$ 内（即在迭代中若 v_{id}、x_{id} 超出了边界值，则该维的速度或位置被限制为该维最大速度或边界位置）。

粒子 i 的第 d 维速度更新公式：

$$v_{id}^k=wv_{id}^{k-1}+c_1r_1(pbest_{id}-x_{id}^{k-1})+c_2r_2(gbest_d-x_{id}^{k-1}) \tag{5-5}$$

粒子 i 的第 d 维位置更新公式：

$$x_{id}^k=x_{id}^{k-1}+v_{id}^{k-1} \tag{5-6}$$

式中，v_{id}^{k-1} 为第 $k-1$ 次迭代粒子 i 飞行速度矢量的第 d 维分量；x_{id}^k 为第 k 次迭代粒子 i 位置矢量的第 d 维分量；c_1，c_2 为加速度常数，调节学习最大步长；r_1，r_2 为两个随机函数，取值范围 $[0，1]$，以增加搜索随机性；w 为惯性因子，非负数，调节对解空间的搜索范围。

粒子速度更新公式中包含三部分：

① 第一部分为粒子先前的速度。

② 第二部分为"认知"部分，表示粒子本身的思考，可理解为粒子 i 当前位置与自己最好位置之间的距离。

③ 第三部分为"社会"部分，表示粒子间的信息共享与合作，可理解为粒子 i 当前位置与群体最好位置之间的距离。

3. 算法的流程

1）初始化。初始化粒子群体（群体规模为 n）包括随机位置和速度。

2）计算评价函数。根据 fitness function，评价每个粒子的适应度。

3）找到个体历史最佳位置 $Pbest$。对每个粒子，将其当前适应值与其个体历史最佳位置（$pbest$）对应的适应值进行比较，如果当前的适应值更高，则将用当前位置更新历史最佳位置 $Pbest$。

4）找到个体全局最佳位置 $Gbest$。对每个粒子，将其当前适应值与全局最佳位置（$Gbest$）对应的适应值做比较，如果当前的适应值更高，则用当前粒子的位置更新全局最佳位置 $Gbest$。

5）更新参数。根据公式更新每个粒子的速度与位置。

6）如未满足结束条件，则返回步骤 2）。

通常算法达到最大迭代次数 G_{max} 或者最佳适应度值的增量小于某个给定的阈值时算法停止。

粒子群算法流程图，如图 5-2 所示。

4. 算法的构成要素解释

（1）群体大小 m m 是一个整型参数，当 m 很小时，算法陷入局部最优的可能性很大；当 m 很大时，算法的优化能力很好。

但当群体数目增长至一定水平时，群体大小 m 再增长将不再有显著的作用。

（2）权重因子 包括惯性因子 w 与学习因子 c_1、c_2。粒

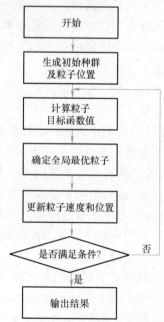

图 5-2 粒子群算法流程

子的速度更新主要由三部分组成：前次迭代中自身的速度 wv_k、自我认知部分 c_1r_1（$Pbest_{id}$ - x_{id}^{k-1}）、社会经验部分 c_2r_2（$Gbest_d-x_{id}^{k-1}$）。其中 w 的大小决定了粒子对当前速度继承的多少，称为惯性因子；c_1 决定了自身经验对粒子速度的影响程度，它保证了粒子能够向自己的历史最优位置靠近，称为学习因子；c_2 决定了群体经验对粒子个体速度的影响程度，它保证了粒子能够向群体中其他粒子学习，使粒子在飞行时向邻域内所有粒子曾找到过的历史最优位置靠近，也称为学习因子。

在前次迭代中自身的速度 wv_k 中，对于惯性因子 w：

w =1 时，为基本粒子群算法。

w =0 时，失去对粒子本身速度的记忆。

参数 w 被称为惯性因子，顾名思义 w 实际反映粒子过去的运动状态对当前行为的影响，就像物理中提到的惯性。如果 $w \ll 1$，从前的运动状态对当前的行为影响很小，粒子的速度会很快地改变；相反，w 较大，虽然会有很大的搜索空间，但是粒子很难改变其运动方向，很难向较优位置收敛。由于算法速度的因素，实际应用中很少这样设置。即较高的 w 设置促进全局搜索，较低的 w 设置促进快速的局部搜索。

在自我认知部分 c_1r_1（$Pbest_{id}-x_{id}^{k-1}$）中，对于学习因子 c_1：

当 c_1 =0 时，为无私型粒子群算法，迅速丧失群体多样性，易陷入局部最优而无法跳出，被称为"只有社会，没有自我"。

在社会经验部分 c_2r_2（$Gbest_d-x_{id}^{k-1}$）中，对于学习因子 c_2：

当 c_2 =0 时，为自我认知型粒子群算法，完全没有社会共享的信息，导致算法收敛速度缓慢，被称为"只有自我，没有社会"。

只有 c_1，c_2 都不为 0 时，才称为完全型粒子群算法。完全型粒子群算法更容易保持收敛速度和搜索效果的均衡，是较好的选择。

（3）最大速度 v_m　其作用在于维护算法的探索能力与开发能力的平衡，v_m 一般设为每个变量变化范围的 10%～20%。

当 v_m 较大时，探索能力增强，但粒子容易飞过最优解。

当 v_m 较小时，开发能力增强，但容易陷入局部最优。

（4）邻域的拓扑结构　粒子群算法的邻域拓扑结构包括两种：一种是将群体内所有个体都作为粒子的邻域；另一种是只将群体中的部分个体作为粒子的邻域。

邻域拓扑结构能决定群体历史最优位置。由此，将粒子群算法分为全局粒子群算法和局部粒子群算法。邻域随迭代次数的增加线性变大，最后邻域扩展到整个粒子群。

经实践证明：全局版本的粒子群算法收敛速度快，但是容易陷入局部最优。局部版本的粒子群算法收敛速度慢，很难寻找局部最优。当前的粒子群算法大都在收敛速度与摆脱局部最优这两个方面折中。

（5）停止准则　粒子群算法的停止准则一般有如下两种：最大迭代步数、可接受的满意解。

（6）粒子空间的初始化　较好地选择粒子的初始化空间，将大大缩短收敛时间。初始化空间的选择根据具体问题的不同而不同，也就是说，这是问题依赖的。可以看到，粒子群算法与其他现代优化方法相比一个明显特色就是所需调整的参数很少。相对来说，惯性因子和邻域定义较为重要，这些为数不多的关键参数的设置对算法的精度和效率有着显著影响。

（7）边界条件处理　当某一维或若干维的位置或速度超过设定值时，采用边界条件处理策略可将粒子的位置限制在可行搜索空间内，这样能避免种群的膨胀与发散，也能避免粒子大范围地盲目搜索，从而提高搜索效率。具体的方法有很多种，例如，通过设置最大位置限制 x_{max} 和最大速度限制 v_{max}，当超过最大位置或最大速度时，在范围内随机产生一个数值代替，或者将其设置为最大值，即边界吸收。

5. 惯性因子的线性权值递减

1998 年，Shi 和 Eberhart 引入了惯性因子 w，并提出动态调整惯性因子以平衡收敛的全局性和收敛速度，该算法被称为标准 PSO 算法。惯性因子 w 描述了粒子上一代速度对当前代速度的影响。w 值较大，全局寻优能力强，局部寻优能力弱；反之，则局部寻优能力强。当问题空间较大时，为了在搜索速度和搜索精度之间达到平衡，通常做法是使算法在前期有较高的全局搜索能力以得到合适的种子，而在后期有较高的局部搜索能力以提高收敛精度。所以 w 不宜为一个固定的常数，需要引入惯性因子的线性权值递减，用下式表示：

$$w = w_{max} - (w_{max} - w_{min}) \frac{run}{run_{max}} \tag{5-7}$$

式中，w_{max} 最大惯性因子，w_{min} 最小惯性因子，run 当前迭代次数，run_{max} 为算法迭代总次数。较大的 w 有较好的全局收敛能力，较小的 w 则有较强的局部收敛能力。因此，随着迭代次数的增加，惯性因子 w 应不断减少，从而使得粒子群算法在初期具有较强的全局收敛能力，而晚期具有较强的局部收敛能力。

6. 粒子群算法特点

粒子群算法本质上是一种随机搜索算法，它是一种新兴的智能优化技术。该算法能以较大概率收敛于全局最优解。实践证明，它适合在动态、多目标优化环境下寻优，与传统优化算法相比，具有较快的计算速度和更好的全局搜索能力。

1）粒子群算法是基于群智能理论的优化算法，通过群体中粒子间的合作与竞争产生的群体智能指导优化搜索。与其他算法相比，粒子群算法是一种高效的并行搜索算法。

2）粒子群算法与遗传算法都是随机初始化种群，使用适应值来评价个体的优劣程度和进行一定的随机搜索。但粒子群算法根据自己的速度来决定搜索，没有遗传算法的交叉与变异。与遗传算法相比，粒子群算法保留了基于种群的全局搜索策略，但是其采用的速度-位移模型操作简单，避免了复杂的遗传操作。

3）由于每个粒子在算法结束时仍保持其个体极值，即粒子群算法除了可以找到问题的最优解，还会得到若干较好的次优解，因此将粒子群算法用于调度和决策问题可以给出多种有意义的方案。

4）粒子群算法特有的记忆使其可以动态跟踪当前搜索情况并调整其搜索策略。另外，粒子群算法对种群的大小不敏感，即使种群数目下降时，性能下降也不是很大。

5.2.2 应用案例分析

1. 案例背景

如图 5-3 所示，使用粒子群算法求解如下四维 Rosenbrock 函数的优化问题：

$$\min f(\boldsymbol{x}) = \sum_{i=1}^{3} \left[100(x_{i+1} - x_i^2)^2 + (x_i - 1)^2 \right]$$

式中，$x_i \in [-30, 30]$ $(i = 1, 2, 3, 4)$。

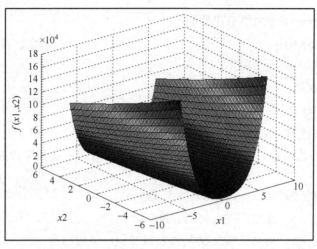

图 5-3 Rosenbrock 函数

2. 案例求解

Rosenbrock 函数的粒子群算法的设计分析如下：

（1）参数相关设置

种群大小：即算法中粒子的数量，取 $m = 5$。

编码：因为问题的维数是 4，所以每个粒子的位置和速度均为四维的实数向量。

设定粒子的最大速度：$v_{\max} = 60$。

（2）对粒子群进行随机初始化　包括随机初始化各粒子的位置和速度。设各粒子的初始位置 x_i^0 和初始速度 $\boldsymbol{v}_i^0$ 为：

初始位置：

$\boldsymbol{x}_1^{(0)} = \{21.721, -9.13677, 6.62244, 3.84079\}$；

$\boldsymbol{x}_2^{(0)} = \{-13.5001, -23.6131, 17.4462, -29.0515\}$；

$\boldsymbol{x}_3^{(0)} = \{-29.6563, -0.871811, -27.8912, 17.7425\}$；

$\boldsymbol{x}_4^{(0)} = \{23.6218, -16.4885, -22.7019, 25.4033\}$；

$\boldsymbol{x}_5^{(0)} = \{-28.0992, 22.6482, 0.675616, -8.43752\}$；

初始速度：

$\boldsymbol{v}_1^{(0)} = \{-19.9048, 29.562, -22.104, -5.45346\}$；

$\boldsymbol{v}_2^{(0)} = \{-20.5922, -28.6944, -26.3216, 19.0615\}$；

$\boldsymbol{v}_3^{(0)} = \{-7.83576, -55.7173, -40.9177, 28.255\}$；

$\boldsymbol{v}_4^{(0)} = \{-11.6373, -41.0138, 17.7311, -14.87\}$；

$\boldsymbol{v}_5^{(0)} = \{17.561, -13.5365, 51.2722, -56.098\}$。

初始位置：$\boldsymbol{x}_1^{(0)}$，$\boldsymbol{x}_2^{(0)}$，$\boldsymbol{x}_3^{(0)}$，$\boldsymbol{x}_4^{(0)}$，$\boldsymbol{x}_5^{(0)}$。

初始速度：$v_1^{(0)}$，$v_2^{(0)}$，$v_3^{(0)}$，$v_4^{(0)}$，$v_5^{(0)}$。

（3）计算每个粒子的适应值　计算 $f(\boldsymbol{x}) = \sum_{i=1}^{3} \left[100(x_{i+1} - x_i^2)^2 + (x_i - 1)^2 \right]$ 的适应度值如下：

$f(\boldsymbol{x}_1^{(0)}) = 2.38817 \times 10^7$（历史最优值）；

$f(\boldsymbol{x}_2^{(0)}) = 4.45306 \times 10^7$；

$f(\boldsymbol{x}_3^{(0)}) = 1.35376 \times 10^8$；

$f(\boldsymbol{x}_4^{(0)}) = 6.56888 \times 10^7$；

$f(\boldsymbol{x}_5^{(0)}) = 8.50674 \times 10^7$。

求得群体历史最优解：$p_g = x_1^{(0)}$，个体历史最优解：$p_g = x_i^0$，$(i = 1, 2, 3, 4, 5)$。

（4）更新粒子的速度和位置　取 $c_0 = 1$，$c_1 = c_2 = 2$，得到速度和位置的更新函数为：

更新速度

$v_1^{(1)} = \{-19.9048, 29.562, -22.104, -5.45346\}$；

$v_2^{(1)} = \{40.0498, -3.76972, -44.9573, 60\}$；

$v_3^{(1)} = \{14.8665, -59.3694, -25.667, 22.1122\}$；

$v_4^{(1)} = \{-13.843, -32.4824, 51.7604, -39.892\}$；

$v_5^{(1)} = \{60, -60, 60, -36.7907\}$。

更新位置

$x_1^{(1)} = \{1.81621, 20.4252, -15.4816, -1.61267\}$；

$x_2^{(1)} = \{26.5497, -27.3829, -27.5112, 30.9485\}$；

$x_3^{(1)} = \{-14.7898, -60.2412, -53.5582, 39.8547\}$；

$x_4^{(1)} = \{9.77877, -48.971, 29.0584, -14.4887\}$；

$x_5^{(1)} = \{31.9008, -37.3518, 60.6756, -45.2282\}$。

（5）再次计算每个粒子的适应值

$f(\boldsymbol{x}_1^{(1)}) = 2.45726 \times 10^7$（历史最优值）；

$f(\boldsymbol{x}_2^{(1)}) = 1.6674 \times 10^8$；

$f(\boldsymbol{x}_3^{(1)}) = 2.16403 \times 10^9$；

$f(\boldsymbol{x}_4^{(1)}) = 6.37125 \times 10^8$；

$f(\boldsymbol{x}_5^{(1)}) = 1.6783 \times 10^9$。

重复上述步骤，在计算机上经过10000次迭代，粒子群算法可以得到比较好的适应值。

5.3　蚁群算法

20世纪90年代，意大利学者 M. Dorigo、V. Maniezzo 和 A. Colorni 等人从生物进化机制中受到启发，通过模拟自然界蚂蚁搜索路径的行为，提出来一种新型的模拟进化算法——蚁群算法（Ant Colony Optimization，ACO），是群智能理论研究领域的一种主要算法。

蚁群算法又称蚂蚁算法，是一种在图中寻找优化路径的概率型算法，是对自然界蚂蚁的寻径方式进行模拟而得出的一种仿生算法。蚂蚁在运动过程中，能够在它所经过的路径上留下一种称之为外激素（Pheromone）的物质进行信息传递，而且蚂蚁在运动过程中能够感知这种物质，并以此指导自己的运动方向，因此由大量蚂蚁组成的蚁群集体行为便表现出一种信息正反馈：某一路径上走过的蚂蚁越多，则后来者选择该路径的概率就越大。

　　为了说明蚁群算法的原理，先简要介绍一下蚂蚁搜寻食物的具体过程。在蚁群寻找食物时，它们总能找到一条从食物到巢穴之间的最优路径。这是因为蚂蚁在寻找路径时会在路径上释放出一种特殊的信息素。当它们碰到一个还没有走过的路口时，就随机挑选一条路径前行，与此同时释放出与路径长度有关的信息素。路径越长，释放的激素浓度越低。当后来的蚂蚁再次碰到这个路口时，选择激素浓度较高路径概率就会相对较大。这样就形成一个正反馈。最优路径上的激素浓度越来越大，而其他路径上激素浓度却会随着时间的流逝而消减，最终整个蚁群会找出最优路径。

　　用该方法求解 TSP 问题、分配问题、job-shop 调度问题，取得了较好的实验结果。虽然研究时间不长，但是现在的研究显示，蚁群算法在求解复杂优化问题（特别是离散优化问题）方面有一定优势，这种方法能够用于解决大多数优化问题或者能够转化为优化求解的问题。目前其应用领域已扩展到多目标优化、数据分类、数据聚类、模式识别、电信 QoS 管理、生物系统建模、流程规划、信号处理、机器人控制、决策支持、仿真和系统辨识等方面，为解决这类应用问题提供了新的途径。

5.3.1　理论基础

1. 自然界蚁群觅食过程

　　蚁群的信息交互主要是通过信息素来完成。蚂蚁在运动过程中，能够感知这种物质的存在和强度。初始阶段，环境中没有信息素的遗留，蚂蚁寻找事物完全是随机选择路径，随后寻找该事物源的过程中就会受到先前蚂蚁所残留信息素的影响，表现为蚂蚁在选择路径时趋向于选择信息素浓度高的路径。同时，信息素是一种挥发性化学物，会随着时间的推移而慢慢消逝。如果每只蚂蚁在单位距离留下的信息素相同，那对于较短路径上残留的信息素浓度就相对较高，这被后来的蚂蚁选择的概率就大，从而导致这条短路径上走的蚂蚁就越多。而经过的蚂蚁越多，该路径上残留的信息素就将更多，这样使得整个蚂蚁的集体行为构成了信息素的正反馈过程，最终整个蚁群会找出最优路径。

　　如图 5-4 所示，开始蚂蚁以等同概率选择各条路径，但是较短路径信息素浓度高，所以选择该路径的蚂蚁增多，蚂蚁最终绕过障碍物找到最短路径，即正反馈效应。图 5-5 所示为自然界蚂蚁选路过程示例。

2. 人工蚁群的优化过程

　　基于以上真实蚁群寻找食物时的最优路径选择问题，可以构造人工蚁群，来解决最优化问题，如 TSP 问题。人工蚁群中把具有简单功能的工作单元看作蚂蚁。二者的相似之处在于都是优先选择信息素浓度大的路径。较短路径的信息素浓度高，所以能够最终被所有蚂蚁选择，也就是最终的优化结果。两者的区别在于人工蚁群有一定的记忆能力，能够记忆已经访问过的结点。同时，人工蚁群再选择下一条路径是按一定算法规律有意识地寻找最短路径，而不是盲目地。例如，在 TSP 问题中，可以预先知道当前城市到下一个目的地的距离。

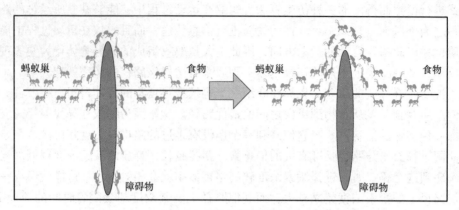

图 5-4　蚂蚁选择最优路径

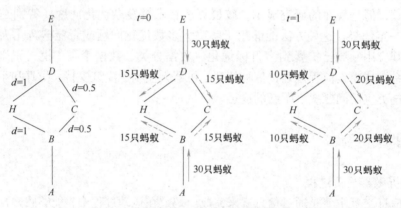

图 5-5　蚂蚁选路过程示例

　　在 TSP 问题的人工蚁群算法中，假设 m 只蚂蚁在图的相邻结点间移动，从而异步协作地得到问题的解。每只蚂蚁的一步转移概率由图中每条边上的两类参数决定：一是信息素值，也称信息素痕迹；二是可见度，即先验值。

　　信息素的更新方式有两种：一是挥发，即所有路径上的信息素以一定的比率减少，模拟自然蚁群的信息素随时间挥发的过程；二是增强，给评价值"好"（有蚂蚁走过）的边增加信息素。

　　蚂蚁向下一个目标的运动是通过一个随机原则来实现的，即运用当前所在结点存储的信息，计算出下一步可达结点的概率，并按此概率实现一步移动，如此往复，越来越接近最优解。

　　人工蚂蚁在寻优过程中，或在找到一个解后，会评估该解或解的一部分的优化程度，并把评价信息保存在相关连接的信息素中。

　　蚁群算法是一种基于群体的、用于求解复杂优化问题的通用搜索技术。与真实蚂蚁通过外信息的留存、跟随行为进行间接通信相似，蚁群算法中一群简单的人工蚂蚁通过信息素进行间接通信，并利用该信息和与问题相关的启发式信息逐步构造问题的解。人工蚂蚁具有双重特性：一方面，它们是真实蚂蚁的抽象，具有真实蚂蚁的特性；另一方面，它们还有一些真实蚂蚁没有的特性，这些新的特性使人工蚂蚁在解决实际优化问题时，具有更好的搜索较优解的能力。蚁群算法流程如图 5-6 所示。

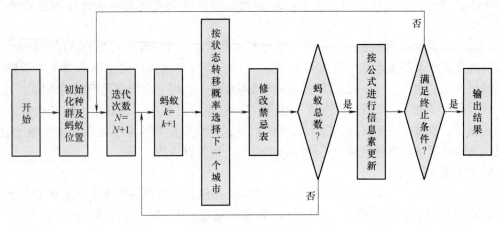

图 5-6 蚁群算法流程

3. 人工蚂蚁与真实蚂蚁的异同点

（1）相同点

1）都是一群相互协作的个体。与真实蚁群一样，蚁群算法也使用信息素的痕迹和蒸发机制。在蚁群算法中，信息素是人工蚂蚁之间进行交流的唯一途径。这种通信方式在群体知识的利用上起到了至关重要的作用。另外，蚁群算法还用到了蒸发机制，这一点对应于真实蚂蚁中信息素的蒸发现象。蒸发机制使蚁群逐渐忘记过去的历史，使后来的蚂蚁在搜索中较少受到过去较差解的影响，从而更好地指导蚂蚁的搜索方向。

2）搜索最短路径与局部移动。人工蚂蚁和真实蚂蚁具有相同的任务，即以局部移动的方式构造出从原点（蚁巢）到目的点（食物源）之间的最短路径。

3）随机状态转移策略。人工蚂蚁和真实蚂蚁都按照概率决策规则从一种状态转移到另一种相邻状态。其中的概率决策规则是与问题相关的信息和局部环境信息的函数。在状态转移过程中，人工蚂蚁和真实蚂蚁都只用到了局部信息，没有使用前瞻策略来预见将来的状态。

（2）不同点

1）人工蚂蚁具有内部状态，即人工蚂蚁具有一定的记忆能力，能记住自己走过的地方。

2）人工蚂蚁释放信息素的数量是其生成解的质量的函数。

3）人工蚂蚁更新信息素的时机依赖于特定的问题。例如，大多人工蚂蚁仅仅在蚂蚁找到一个解之后才更新路径上的信息素。

4. 蚁群算法的特点

蚁群算法是通过对生物特征的模拟得到的一种优化算法，它本身具有很多优点：

（1）蚁群算法本质上是一种并行算法 每只蚂蚁搜索过程彼此独立，仅通过信息素进行通信。所以蚁群算法可以看作是一个分布式的多智能体系统，它在问题空间的多点同时开始独立的解搜索，不仅增加了算法的可靠性，也使得算法具有较强的全局搜索能力。

（2）蚁群算法是一种自组织的算法　所谓自组织，就是组织力或组织指令来自于系统内部，以区别于其他组织。如果系统在获得空间、时间或者功能结构的过程中，没有外界的特定干预，就可以说系统是自组织的。简单地说，自组织就是系统从无序到有序的变化过程。

（3）蚁群算法具有较强的鲁棒性　相对于其他算法，蚁群算法对初始路线的要求不高，即蚁群算法的求解结果不依赖于初始路线的选择，而且在搜索过程中不需要人工调整。此外，蚁群算法的参数较少，设置简单，因而该算法易于应用于组合优化问题的求解。

（4）蚁群算法是一种正反馈算法　从真实蚂蚁觅食过程中不难看出，蚂蚁能够最终找到最优路径，直接依赖于其在路径上信息素的堆积，而信息素的堆积是一个正反馈的过程。正反馈是蚁群算法的重要特征，它使得算法进化过程得以进行。

5. 蚁群算法的理论

蚂蚁 k（$k=1,2,\cdots,m$）根据各个城市间连接路径上的信息素浓度决定其下一个访问城市，设 $P_{ij}^{k}(t)$ 表示 t 时刻蚂蚁 k 从城市 i 转移到城市 j 的概率，其计算公式为：

$$P_{ij}^{k}(t)=\begin{cases}\dfrac{\tau_{ij}^{\alpha}(t)\eta_{ij}^{\beta}(t)}{\sum\limits_{x\in allow_k}\tau_{is}^{\alpha}(t)\eta_{is}^{\beta}(t)},s\in allow_k\\[2mm]0,s\notin allow_k\end{cases} \tag{5-8}$$

式中，$allow=\{1,2,\cdots,n\}$-tabu，表示蚂蚁 k 下一步允许选择的城市集合。禁忌表 tabu 记录了蚂蚁 k 当前走过的城市。当所有 n 座城市都加入到禁忌表 tabu 中时，蚂蚁 k 便完成了一次周游，此时蚂蚁 k 所走过的路径便是 TSP 问题的一个可行解。式（5-8）中的 η_{ij} 是一个启发式因子，表示蚂蚁从城市转移到城市的期望程度。在蚁群算法中，η_{ij} 通常取城市 i 与城市 j 之间距离的倒数。a 和 β 分别表示信息素和期望启发式因子的相对重要程度。当所有蚂蚁完成一次周游后，各路径上的信息素信息更新公式为：

$$\begin{cases}\tau_{ij}(t+1)=\rho\tau_{ij}(t)+\Delta\tau_{ij}\quad 0<\rho<1\\[2mm]\Delta\tau_{ij}=\sum\limits_{k=1}^{n}\Delta\tau_{ii}^{k}\end{cases} \tag{5-9}$$

式中，ρ（信息素挥发度）为小于 1 的常数，表示信息持久性。

$$\Delta\tau_{ij}^{k}=\begin{cases}\dfrac{Q}{L_k}&ij\in l_k\\[2mm]0&其他\end{cases} \tag{5-10}$$

针对蚂蚁释放信息素问题，M. Dorigo 等人曾给出三种不同的模型，分别为蚁周系统、蚁量系统和蚁密系统，其计算公式为。

1）Ant-cycle

$$\Delta\tau_{ii}^{k}=\begin{cases}Q/L_k&第\,k\,只蚂蚁从城市\,i\,访问城市\,j\\[2mm]0&其他\end{cases} \tag{5-11}$$

2）Ant-quantity

$$\Delta\tau_{ii}^{k}=\begin{cases}Q/d_{ij}&第\,k\,只蚂蚁从城市\,i\,访问城市\,j\\[2mm]0&其他\end{cases} \tag{5-12}$$

3）Ant-density

$$\Delta\tau_{ii}^{k} = \begin{cases} Q & 第\,k\,只蚂蚁从城市\,i\,访问城市\,j \\ 0 & 其他 \end{cases} \tag{5-13}$$

式中，Q 为常数，表示蚂蚁循环一次所释放的信息素总量；L 为第 k 只蚂蚁经过路径的长度；d 为城市间的距离。

蚁群算法实际上是正反馈原理和启发式算法相结合的一种算法。选择路径时，蚂蚁不仅利用了路径上的信息素，而且用到了城市间距离的倒数作为启发式因子。实验结果表明，ant-cycle 模型比 ant-quantity 和 ant-density 模型有更好的性能。这是因为 ant-cycle 模型利用全局信息更新路径上的信息素量，而 ant-quantity 和 ant-density 模型使用局部信息。

6. 蚁群算法的构成要素解释

在蚁群算法中，不仅信息素和启发函数乘积以及蚂蚁之间的合作行为会严重影响算法的收敛性，蚁群算法的参数也是影响其求解性能和效率的关键因素。信息素启发式因子 α、期望启发式因子 β、信息素挥发度 ρ、总信息量 Q、蚂蚁数目 m 等都是非常重要的参数，其选取方法和选取原则直接影响蚁群算法的全局收敛性和求解效率。

（1）因子 α 和 β 的选取　启发式因子 α 的大小反映了在蚁群路径搜索中的随机性因素作用的强度；启发式因子 β 的大小反映了在蚁群路径搜索中确定性因素作用的强度。

α 值越大，蚂蚁选择以前走过路径的可能性就越大，搜索的随机性就会减弱；而当启发式因子 α 的值过小时，则易使蚁群搜索过早陷于局部最优。根据经验，信息素启发式因子 α 取值为 ［1，4］，蚁群算法的综合求解性能较好。

期望启发式因子 β 越大，蚂蚁在某个局部点上选择局部最短路径的可能性就越大，虽然这个时候算法的收敛速度得以加快，但蚁群搜索最优路径的随机性减弱，而此时搜索易陷入局部最优解。根据经验，期望启发式因子 β 取值为 ［3，5］，此时蚁群算法的综合求解性能较好。

（2）信息素挥发度 ρ 的选取　信息素挥发度 ρ 的大小对蚁群算法的收敛性能影响极大；当 ρ 比较小时，搜索的全局性好，但收敛速度变慢；当 ρ 比较大时，收敛速度比较快，但是容易陷入局部最优。

（3）蚁群数量 m 的选择　子集越大，信息正反馈的作用不明显，搜索的随机性增强，造成收敛速度变慢；反之，子集越小，搜索的随机性减弱，虽然收敛速度较快，但是会使算法的全局性能降低，影响算法的稳定性。

对于旅行商问题，单个蚂蚁在一次循环所经过的路径，表现为问题可行解集中的一个解，多只蚂蚁在一次循环中所经过的路径，则表现为问题解集中的一个子集。显然，子集增大（即蚂蚁数量增多），可以提高蚁群算法的全局搜索能力以及算法的稳定性；但蚂蚁数目增大后，会使大量曾被搜索过的解（路径）上的信息素的变化趋于平均，信息正反馈作用不明显，虽然搜索的随机性得到了加强，但收敛速度减慢；反之，子集较小（蚂蚁数量少），特别是当要处理的问题规模比较大时，会使那些从未被搜索到的解（路径）上的信息素减小到接近于 0，搜索的随机性减弱，虽然收敛速度加快了，但会使算法的全局性能降低，算法的稳定性差，容易出现过早停滞现象。m 一般取 10~50。

（4）总信息量 Q 的选取　总信息量 Q 越大，可以加强蚁群搜索时的正反馈性能，有助于算法的快速收敛。总信息量 Q 对算法性能的影响有赖于上述三个参数的选取，以及算法模型的选取。例如，在 ant-cycle 模型和 ant-quantity 模型中，总信息量所起的作用显然有很大差异，即随着问题规模的不同，其影响程度也将不同。相关人员研究结果表明：总信息量为 4 时，对 ant-cycle 模型蚁群算法的性能没有明显的影响。因此，在算法参数的选择上，该参数不必作特别考虑，可以任意选取。

（5）最大进化代数 G　最大进化代数 G 是表示蚁群算法运行结束条件的一个参数，表示蚁群算法运行到指定的进化代数之后就停止运行，并将当前群体中的最佳个体作为所求问题的最优解输出，一般取 100～500。

5.3.2　应用案例分析

1. 案例背景

30 个城市的二维 XY 轴坐标见表 5-9。试用蚁群算法，遍历所有城市，从原城市出发，最后回到出发城市，每个城市都必须游历仅一次，请设计出发路线及最短游历路程。

表 5-9　30 个城市的坐标

城市	X 轴坐标	Y 轴坐标	城市	X 轴坐标	Y 轴坐标	城市	X 轴坐标	Y 轴坐标
1	41	94	11	64	60	21	87	76
2	37	84	12	18	54	22	18	40
3	53	67	13	22	60	23	13	40
4	25	62	14	83	46	24	82	7
5	7	64	15	91	38	25	62	32
6	2	99	16	25	38	26	58	35
7	68	58	17	24	42	27	45	21
8	71	44	18	58	69	28	41	26
9	54	62	19	71	71	29	44	35
10	83	69	20	74	78	30	4	50

2. 案例求解

（1）算法设置参数

蚂蚁数量取 $m = 100$。

信息素启发式因子 $\alpha = 1$。

期望启发式因子 $\beta = 2$。

信息素挥发度 $\rho = 0.1$。

最大进化代数 $G = 200$。

（2）距离矩阵设置　建立一个 citycount-citycount 二维数组，存放每对城市之间的距离。由于要根据距离矩阵求启发函数 η_{ij}（城市 i 和城市 j 之间距离的倒数），所有距离矩阵的对角线不能为 0，把对角线设置为一个很大的常数 10000（只要不为零就可以）。其中，计算城市之间的距离使用欧式距离计算公式：

$$Distance_{ij \to (i+n)(j+n)} = \sqrt{(x_{ij} - x_{(i+n)(j+n)})^2 + (y_{ij} - y_{(i+n)(j+n)})^2}$$

（3）设置信息素矩阵和蚂蚁路径矩阵　建立一个 citycount-citycount 二维的信息素矩阵 pheromonetable，存放每对城市之间的信息素。初始信息素矩阵，全是由 1 组成的矩阵。每次迭代后，更新该信息素矩阵。

建立一个 AntCount-city_count 二维矩阵 candidate，每次迭代中，存放所有蚂蚁的路径（一只蚂蚁一个路径）。

建立一个 G-city_count 二维矩阵 path_best，存放每次迭代后的最优路径，每次迭代只有一个值。

建立一个一维数组 distance_best，存放每次迭代的最优距离。

（4）当前城市选择下一城市　蚂蚁由当前城市 i 选择到下一个城市 j。首先建立一个列表 unvisit 存放还未访问过的城市，每次访问一个城市之后，把该城市从 unvisit 里面移除，并加入到禁忌表中。由当前城市选择下一个城市时，使用概率函数分别计算当前城市到还未访问过的所有城市之间概率。累计概率，轮盘赌选择下一个城市。

（5）更新信息素　每迭代一次，更新所有城市之间的信息素。首先建立一个信息素的增加量矩阵，存放该次迭代后每条路径的信息素增量。每条路径上的信息素等于信息素自身挥发后剩余的信息素加上每只蚂蚁经过城市 i 到城市 j 留下的信息素。

更新信息素有三种方式。如选择第一种：$\Delta\tau = Q/L$，Q 为常数，描述蚂蚁释放信息素的浓度；L 为每只蚂蚁周游时所走路径的总长度。即每只蚂蚁从城市 i 到城市 j 之间信息素的增量，等于 Q 除以周游中所走路径的长度。对于同一只蚂蚁，所有的路径（任意两个城市之间）$\Delta\tau$ 是一样的。

（6）迭代更新　按照最大迭代值 $G = 200$ 进行迭代更新，不断重复上面步骤，并对比迭代值，直到最大迭代步数为 200。对比结果，获得最短规划路线值，完成寻优。

（7）结果展示　图 5-7 所示为用蚁群算法遍历全部 30 个城市规划的最短路径，即 1-2-3-9-18-19-20-21-10-7-11-8-14-15-24-25-26-29-28-27-16-17-22-23-30-12-13-4-5-6-1。

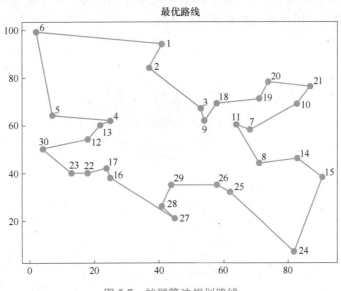

图 5-7　蚁群算法规划路线

115

图 5-8 所示为蚁群算法迭代完 200 次后的进化过程。可以看出，蚁群算法经过 100 次迭代后进化趋于稳定，获得了当前最短出游路径。

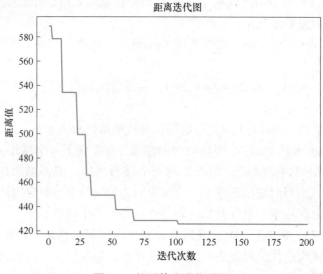

图 5-8　蚁群算法进化过程

 习题 ·

1. 简述遗传算法的运算过程。

2. 简述粒子群算法的优缺点。

3. 简述蚁群算法的优缺点。

4. 简述进化算法与群智能算法的区别与联系。

5. 图 5-9 所示为 Ackley 函数，这个函数的局部最小值多，为了避免陷入局部极值，请利用粒子群算法编写代码求该函数的全局最小值。

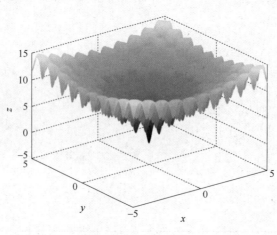

图 5-9　Ackley 函数

6. 利用遗传算法求解区间 $[0, 31]$ 上的二次函数 $y=x^2$ 的最大值。

参 考 文 献

［1］雷英杰，张善文. MATLAB 遗传算法工具箱及应用.［M］. 2 版. 西安：西安电子科技大学出版社，2014.

［2］王芳，等. 基于群体智能的思维进化算法设计［J］. 控制与决策，2010, 25（1）：145-148.

［3］SHI Y, EBERHART R. Fuzzy Adaptive Particle Swarm Optimizer［C］, Proc. Congress on Evolutionary Computation, Seoul：Korea, 2001.

［4］刘春艳，等. GA-BP 神经网络与 BP 神经网络性能比较［J］. 中国卫生统计，2013, 30（2）：173-176, 181.

［5］POLI R, KENNEDY J, BLACK WELL T. Particle swarm optimization［J］. Swarm intelligence, 2007（1）：33-57.

［6］REYES-SIERRA M, COELLO C A C. Multiobjective particle swarm optimizers：A survey of the state-of-the-art［J］. International journal of computational intelligence research, 2006, 2（3）：287-308.

［7］HE Q, WANG L. An effective co-evolutionary particle swarm optimization for constrained engineering design problems［J］. Engineering Applications of Artificial Intelligence, 2006, 20（1）：89-99.

［8］HOLLAND J. H. Adaptation in Natural and Artificial Systems［M］. Ann Arbor：University of Michigan Press, 1975.

［9］陈国良，王煦法，庄镇泉. 遗传算法及其应用［M］. 北京：国防出版社，2001.

［10］王凌. 车间调度及其遗传算法［M］. 北京：清华大学出版社，2003.

［11］DORIGO M, MANIEZZO V, COLORNI A. Ant system：optimization by a colony of cooperating agents［J］. IEEE Transactions on Cybernetics, 1996, 26（1）：29-41.

［12］MARCO DORIGO, ERIC BONABEAU, GUY THERAULAZ. Ant algorithms and stigmergy［J］. Future Generation Computer Systems, 2000, 16（8）：851-871.

［13］李擎，张超，陈鹏，等. 一种基于粒子群参数优化的改进蚁群算法［J］. 控制与决策，2013（06）：873-878.

［14］RUI Z, SHILONG W, ZHEQI Z, et al. An ant colony algorithm for job shop scheduling problem with tool flow［J］. Proceedings of the Institution of Mechanical Engineers Part B Journal of Engineering Manufacture, 2014, 228（8）：959-968.

［15］吴冬敏，邵剑平，芮延年. 基于蚁群算法和神经网络的数控机床故障诊断技术研究［J］. 机械设计与制造，2013, 000（001）：165-167.

第 **6** 章　人工神经网络

人工神经网络（Artificial Neural Network，ANN）简称为神经网络或称为连接模型。早在 1943 年，心理学家 McCulloch 和数学家 Pitts 提出形似神经元的数学模型，从此开创了神经科学理论研究的时代；1957 年 Rosenblatt 提出感知器模型，由阈值性神经元组成，试图模拟动物和人脑的感知和学习能力；1986 年，以 Rumelhart 和 McCelland 为首的科学家小组提出了 BP 神经网络，这一成果标志着神经网络的研究取得了突破性进展。随着 2010 年后深度学习的兴起，出现了许多深度神经网络模型及相应的学习算法，但大多是基于梯度计算的误差反向传播学习算法（Back Propagation），这也是最常用的神经网络算法的基石。

一般把神经网络的发展历史分成四个时期，萌芽时期（1890—1960），第一次高潮时期（1969—1982），第二次高潮时期（1982—1986），第三次高潮时期（2000 至今）。

本章主要从神经网络第二次高潮时期讲起，其中 6.1 节前馈神经网络主要讲解其中的代表 BP 神经网络，其误差反向传播算法学习也是后面深度神经网络的基础。第三次高潮时期从 6.2 节开始讲起，6.2 节卷积神经网络是一类包含卷积计算且具有深度结构的前馈神经网络（Feedforward Neural Networks），是深度学习的代表算法之一。6.3 节主要介绍一种典型的 RNN 神经网络——长短期记忆网络。

由于深度学习高速发展，其研究重心从研究转向工业落地应用。当前的深度学习能够很好地解决图像识别、语音识别等问题，但是对其他问题，特别是有延迟反馈的问题（如机器人的行动、机械的在线控制），深度学习缺乏实时反馈机制。而且深度学习的"深度"也是有限的，网络对数据的需求量随着模型的增大而增大，但现实中对应的高质量数据情况很少（如小样本问题、跨领域问题）。所以一方面是数据量，一方面是数据里面的变量、数据的复杂度，单独用深度学习来描述数据的复杂度还是不够的。

对于这两类问题，强化学习和迁移学习能够分别提供的反馈和适应性是深度学习模型所不具备的。所以 6.4 节强化学习，介绍了深度学习网络引入强化学习的自我学习反馈过程，类似 AlphaGo 自我对弈，不断地提高，解决延迟反馈的问题。6.5 节迁移学习，介绍了深度学习网络引入迁移学习策略，解决了跨领域学习及数据不足问题。神经网络发展史如图 6-1 所示。

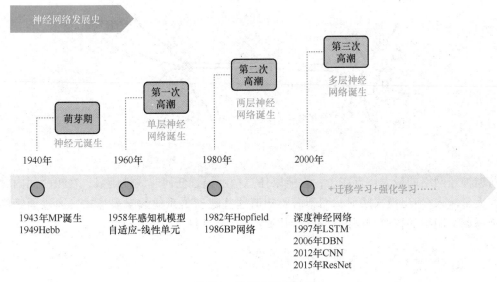

图 6-1　神经网络发展史

6.1　前馈神经网络

前馈神经网络（Feedforward Neural Network，FNN）又称为多层感知器（Multi-Layer Perceptron，MLP），主要由一个输入层、一个（浅层网络）或多个（深层网络，因此称作深度学习）隐藏层和一个输出层构成，每个层（除输出层以外）与下一层连接。这种连接是前馈神经网络架构的关键。

前馈神经网络的早期形式为单层感知器（Perceptron），是 Frank Rosenblatt 在 1957 年就职于 Cornell 航空实验室（Cornell Aeronautical Laboratory）时所发明的一种人工神经网络。后来，在单层感知器基础上发展起了多层感知器（MLP）。反向传播算法常被 MLP 用来进行学习，在模式识别领域为标准监督学习算法，并在计算神经学及并行分布式处理领域中，持续成为被研究的课题。MLP 已被证明是一种通用的函数近似方法，可以用于拟合复杂的函数或解决分类问题。MLP 在 20 世纪 80 年代曾是相当流行的机器学习方法，拥有广泛的应用场景，如语音识别、图像识别、机器翻译等。2010 年后深度学习兴起，深度神经网络在语音识别、模式分类、过程监控等领域取得了极大成功。与卷积神经网络等深度神经网络相比，前馈神经网路需要考量的参数更少，使之成为一种颇具吸引力的深度学习结构，MLP 等前馈神经网络又重新得到了关注。

然而前馈神经网络并不是从生物系统角度描述人脑的神经元结构，只是对其某些结构和功能进行模仿和简化。网络中各个神经元之间的连接强度靠改变权值和阈值的大小来实现。权值和阈值随着网络训练和学习进行调整改变，优化各个神经元之间的连接强度，从而不断提高整个网络对训练样本特征的反应灵敏度和精确度。大量单个结构和功能简单的神经元组合能产生复杂的系统行为，图 6-2 所示为一个完整的人脑神经元结构。

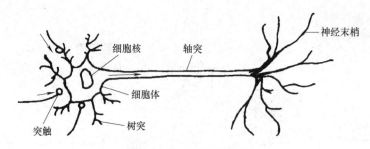

图 6-2 人脑神经元结构

前馈神经网络的最大优点在于，它能以任意精度逼近任何非线性函数，在短时间内学习和贮存大量输入/输出模式映射，而不需要知道这些映射关系的数学表达式。通过训练样本反向传播调节网络的权值和阈值，来达到网络的误差平方和最小的目的。

6.1.1 理论基础

1. 前馈神经网络的结构

前馈神经网络模型包括输入层、隐含层和输出层。各相邻层的神经元可全连接，但相同层各神经元之间不连接。通常所用的前馈神经网络都是三层网络，三层前馈神经网络是最基本的网络结构，对于一般问题，三层网络可以很好地解决。Hecht-Nielsen 证明有足够多结点的三层神经网络可以产生任意复杂的映射，足以用于解决一般性的问题。在基于 BP 算法的多层感知器中，图 6-3 所示为最普遍的单隐层网络的拓扑结构。

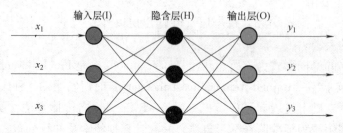

图 6-3 前馈神经网络的拓扑结构

2. 前馈神经网络的算法学习步骤

对于前馈神经网络，其初始权值和阈值一般是为 [-0.5，0.5] 的随机数，然而初始权值和阈值的选择决定了最终权值的确定，如果初始参数设置不够理想，网络结果就会有较大误差。一般调节初始权值和阈值的方法是通过适应度函数下降的方向来进行。即：

$$x_{k+1} = x_k + a_k g_k \tag{6-1}$$

式中，x_k 表示当前的权值和阈值矩阵；g_k 是当前表现函数的梯度；a_k 是学习速率。

其中输入结点为 x_i，隐含层结点为 y_i，输出结点为 z_i。隐含层结点与输入结点间的网络权值为 w_{ji}，输出结点间与隐含层结点的网络权值为 v_{ij}。当输出结点的期望值为 t_1 时，算法的计算公式如下。

隐含层结点的输出：

$$y_j = f(\sum w_{ji} x_i - \theta_j) = f(net_j) \tag{6-2}$$

其中：

$$net_1 = \sum_j v_{1j} y_j - \theta_1 \tag{6-3}$$

输出结点的输出：

$$z_1 = f(\sum_j v_{1j} y_j - \theta_1) = f(net_1) \tag{6-4}$$

其中：

$$net_1 = \sum_j v_{1j} y_j - \theta_1 \tag{6-5}$$

输出结点误差：

$$E = \frac{1}{2} \sum_l (t_1 - z_1)^2 = \frac{1}{2} \sum_t (t_1 - f(\sum_j v_{1j} - \theta_1))^2$$

$$= \frac{1}{2} \sum_t (t_1 - f(\sum_j v_{1j} f(\sum_j w_{ji} x_i - \theta_1)))^2 \tag{6-6}$$

阈值 θ 的修正和权值的修正是一致的。首先误差函数对输出结点阈值求导：

$$\frac{\partial E}{\partial \theta_1} = \frac{\partial E}{\partial Z_1} \frac{\partial Z_1}{\partial \theta_1} \tag{6-7}$$

其中：

$$\frac{\partial E}{\partial z_1} = -(t_1 - z_1) \tag{6-8}$$

$$\frac{\partial z_1}{\partial \theta_1} = \frac{\partial z_1}{\partial net_1} \frac{\partial net_1}{\partial \theta_1} = f'(net_1)(-1) \tag{6-9}$$

则：

$$\frac{\partial E}{\partial \theta_1} = (t_1 - z_1) f'(net_1) = \delta_1 \tag{6-10}$$

阈值修正：

$$\Delta \theta_1 = \eta \frac{\partial E}{\partial \theta_1} = \eta \delta_1 \tag{6-11}$$

最后，误差函数对隐含层结点阈值的求导：

$$\frac{\partial E}{\partial \theta_J} = \sum_l \frac{\partial E}{\partial z_1} \frac{\partial z_1}{\partial y_j} \frac{\partial y_j}{\partial \theta_j} \tag{6-12}$$

其中：

$$\frac{\partial E}{\partial z_j} = -(t_1 - z_1) \tag{6-13}$$

$$\frac{\partial z_1}{\partial y_j} = f'(net_j) v_{1j} \tag{6-14}$$

$$\frac{\partial y_j}{\partial \theta_j} = \frac{\partial y_j}{\partial net_j} \frac{\partial net}{\partial \theta_j} = f'(net_j)(-1) = -f'(net_j) \tag{6-15}$$

则：

$$\frac{\partial E}{\partial \theta_j} = \sum (t_1 - z_1) f'(net_1) v_{1j} f'(net_j) = \sum_l \delta_1 v_1 f'(net_j) = \delta'_j \qquad (6\text{-}16)$$

阈值修正：

$$\Delta \theta_j = \eta' \frac{\partial E}{\partial \theta_j} = \eta' \delta'_j \qquad (6\text{-}17)$$

$$\theta_j (K+1) = \theta_j (k) + \eta' \delta'_j \qquad (6\text{-}18)$$

前馈神经网络中，常见的传递函数如 S 型函数，其具体表达式如下：

$$f(x) = \frac{1}{1 + \mathrm{e}^{-x}} \qquad (6\text{-}19)$$

对 S 型函数进行求导：

$$f'(x) = f(x) [1 - f(x)] \qquad (6\text{-}20)$$

$$f'(net_k) = f(net_k) [1 - f(net_k)] \qquad (6\text{-}21)$$

对输出结点：

$$z_1 = f(net_1) \qquad (6\text{-}22)$$

$$y_j = f(net_j) \qquad (6\text{-}23)$$

对隐含层结点：

$$f'(net_1) = y_j (1 - y_j) \qquad (6\text{-}24)$$

在深度神经网络中，用于多层前馈神经网络的 BP 算法包含正向传播和反向传播。在正向传播过程中，样本输入值从输入层经隐含层传递到输出层，然后进行误差反向传播，即将误差逐层传递到输入层，通过改变各神经元间的权值使得样本点的实际输出值和期望输出值间误差逐渐减少，达到预期学习的目的。

3. 前馈神经网络的隐含层设计

前馈神经网络结构的设计是确定网络隐含层的结点数目。选择一个合适的隐含层结点数对建立网络结构非常重要，对于每一个特定的神经网络，一定存在一个最佳隐含层结点数。确定神经网络的隐含层比较复杂，是决定神经网络建立成功与否的关键。但目前尚未有很好的数学表达式能够准确地计算出不同网络所需要的隐含层结点个数。一般认为隐含层的结点个数与输入层的神经元个数和输出层结点个数密切相关。若隐含层结点数过少，网络用于解决问题的信息量不足；若隐含层结点数过多，不仅网络训练和学习的时间长，还会导致网络泛化能力下降，出现"过度吻合"，网络误差成倍扩大。目前有以下三种常用于选择隐含层数的经验公式可供参考：

1）$n_2 = 2n_1 + 1$，其中，n_1 为输入单元数，n_2 为隐含层单元数。

2）$n_1 = \log_2 n$，其中，n 为输入层单元数，n_1 为隐含层结点数。

3）$n_1 = \sqrt{n+m} + a$，其中，n 为输入单元数，n_1 为隐含层单元数，m 为输出单元数，a 一般为小于或者等于 10 的正整数。

6.1.2 应用案例分析

1. 案例背景

轮胎作为整车的重要组成部分，耐磨性与安全性对整车可靠性具有重要影响，这也是用户选购汽车的重要参考指标之一。国内外主要是通过专门轮胎磨耗试验来确定轮胎的耐磨性能，对轮胎严重磨损等情况进行实地道路测试，并建立各种数学模型来估算轮胎使用寿命。这些方法主要为：测试轮胎行驶相同里程后，根据不同轮胎的胎面花纹深度减小情况，并结合轮胎磨耗随行驶里程的变化情况，推算出轮胎剩余可行驶里程数。虽然这类数学模型的理论性很强，但是模型复杂且精度低、实用性差。且由于道路实地测试危险性大，实地测试数据有限。

　　某品牌相同规格和花纹的轮胎，以左前轮胎的行驶里程数据为基础，五条不同序号轮胎跑完 40000km 的 11 个属性指标值（花纹沟 1、花纹沟 2、花纹沟 3、花纹沟 4、花纹沟 5、花纹沟 6、硬度-内侧、硬度-中间 1、硬度-中间 2、硬度-中间 3、硬度-外侧）见表 6-1。以每5000km 为一次数据测量采集点，五条轮胎分别采集九条数据。其中训练数据集为五条不同序号轮胎跑完 40000km 的实际测量值；测试数据为五条不同序号轮胎跑完 40000km 的测量值平均。求解如何通过有限的数据来间接测量出该品牌轮胎行驶里程及预期剩余寿命？

表 6-1　某品牌左前轮胎的行驶里程测量数据

序号	花纹沟 1	花纹沟 2	花纹沟 3	花纹沟 4	花纹沟 5	花纹沟 6	硬度-内侧	硬度-中间 1	硬度-中间 2	硬度-中间 3	硬度-外侧	里程/km
1	6.36	6.95	7.34	7.34	6.96	6.35	65.00	66.00	66.00	66.00	65.00	0
2	6.40	6.95	7.31	7.30	6.98	6.40	66.00	66.00	65.00	66.00	66.00	0
3	6.40	7.00	7.31	7.33	7.02	6.40	66.00	65.00	66.00	66.00	66.00	0
4	6.37	6.97	7.30	7.30	6.95	6.36	65.00	66.00	66.00	65.00	66.00	0
5	6.38	7.01	7.31	7.32	7.00	6.36	66.00	66.00	65.00	66.00	66.00	0
1	5.86	6.29	6.63	6.65	6.36	5.78	65.00	66.00	65.00	66.00	66.00	5000
2	5.78	6.32	6.63	6.67	6.36	5.76	66.00	66.00	65.00	66.00	66.00	5000
3	5.80	6.31	6.64	6.67	6.34	5.70	66.00	66.00	66.00	66.00	65.00	5000
4	5.79	6.32	6.61	6.61	6.35	5.72	65.00	66.00	66.00	66.00	66.00	5000
5	5.75	6.29	6.61	6.65	6.37	5.73	65.00	66.00	66.00	66.00	65.00	5000
1	5.70	6.29	6.64	6.43	6.18	5.65	66.00	66.00	66.00	66.00	66.00	10000
2	5.69	6.09	6.38	6.41	6.16	5.63	66.00	66.00	65.00	66.00	66.00	10000
3	5.67	6.10	6.35	6.40	6.17	5.60	66.00	65.00	66.00	66.00	65.00	10000
4	5.63	6.09	6.32	6.38	6.15	5.61	65.00	66.00	66.00	65.00	66.00	10000
5	5.66	6.10	6.37	6.41	6.15	5.57	65.00	66.00	66.00	66.0	65.00	10000
1	5.48	5.81	6.22	6.25	5.97	5.40	65.00	66.00	66.00	65.00	66.00	15000
2	5.47	5.83	6.19	6.24	5.96	5.42	66.00	66.00	65.00	66.00	66.00	15000
3	5.46	5.83	6.18	6.21	5.89	5.38	66.00	66.00	66.00	66.00	65.00	15000
4	6.41	5.85	6.17	6.15	5.90	5.38	65.00	66.00	66.00	65.00	66.00	15000
5	5.41	5.84	6.21	6.21	5.93	5.37	65.00	66.00	66.00	66.00	65.00	15000

（续）

序号	花纹沟1	花纹沟2	花纹沟3	花纹沟4	花纹沟5	花纹沟6	硬度-内侧	硬度-中间1	硬度-中间2	硬度-中间3	硬度-外侧	里程/km
1	5.30	5.72	5.94	5.99	5.78	5.20	66.00	66.00	67.00	67.00	66.00	20000
2	5.30	5.71	5.95	6.00	5.77	5.20	67.00	66.00	67.00	67.00	67.00	20000
3	5.29	5.69	5.90	5.97	5.78	5.21	67.00	67.00	67.00	66.00	67.00	20000
4	5.28	5.71	5.94	5.97	5.81	5.22	67.00	67.00	67.00	67.00	66.00	20000
5	5.28	5.67	5.92	5.97	5.81	5.19	66.00	67.00	66.00	66.00	66.00	20000
1	5.02	5.46	5.72	56.80	5.63	5.05	67.00	68.00	67.00	68.00	68.00	25000
2	5.07	5.43	5.75	5.83	5.64	4.99	67.00	67.00	67.00	67.00	67.00	25000
3	5.07	5.44	5.73	5.78	5.61	5.00	68.00	67.00	67.00	67.00	68.00	25000
4	5.07	5.48	5.69	5.75	5.60	4.97	67.00	68.00	67.00	67.00	67.00	25000
5	5.09	5.46	5.71	5.81	5.66	4.97	68.00	68.00	68.00	68.00	67.00	25000
1	4.90	5.25	5.48	5.55	5.40	4.78	67.00	68.00	68.00	68.00	68.00	30000
2	4.83	5.26	5.50	5.61	5.47	4.84	68.00	68.00	68.00	68.00	68.00	30000
3	4.86	5.30	5.49	5.57	5.41	4.76	68.00	69.00	68.00	69.00	69.00	30000
4	4.85	5.31	5.45	5.54	5.40	4.75	68.00	68.00	68.00	69.00	68.00	30000
5	4.87	5.36	5.48	5.57	5.45	4.78	69.00	68.00	68.00	68.00	68.00	30000
1	4.70	5.14	5.36	5.44	5.35	4.60	67.00	68.00	68.00	68.00	68.00	35000
2	4.73	5.07	5.36	5.47	5.32	4.56	68.00	68.00	68.00	68.00	68.00	35000
3	4.68	5.11	5.32	5.45	5.216	4.65	68.00	69.00	68.00	69.00	68.00	35000
4	4.73	5.12	5.33	5.36	5.20	4.62	68.00	68.00	68.00	69.00	68.00	35000
5	4.73	5.13	5.38	5.40	5.21	4.60	69.00	68.00	68.00	68.00	68.00	35000
1	4.51	4.92	5.15	5.19	5.12	4.35	69.00	69.00	69.00	69.00	69.00	40000
2	4.55	4.96	5.20	5.29	5.15	4.35	70.00	70.00	69.00	70.00	70.00	40000
3	4.52	4.93	5.20	5.25	5.08	4.36	69.00	70.00	70.00	69.00	70.00	40000
4	4.53	4.95	5.16	5.16	5.12	4.39	69.00	69.00	69.00	69.00	69.00	40000
5	4.48	4.95	5.15	5.21	5.18	4.31	69.00	69.00	69.00	69.00	69.00	40000

2. 案例求解

　　由于实验数据集较小，各类函数拟合难度大、精度低，泛化能力不足、需要大量相关数据来构建模型，本案例利用前馈神经网络强大的非线性映射能力来对该数据集进行拟合训练。由于在实验数据中，影响轮胎行驶里程数的因素较多，将这些因素全部作为神经网络的输入可能会存在因素间的多重非线性关系，而且建立模型进行预测时，若测试对象的轮胎破损严重，测试人员要采集这些数据会存在一定困难。

为了避免这些问题，本节模型的对应输入为：花纹沟深度均值 $P1$、硬度均值 $P2$，输出为对应行驶里程数据 T，并借助 MATLAB 编程构建一个最基础的"花纹沟深度均值 $P1$、硬度均值 $P2$-行驶里程"前馈神经网络的软测量模型。其中模型三层神经网络为：输入层，隐含层，输出层。确定神经网络的隐含层是决定网络建立成功与否的关键。本节通过前文公式并逐一测试隐含层结点数，得出最佳结点数为 6。其中传递函数选用 tansig-tansig，训练函数选用 trainlm，并设置相关网络参数，训练步数为 1000，训练目标为 0.0002，学习速率为 0.001。至此一个 2-6-1 的神经网络建立完成，如图 6-4 所示，训练步数为 19 时达到了预定目标，训练结束。

为了验证该网络的性能，将训练好的网络在另一组九个测试数据集中进行测试，结果如图 6-5 所示。

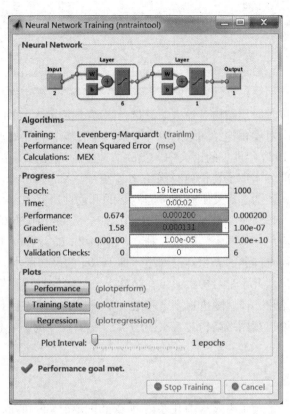

图 6-4　网络训练效果

前馈神经网络模型对测试数据的预测误差范围在 0.5% 之内，能有效地对轮胎里程寿命进行预测。根据轮胎花纹沟深度均值与轮胎内外侧硬度均值即可有效快速估算出当前轮胎的行驶里程剩余寿命，为车辆的安全与保养提供了有效的参考评价方法，具有一定实用价值。

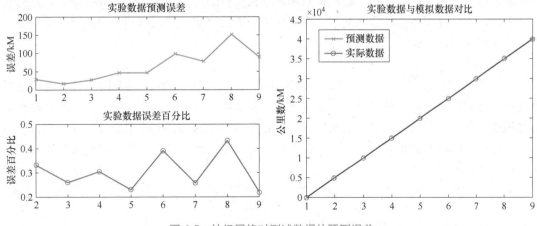

图 6-5　神经网络对测试数据的预测误差

125

6.2 卷积神经网络

卷积神经网络（Convolutional Neural Networks，CNN）是一类包含卷积计算且具有深度结构的前馈神经网络，是深度学习的代表算法之一。卷积神经网络具有表征学习能力，能够按其阶层结构对输入信息进行平移不变分类，因此也被称为"平移不变人工神经网络"。

对卷积神经网络的研究可追溯至日本学者福岛邦彦提出的 Neocognitron 模型。在其 1979 和 1980 年发表的论文中，福岛仿造生物的视觉皮层设计了以 Neocognitron 命名的神经网络，其部分实现了卷积神经网络中卷积层（Convolution Layer）和池化层（Pooling Layer）的功能，认为是启发了卷积神经网络的开创性研究。

1988 年，Wei Zhang 提出了第一个二维卷积神经网络——平移不变人工神经网络，并将其应用于检测医学影像。独立于 Wei Zhang，Yann LeCun 在 1989 年同样构建了应用于计算机视觉问题的卷积神经网络，即 LeNet 的最初版本。LeNet 包含两个卷积层，两个全连接层，共计六万个学习参数，且在结构上与当代的卷积神经网络十分接近。LeCun 对权重进行随机初始化，使用随机梯度下降进行学习，这一策略被其后的深度学习研究所保留。由于 LeCun 在论述其网络结构时首次使用了"卷积"一词，卷积神经网络也因此得名。

6.2.1 理论基础

卷积神经网络因其卷积-池化的网络结构，能够从输入数据中提取较深层次的特征，在多个领域都有所应用。一般的全连接神经网络对维数较大的样本进行特征提取时，会产生很多的参数，忽略数据之间的局部相关性，且易出现过拟合现象，泛化能力较差，也无法对数据自身的位置特性进行学习。CNN 具有局部连接和权值共享两大特点。其中，权值共享减少了网络参数，而其与输入数据的局部连接更是能够挖掘出输入数据的局部性特征。卷积神经网络一般由卷积层、池化层、全连接层和输出层组成。卷积层和池化层通常设置成多个，挖掘输入数据中深层次的特征。卷积核对输入数据进行遍历卷积时，会生成特征图，且通常是二维的，当特征图传输到全连接时，需要将特征图拉直成一维，再与全连接层连接，最后连上输出层，形成完整的 CNN 模型。

1. 层结构

（1）卷积层　卷积层是卷积神经网络的核心层。卷积核沿着传感器输入数据，通过局部连接的方式以一定的步长进行遍历卷积运算，实现局部特征的提取，生成特征图。而在遍历过程中，一个卷积核会对输入数据的各个位置都进行相同的特征提取操作，且卷积核参数不发生变化，即权值共享。最终，原始数据的特征是以多张特征图的形式呈现。卷积层的数学运算公式如下：

$$X_i^1 = \sum_{i \in M_j} X_i^{l-1} \times W_{ij}^1 + b_j \tag{6-25}$$

式中，l 代表当前层数，W_{ij} 是权值；M_j 代表输入特征图；b_j 为偏置项。

一维卷积层的运算过程如图 6-6 所示，图中仅展示一个卷积核对一维输入信号的处理，为方便起见，偏置设为 0，步长设置为 1，卷积核尺寸为 3×1。

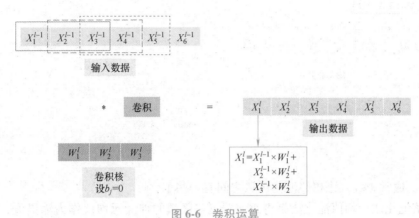

图 6-6　卷积运算

卷积操作时，卷积核与被卷积区域的神经元值相乘再累加，得到输出值，然后以步长为单位移动卷积核，直至卷积核遍历完输入数据。经过卷积层的处理后，原始信号中蕴含的特征被增强，并且能够过滤掉其中的噪声数据。

卷积层和全连接层之后，通常需要利用激活函数引入非线性因素对它们的输出进行处理。激活函数的作用机理是对输入数据进行非线性变换。神经网络里常用的激活函数有 Sigmoid 函数、Tanh 函数和 ReLU 函数。三种激活函数的数学表达式如下：

$$\text{Sigmoid}(x) = \frac{1}{1+e^{-x}} \tag{6-26}$$

$$\text{Tanh}(x) = \frac{e^x - e^{-x}}{e^x + e^{-x}} = 2\text{Sigmoid}(2x) - 1 \tag{6-27}$$

$$\text{ReLU}(x) = \max(0, x) \tag{6-28}$$

对于 Sigmoid 函数，任意的输入值都只能得到 0~1 的输出值。当输入值较大时，其导数趋向于 0，在误差反向传播过程中，易出现梯度弥散，导致底层网络参数无法更新。Tanh 函数的输出值为 −1~1，曲线形状与 Sigmoid 函数相同，因为它的输出关于原点对称，所以具有更快的收敛速度，但没有改善梯度弥散现象。ReLU 函数只需要一个阈值就可得到输出值，不需要进行指数运算。同时，ReLU 提供相对宽的激活边界，可以有效地缓解梯度消失现象。并且当输入 $x<0$ 时，函数输出为 0，具有单侧抑制的属性，提升了神经网络的稀疏表达能力。因此，本节选择 ReLU 函数作为激活函数。为方便后续的分析，用 y_j^1 表示卷积层经过激活函数处理后的输出值。

（2）池化层　池化层可进行降维操作，即在保证特征不丢失的情况下，尽可能地减少特征图的维度。池化过程只与滤波器的尺寸有关，常见的池化方法有最大池化法和均值池化法。池化层的运算过程如图 6-7 所示，设池化层滤波器尺寸为 3×1。

1）最大池化法。最大池化法是将滤波器覆盖区域的神经元最大值作为输出值。其数学表达式为：

$$P_m^l = \max{}_1^r \left[y_{(m-1)s+1}^l \right] \tag{6-29}$$

式中，P_m^l 是池化层第 l 个特征图第 m 个池化区域的输出值；s 是池化层滤波器步长；r 是滤

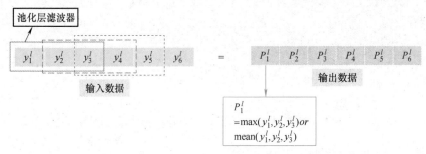

图 6-7　池化层的运算

波器的大小。通常 $s \leqslant r$，让相邻池化区域之间有一些重合。

2）均值池化法。均值池化法是将滤波器覆盖区域的神经元均值作为输出值，其数学表达式为：

$$P_m^l = \text{mean}_1^r \left(y_{(m-1) \times s+1}^l \right) \tag{6-30}$$

（3）批量归一化层　神经网络训练过程的目的是学习输入数据的分布，使训练好参数的模型能够从相同分布的数据中有效提取特征。在模型训练之前，需要将原始样本集分成训练集和测试集，如果两数据集的分布不同，可能会影响模型的泛化能力。为了解决该问题，通常做法是在训练之前对整个数据集进行归一化处理，确保数据集为同一分布。但是在训练阶段，模型参数不断更新，导致位于其后的网络层输入数据的分布也不断变化，增加了模型训练难度。

批量归一化（BN）是针对每个批次的数据，在含有对输入数据进行复杂数学运算的网络层之前，增加一个计算层，该层的目的是对输入数据进行批量归一化处理，使所有批次的数据传递到该层时都满足同一分布。但是经过 BN 层的数据都会被强制分到均值为 0、标准差为 1 的分布下，从而破坏了之前学习到的特征分布。为了修复这个问题，引入了变换重构以及可学习参数缩放量 γ 和偏置量 β，用于增强表达。本节在多尺度卷积神经网络模型的卷积层之后和全连接层之后加入了 BN 层，而 BN 层在卷积层和全连接之后处理过程并不相同。

（4）全连接层　全连接神经网络在卷积神经网络模型中主要是将提取出的特征进行分类。传感器数据是纯数据类型，为单通道，经过多个卷积-池化层的特征提取通常会转换成多通道特征，以挖掘深层次的故障特征。因此在全连接层输入之前，需要将多通道特征数据拉伸成单通道的一维数据，再与神经元进行全连接。该层的激活函数也选择 ReLU，全连接层可以设置成多层或一层，网络处理过程如图 6-8 所示。

全连接层的正向传播数学表达式为：

$$z_j^{l+1} = \sum_{i=1}^{n} W_{ij}^l y_i^l + b_j^l \tag{6-31}$$

经过激活函数 ReLU 后，数学表达式为：

$$y_j^{l+1} = \max(0, z_j^{l+1}) \tag{6-32}$$

式中，W_{ij}^l 是第 l 层第 i 个神经元与第 $l+1$ 层第 j 个神经元之间的权值；b_j^l 是第 l 层神经元对第 $l+1$ 层第 j 个神经元的偏置值；z_j^{l+1} 是第 $l+1$ 层第 j 个神经元的输出值。

（5）输出层　CNN 的输出层与前一层网络也是全连接的。输出层的神经元数通常与故障状态类别数相同，激活函数选择 Softmax 函数。输出层运算过程如图 6-9 所示。

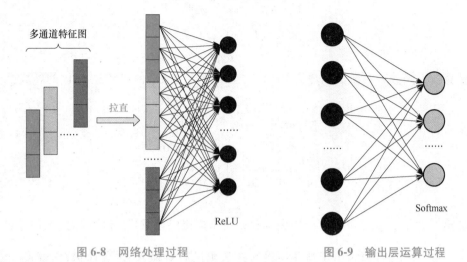

图 6-8　网络处理过程　　　　　图 6-9　输出层运算过程

Softmax 函数数学表达式如下：

$$\mathrm{softmax}(x) = \frac{\mathrm{e}^x}{\sum\limits_{10}^{n} \mathrm{e}^x} \tag{6-33}$$

式中，n 表示最终分类的类别数，把所有值用 e 的 n 次方计算出来，求每个值占的比率和要保证为 1，一般可以认为 Softmax 得出的是概率。

2. 网络的误差反向传播机制

（1）损失函数　在进行误差反向传播之前，需要计算模型正向传播输出的结果与样本标签值之间的差异，而描述这种差异的函数称为损失函数。损失函数是绝对网络学习质量的关键。无论什么样的网络结构，如果使用的损失函数不合适，最终都将难以训练出正确的模型。

交叉熵损失函数输出多个概率值，可以将其作为模型把某一样本归属于某个类别的概率，其数学表达式为：

$$L = -\frac{1}{m} \sum_{k=1}^{m} \sum_{j} p_k^j \lg q_k^j \tag{6-34}$$

式中，m 是一个输入批次中的样本数；p 是样本的真实值；q 是预测值。交叉熵的值越小，代表模型的效果越好。

（2）全连接层梯度计算　卷积神经网络的卷积核和神经元的权值都是随机生成的。刚开始训练时，损失函数值较大，训练过程就是利用误差反向传播算法不断减小损失函数值，优化网络参数。而误差反向传播是利用链式求导法则从后往前求解损失函数对每一层神经元的导数。

首先计算损失函数 L 关于最后输出层的导数：

$$\frac{\partial L}{\partial z_j^{l+1}} = \sum_{k=1}^{m} p_k^j q_k^j - p_k^j \tag{6-35}$$

损失函数 L 对输出层权重 W_{ij}^l 和偏置 b_j^l 的偏导数为：

$$\frac{\partial L}{\partial W_{ij}^l} = \frac{\partial L}{\partial z_j^{l+1}} \times \frac{\partial z_j^{l+1}}{\partial W_{ij}^l} = \frac{\partial L}{\partial z_j^{l+1}} \times y_i^l \tag{6-36}$$

$$\frac{\partial L}{\partial b_j^l} = \frac{\partial L}{\partial z_j^{l+1}} \times \frac{\partial z_j^{l+1}}{\partial b_j^l} = \frac{\partial L}{\partial z_j^{l+1}} \tag{6-37}$$

再计算损失函数 L 对激活函数为 ReLU 的全连接层的激活值 y_i^l 和输出值 z_i^l 的导数：

$$\frac{\partial L}{\partial y_i^l} = \sum_j \frac{\partial L}{\partial z_j^{l+1}} \times \frac{\partial z_j^{l+1}}{\partial y_i^l} = \sum_j \frac{\partial L}{\partial z_j^{l+1}} \times W_{ij}^l \tag{6-38}$$

$$\frac{\partial L}{\partial z_i^l} = \frac{\partial L}{\partial y_i^l} \times \frac{\partial y_i^l}{\partial z_i^l} = \begin{cases} 0 & z_i^l \leqslant 0 \\ \dfrac{\partial L}{\partial y_i^l} & z_i^l > 0 \end{cases} \tag{6-39}$$

计算出 $\dfrac{\partial L}{\partial z_i^l}$ 之后，就可以计算出损失函数 L 对全连接层权重 W_{ij}^{l-1} 和偏置 b_j^{l-1} 的偏导数。

（3）池化层梯度计算　由于池化层没有参数也没有对输入数据进行数学变换，因此只需要计算损失函数 L 对其输入神经元的导数。因为本节选用最大池化法，池化层正向传播时，需要记录每次池化区域最大值的位置，设最大值位置为 m。反向传播时，只对第 m 个神经元求导，其他导数为 0。数学表达式为：

$$\frac{\partial L}{\partial y_i^l} = \frac{\partial L}{\partial p_i^l} \times \frac{\partial p_i^l}{\partial y_i^l} = \begin{cases} 0 & i \neq m \\ \dfrac{\partial L}{\partial p_i^l} & i = m \end{cases} \tag{6-40}$$

（4）卷积层梯度计算　卷积层存在权重和偏置，并且卷积层的输出也需要经过激活函数 ReLU 的处理，其梯度计算过程与全连接层类似，数学计算式为：

$$\frac{\partial L}{\partial x_i^l} = \frac{\partial L}{\partial y_i^l} \times \frac{\partial y_i^l}{\partial x_i^l} = \begin{cases} 0 & x_i^l \leqslant 0 \\ \dfrac{\partial L}{\partial y_i^l} & x_i^l > 0 \end{cases} \tag{6-41}$$

再计算损失函数 L 对卷积层的输入值 x_i^{l-1} 的导数：

$$\frac{\partial L}{\partial x_i^{l-1}} = \sum_i \frac{\partial L}{\partial x_i^l} \times \frac{\partial x_i^l}{\partial x_i^{l-1}} = \sum_i \frac{\partial L}{\partial x_i^l} \times \sum_{i=1}^w W_{ij}^l \tag{6-42}$$

因此，损失函数 L 对卷积层权值 W_{ij}^l 的导数为：

$$\frac{\partial L}{\partial W_{ij}^l} = \frac{\partial L}{\partial x_i^l} \times \frac{\partial x_i^l}{\partial W_{ij}^l} = \frac{\partial L}{\partial x_i^l} \times \sum_i x_i^{l-1} \tag{6-43}$$

6.2.2　应用案例分析

1. 案例背景

疟疾是一种致命传染病，全世界范围内，每年有超过 40 万人死亡，目前临床医疗环境中对疟疾的诊断主要依赖血液采样涂片，通过有经验的医生在显微镜下观察载玻片并手动计算感染的红细胞数，有时候医生需要数 5000 个细胞，这显然需要耗费大量的时间。深度学习模型，或更具体地说，CNN 已被证明在各种计算机视觉任务中非常有效。构建基于深度学习的疟疾检测方法，通过采集血液样本图像，将疟疾的检测建模为已感染、未感染的二分类问题，将是实现疟疾高效、快速、准确检测的关键。

疟疾数据集使用 NIH 发布的疟疾数据集，其共有 27588 幅图像，正负样本各 13794 幅图像，该数据集来自 150 名恶性疟原虫感染的患者和 50 名健康人士的 Giemsa 染色的薄血涂片载玻片，图像样本示例如图 6-10 所示。

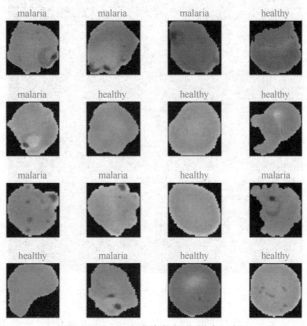

图 6-10　疟疾感染数据集样本示例

2. 案例求解

卷积层从数据中学习空间分层模式，这些模式也是平移不变的，因此能够学习图像的不同方面。第一卷积层将学习诸如边缘和角落的小和局部的图案，第二卷积层将基于来自第一层的特征来学习更大的图案。这使得 CNN 可以实现自动化特征功能并学习有效的特征，这些特征很好地概括了新的数据点。池化层有助于采样和下降维，因此 CNN 帮助实现自动化和扩展的功能。此外在模型末端插入密集层能够执行图像分类等任务。使用像 CNN 这样的深度学习模型进行自动疟疾检测可以非常有效，便宜且可扩展。下面构建一个 CNN 网络层。

（1）数据集的划分　从原始数据集可以看出这是一个 13779 疟疾和非疟疾（未感染）细胞图像的平衡数据集。分别使用 8∶1∶1 分割训练，验证和测试数据集。在训练期间利用训练和验证数据集，并检查模型在测试数据集上的性能。

（2）数据集预处理　由于薄血涂片和细胞图像会根据人、测试方法和拍摄照片的方向而变化，因此图像的尺寸不同。本案例决定将每个图像调整为 28×28 像素，加载所有图像并将它们调整为该固定尺寸。

（3）模型参数设置　开始训练模型之前，设置一些基本配置。训练迭代次数 50 次，batch size 设为 32，初始学习率 $1e^{-1}$。

（4）模型构建　第一个疟疾检测模型将从头开始构建和训练基本的卷积神经网络。首先定义模型结构，如图 6-11 所示。

```
Layer (type)                 Output Shape              Param #
=================================================================
conv2d_1 (Conv2D)            (None, 28, 28, 20)        1520
_________________________________________________________________
activation_1 (Activation)    (None, 28, 28, 20)        0
_________________________________________________________________
batch_normalization_1 (Batch (None, 28, 28, 20)        80
_________________________________________________________________
max_pooling2d_1 (MaxPooling2 (None, 14, 14, 20)        0
_________________________________________________________________
conv2d_2 (Conv2D)            (None, 14, 14, 50)        25050
_________________________________________________________________
activation_2 (Activation)    (None, 14, 14, 50)        0
_________________________________________________________________
batch_normalization_2 (Batch (None, 14, 14, 50)        200
_________________________________________________________________
max_pooling2d_2 (MaxPooling2 (None, 7, 7, 50)          0
_________________________________________________________________
flatten_1 (Flatten)          (None, 2450)              0
_________________________________________________________________
dense_1 (Dense)              (None, 500)               1225500
_________________________________________________________________
activation_3 (Activation)    (None, 500)               0
_________________________________________________________________
batch_normalization_3 (Batch (None, 500)               2000
_________________________________________________________________
dense_2 (Dense)              (None, 500)               250500
_________________________________________________________________
activation_4 (Activation)    (None, 500)               0
_________________________________________________________________
batch_normalization_4 (Batch (None, 500)               2000
_________________________________________________________________
dense_3 (Dense)              (None, 7)                 3507
_________________________________________________________________
activation_5 (Activation)    (None, 7)                 0
=================================================================
Total params: 1,510,357
Trainable params: 1,508,217
Non-trainable params: 2,140
```


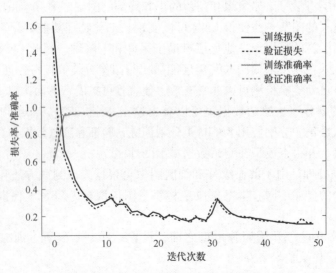

图 6-11 CNN 模型结构

基于前面代码中的体系结构，CNN 模型有两个卷积和池化层，后面的三个密集层和标准化层用于正则化。下面开始训练模型。

（5）模型训练 如图 6-12 所示，模型得到最终结果为 95.6%。通过绘制训练和验证准确率和损失曲线，可以对此有清晰的认识。

图 6-12 CNN 模型训练准确率与损失

本案例研究构建了一个 CNN 疟疾检测模型，该技术可以提供最先进的检测疟疾准确性，从而使 AI 具有社会效益，让全世界的每个人都能更便宜地使用它。

6.3 长短期记忆网络

长短期记忆网络（Long-Short Term Memory，LSTM）论文首次发表于 1997 年，是一种时间循环神经网络，是为解决一般的 RNN（循环神经网络）存在的长期依赖问题而专门设计出来的。所有的 RNN 都具有一种重复神经网络模块的链式形式。在标准 RNN 中，这个重复的结构模块只有一个非常简单的结构，如 tanh 层。由于 RNN 的网络参数相对较少，传统的 RNN 仅适用于简单的逻辑和样本。对于相对较复杂的问题，RNN 便会暴露其缺陷，这归因于激活函数。激活函数在神经网络里最多只能存在六层左右，因为激活函数的梯度随着网络层反向传播逐步累乘，梯度逐渐趋向于 0。在 RNN 中，误差传递不仅存在于网络层与网络层之间，也存在于每一层的样本序列间，所以 RNN 梯度弥散现象更加严重。为了解决这个问题，专家学者研究 LSTM，它有效地消除了 RNN 的梯度弥散现象。由于独特的设计结构，LSTM 适用于处理和预测时间序列中间隔和延迟非常长的重要事件。

6.3.1 理论基础

1. 长短期记忆网络结构

LSTM 通过对 RNN 隐含层神经元结构的改进，有效地解决了梯度弥散的问题。LSTM 通过设计"门"结构，对之前时间步的计算结果有选择地保留，并引入细胞状态来存储需要保留的信息，且细胞状态在网络中随时间步不断往前传递。LSTM 单元中有三个门，分别为输入门、遗忘门和输出门，神经元结构如图 6-13 所示。

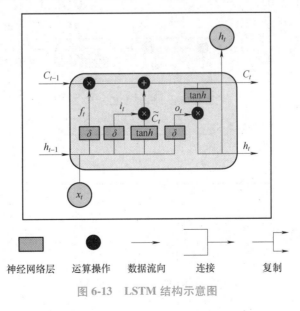

图 6-13　LSTM 结构示意图

2. LSTM 网络门控单元

LSTM 中遗忘门的作用是对细胞状态中的信息进行筛选。遗忘门会将上一时间步隐藏层的输出和当前时刻结点的输入组合，再经过 Sigmoid 函数计算得到 0~1 之间的值，并作用于上一时刻的细胞状态，以确定哪些信息是有价值的。遗忘门结构如图 6-14 所示，数学表达式如下：

$$f_t = \delta(W_f \cdot [h_{t-1}, x_t] + b_f) \tag{6-44}$$

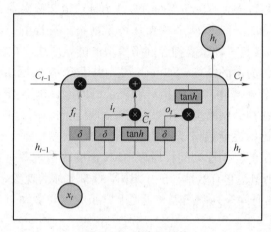

图 6-14　遗忘门结构

输入门用于控制当前隐含层细胞状态的输入。对输入的信息通过一些运算，判断是否将输入信息更新到当前时刻的细胞状态中。输入门输出的是 Sigmoid 函数在 0~1 之间的数值，然后作用于输入信息，来确定是否更新细胞状态，其中 1 表示需要更新，0 表示不需要更新。因此输入门能够去除一些不需要的信息。输入门结构如图 6-15 所示。

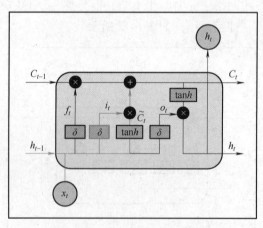

图 6-15　输入门结构

输入门数学表达式为：

$$i_t = \delta(W_i \cdot [h_{t-1}, x_t] + b_i) \tag{6-45}$$

$$\tilde{C}_t = \tanh(W_c \cdot [h_{t-1}, x_t] + b_c) \tag{6-46}$$

输出门用于控制当前隐藏层结点的输出，确定是否代入到下一时间步的计算。先利用函数 Tanh 对细胞状态进行处理，并与 Sigmoid 的输出相乘。输出门结构如图 6-16 所示，数学表达式为：

$$o_t = \delta(W_o \cdot [h_{t-1}, x_t] + b_o) \tag{6-47}$$

$$h_t = o_t \cdot \tanh(C_t) \tag{6-48}$$

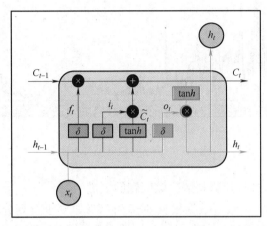

图 6-16　输出门结构

鉴于 LSTM 的结构特点，已有专家将其应用于故障诊断领域。由于多传感器采集到的数据并不独立，彼此之间同样存在依赖关系。原始问题中时间序列数据的多个时间步对应于多传感器采集到的每一类特征数据，或者根据设备的实际情况按照某种划分方式而形成的多源数据。可将划分后的数据作为 LSTM 的各个时间步的输入，经过 LSTM 每一步隐含层的特征提取，并将该步提取的特征经过筛选后带入到下一时间步的传感器数据的特征提取过程中，从而实现多传感器数据的联合分析。最后将多传感器数据融合成一维高阶的特征，为故障诊断等时间序列模型提供关联性特征，完善特征信息。

6.3.2　应用案例分析

1. 案例背景

近年来，流行性感冒（流感）疫情的暴发给社会带来了巨大的灾难，对家庭、医院、公共卫生部门以及社会舆论都产生了重大冲击。流感的暴发受到诸多因素影响，且具有暴发快、范围广等特点，且具有复杂的随机性，如何准确预测暴发趋势及时有效开展应急医疗预防救护是医学领域中的重大课题。如图 6-17 所示，本案例采用深圳市宝安区疾控中心采集的 2007-05-14～2017-12-10 期间流感的每周病例数作为研究对象，该数据集具有实时采集、准确检测和分布广泛等特征，并对少数异常数据进行了剔除。考虑时间序列数据的自相关性和高频特征，基于深度学习思想构建长短期记忆神经网络模型对流感暴发趋势进行预测。

2. 案例求解

如图 6-17 所示，流感发病率偏高，流感暴发时间序列数据具有动态性、随机性和周期性，且数据量较多，是一个时间序列预测问题，选择深度学习中的长短期记忆神经网络

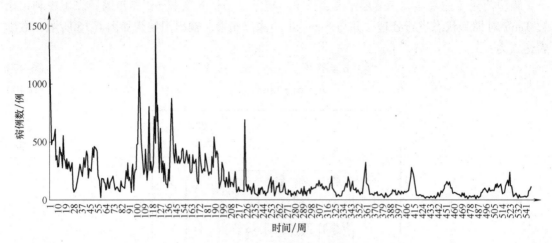

图 6-17　流行性感冒周频率图

LSTM 建模，对流感疫情进行预测是解决该问题的关键。

（1）数据集的划分　对原始数据根据 80% 和 20% 原则进行划分，将流感病例数的数据分成训练集、验证集和检测集。实际划分是：训练集为 2007-05-14～2016-07-31 间的 476 个周频数据，验证集为 2016-08-01～2017-02-12 间的 28 个周频数据，检测集为 2017-2-13～2017-12-10 间的 43 个周频数据。数据集的统计结果中均值、方差、最小值、最大值和中位数的指标见表 6-2。

表 6-2　数据集统计性描述　　　　　　　　　（单位：例/周）

数据集	均值	方差	最小值	最大值	中位数
训练集	194	197	11	2194	126
验证集	58	39	14	159	47
检测集	80	45	17	237	77
全部	169	185	11	2194	105

（2）模型参数设置　模型采用 Adam 算法优化参数，学习率为 0.001，batch 设置为 50。LSTM 神经网络模型为 TensorFlow 框架，使用 Keras 软件包实现，主要程序语句为：

```
Model=kmodels Sequential();Model add(kLayers LSTM(30),batch_size=
50,input_shape(1,lookback),kernal_initializer='he_uniform')
Model add(klayers.Dense(lookahead))
Model compile(loss='mean_squared_error',optimizer='adam')
Modle fit(trainX,trainY,epoch=30,batch_size=50,verbose=0)
```

（3）模型构建与训练　考虑流感数据的特征，采用前期数据外推后期数据，即采用前四周数据外推后一周数据。采用检测数据对设定的 LSTM 神经网络模型进行验证，当模型设定为四个输入和一个输出时，模型效果最优。

构建的 LSTM 神经网络主要有两层结构，一层是 RNN 层，另一层是 dropout 层或线性变换层。在 RNN 层，LSTM 步长设定为 30，隐含层的结点设置为 90，当模型精度没有显著提高时，训练终止。dropout 模型训练是随机地让网络某些隐含层结点的权重不工作，不工作的结点暂时不是网络结构的一部分，但是其权重得以保留。当下次样本输入时，它又可以工作，因此，dropout 减弱了神经元结点的联合适应性，增强了泛化能力，可防止模型过拟合。

（4）模型评价　从图 6-18 可以看出，LSTM 模型对原始数据拟合预测效果比较好。为了进一步检测模型的性能，本案例采用预测误差绝对值最大值（MAX）、预测误差绝对值均值（MAE）、均方根误差（RMSE）、正则化均方误差（NMSE）和平均绝对百分率误差（SMAPE）五个指标评价 LSTM 模型的精度，指标越小说明模型越好。

与神经网络方法相比，LSTM 对以前训练结果具有记忆功能，能够更好地避免目标函数局部收敛、残差向前传播、信息丢失的缺点，更适合时间序列建模任务。由表 6-3 可以看出，LSTM 模型对流行性感冒的周期和趋势进行了很好的拟合，误差小、精度高。在数据量大和非平稳及周期特征的情况下，深度学习的 LSTM 神经网络对流感的预测效果更好。

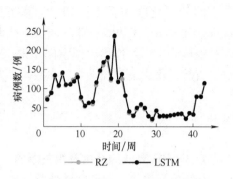

图 6-18　LSTM 模型对检测集的预测值与真实值的比较

表 6-3　LSTM 模型检测集的预测性能对比

模型	MAX	MAE	RMSE	NMSE	SMAPE
LSTM	14	3.907	4.9509	0.0098	0.0287

6.4　强化学习

强化学习，又称为增强学习或再励学习。强化学习的主体是智能体，主要思想是智能体与环境交互和试错，利用评价性的反馈信号实现决策优化。当智能体的某个动作导致环境正的奖赏或回报时，即为强化信号，则智能体以后产生这个动作的趋势便会加强；反之，智能体产生该动作的趋势会减弱。强化学习主要有四个要素，即策略、回报、动作和环境。强化学习的目标是学习一个策略，使得智能体选择的动作能获得环境最大的回报。回报可以用一个函数来计算，又称为回报函数。为了衡量强化学习的长期效果，通常用值函数（value function）来代替回报函数，不仅衡量动作的即时回报，还衡量从该状态起随后一系列可能的状态所累积的回报。经典的强化学习方法往往无法解决状态和动作空间维度很高的问题，解决此问题的一个有效方法是使用函数近似，即将值函数或策略用一个函数来表示。常用的近似函数有线性函数、核函数、神经网络等。

深度学习和强化学习都是人工智能的重要分支，近年来最成功的函数近似方法就是使用深度神经网络作为强化学习的非线性近似函数，将深度学习和强化学习相结合，即为深度强化学习。深度强化学习由 Deep Mind 团队于 2015 年首次提出，将其发展并分别应用于打败人类围棋冠军的 Alpha Go 和更强的 Alpha Go Zero。然而那时的深度学习技术 DQN（Deep Q-Learning）依然解决的是离散动作的问题，无法直接应用于权重连续的投资组合管理。

Deep Mind 团队于 2016 年提出深度确定性策略梯度方法，即 DDPG 算法，解决了连续动作空间的强化学习问题。DDPG 算法，全称为深度确定性策略梯度（Deep Deterministic Policy Gradient，DDPG）算法，是一种无模型的离线策略 Actor-Critic 强化学习方法，利用深度神经网络来学习连续动作空间策略。DDPG 算法中，策略是参数化的，通过策略梯度方法，直接优化深度神经网络的参数。

6.4.1　理论基础

1. DDPG 算法的结构及相关概念

DDPG 算法是一种深度增强学习算法，使用了基于确定动作策略的演员-评论家算法框架，并在演员部分采用了确定性策略（Deterministic Policy Gradient，DPG）。该算法的核心是四个神经网络，演员部分有两个神经网络（演员网络 u 和演员网络 u'），评论家部分有两个神经网络（评论家网络 Q 和评论家网络 Q'）。其神经网络结构如图 6-19 所示。

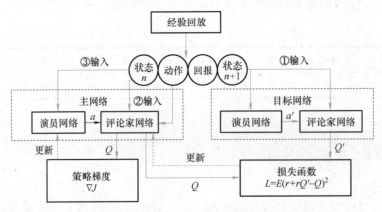

图 6-19　DDPG 算法网络结构示意

DDPG 网络相关概念：

（1）确定性行为策略函数 μ　定义为一个函数，决策体的每一步行为可以通过 $a\_t=\mu(s\_t)$ 计算获得。

（2）策略网络　使用一个神经网络对策略函数 μ 进行逼近，又称为策略网络，网路内部参数记为 θ。

（3）行为策略（Behavior Policy）β　在训练过程中，需要兼顾动作空间的探索（Exploration）和开发（Exploitation）。探索是选择未执行过的动作，目的在于搜寻潜在的更优策略，即试错。开发是选择已执行的动作，对已知结果进行完善。因此需要在训练中，对动作的决策机制引入随机噪声：将产生的动作从确定性变为一个随机过程，再从随机过程中采样获得动作下达执行。噪声在训练过程中逐渐衰减，训练结束后不再加入噪声。该策略称为行为策略，这时强化学习的训练方式称作离线策略（Off Policy）。

（4）Q 函数　即动作-价值函数（Action Value 函数），定义为状态 s_t 的情况下，采取动作 a_t 后，将会获得的累计折扣奖励 r_t 的期望值，用 Bellman 方程定义：

$$Q^{\mu}(s_t,a_t)=E\left[r_t(s_t,a_t)+\gamma Q^{\mu}(s_{t+1},\mu(s_{t+1}))\right] \tag{6-49}$$

Q 函数用递归的形式定义，实际使用中无法对每一步都进行递归计算，因此可行的方式是采用一个函数进行模拟逼近。

（5）Q 网络　在 DDPG 算法中，使用另一个神经网络作为对 Q 函数的模拟函数，该网络称为 Q 网络，网络内部参数记为 w，采用与 DQN 相同的方法进行。

2. 算法的基本流程

DDPG 算法采用 Actor-Critic 框架的优化模式，用两个神经网络分别拟合作为 Actor 的策略函数以及作为 Critic 的 Q 函数。使用确定性策略梯度减少采样空间来减少计算量。设立经验回放机制，打破数据间的关联性抑制过拟合。分立 online 网络和 target 网络，提升算法的稳定性加速收敛。整个算法的流程见表 6-4。

表 6-4　算法流程

算法
随机初始化 Actor 网络 $\mu(s\mid\theta)$ 和 Critic 网络 $Q(s,a\mid w)$ 的参数 θ、参数 w 复制 online 网络参数，以此初始化 target 网络 μ' 和 Q'：$\theta'\leftarrow\theta,\ w'\leftarrow w$ 初始化经验回放 D for episode = 1，MAX_episode： 　　初始化随机噪声 $noise$，初始化状态 s_1 　　for step = 1，MAX_step： 　　　（1）Actor 根据当前策略选择动作并添加噪声：$a_t=\mu(s_t\mid\theta)+noise_t$ 　　　（2）执行动作 a_t，返回奖励 r_t 和下一状态 s_{t+1} 　　　（3）将数据组 (s_t,a_t,r_t,s_{t+1}) 存入 D，作为训练 online 网络的数据集 　　　（4）D 存满后，从中随机采样 N 个数据组 (s_i,a_i,r_i,s_{i+1}) 　　　（5）计算 Critic 网络的梯度，更新 Critic 网络参数 w。通过最小化 $$L(w)=\frac{1}{N}\sum_i\left[y_i-Q(s_i,a_i\mid w)\right]^2$$ $$y_i=r_i+\gamma Q'\left[s_{i+1},\mu'(s_{i+1}\mid\theta')\mid w'\right]$$ 　　　（6）更新 Actor 网络参数 θ，利用采样法计算策略梯度 $$\nabla_\theta J_\beta(\mu)\approx\frac{1}{N}\sum_i\left[\nabla_a Q(s,a\mid w)\mid_{s=s_i,a=a_i}\cdot\nabla_\theta\mu(s\mid\theta)\mid_{s=s_i}\right]$$ 　　　（7）更新 target 网络的 θ' 和 w' $$\theta'\leftarrow\tau\theta+(1-\tau)\theta'$$ $$w'\leftarrow\tau w+(1-\tau)w'$$ 　　end for

算法从经验回放采样，分别用于 online 网络和 target 网络中的 Actor 和 Critic，产生动作以及动作评价，并根据优化目标更新网络参数。

6.4.2 应用案例分析

1. 案例背景

本案例主要研究如何在已知目标位置的情况下，对多自由度机械臂的运动规划，构建机械臂运动学模型和关节复合变化矩阵，并以此构建基于强化学习的运动规划算法，并最终测试机械臂的控制效果。根据已知的机械臂末端执行器在参考坐标系中的位置坐标以及姿态，反向求关节转角，使得机械臂的末端执行器能够移动到目标位置，完成对目标物体的识别、测距以及拾取任务。

案例中机械臂以某公司推出的 DOBOT 魔术师型号四自由度串联机械臂为例。DOBOT 机械臂是一款多功能高精度轻量型的桌面机械臂，由步进电动机驱动机械臂关节运转，内置传感器能够获取关节当前的旋转角度，如图 6-20 所示。

DOBOT 机械臂有五个关节，其中四个关节由电动机主动控制，另外还有一个联动关节受其他关节联动控制，使得末端始终保持水平。机械臂的第一个关节为底盘关节，控制机械臂整体转向；大臂、小臂关节控制机械臂的俯仰高低；联动关节受大臂、小臂关节联动，始终保持水平；最后的旋转关节控制执行器的转角。

2. 案例求解

如上文所述对 DOBOT 机械臂进行运动学建模。各关节在基准位置下，将基准坐标系建在底盘中央，即与关节 0 的坐标系重合，其余关节坐标系以关节中心为原点，转轴方向为 Z 轴，方向满足右手定则；相邻 Z 轴的公垂线为 X 轴，方向为指向下一关节；Y 轴利用右手定则根据 X 轴和 Z 轴确定，如图 6-21 所示。

140

图 6-20　DOBOT 机械臂

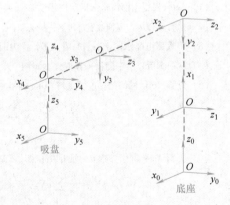

图 6-21　关节基准位置下的各关节坐标

本案例选用气动吸盘作为机械臂的末端执行器，吸盘口相对于最后一个关节有一个伸长量，也将其作为一个不会转动的关节来考虑。因此，可以将 DOBOT 机械臂看作具有六个关节坐标系，以此建立运动学模型。六个坐标系分别对应为底盘关节、大臂关节、小臂关节、联动关节、旋转关节、吸盘关节，其运动参数见表 6-5。

DOBOT 机械臂保持末端水平的联动机构，使得小臂和联动关节的角度不能直接代入复合变换矩阵。根据结构变为等价转角后代入，运动学模型参数见表 6-6。

表 6-5　关节运动参数

关节变化	0→1	1→2	2→3	3→4	4→5
d_{ix}/mm	0.0	135	147	60	0.0
d_{iy}/mm	0.0	0.0	0.0	0.0	0.0
d_{iz}/mm	0.0	0.0	0.0	0.0	$-72 \sim -64$
α_{iz} (°)	-90	90	0.0	0.0	0.0
α_{iy} (°)	-90	0.0	0.0	0.0	0.0
α_{ix} (°)	0.0	0.0	0.0	90	0.0

表 6-6　运动学模型参数

关节名称	底盘关节 θ_1	大臂关节 θ_2	小臂关节 θ_3	联动关节	旋转关节 θ_4
关节序号	1	2	3	4	5
等价转角 (°)	θ_1	θ_2	$\theta_3 - \theta_2$	$-\theta_3$	θ_4
初始角 (°)	0.0	26.4757	28.8049	—	0.0
关节范围 (°)	$-135 \sim +135$	$0 \sim +85$	$-10 \sim +95$	—	$-150 \sim +150$

141

将参数代入复合变换矩阵 $_i^{i-1}T$ 可得到：

$$
_1^0T = \begin{pmatrix} C\theta_1 & -S\theta_1 & 0 & 0 \\ S\theta_1 & C\theta_1 & 0 & 0 \\ 0 & 0 & 1 & 0 \\ 0 & 0 & 0 & 1 \end{pmatrix} \cdot \begin{pmatrix} 0 & 1 & 0 & 0 \\ 0 & 0 & 1 & 0 \\ 1 & 0 & 0 & 0 \\ 0 & 0 & 0 & 1 \end{pmatrix}
$$

$$
_2^1T = \begin{pmatrix} C\theta_2 & -S\theta_2 & 0 & 0 \\ S\theta_2 & C\theta_2 & 0 & 0 \\ 0 & 0 & 1 & 0 \\ 0 & 0 & 0 & 1 \end{pmatrix} \cdot \begin{pmatrix} 0 & -1 & 0 & 135 \\ 1 & 0 & 0 & 0 \\ 0 & 0 & 1 & 0 \\ 0 & 0 & 0 & 1 \end{pmatrix}
$$

$$
_3^2T = \begin{pmatrix} C(\theta_3-\theta_2) & -S(\theta_3-\theta_2) & 0 & 0 \\ S(\theta_3-\theta_2) & C(\theta_3-\theta_2) & 0 & 0 \\ 0 & 0 & 1 & 0 \\ 0 & 0 & 0 & 1 \end{pmatrix} \cdot \begin{pmatrix} 1 & 0 & 0 & 147 \\ 0 & 1 & 0 & 0 \\ 0 & 0 & 1 & 0 \\ 0 & 0 & 0 & 1 \end{pmatrix}
$$

$$
_4^3T = \begin{pmatrix} C(-\theta_3) & -S(-\theta_3) & 0 & 0 \\ S(-\theta_3) & C(-\theta_3) & 0 & 0 \\ 0 & 0 & 1 & 0 \\ 0 & 0 & 0 & 1 \end{pmatrix} \cdot \begin{pmatrix} 1 & 0 & 0 & 60 \\ 0 & 0 & -1 & 0 \\ 0 & 1 & 0 & 0 \\ 0 & 0 & 0 & 1 \end{pmatrix}
$$

$$
{}^4_5T =
\begin{pmatrix}
C\theta_4 & -S\theta_4 & 0 & 0 \\
S\theta_4 & C\theta_4 & 0 & 0 \\
0 & 0 & 1 & 0 \\
0 & 0 & 0 & 1
\end{pmatrix}
\cdot
\begin{pmatrix}
1 & 0 & 0 & 0 \\
0 & 1 & 0 & 0 \\
0 & 0 & 1 & -64 \sim -72 \\
0 & 0 & 0 & 1
\end{pmatrix}
$$

由此可得机械臂底盘基准坐标系到末端吸盘坐标系变化的正运动学模型：

$$
{}^0_5T = {}^0_1T \cdot {}^1_2T \cdot {}^2_3T \cdot {}^3_4T \cdot {}^4_5T
$$

根据前文基于 DDPG 的强化学习算法，构建 DOBOT 机械臂的运动控制算法程序。编程语言使用 python3，并结合 TensorFlow 机器学习库搭建算法程序进行训练。整个训练过程的回合数设定为 8000 回合；每回合运行的最大步数为 500 步；奖励的折扣率 r 设为 0.9；经验回放区域 D 设定为容纳 1500000 组 (s_i, a_i, r_i, s_{i+1}) 数据；当经验回放区域 D 存满后，每批次采样选取的数据个数 N 为 32 个，用于网络的训练学习。Actor 网路的中间层包含两个隐含层，第一层神经元个数为 80，第二层神经元个数为 60；Critic 网络的中间层也包含两个隐含层，第一层神经元个数为 50，第二层神经元个数为 40。

算法训练中，随机生成的目标点用于机械臂的交互，机械臂末端到达目标点会获得比较多的奖励。随着训练的进行，目标点每隔一定回合次数后重新随机刷新，以此使机械臂学习到更多不同位置下的运动控制策略，使得其更具适应性。目标点应当大致处于机械臂的工作范围，依据参考坐标系设限，X 轴方向上的范围在 $-320 \sim 320$mm，Y 轴方向上的范围在 $-320 \sim 320$mm，Z 轴方向上的范围在 $-300 \sim 100$mm。机械臂各关节的旋转角度，可以通过机械臂自身携带的传感器测量获得。将测量出的关节角度信息结合正运动学模型，便能求解得到任意状态下，机械臂末端位置基于底盘参考坐标系的空间三维坐标。

以机械臂的各关节转角信息、随机给出的目标点位置、机械臂末端与目标点的相对距离作为环境状态 s；将状态 s 输入 Actor 网络，利用当前的策略网络计算给出下一步的动作 a。动作 a 是含有五个元素的向量，每个元素对应一个关节的转角，利用给出的转角信息直接作用于调节机械臂各关节。每次动作执行后，根据机械臂末端所处位置情况进行累加奖励 r，奖励规则为：

$$
R(s) = \begin{cases} -k \cdot \|finger_{pose} - goal_{pose}\|, & \|finger_{pose} - goal_{pose}\| > range \\ 1, & \|finger_{pose} - goal_{pose}\| \leqslant range \end{cases} \tag{6-50}
$$

式中，k 为正则化系数，使奖励的绝对值处于 $0 \sim 1$ 之间；$finger_{pose}$ 为机械臂末端坐标；$goal_{pose}$ 为目标点坐标；$range$ 为判定目标点包含范围的裕量，当机械臂末端与目标点之间的距离小于此值时认为已到达目标点。

算法训练运行后，每一回合中都会持续运行一定步数，将每一步过程中数据 (s, a, r, s') 存储到记忆回放区域，用于采样训练 Actor 网络和 Critic 网络，利用梯度下降法根据最大化性能目标 $J_\beta(\mu)$、最小化损失函数 L 来更新网络参数。随着训练的进行，Actor 网络参数会逐步学习到得到一个控制器，能够根据目标坐标控制机械臂运动到目标点。

在程序中，利用 TensorFlow 中的 tensorboard 模块记录数据变化，为了方便使用梯度下降优化参数，设立与策略 μ 性能目标 $J_\beta(\mu)$ 成负相关的参数 a_loss 作为记录对象，如图 6-22a 所示。可以看出 a_loss 在波动下降，即 $J_\beta(\mu)$ 累计奖励在不断上升，当 6000 个回合后，变化基本已经处于稳定状态。Q 网络的 $L(w)$ 变化如图 6-22b 所示，可以看出数据在一个较低范围波动，可能受噪声的影响。

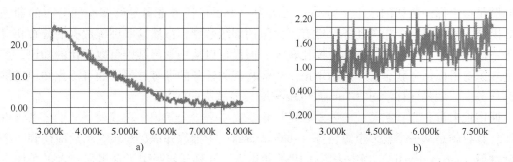

图 6-22　tensorboard 模块记录数据

a）每回合与累计期望奖励负相关参数的变化　b）每回合中 Q 网络的误差变化

如图 6-22 所示，训练初期数据有较大的变化，而随着训练的进行，数据的变化情况逐渐趋于平衡和稳定，说明训练结果在逐渐收敛，获得了一个稳定的训练结果。在实际测试中，直接给出目标点坐标测试机械臂的控制情况，设置不同目标进行测试并记录。结果见表 6-7。

表 6-7　机械臂控制测试

序号	目标位置/mm	实际位置/mm	绝对误差/mm	相对误差（%）
1	(250, 0, 50)	(252.2667, 0.0000, 53.5493)	4.2113	1.6330
2	(200, 0, 50)	(197.3959, 0.0000, 54.1985)	4.9405	2.4135
3	(200, 100, 50)	(200.2434, 93.3750, 54.6894)	8.1204	3.5676
4	(200, 150, 100)	(205.9044, 144.1758, 103.8626)	9.1489	3.3639
5	(150, 200, 100)	(147.7474, 203.3569, 103.8626)	5.5913	2.0558
6	(300, -50, 100)	(297.6522, -41.8323, 104.8043)	9.7624	3.0668
7	(150, -150, 150)	(148.4535, -153.7281, 145.0692)	6.3721	2.4670
8	(100, -200, 150)	(98.4988, -201.9524, 151.6010)	2.9375	1.0837
9	(50, -100, 0)	(49.4078, -101.3011, 1.4439)	2.0318	1.8026
10	(300, 50, -50)	(299.6356, 52.8338, -42.2941)	8.2185	2.6754

从表中可以看出，机械臂的运动规划结果与目标点的位置存在些许偏差，但绝对误差和相对误差都比较小。误差在 1%～4% 之间，基本能满足一般性工件的机械臂运动规划要求，而且机械臂末端还有弹簧的伸缩裕量能够保证运行的安全可靠。在运行时间上，大多数情况下机械臂能够在 2s 内完成运动，到达目标末点位置附近，符合实时性的要求。

6.5　迁移学习

标准机器学习的前提假设是训练数据和测试数据的分布是相同的。如果不满足这个假设，在训练集上学习到的模型在测试集上的表现会比较差。而在很多实际场景中，经常碰到的问题是由于标注数据的成本十分高，无法为一个目标任务准备足够多相同分布的训练数据。因此，如果有一个相关任务已经有了大量的训练数据，虽然这些训练数据的分布和目标任务不同，但是由于训练数据的规模比较大，假设可以从中学习某些可以泛化的知识，那么这些知识对目标任务就会有一定的帮助。如何将相关任务的训练数据中的可泛化知识迁移到目标任务上，就是迁移学习（Transfer Learning）要解决的问题。

通俗地来讲，迁移学习是一种从以前的任务当中去学习知识，并应用于新的任务当中的方法。其目的是从一个或多个源任务（source tasks）中抽取知识、经验，然后应用到一个新目标领域（target domain）当中去。自1995年以来，迁移学习吸引了众多研究者的关注。由于深度学习需要大量的高质量标注数据，但在某些特定领域中，高质量的数据是极其有限珍贵的，传统的深度学习对这类数据并不能很好地学习，将迁移学习与深度学习相互结合就很好地解决了这类问题。当前深度学习中一个非常流行的策略就是将在大数据集上的预训练模型作为网络基础，针对自己特定领域的数据集进行网络底层微调。尤其是以图像领域为代表，大部分迁移学习网络选择预训练的 ImageNet 对模型进行初始化，取得了非常好的效果。

6.5.1　理论基础

1. 迁移学习的相关概念

假设一个机器学习任务 T 的样本空间为 $\chi \times y$，其中 χ 为输入空间，y 为输出空间，其概率密度函数为 $p(x,y)$。为简单起见，这里设 χ 为 d 维实数空间的一个子集，y 为一个离散的集合。一个样本空间及其分布可以称为一个领域（Domain）：$D = [\chi, y, p(x,y)]$。给定两个领域，如果它们的输入空间、输出空间或概率分布中至少一个不同，那么这两个领域就被认为是不同的。从统计学的观点来看，一个机器学习任务 T 可以定义为在一个领域 D 上的条件概率 $p(y \mid x)$ 的建模问题。迁移学习是指两个不同领域的知识迁移过程，利用源领域（Source Domain）D_S 中学到的知识来帮助目标领域（Target Domain）D_T 上的学习任务。源领域的训练样本数量一般远大于目标领域。

迁移学习根据不同的迁移方式又分为两个类型：归纳迁移学习（Inductive Transfer Learning）和推导迁移学习（Transductive Transfer Learning）。这两个类型分别对应两个机器学习的范式：归纳学习（Inductive Learning）和转导学习（Transductive Learning）。一般的机器学习都是指归纳学习，即希望在训练数据集上学习到使得期望风险（即真实数据分布上的错误率）最小的模型。而转导学习的目标是学习一种在给定测试集上错误率最小的模型，在训练阶段可以利用测试集的信息。

归纳迁移学习是指在源领域和任务上通过学习找出一般的规律，然后将这个规律迁移到目标领域和任务上；而转导迁移学习是一种从样本到样本的迁移，直接利用源领域和目标领域的样本进行迁移学习。本节主要讨论的是转导迁移学习，也就是通常所说的迁移学习。

利用迁移学习，不是从零开始学习，而是从之前解决各种问题时学到的模式开始。这样就可以利用以前的学习成果（如 VGG19、Inception、MobileNet、ResNet），不用从零开始训练一个新模型，而是从在类似问题中训练过的模型入手，这些模型称作预训练模型。简单说，预训练模型（pre-trained model）是前人为了解决类似问题所创造出来的模型。在计算机视觉领域中，迁移学习通常是通过使用预训练模型来表示的，预训练模型是在大型基准数据集如 ImageNet 上训练的模型，用于解决相似的问题。由于训练这种模型的计算成本较高，因此导入已发布的成果并使用相应的模型是比较常见的做法。

2. 预训练模型的复用与微调

当根据自己的需要重用预训练模型时，首先要删除原始的分类器，然后添加一个合适的新分类器，最后必须根据以下的三种策略之一对模型进行微调：

（1）训练整个模型　在这种情况下，利用预训练模型的体系结构，并根据数据集对其进行训练。如果从零开始学习模型，那么就需要一个大数据集和大量的计算资源，实际使用中不推荐。

（2）训练一些层而冻结其他的层　较低层适用的是通用特征（独立问题），而较高层适用的是特殊特征。这里通过选择要调整的网络的权重来处理这两种情况。通常，如果有一个较小的数据集和大量的参数，会冻结更多的层，以避免过度拟合。相比之下，如果数据集很大，并且参数的数量很少，那么可以通过给新任务训练更多的层来完善模型，因为过度拟合已不是问题了。

（3）冻结卷积基　这种情况适用于训练/冻结平衡的极端情况。其主要思想是将卷积基保持在原始形式，然后使用其输出提供给分类器。把正在使用的预训练模型作为固定的特征提取途径，如果缺少计算资源，并且数据集很小，或者预训练模型解决了你正要解决的问题，那么这就很有用。

3. 迁移学习的优势

（1）适应小数据　迁移学习能够将大数据所训练的学习器迁移到只有小数据的领域。将"大数据帮助小数据"落地。

（2）提升可靠性　迁移学习所训练的模型具有适应性，可以迁移到多个领域而不产生显著的性能下降。

（3）满足个性化　其实也是适应性的体现。例如，每个人的个性化样本可能是小数据，但是在大数据训练出的迁移学习模型基础上，就能很好满足个性化的需求。

6.5.2　应用案例分析

1. 案例背景

带钢是钢铁工业的主要产品之一，其质量的优劣将直接影响到最终产品的质量和性能。在带钢制造过程中，由于原材料、轧制设备及加工工艺等多方面的因素，导致带钢表面出现裂纹、结疤、辊印、孔洞、表皮分层、麻点、抬头纹、夹杂、氧化皮、刮伤及焊缝等不同类型的缺陷，这些缺陷不仅影响产品的外观，更严重的是降低了产品的抗腐蚀性、耐磨性和疲劳强度等性能。而表面缺陷是影响带钢质量的重要因素之一。据统计，国内带钢产品用户质量异议事件 60% 以上都是由表面缺陷造成。

由于钢板在生产线上快速地移动，每秒都将产生大量的图像数据（如 25 帧/s）等待系统处理，对实时缺陷识别能力要求很高。但并不是所有图像中都会包含缺陷信息，一般情况下钢材的缺陷面积率在 5% 以下（钢材验收标准 GB/T 708—2006、GB/T 14977—2008），这就使得 CCD 相机拍摄的图像分辨率低且合格图像少，不论是数据量还是数据的质量，都无法完成一个深度神经网络训练。传统的卷积神经网络对这类数据存在小样本识别率低、大样本泛化力差、识别时间长等问题。

本案例以 NEU 表面数据集 2,表面带钢缺陷数据集作为研究对象。该数据集包含六大类带钢缺陷：裂纹、夹杂物、斑块、凹坑表面、辊压、划痕。每一类含 300 幅图像，总计 1800 幅图像，每幅图像为 200×200 像素。数据集中的图像采用 .bmp 格式，每幅图像为 40.1KB 的灰度图像，图 6-23 所示为带钢缺陷类别。

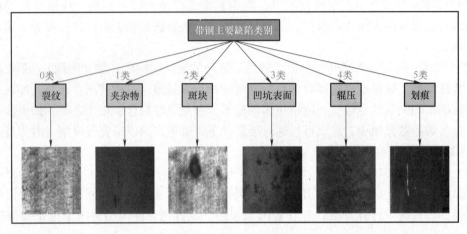

图 6-23　带钢缺陷类别

模型预测的精确度和误差密切相关，由于 NEU 表面数据集 2 的每类数据是类平衡的，因此准确率是评估各类算法性能的理想指标，可以对比各类算法对缺陷识别分类的优劣，并不需要考虑召回率。

2. 案例求解

由于本案例的目标数据集很小，模型可能容易过拟合。对于该问题，根据 ImageNet 图像识别大赛的经验进行分析可知，重新训练一个有效地卷积神经网络，同一类别的高质量图像至少要 1000 幅。而本案例的数据集包含六大类图像，每一类仅含 300 幅图像，总计 1800 幅图像，每幅图像占用存储量仅为 40.1kB 的低质量灰度图像。现有带钢缺陷图像分辨率低且数量少，是典型的多类别、小样本、低质量数据，某些类别图像人工肉眼观测也十分困难（如 1 类：夹杂物），并不适合训练深度神经网络。

传统的图像数据增广技术，如水平或垂直翻转、随机缩放、随机采样裁剪、原图像加入各种噪声等方法，是建立在采样图像的 ROI 区域具有几何相关性与语义相关性的假设基础上的，然而带钢缺陷图像并不满足上述假设，传统数据增广方法并不能很好解决这类问题。

由上可得，在现有数据量的情况下，重新构建并训练一个有效的带钢缺陷识别网络是不可行的，必须寻求一种新的方法。

针对上述难点，以 VGG19 网络作为本案例网络的基础结构，冻结前 15 层不进行训练，网络的学习率设置为 10^{-4}，并添加归一化层、激活层与池化层，最后连接 softmax 分类器，并匹配目标任务类数量的输出，完成基于 VGG19 的迁移学习带钢缺陷识别网络构建。如图 6-24 所示。

从图 6-25 的网络准确率可以看出，基于 VGG19 的迁移学习较之普通 CNN 网络模型复杂，虽然准确率和网络收敛性大幅提高，但仔细地查看训练过程的损失误差曲线，发现模型在训练初期验证数据集的 loss 振荡得比较厉害，中期偶尔会出现 loss 骤然增高的情况，虽然训练到后期 loss 会收敛，但是这个不稳定的 loss 曲线显然是有一些网络设计不合理的地方。对于在训练过程中，loss 骤然增高的结点，在深度学习中被称为 dead relu 结点的问题。这类问题主要是由于一次梯度更新的幅度过大，导致某些 Relu 结点的权重调整的太大，使得后续的训练对该结点不再起作用，这个结点相当于永久 dead 了。甚至有时问题更严重，在某些批次损失函数更新完之后，loss 突然就升到了无限大，导致训练失败。

当前的 VGG19 迁移学习网络的学习率是一种基于训练步长的学习率衰减方法（Learning rate decay），初始学习率设置为 lr = 10^{-4}，衰减率设置为 decay = 10^{-6}，衰减动量 momentum = 0.9。针对前文的问题研究可以发现，迁移学习的最大好处体现在目标数据集相对较小的时候具有较高的准确性，虽然大多数深度学习框架允许 "选择性地解冻" 深度神经网络的最后 n 层，而将其余部分学习到的权重冻结，但这个特性对于 NEU 2 这类数据量特别小的带钢缺陷识别来说并不那么有效，需要进一步地进行网络改进。

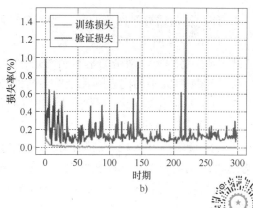

图 6-24　基于 VGG19 的迁移学习
带钢缺陷识别网络结构

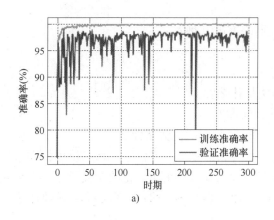

a)　　　　　　　　　　　　　　　b)

图 6-25　网络准确率与损失误差（一）

通过研究发现，与其解冻特定的层，使用不同的学习率可能更好，其中学习率可根据每一层来确定的。底层的学习速度将非常低，因为这些层泛化得非常好，主要是对边缘、水滴形和其他琐碎精细的几何图形仔细学习并作出响应，而对更复杂的特性作出响应的层则使用大的学习速度，这样会有效提高网络收敛速度。最后使用一个与目标任务类数量匹配的分类器作为输出层，并对整个网络进行微调。

针对上述难点，本案例仍使用前文构建的基于 VGG19 迁移学习网络，冻结前 15 层不进行训练，但网络层分别以 2：4：6 规则对不同层区域设置 10^{-6}、10^{-4}、10^{-2} 的学习率，衰减率设置为 decay = 10^{-6}，衰减动量 momentum = 0.9。

从图 6-26 所示可以看出，网络的收敛性和准确性在原有基础上有了很大提高，模型在训练中期偶尔会出现 loss 骤然增高的情况，但随着训练的进行，验证函数的 loss 振荡不断减小趋于收敛。经过实验测试，模型的最终准确率收敛在 97.5%，泛化性和鲁棒性有了很大提高，具有一定实用价值。

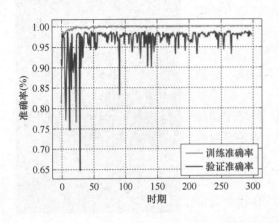
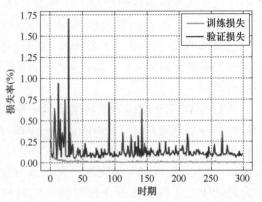

图 6-26　网络准确率与损失误差（二）

1. 什么是前馈神经网络？常见的前馈神经网络有哪几种？

2. CNN 神经网络的原理是什么？

3. CNN 卷积神经网络的基本结构是什么？

4. LSTM 单元中的门有哪几个？各自的作用是什么？

5. 什么是强化学习？强化学习主要解决什么问题？

6. 迁移学习的预训练模型如何复用与微调？迁移学习的优势是什么？

7. 公开数据集 Iris 花，已知该批 Iris 花可分为三个品种，不同品种的 Iris 花的花萼长度、花萼宽度、花瓣长度、花瓣宽度会有差异。现有一批已知品种的 Iris 花的花萼长度、花萼宽度、花瓣长度、花瓣宽度的数据，利用 MATLAB 使用前馈神经网络算法对这三种花进行分类。

8. 对粮食产量的准确预测，能保障国家粮食安全、指导农业生产，有利于国家政策的制定和资源合理配置。国家统计局 1990—2014 年全国粮食产量见表 6-8，以此为依据，用 MATLAB 构建一个单隐含层的三层 BP 神经网络。其中 1990—2009 年的数据作为网络训练数据，2010—2014 年的数据作为网络测试数据，输入为对应年份，输出为当年粮食产量。要求在 2010—2014 年的测试数据集上误差在 5% 之内。

表 6-8　国家统计局 1990—2014 年全国粮食产量　　　　（单位：万吨）

年份	1990	1991	1992	1993	1994	1995	1996	1997	1998	1999	2000	2001	2002
产量	44624	43529	44266	45649	44510	46662	50454	49417	51230	50839	46218	45264	45706
年份	2003	2004	2005	2006	2007	2008	2009	2010	2011	2012	2013	2014	
产量	43070	46947	48402	49804	50160	52871	53082	54648	57121	58958	60194	60703	

9. 接上一题，使用遗传算法优化 BP 神经网络的权值和阈值，改进原网络的收敛性能、预测精度与网络泛化能力，要求在 2010—2014 年的测试数据集上误差在 1% 之内。

参 考 文 献

[1] 王小川. MATLAB 神经网络 43 个案例分析［M］. 北京：北京航空航天大学出版社，2013.

[2] 李理. 深度学习理论与实战：基础篇［M］. 北京：电子工业出版社，2019.

[3] 罗韦尔·阿蒂恩扎. Keras 高级深度学习［M］. 北京：机械工业出版社，2020.

[4] HU H, LIU Y, LIU M, et al. Surface Defect Classification in Large-scale Strip Steel Image Collection via Hybrid Chromosome Genetic Algorithm［J］. Neurocomputing, 2016, 181：86-95.

[5] 魏秀参. 解析深度学习：卷积神经网络原理与视觉实践［M］. 北京：电子工业出版社，2018.

[6] Simonyan, K., Zisserman. Very deep convolutional networks for large-scale image recognition［C］. 3rd International Conference on Learning Representations（ICLR 2015），San Diego, CA, USA, 7-9 May, 2015.

[7] 周志华. 机器学习［M］. 北京：清华大学出版社，2016.

[8] 阿斯顿·张，李沐，扎卡里·C. 立顿，等. 动手学深度学习［M］. 北京：人民邮电出版社，2019.

[9] DUNG, C. V., ANH, L. D. Autonomous concrete crack detection using deep fully convolutional neural network［J］. Autom. Constr. 2018, 99, 52-58.

[10] KRZYSZTOF PATAN. Neural network-based model predictive control：Fault tolerance and stability［J］. IEEE Trans on Control Systems Technology, 2015, 23（3）：1147-1155.

[11] 迪潘简·撒卡尔. Python 迁移学习［M］. 北京：人民邮电出版社，2019.

[12] LECUN, Y., BENGIO, Y. Convolutional networks for images, speech, and time series［J］. The handbook of brain theory and neural networks, 1995, 3361（10）.

[13] 邹伟，鬲玲，刘昱杓. 强化学习［M］. 北京：清华大学出版社，2020.

[14] 刘驰，王占健，马晓鑫，等. 深度强化学习：学术前沿与实战应用［M］. 北京：机械工业出版社，2020.

[15] ALTOBI M A S, BEVAN G, WALLACE P, et al. Fault diagnosis of a centrifugal pump using MLP-GABP and SVM with CWT［J］. Engineering Science and Technology, an International Journal, 2019.

第 7 章　智能决策综合评价

综合评价（Comprehensive Evaluation，CE），又称为综合评价方法或多指标综合评价方法，是指使用比较系统、规范的方法对多个指标、多个单位同时进行评价的方法。它不只是一种方法，而是一个方法系统，是指对多指标进行综合、一系列有效方法的总称。综合评价方法的特点有：

1）评价过程不是一个指标按接一个指标按顺次完成，而是通过一些特殊的方法将多个指标的评价同时完成。

2）综合评价过程中，要根据指标的重要性加权处理，使评价结果更具有科学性。

3）评价结果为根据综合分值大小的单位排序，并据此得出结论。

由以上特点可见，综合评价可以避免一般评价方法的局限性，应用多个指标对多个单位进行评价成为可能。这种方法从计算及其需要考虑的问题上看都比较复杂，但由于其显著的特点——综合性和系统性，使得综合评价方法得到人们的认可。综合评价过程也是一种决策过程。一般来说，评价是指按照一定的标准（客观/主观、明确/模糊、定性/定量），对特定事物、行为、认识、态度等评价客体的价值或优劣好坏进行评判比较的一种认知过程，同时也是一种决策过程。

7.1　权重系数法

用若干指标综合评价时，其对评价对象的作用，从评价目标看，并不是同等重要的。为了体现各个评价指标在评价指标体系中的作用地位以及重要程度，指标体系确定后，必须对各指标赋予不同的权重系数。权重是以某种数量形式对比、权衡被评价事物总体中诸因素相对重要程度的量值。合理确定权重对评价或决策有着重要意义。同一组指标数值，不同的权重系数，会导致截然不同、甚至相反的评价结论，因此，权重确定是综合评价中十分棘手的问题。指标的权重应是指标评价过程中其相对重要程度的一种主观、客观度量的反映，一般，指标间的权重差异主要是以下三方面的原因造成的。

1）评价者对各指标的重视程度不同，反映评价者的主观差异。

2）各指标在评价中所起的作用不同，反映各指标间的客观差异。

3）各指标的可靠程度不同，反映各指标所提供信息的可靠性不同。

指标间的权重差异主要是由上述三方面引起的，因此在确定指标的权重时就应该从这三方面考虑。一般情况下，权重系数小于1，且权重系数之和等于1。确定权重也称加权，它表示对某指标重要程度的定量分配，大体上可以分为两种方法：

① 经验加权，也称定性加权。它的主要优点是由专家直接估价，简便易行。

② 数学加权，也称定量加权。它以经验为基础，数学原理为背景，间接生成，具有较强的科学性。

在实际问题中，为了更加合理地确定权重，应多方了解情况，总结有效经验，充分利用理论分析和实验研究资料，尽量消除主观影响因素，确定权重系数表，这是权重系数法求解的关键。

7.1.1 理论基础

评价指标与等级标准用矩阵 A 表示，把 A 称作指标等级矩阵。假设 A 是 $m \times n$ 矩阵，A 的各行分别表示不同的评价指标，共 m 个评价指标；A 的各列分别表示不同的等级标准，共 n 个等级标准。矩阵 A 的各元素记为 $a_{ij}(i=1,2,\cdots,m;j=1,2,\cdots,n)$。其中，$a_{ij}$ 表示第 i 个评价指标的第 j 个等级标准值。某个需要做等级评价的事物，称为评价对象。评价对象的评价指标用列矩阵 H 表示，把 H 称为评价对象矩阵。假设 $H=(h_1,h_2,\cdots,h_m)^T$，其中 h_i 表示评价对象的第 i 个评价指标值。

(1) 确定评价对象的每个评价指标的等级 评价对象的第 $i(i=1,2,\cdots,m)$ 个评价指标的等级记为 k_i，并且 k_i 由 H 的第 i 行元素 h_i 与 A 同序号行的对应元素 $a_{ij}(j=1,2,\cdots,n)$ 分别比较确定。对于该评价指标 h_i，当 $h_i \leqslant a_{i1}$ 时，该评价指标为第 1 个等级；当 $a_{i1} < h_i$ 时，该评价指标为第 $n+1$ 个等级；当 $a_{i,j-1} < h_i \leqslant a_{i1}(j=2,3,\cdots,n)$ 时，该评价指标为第 j 个等级。由评价指标的等级顺次排列构成的矩阵称为指标顺序矩阵，记为 $K=(k_1,k_2,\cdots,k_n)^T$。

(2) 确定评价对象的综合等级 实际评价中往往需要对评价对象的所有评价指标值进行综合分析，从而确定该评价对象的等级。首先对矩阵 H 与矩阵 A 的各列分别比较。假设：第 1 类情况，当 $h_i \leqslant a_{i1}(i=1,2,\cdots,m)$ 时，评价对象为第 1 个等级；第 2 类情况，当 $a_{in} < h_i$ $(i=2,\cdots,m)$ 时，评价对象为第 $n+1$ 个等级；第 3 类情况，当 $a_{i,j-1} < h_i \leqslant a_{i1}(i=1,2,\cdots,m;j=2,3,\cdots,n)$ 时，评价对象为第 j 个等级。其次，如果评价对象不属于以上三种情况，则可以采用以下方法确定等级。在该方法中，由于评价对象所有评价指标值的系数都是通过加权的方法得到的，所以把该方法称为权重系数法。

1）写出指标等级矩阵 A、评价对象矩阵 H 以及指标顺序矩阵 $K=(k_1,k_2,\cdots,k_n)^T$。其中，$A=a_{ij}(i=1,2,\cdots,m;j=1,2,\cdots,n)$。

$$A = \begin{pmatrix} a_{11} & a_{12} & \cdots & a_{1n} \\ a_{21} & a_{22} & \cdots & a_{2n} \\ \vdots & \vdots & \vdots & \vdots \\ a_{m1} & a_{m2} & \cdots & a_{mn} \end{pmatrix} \tag{7-1}$$

$$H = (h_1,h_2,\cdots,h_m)^T \tag{7-2}$$

$$K = (k_1,k_2,\cdots,k_n)^T \tag{7-3}$$

$$1 \leqslant K_j \leqslant n$$

2）计算每个等级中各指标分别占该等级中所有指标之和的比值，用矩阵 B 表示，把矩

阵 **B** 称为比值矩阵。

$$b_{ij} = a_{ij} \Big/ \sum_{i}^{m} a_{ij} \quad (i = 1, 2, \cdots, m; j = 1, 2, \cdots, n) \tag{7-4}$$

$$\mathbf{B} = \begin{pmatrix} b_{11} & b_{12} & \cdots & b_{1n} \\ b_{21} & b_{22} & \cdots & b_{2n} \\ \vdots & \vdots & \vdots & \vdots \\ b_{m1} & b_{m2} & \cdots & b_{mn} \end{pmatrix} \tag{7-5}$$

3）计算每个等级中各指标分别占该等级所有指标之和的权重，用矩阵 **C** 表示，把矩阵 **C** 称为权重矩阵。

$$c_{ij} = 1/b_{ij} \quad (i = 1, 2, \cdots, m; j = 1, 2, \cdots, n) \tag{7-6}$$

$$\mathbf{C} = \begin{pmatrix} c_{11} & c_{12} & \cdots & c_{1n} \\ c_{21} & c_{22} & \cdots & c_{2n} \\ \vdots & \vdots & \vdots & \vdots \\ c_{m1} & c_{m2} & \cdots & c_{mn} \end{pmatrix} \tag{7-7}$$

4）计算每个不同等级中各指标分别占该等级所有指标之和的标准化权重，用矩阵 **P** 表示，把矩阵 **P** 称为标准化权重矩阵。

$$P_{ij} = c_{ij} \Big/ \sum_{i}^{m} c_{ij} \quad (i = 1, 2, \cdots, m; j = 1, 2, \cdots, n) \tag{7-8}$$

$$\mathbf{P} = \begin{pmatrix} p_{11} & p_{12} & \cdots & p_{1n} \\ p_{21} & p_{22} & \cdots & p_{2n} \\ \vdots & \vdots & \vdots & \vdots \\ p_{m1} & p_{m2} & \cdots & p_{mn} \end{pmatrix} \tag{7-9}$$

5）把每个不同等级中的标准化权重分别作为矩阵 **A** 中对应等级位置各指标值的系数，作为代数和，从而得出等级矩阵 **W**。

$$w_j = \sum_{i}^{m} p_{ij} a_{ij} \quad (j = 1, 2, \cdots, n) \tag{7-10}$$

$$\mathbf{W} = (w_1, w_2, \cdots, w_n) \tag{7-11}$$

6）确定登记方案和评价对象的等级。记 $r = \sum_{i}^{m} p_{ik} h_i$，其中 p_{ik} 表示评价对象的评价指标 h_i 所在等级 K 对应的标准化权重。如果 $r \leqslant w_1$，则评价对象属于第 1 个等级；如果 $w_{j-1} < r \leqslant w_j (j = 2, 3, \cdots, n)$，则评价对象属于第 j 个等级；如果 $w_n \leqslant r$，则评价对象属于第 $n+1$ 个等级。

7.1.2 应用案例分析

1. 案例背景

土壤环境主要依据我国农业部的相关要求，确定相关级别，农田土壤单项指标评价标准见表 7-1。表中主要评价指标包括土壤环境元素镉、汞、砷、铬、铅。

表 7-1 农田土壤单项指标评价标准

级别	pH 值范围	含量/(mg/kg)				
		Pb	Cd	Cr	As	Hg
1 级	<6.5	50	0.30	120	20	0.25
	6.5~7.5	50	0.30	120	20	0.30
	>7.5	50	0.40	120	20	0.35
2 级	<6.5	100	0.30	150	40	0.30
	6.5~7.5	150	0.30	200	30	0.50
	>7.5	150	0.60	250	25	1.00

土壤环境主要化验 Cd、Pb、Hg、As、Cr 以及 pH 值。吉林省某县耕地土壤 pH 值平均为 7.9；As 12.32mg/kg，<20mg/kg，达到 1 级优标准；Cd 0.21mg/kg，<0.40mg/kg，达到 1 级优标准；Cr 40.42mg/kg，<120mg/kg，达到 1 级优标准；Pb 11.41mg/kg，<50mg/kg，达到 1 级优标准；Hg 0.68mg/kg，>0.35mg/kg，未达到 1 级标准，但<1，达到 2 级良标准。从单项指标无法直接确定该耕地土壤环境质量综合评价等级。

2. 案例求解

案例采用权重系数法进行综合等级评价。条件 pH 值平均为 7.9，指标等级矩阵记为 A。矩阵 A 的各行分别表示不同的土壤环境元素，共五种；矩阵 A 的各列分别表示不同的等级标准，共两个。

1）写出指标等级矩阵 $A = a_{ij}(i=1,2,\cdots,5;j=1,2)$，评价对象矩阵 H 以及指标顺序矩阵 $K = (k_1,k_2,\cdots,k_n)^T$。

$$A = \begin{pmatrix} 50 & 150 \\ 0.40 & 0.60 \\ 120 & 250 \\ 20 & 25 \\ 0.35 & 1.0 \end{pmatrix}$$

$$H = (11.41,0.21,40.42,12.32,0.68)^T$$

$$K = (1,1,1,1,2)$$

2）求出比值矩阵 B。其中，$b_{ij} = a_{ij} / \sum_i^m a_{ij}(i=1,2,\cdots,5;j=1,2)$。

$$B = \begin{bmatrix} 0.262123 & 0.351617 \\ 0.002097 & 0.001406 \\ 0.629096 & 0.586029 \\ 0.104849 & 0.058603 \\ 0.001835 & 0.002344 \end{bmatrix}$$

3）求出权重矩阵。其中，$c_{ij} = 1/b_{ij}(i=1,2,\cdots,5;j=1,2)$。

$$C = \begin{pmatrix} 3.815 & 2.844 \\ 476.875 & 711.000 \\ 1.589583 & 1.7064 \\ 9.5375 & 17.064 \\ 545.000 & 426.600 \end{pmatrix}$$

4）求出标准化权重矩阵 P。其中，$p_{ij} = c_{ij} / \sum_{i}^{m} c_{ij}(i = 1,2,\cdots,5; j = 1,2)$。

$$P = \begin{pmatrix} 0.00368 & 0.002453 \\ 0.459941 & 0.613347 \\ 0.001533 & 0.001472 \\ 0.009199 & 0.01472 \\ 0.525647 & 0.368008 \end{pmatrix}$$

5）求出等级矩阵 W。其中，$w_j = \sum_{i}^{m} p_{ij} a_{ij}(j = 1,2)$。

$$W = (w_1, w_2)$$
$$W = (0.919893, 1.839966)$$

6）求出土壤环境等级。其中：

$$r = \sum_{i}^{m} c_{ij} p_{ik} h_i = p_{11} h_1 + p_{21} h_2 + p_{31} h_3 + p_{41} h_4 + p_{51} h_5$$

$$= 0.00368 \times 11.41 + 0.459941 \times 0.21 + 0.001533 \times 40.42 + 0.009199 \times 12.32 +$$
$$0.525647 \times 0.68 = 0.671312$$

$r = 0.671312 \leqslant w_1 = 0.919893$。该土壤环境综合评价为 1 级优标准。

7.2　层次分析法

当评价对象为单目标时，其评价工作容易进行，当评价对象为多目标时，这项工作会困难很多，目标可以细化为指标。评价的困难主要有以下几方面：有的指标没有明确的数量表示，甚至只与使用人或评价人的主观感受和经验有关；不同的方案可能各有所长，指标越多，方案越多，问题就越复杂。因此，人们有必要认真研究在决策中进行选择和判断的规律，在这种背景下产生了层次分析法。

层次分析法（Analytic Hierarchy Process，AHP）是美国著名的运筹学家 T. L. Satty 等人在 20 世纪 70 年代提出的一种定性与定量分析相结合的多准则决策方法。该方法的特点是，在对复杂决策问题的本质、影响因素以及内在关系等进行深入分析后，构建一个层次结构模型，然后利用较少的定量信息，把决策的思维过程数学化，从而为求解多目标、多准则或无结构特性的复杂决策问题，提供一种简便的决策方法。具体地说，它是指将决策问题的有关元素分解成目标、准则、方案等层次，用一定标度对人的主观判断进行客观量化，在此基础上进行定性分析和定量分析的一种决策方法。它把人的思维过程层次化、数量化，并用数学为分析、决策、预报或控制提供定量的依据。它尤其适合于对人的定性判断起重要作用、对决策结果难以直接准确计量的场合。

应该看到，尽管 AHP 具有模型的特色，操作过程中使用了线性代数的方法，数学原理严密，但是它自身的柔性色彩仍十分突出。层次分析法不仅简化了系统分析和计算，还有助于决策者保持思维过程的一致性。层次分析法是一种模拟人的思维过程的工具。如果说比较、分解和综合是大脑分析解决问题的一种基本思考过程，则层次分析法对这种思考过程提供了一种数学表达及数学处理的方法。特别是，AHP 提供了决策者直接进入分析过程，将科学性与艺术性有机结合的有利渠道。因此，层次分析法十分适用于具有定性的，或定性定量兼有的决策分析，它是一种十分有效的系统分析和科学决策方法。

7.2.1　理论基础

应用层次分析法分析问题时，首先要把问题层次化。根据问题的性质和要达到的总目标，将问题分解为不同组成因素，并按因素间的相互关联影响以及隶属关系将因素按不同层次聚集组合，形成一个多层次的分析结构模型。并最终把系统分析归结为最底层（供决策的方案、措施等），相对于最高层（总目标）的相对重要性权值的确定或相对优劣次序的排序问题。综合评价问题就是排序问题，在排序计算中，每一层次的因素相对上一层次某一因素的单排序问题又可简化为一系列成对因素的判断比较。为了将比较判断定量化，层次分析法引入了 1-9 标度法，并写成判断矩阵形式。形成判断矩阵后，即可通过计算判断矩阵的最大特征根及其对应的特征向量，计算出某一层对于上一层次某一个元素的相对重要性权值。在计算出某一层次相对上一层次各个因素的单排序权值后，用上一层次因素本身的权值加权综合，即可计算出层次总排序权值。总之，依次由上而下即可计算出最低层因素相对最高层的相对重要性权值或相对优劣次序的排序值。

层次分析法（AHP）是把研究对象作为一个系统，按照分解、比较、判断、综合的思维方式进行决策，分层确定权重，以组合权重计算综合指数，减少了传统主观定权存在的偏差，且容易把不易测量的目标量化为易测量的指标。但在评价集成阶段，由于需通过加权平均、分层综合，原始指标值被弱化。层次分析法综合评价流程步骤如下：

（1）建立层次结构模型　建立问题的层次结构模型是 AHP 分析法中最重要的一步，把复杂的问题分解，并按元素的相互关系及其隶属关系形成不同的层次，同一层次的元素作为准则对下一层次的元素起支配作用，同时它又受上一层次元素的支配。

（2）构造判断矩阵　以对上一层的某要素而言判断矩阵是将本层各要素之间进行两两比较而确定，反映了决策者对本层两两要素与上层要素相对重要性的认识。在 AHP 中，为使矩阵中各要素的重要性能够进行定量，一般采用 Saaty 教授确定的 1-9 标度，给出 AHP 判断矩阵 A。

$$A = \left(a_{ij} \right)_{n \times n} = \begin{pmatrix} \dfrac{w_1}{w_1} & \dfrac{w_1}{w_2} & \cdots & \dfrac{w_1}{w_n} \\[2mm] \dfrac{w_2}{w_1} & \dfrac{w_2}{w_2} & \cdots & \dfrac{w_2}{w_n} \\[1mm] \vdots & \vdots & \vdots & \vdots \\[1mm] \dfrac{w_n}{w_1} & \dfrac{w_n}{w_2} & \cdots & \dfrac{w_n}{w_n} \end{pmatrix}_{n \times n} \tag{7-12}$$

式中，a_{ij} 是指标 w_i 和 w_j 相对于该属性重要性的标度量化值。

（3）根据判断矩阵计算相对重要度并进行一致性校验

$$w_i = \prod_{j=1}^{n} a_{ij} \quad (i,j = 1,2,3,\cdots,n) \tag{7-13}$$

$$\overline{w}_i = \sqrt[n]{w_i} \tag{7-14}$$

$$w_i^* = \frac{\overline{w}_i}{\sum_{i=1}^{n} \overline{w}_i} \tag{7-15}$$

$$\lambda_{max} = \sum_{i=1}^{n} \frac{(A\,\overline{w})_i}{nw_i} \tag{7-16}$$

$$CR = \frac{\lambda_{max} - n}{n - 1} \tag{7-17}$$

由式（7-13）~式（7-16）可以得出，各指标权重组成的向量为：$w^* = (w_1^*, w_2^*, \cdots, w_n^*)$（各权重相加为 1），最大特征根约为 λ_{max}，并根据式（7-17）对指标进行一致性检验。

（4）结合生产数据，进行综合评价　　根据 GRA 综合评价方法，建立综合评价模型：

$$R = w^* \times E \tag{7-18}$$

式中，$R = [r_1, r_2, \cdots, r_m]^T$ 为 m 个排程方案的综合评判结果向量；E 为各指标的关联系数矩阵：

$$\xi_i(k) = \frac{\min_i \min_k |x_0(k) - x_i(k)| + \zeta \max_i \max_k |x_0(k) - x_i(k)|}{|x_0(k) - x_i(k)| + \zeta \max_i \max_k |x_0(k) - x_i(k)|} \tag{7-19}$$

$$E = \begin{pmatrix} \xi_{01}(1) & \xi_{02}(1) & \cdots & \xi_{0m}(1) \\ \xi_{01}(2) & \xi_{02}(2) & \cdots & \xi_{0m}(2) \\ \vdots & \vdots & \vdots & \vdots \\ \xi_{01}(n) & \xi_{02}(n) & \cdots & \xi_{0m}(n) \end{pmatrix}_{n \times m} \tag{7-20}$$

$\xi_{0i}(j)$ 是第 i 个方案的第 j 个指标与第 j 个最优指标的关联系数，其中，$i = (1, 2, \cdots, m)$，$j = (1, 2, \cdots, n)$。

7.2.2　应用案例分析

1. 案例背景

以上海某钢铁企业的某热轧生产线为例，本案例选取该轧线某一日计划内的板坯进行分析。该轧线每年承担约 500 万吨的生产量，利用优质连铸板坯为原料，生产尺寸精度高、板型好、表面质量优越、性能稳定的热轧钢板。本案例通过对"PSO 算法排程"、"HPSA 算法排程"及人工排程结果进行综合对比分析，得出当前状况下的最优排程结果。排程生产数据则通过该企业信息化平台（包括 ERP、MES 等）得到，其板坯相关信息经筛查选择后，见表 7-2。通过 PSO 算法及 HPSA 算法得到的排程结果与人工排程结果的序列对比见表 7-3。

表 7-2　测试板坯信息

编号	入炉温度/℃	出炉温度/℃	钢种	长度/mm	在炉时间/h	吨钢电耗	宽度	厚度	硬度
1	37	1220	JT5823A8	9410	337	66.883	1650	250	5
2	29	1213	JT5823A8	8890	341	66.883	1650	250	5

（续）

编号	入炉温度/℃	出炉温度/℃	钢种	长度/mm	在炉时间/h	吨钢电耗	宽度	厚度	硬度
3	29	1222	JT5823A8	8960	341	66.883	1650	250	5
4	40	1216	JT5823A8	10300	340	66.883	1650	250	5
5	44	1220	JT5823A8	8050	340	66.883	1650	250	5
6	134	1218	AP1055E5	9090	239	81.999	1300	210	1
7	89	1217	AP1055E5	9090	240	81.999	1300	210	1
8	41	1222	AP1055E5	9090	237	81.999	1300	210	1
9	25	1218	AP1055E5	9090	241	81.999	1300	210	1
10	27	1217	AP1055E5	9090	240	81.999	1300	210	1
11	62	1212	DT3850D1	10900	238	78.852	1496	246	2
12	82	1210	DT3850D1	9830	241	78.852	1496	246	2
⋮	⋮	⋮	⋮	⋮	⋮	⋮	⋮	⋮	⋮
74	53	1221	JU6822A8	8590	224	195.547	1650	250	6
75	25	1211	JT5823A8	8710	220	66.883	1650	250	5
76	36	1220	JU6822A8	8590	214	195.547	1650	250	6
77	38	1222	JU6822A8	9070	213	195.547	1650	250	6
78	30	1218	JU6822A8	9060	215	195.547	1650	250	6

表 7-3　PSO 算法及 HPSA 算法得到的排程结果与人工排程结果的序列对比

人工	6	7	8	9	10	14	68	70	69	19	18	16	17	27	54
HPSA	6	7	8	9	10	14	19	18	16	17	27	70	68	69	54
PSO	6	7	8	9	10	14	68	70	69	67	66	21	26	60	61
人工	21	26	60	61	22	23	25	20	75	24	52	53	38	5	59
HPSA	67	66	21	26	60	61	22	23	25	20	75	24	52	53	5
PSO	22	23	25	20	75	24	52	53	54	38	5	59	58	4	65
人工	58	4	65	57	1	41	39	46	45	63	50	44	42	48	51
HPSA	59	58	4	65	57	1	41	39	46	45	63	50	44	42	48
PSO	57	1	41	39	46	45	63	50	44	42	48	51	55	49	56
人工	55	49	56	47	64	2	3	40	72	74	73	62	71	77	32
HPSA	51	55	49	56	47	64	2	3	38	40	72	74	73	62	71
PSO	47	64	2	3	40	72	74	73	62	71	77	32	76	33	34
人工	76	33	34	78	31	35	36	43	11	37	66	13	15	12	67
HPSA	77	32	76	33	34	78	31	36	37	35	43	12	11	13	28
PSO	78	31	35	36	37	43	19	18	11	12	13	15	16	17	27
人工	29	28	30												
HPSA	29	30	15												
PSO	28	29	30												

需要对排程方案进行综合评价，根据优化目标、评价体系及本案例钢厂的实际生产情况及需求，选择相应的评价指标，利用 AHP 综合评价方法，对以上三个方案进行评价，选择最优解，作为最终的排程方案。

2. 案例求解

（1）层次结构的建立　由于不同企业在生产中的侧重点受市场、企业决策、国家政策等的影响，所以不同企业具有不同的衡量因素，即评价指标。在本案例的热轧车间中，工艺方面主要考虑相邻板坯间宽度、硬度以及厚度的跳跃度；资源利用指标方面，由于在该热轧企业，板坯的交货时间一般浮动在 15~20 天，所以不存在拖期惩罚的问题；而在该钢厂中，采取按订单生产的方式，库存积压并未对企业效益产生影响，故也不将库存越限作为指标，只选取轧辊利用率作为衡量因素；节能降耗方面，则采用在炉时间的跳跃度以及吨钢电耗的跳跃度作为评价指标，如图 7-1 所示。

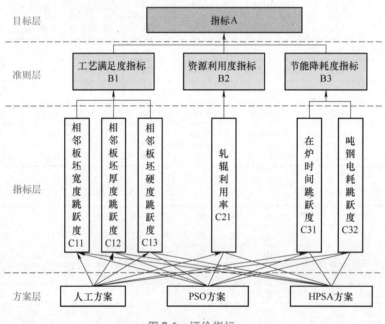

图 7-1　评价指标

（2）指标数据的采集量化　指标种类不同，数据采集和量化的方法就不同。由图 7-1 所示的指标体系可以看出，钢铁热轧计划排程的评价指标既有定性指标又有定量指标，既有正向指标又有负向指标，并且，一般来说，由于定量指标的原始数据之间各个指标值的单位和量级不同，因此不能直接用原始指标值进行分析和比较。

综上，在综合评价前，需要先将评价指标的原始值统一变换到特定范围，必须对评价指标进行归一化处理。为了消除原始指标单位及数值数量对评价结果的影响，常用方法有三种：标准化函数方法（如成本型标准化函数、效益型标准化函数及适度型标准化函数）、初值化方法和均值化方法。

通过对案例中热轧企业进行调研，发现其在系统中存在惩罚值设置，以将定性及定量的各种约束转化为可量化、可比较的数据。本案例参照惩罚值设置，借鉴标准化函数的方法，将原始数据进行量化，将原始指标值转化为可评价值。

经计算，三个方案在各指标上的惩罚值见表 7-4。

表 7-4　三个方案在各指标上的惩罚值

	宽度 惩罚值	厚度 惩罚值	硬度 惩罚值	轧辊利用率 惩罚值	在炉时间 惩罚值	吨钢电耗 惩罚值
人工方案	2020	2090	1700	2000	3910	3210
HPSA 方案	1520	1940	1000	2000	3910	3210
PSO 方案	20	5470	1400	2000	3910	3210

（3）多目标评价　通过调查研究，结合企业生产实际，征求决策部门领导及专家的意见，对各指标之间的重要性进行对比，构建 A-B、B_k-C($k=1,2,3$) 的判断矩阵，见表 7-5、表 7-6〔仅以 A-B 判断矩阵为例，B_k-C($k=1,2,3$) 的判断矩阵方法类同，仅显示一个〕。

表 7-5　A-B 判断矩阵

排程方案	工艺满足度指标	资源利用率指标	节能降耗度指标
工艺满足度指标	1	1	1
资源利用率指标	1	1	1
节能降耗度指标	1	1	1

表 7-6　B_k-C 判断矩阵

工艺满意 度指标	相邻板坯宽度 跳跃度	相邻板坯厚度 跳跃度	相邻板坯 硬度跳跃度	轧辊利用率	在炉时间 跳跃度	吨钢电耗 跳跃度
相邻板坯宽度 跳跃度	1	1/3	1/7	2	5	5
相邻板坯厚度 跳跃度	3	1	1/4	5	5	9
相邻板坯硬度 跳跃度	7	4	1	4	5	9
轧辊利用率	1/2	1/5	1/4	1	1	2
在炉时间 跳跃度	1/5	1/5	1/5	1	1/2	1
吨钢电耗跳跃度	1/5	1/9	1/9	1/2	1	1

根据公式计算各指标的权重并评判一致性，得到结果：

$W_{A-B}^* = (W_1^*, W_2^*, W_3^*) = $（工艺满足度指标,资源利用率指标,节能降耗度指标）

　　　$= (0.3333, 0.3333, 0.3333)$

$CR = 0.0000, \lambda \max = 3.0000$

$W_{B1-C}^* = (W_1^*, W_2^*, W_3^*, W_4^*, W_5^*, W_6^*) = $（相邻板坯宽度跳跃度,相邻板坯厚度跳跃度,相邻
　　　板坯硬度跳跃度,轧辊利用率,在炉时间跳跃度,吨钢电耗跳跃度）

　　　$= (0.1280, 0.2604, 0.4586, 0.0672, 0.0495, 0.0363)$

$CR = 0.02800, \lambda \max = 6.5040$

$$W_{B2-C}^* = (W_1^*, W_2^*, W_3^*, W_4^*, W_5^*, W_6^*) = (相邻板坯宽度跳跃度,相邻板坯厚度跳跃度,相邻$$

板坯硬度跳跃度,轧辊利用率,在炉时间跳跃度,吨钢电耗跳跃度)

$$= (0.0860, 0.1986, 0.3117, 0.3374, 0.0239, 0.0424)$$

$$CR = 0.0900, \lambda\max = 6.5672$$

$$W_{B2-C}^* = (W_1^*, W_2^*, W_3^*, W_4^*, W_5^*, W_6^*) = (相邻板坯宽度跳跃度,相邻板坯厚度跳跃度,相邻$$

板坯硬度跳跃度,轧辊利用率,在炉时间跳跃度,吨钢电耗跳跃度)

$$= (0.0451, 0.0542, 0.0451, 0.0376, 0.4560, 0.3619)$$

$$CR = 0.0306, \lambda\max = 6.1925$$

验证后,矩阵的一致性均满足要求,故而最终权重为:

$$W^* = (W_1^*, W_2^*, W_3^*, W_4^*, W_5^*, W_6^*) = (相邻板坯宽度跳跃度,相邻板坯厚度跳跃度,相邻$$

板坯硬度跳跃度,轧辊利用率,在炉时间跳跃度,吨钢电耗跳跃度)

$$= (0.0864, 0.1711, 0.2718, 0.1474, 0.1765, 0.1469)$$

设参考数据列为:

$$\{x_0\} = \{x_1, x_2, x_3, x_4, x_5, x_6\} = \{20, 1940, 1000, 2000, 3910, 3210\}$$

$$\min_{i=1}^{n}\min_{k=1}^{m} |x_0(k) - x_i(k)| = \min(0, 0, 0) = 0$$

$$\max_{i=1}^{n}\max_{k=1}^{m} |x_0(k) - x_i(k)| = \max(2000, 1500, 3530) = 3530$$

各被比较对象与参考对象的关联程度见表 7-7。

表 7-7　各被比较对象与参考对象的关联程度

	$\zeta i(1)$	$\zeta i(2)$	$\zeta i(3)$	$\zeta i(4)$	$\zeta i(5)$	$\zeta i(6)$
人工方案	0.4688	0.9216	0.7160	1	0.6477	0.6204
HPSA 方案	0.5406	1	1	1	0.7558	0.8673
PSO 方案	1	0.3333	0.8152	1	1	1

其中,评判矩阵 E 和权重矩阵 W 分别为:

$$E = \begin{pmatrix} 0.4688 & 0.9216 & 0.7160 & 1 & 0.6477 & 0.6204 \\ 0.5406 & 1 & 1 & 1 & 0.7558 & 0.8673 \\ 1 & 0.3333 & 0.8152 & 1 & 1 & 1 \end{pmatrix}$$

$$W = (0.0864 \quad 0.1711 \quad 0.2718 \quad 0.1474 \quad 0.1765 \quad 0.1469)^T$$

综合评判结果向量 R 为:

$$R = E * W = (0.7457, 0.8978, 0.8358)$$

由此可以得出:HPSA 方案的综合评价值(0.8978)要高于 PSO 方案和人工方案的综合评价值(分别为 0.8358、0.7457),故实际生产时,选择 HPSA 方案能够达到满足生产工艺、生产资料、能源消耗水平多目标优化的目的。

7.3　TOPSIS 法

TOPSIS(Technique for Order Preference by Similarity to an Ideal Solution)法由 C. L. Hwang 和 K. Yoon 于 1981 年首次提出。TOPSIS 法是一种常用的综合评价方法,能充分利用原始数

据的信息，精确反映各评价方案之间的差距。是根据有限个评价对象与理想化目标的接近程度进行排序的方法，在现有的对象中进行相对优劣的评价。

TOPSIS 法是一种逼近于理想解的排序法，该方法只要求各效用函数具有单调递增（或递减）性就行。TOPSIS 法是多目标决策分析中一种常用的有效方法，又称为优劣解距离法。其基本原理是，通过检测评价对象与最优解、最劣解的距离来进行排序，若评价对象最靠近最优解同时又最远离最劣解，则为最好；否则不为最优。其中最优解的各指标值都达到各评价指标的最优值，最劣解的各指标值都达到各评价指标的最差值。

基本过程为：将归一化后的原始数据矩阵采用余弦法找出有限方案中的最优方案和最劣方案，然后分别计算各评价对象与最优方案和最劣方案间的距离，获得各评价对象与最优方案的相对接近程度，以此作为评价优劣的依据。该方法对数据分布及样本含量没有严格限制，数据计算简单易行。

"理想解"和"负理想解"是 TOPSIS 法的两个基本概念。所谓理想解是一设想的最优解（方案），它的各个属性值都达到各备选方案中的最好值；而负理想解是一设想的最劣解（方案），它的各个属性值都达到各备选方案中的最坏值。方案排序的规则是把各备选方案与理想解和负理想解做比较，若其中有一个方案最接近理想解，而同时又远离负理想解，则该方案是备选方案中最好的方案。TOPSIS 法可用于效益评价、卫生决策和卫生事业管理等领域。其方法对资料无特殊要求，使用灵活简便，应用广泛。

7.3.1　理论基础

设有 n 个待评价模型，m 个评价指标，原有数据形式见表 7-8。

表 7-8　评价对象性能评价指标

评价对象	指标 1	指标 2	...	指标 m
1	x_{11}	x_{12}	...	x_{1m}
2	x_{21}	x_{22}	...	x_{2m}
⋮	⋮	⋮	⋮	⋮
n	x_{n1}	x_{n2}	...	x_{nm}

1) 指标属性趋同化处理。可将低优指标和中性指标全转化为高优指标 x'_{ij}，方法是：

$$x'_{ij} = \begin{cases} x_{ij} & \text{高优指标} \\ 1/x_{ij} & \text{低优指标} \\ M/[M+|x_{ij}-M|] & \text{中性指标} \end{cases} \tag{7-21}$$

并适当调整（扩大或缩小一定比例）转换数据。

2) 趋同化数据的归一化：

$$Z_{ij} = \begin{cases} \dfrac{x_{ij}}{\sqrt{\sum\limits_{i=1}^{n}(x_{ij})^2}} & （原高优指标） \\[4mm] \dfrac{x'_{ij}}{\sqrt{\sum\limits_{i=1}^{n}(x'_{ij})^2}} & （原低优指标或中性指标） \end{cases} \tag{7-22}$$

由此得到归一化处理后的矩阵 $\mathbf{Z}$：

$$\mathbf{Z} = \begin{pmatrix} z_{11} & z_{12} & \cdots & z_{1m} \\ z_{21} & z_{22} & \cdots & z_{2m} \\ \vdots & \vdots & \vdots & \vdots \\ z_{n1} & z_{n2} & \cdots & z_{nm} \end{pmatrix} \tag{7-23}$$

3）确定最优方案和最劣方案。最优方案 Z^+ 由 $\mathbf{Z}$ 中每列的最大值构成：$Z^+ = (\max Z_{i1}, \max Z_{i2}, \cdots, \max Z_{im})$；最劣方案 Z^- 由 $\mathbf{Z}$ 中每列的最小值构成：$Z^- = (\min Z_{i1}, \min Z_{i2}, \cdots, \min Z_{im})$。

4）计算每一个评价对象与 Z^+ 和 Z^- 的距离 D_i^+ 和 D_i^-：

$$D_i^+ = \sqrt{\sum_{i=1}^{m}(\max Z_{ij} - Z_{ij})^2} \tag{7-24}$$

$$D_i^- = \sqrt{\sum_{i=1}^{m}(\min Z_{ij} - Z_{ij})^2} \tag{7-25}$$

5）计算各评价对象与最优方案的接近程度 C_i：

$$C_i = \frac{D_i^-}{D_i^+ + D_i^-} \tag{7-26}$$

其中，$0 \leqslant C_i \leqslant 1$，$C_i \rightarrow 1$，表明评价对象越优秀。

6）按 C_i 大小排序，给出评价结果。

7.3.2 应用案例分析

1. 案例背景

某防疫站拟对当地 2006—2010 年公共场所卫生监督工作质量进行评价，选择的评价指标包含监督率 $x1(\%)$、体检率 $x2(\%)$、培训率 $x3(\%)$，原始数据见表 7-9。

表 7-9　2006—2010 年公共场所卫生监督工作质量

年份	监督率 $x1(\%)$	体检率 $x2(\%)$	培训率 $x3(\%)$
2006	95	95.3	95
2007	100	90	90.2
2008	97.4	97.5	94.6
2009	98.4	98.2	90.3
2010	100	97.4	92.5

请对五年的公共场所卫生监督质量进行综合评价。

2. 案例求解

（1）归一化处理　对原始数据进行归一化处理：

$$Z_{ij} = \frac{x_{ij}}{\sqrt{\sum_{i=1}^{5} x_{ij}^2}}$$

以 2006 年监督率 $x1$ 为例：

$$Z_{11} = \frac{95.0}{\sqrt{95.0^2 + 100.0^2 + 97.4^2 + 98.4^2 + 100.0^2}} = 0.4327$$

其余依次可得:

2006 年: $x_1 = 0.4327$、$x_2 = 0.4452$、$x_3 = 0.4591$。

2007 年: $x_1 = 0.4555$、$x_2 = 0.4205$、$x_3 = 0.4359$。

2008 年: $x_1 = 0.4437$、$x_2 = 0.4555$、$x_3 = 0.4572$。

2009 年: $x_1 = 0.4482$、$x_2 = 0.4588$、$x_3 = 0.4364$。

2010 年: $x_1 = 0.4555$、$x_2 = 0.4550$、$x_3 = 0.4470$。

原矩阵的转换指标值的 **Z** 矩阵, 见表 7-10。

表 7-10　转换指标值的 Z 矩阵

年份	监督率 x_1(%)	体检率 x_2(%)	培训率 x_3(%)
2006	0.4327	0.4452	0.4591
2007	0.4555	0.4205	0.4359
2008	0.4437	0.4555	0.4572
2009	0.4482	0.4588	0.4364
2010	0.4555	0.4550	0.4470

（2）计算 Z^+、Z^-　其中:

$$Z^+ = (0.4555, 0.4588, 0.4591)$$
$$Z^- = (0.4327, 0.4205, 0.4359)$$

（3）计算距离 D^+ 和 D^-　以 2009 年度为例:

$$D_4^+ = \sqrt{(0.4555 - 0.4482)^2 + (0.4588 - 0.4588)^2 + (0.4591 - 0.4364)^2} = 0.02385$$

$$D_4^- = \sqrt{(0.4327 - 0.4482)^2 + (0.4205 - 0.4588)^2 + (0.4395 - 0.4364)^2} = 0.04132$$

其余依次可得:

2006 年: $D^+ = 0.02650$、$D^- = 0.03393$。

2007 年: $D^+ = 0.04478$、$D^- = 0.02278$。

2008 年: $D^+ = 0.01244$、$D^- = 0.04242$。

2009 年: $D^+ = 0.02385$、$D^- = 0.04132$。

2010 年: $D^+ = 0.01265$、$D^- = 0.04287$。

（4）D 表和排序　计算各评价对象与最优方案的接近程度 C_i。以 2006 年为例:

$$C_1 = \frac{D_1^-}{D_1^- + D_1^+} = \frac{0.03393}{0.02650 + 0.03393} = 0.56146$$

其余依次可得:

2006 年: $C_1 = 0.56146$。

2007 年: $C_2 = 0.33712$。

2008 年: $C_3 = 0.77327$。

2009 年: $C_4 = 0.63402$。

2010 年：$C_5 = 0.77219$。

矩阵的 D 表及排序见表 7-11。

表 7-11 矩阵的 D 表及排序

年份	D^+	D^-	C_i	排序结果
2006	0.02650	0.03393	0.56146	4
2007	0.04478	0.02278	0.33712	5
2008	0.01244	0.04242	0.77327	1
2009	0.02385	0.04132	0.63402	3
2010	0.01265	0.04287	0.77219	2

从表 7-11 可知，2008 年度为最优，2007 年度为最差。

7.4 动态加权综合法

在以上综合加权评价方法中，权值 $w_j(j=1,2,\cdots,m)$ 都是属于定常权，即权值均为常数。虽然这种方法简单易行，对某些较简单的实际问题也是可行的，但是主观性强、科学性差，有些时候不能很好地为决策提供有效的依据。而采用动态加权综合评价方法可以使评价结果科学合理，主要体现在能够充分考虑每一个因素、每一属性所有差异的影响和作用，同时在综合评价中也充分地体现出了各属性的"广泛性"和"民主性"，避免了一般综合评价方法"一票否决"（即某一项指标的劣而导致结果的否定）的不合理性，真正体现出了综合评价的"综合"二字的含义。动态加权综合法从方法上增加了综合评价的客观性，大大淡化了评价人的主观因素对评价结果的影响。

众所周知，一个事物往往需要用多个指标刻画其本质与特征，并且人们对一个事物的评价又往往不是简单的好与不好，而是采用模糊语言分为不同程度的评语。由于评价等级之间的关系是模糊的，没有绝对明确的界限，因此具有模糊性。对于这类模糊评价问题，利用经典的评价方法存在着不合理性。与一般的定常加权法相比动态加权综合法的优越性是显而易见的，动态加权综合评价方法不仅适用于模糊多属性的综合评价这一类问题，类似地可以用于研究解决诸如空气质量的综合评价问题，以及经济和军事等领域的多综合评价问题，动态加权综合评价方法在实际中非常有推广应用价值。

7.4.1 理论基础

现假设有 n 个被评价对象（或系统），分别记为 S_1、S_2、$\cdots$、S_n，$(n \geq 1)$。每个系统都有 m 个属性（或评价指标），分别记为 x_1、x_2、$\cdots$、$x_m(m>1)$，对于每一个属性 x_i 都可以分为 K 个等级，记为 P_1、P_2、$\cdots$、$P_K(K>1)$。而对于每一个等级 P_K 都包含一个区间范围，记为 $[a_k^{(i)}, b_k^{(i)})$，且 $a_k^{(i)} < b_k^{(i)}$，$(i=1,2,\cdots,m; k=1,2,\cdots,K)$，即当属性 $x_i \in [a_k^{(i)}, b_k^{(i)})$ 时，则属性 x_i 属于第 k 类 p_k，$(1 \leq k \leq K)$。即对于每一个属性，既有不同类别的差异，同类别的又有不同量值的差异。对于这种既有"质差"、又有"量差"的问题，如果用通常的定常权综合评价法作为综合评价显然是不合理的，而合理有效的方法是动态加权综合评价方法。

1. 一般步骤流程

根据问题的实际背景和综合评价的一般原则，解决问题分三步完成：

1）将各评价指标标准化处理。

2）根据各属性的特性构造动态加权函数。

3）构建问题的综合评价模型，并做出评价。

2. 评价指标的标准化处理

在实际中问题的评价指标可能有极大型的、极小型的、中间型或区间型四种情况，有时还各有不同的量纲，这就需要根据不同情况分别进行标准化处理，即将不同类型指标变换成统一的、无量纲的标准化指标。

（1）极大型指标的标准化　如果指标 x_i 为极大型指标，首先要将数据指标进行极小化处理，即通过倒数变换 $x_i' = \dfrac{1}{x_i}$，或 $x_i' = M_i - x_i$（其中 $M_i = \max\{x_i\}$）实现，然后再进行极差变换将其数据标准化，即令：

$$x_i'' = \frac{x_i' - m_i'}{M_i' - m_i'} \tag{7-27}$$

其中，$m_i' = \min\{x_i'\}$，$M_i' = \max\{m_i'\}$。则 x_i 被化为无量纲的标准化指标，对应的分类区间也随之相应发生变化。在这里为了方便仍记为：

$$a_k^{(i)} < b_k^{(i)} \quad (i = 1, 2, \cdots, m; k = 1, 2, \cdots, K) \tag{7-28}$$

（2）中间型指标的标准化　对于中间型指标，越靠近某个中间值，评价效果越好。如果指标 x_i 是关于均值对称的，则用变换：

$$x_i' = \frac{\left| x_i - \bar{x}_i \right|}{\bar{x}_i} \quad 1 \leqslant i \leqslant m \tag{7-29}$$

其中，$\bar{x}_i = \dfrac{1}{2}(M_i - m_i)$，$m_i = \min\{x_i\}$，$M_i = \max\{x_i\}$。否则，取某一个理想值 $x_i^{(0)} \in (m_i, M_i)$，则令：

$$x_i' = \frac{\left| x_i - x_i^{(0)} \right|}{\bar{x}_i} \quad 1 \leqslant i \leqslant m \tag{7-30}$$

可将其指标标准化，相应的分类区间也随之变化，同样仍记为：

$$a_k^{(i)} < b_k^{(i)} \quad (i = 1, 2, \cdots, m; k = 1, 2, \cdots, K) \tag{7-31}$$

3. 动态加权函数的设定

考虑评价指标的"质差"与"量差"的关系，在确定综合评价指标时，既要体现不同类型指标之间的差异，也要体现同类型指标的数量差异。主要是从实际问题出发选取具体的加权函数。对于不同的指标可以取相同的权函数，也可以取不同的权函数。

（1）分段变幂函数　如果某项评价指标 x_i 对于综合评价效果的影响大约是随着类别 p_k（$k = 1, 2, \cdots, K$）的增加而按正幂次增加，同时在某一类中随着指标值的增加按相应的一个幂函数增加，则对指标 x_i 可以设定分段幂函数为变权函数。即：

$$w_i(x) = x^{\frac{1}{k}}, \quad x \in \left[a_k^{(i)}, b_k^{(i)} \right] \quad (k = 1, 2, \cdots, K) \tag{7-32}$$

其中，$1 \leqslant i \leqslant m$。

（2）**偏大型正态分布函数**　对于综合评价效果的影响如果某项指标 x_i 大约是随着类别 $p_k(k=1,2,\cdots,K)$ 的增加，先是缓慢增加，中间有一个快速增长的过程，随后平缓增加趋于最大，相应的图形呈正态分布曲线（左侧）。那么，此时对指标的变权函数可以设定为偏大型正态分布函数。即：

$$w_i(x)=\begin{cases}0 & x\leqslant\alpha_i \\ 1-\mathrm{e}^{-\left(\frac{x-\alpha_i}{\sigma_i}\right)^2} & x>\alpha_i\end{cases} \tag{7-33}$$

其中，参数 α_i 可取 $[a_1^{(i)},b_1^{(i)})$ 中的某定值，在此不妨取 $\alpha_i=[b_1^{(i)}-a_1^{(i)}]/2$，$\sigma_i$ 由 $w_i[a_K^{(i)}]=0.9(1\leqslant i\leqslant m)$ 确定。

（3）**S 型分布函数**　对于综合评价效果的影响如果某项指标 x_i 大约是随着类别 $p_k(k=1,2,\cdots,K)$ 的增加而增加，呈一条 S 型曲线，那么，此时对指标 x_i 的变权函数可以设定为 S 型分布函数。即：

$$w_i(x)=\begin{cases}2\left(\dfrac{x-a_1^{(i)}}{b_K^{(i)}-a_1^{(i)}}\right)^2 & a_1^{(i)}\leqslant x\leqslant c \\ 1-2\left(\dfrac{x-b_K^{(i)}}{b_K^{(i)}-a_1^{(i)}}\right)^2 & c<x\leqslant b_K^{(i)}\end{cases} \tag{7-34}$$

其中，参数 $c=1/2[a_1^{(i)}+b_K^{(i)}]$，且 $w_i(c)=0.5(1\leqslant i\leqslant m)$。

4. 评价模型的构建

根据标准化后的各评价指标值（不妨仍用 x_i 表示），以及相应的动态权函数 $w_i(x)$（$i=1,2,\cdots,m$），建立综合评价模型来对 n 个被评价对象做出综合评价。在此，取综合评价模型为各评价指标的动态加权和，即：

$$X=\sum_{i=1}^{m}w_i(x_i)\cdot x_i \tag{7-35}$$

以此作为问题的综合评价指标函数。如果每个被评价对象的 m 个属性都有 N 组样本观测值 $\{x_{ij}\}(i=1,2,\cdots,m;j=1,2,\cdots,N)$，代入式（7-35）计算，则每一个被评价对象都有 N 个综合评价指标值 $X_k(j)(k=1,2,\cdots,n;j=1,2,\cdots,N)$。由此按大小排序，可以给出 n 个被评价对象的 N 个排序方案。

利用决策分析中的 Borda 函数来确定综合排序方案。记在第 j 个排序方案中排在第 k 个被评价对象 S_k 后面的个数为 $B_j(S_k)$，则被评价对象 S_k 的 Borda 函数为：

$$B(S_k)=\sum_{j=1}^{N}B_j(S_k)\quad(k=1,2,\cdots,n) \tag{7-36}$$

由式（7-36）的计算结果按其大小排序，就可以得到 k 个被评价对象的综合评价结果，即总排序结果。

7.4.2　应用案例分析

1. 案例背景

2005 年中国大学生数学建模竞赛的 A 题："长江水质的评价和预测"问题的第一部分给

出了 17 个观测站（城市）最近 28 个月的实际检测指标数据，包括反映水质污染程度的最主要四项指标：溶解氧（DO）、高锰酸盐指数（CODMn）、氨氮（NH₃-N）和 pH 值。要求综合这四种污染指标 28 个月的检测数据对 17 个城市的水质情况做出综合评价。

针对长江水质综合评价这一问题，采用动态加权综合评价方法来解决。假设 17 个城市为被评价对象 S_1，S_2，$\cdots$，S_{17}，共有四项评价指标（或属性）DO、CODMn、NH₃-N 和 pH 值，分别记为 x_1，x_2，x_3 和 x_4，前三项指标都有六个等级 p_1，p_2，$\cdots$，p_6，相应的分类区间值见表 7-12，而 pH 值没有等级之分。

表 7-12　《地表水环境质量标准》（GB3838—2015）中四个主要项目标准限值

（单位：mg/L）

指标	I 类	II 类	III 类	IV 类	V 类	劣 V 类
溶解氧（DO）	$[7.5，\infty)$	$[6，7.5)$	$[5，6)$	$[3，5)$	$[2，3)$	$[0，2)$
高锰酸盐指数（CODMn）	$(0，2]$	$(2，4]$	$(4，6]$	$(6，10]$	$(10，15]$	$(15，\infty)$
氨氮（NH₃-N）	$(0，0.15]$	$(0.15，0.5]$	$(0.5，1]$	$(1，1.5]$	$(1.5，2]$	$(2，\infty)$
pH 值（无量纲）	[6，9]					

2. 案例求解

（1）数据的标准化

1）溶解氧（DO）的标准化。注意到溶解氧（DO）为极大型指标，首先将数据指标做极小化处理，先倒数变换 $x_1' = 1/x_1$，相应的分类标准区间变为 $(0，1/7.5]$，$(1/7.5，1/6]$，$(1/6，1/5]$，$(1/5，1/3]$，$(1/3，1/2]$，$(1/2，\infty)$，然后通过极差变换 $x_1'' = x_1'/0.5$ 将数据标准化，其对应的分类区间随之变为 $(0，0.2667]$，$(0.2667，0.3333]$，$(0.3333，0.4]$，$(0.4，0.6667]$，$(0.6667，1]$，$(1，\infty)$。

2）高锰酸盐指数（CODMn）的标准化。高锰酸盐指数本身是极小型指标，可由极差变换将其数据标准化，即令 $x_2' = x_2/15$，分类区变为 $(0，0.1333]$，$(0.1333，0.2667]$，$(0.2667，0.4]$，$(0.4，0.6667]$，$(0.6667，1]$，$(1，\infty)$。

3）氨氮（NH3-N）的标准化。氨氮也是极小型指标，对指标数据做极差变换将其标准化，即令 $x_3' = x_3/2$，对应的分类区间随之变为 $(0，0.075]$，$(0.075，0.25]$，$(0.25，0.5]$，$(0.5，0.75]$，$(0.75，1]$，$(1，\infty)$。

4）pH 值的处理。酸碱度（pH 值）的大小反映水质呈酸碱性的程度，通常的水生物都适应于中性水质，即酸碱度的平衡值（pH 值略大于 7），在这里不妨取正常值的中值 7.5。当 pH<7.5 时水质偏碱性，当 pH>7.5 时偏酸性，而偏离值越大水质就越坏，pH 值属于中间型指标。为此，对所有的 pH 值指标数据做均值差处理，即令 $x_4' = |x_4 - 7.5|/1.5 = 2/3|x_4 - 7.5|$，将其数据标准化。

（2）动态加权函数的确定　对这一实际问题进行分析，不妨取动态加权函数为偏大型正态分布函数，即：

$$w_i(x) = \begin{cases} 0 & x \leq \alpha_i \\ 1 - e^{-\left(\frac{x - \alpha_i}{\sigma_i}\right)^2} & x > \alpha_i \end{cases}$$

167

其中，α_i在这里取指标x_i的 I 类水标准区间的中值，即$\alpha_i = [b_1^{(i)} - a_1^{(i)}]/2$，$\sigma_i$由$w_i [a_4^{(i)}] = 0.9 (i=1,2,3)$确定。

由实际数据经计算可得$\alpha_1 = 0.1333$，$\alpha_2 = 0.0667$，$\alpha_3 = 0.0375$，$\sigma_1 = 0.1757$，$\sigma_2 = 0.2197$，$\sigma_3 = 0.3048$，代入上式可以得到 DO、CODMn 和 NH$_3$-N 三项指标的动态加权函数。

考虑对实际评价效果影响差异较大的是前三项指标，以及指标 pH 值的特殊性，这里取前三项指标的综合影响权值为 0.8，而 pH 值的影响权值取 0.2。因此，根据综合评价模型，某城市某一时间的水质综合评价指标定义为：

$$X = 0.8 \sum_{i=1}^{3} w_i(x_i) x_i + 0.2 x_4$$

根据 17 个城市的 28 组实际检测数据，经计算可得各城市的水质综合评价指标值，即可得到一个 17×28 阶的综合评价矩阵$(X_{ij})_{17 \times 28}$。

（3）综合评价结果分析 根据X_{ij}值的大小（即污染的程度）进行排序，数值越大说明水质越差。由此可得反映 17 个城市水质污染程度的 28 个排序结果。根据 Borda 函数的计算方法可得到第i个城市（被评价对象）S_i的 Borda 函数，为$B(S_i) = \sum_{j=1}^{28} B_j(S_i) (i = 1, 2, \cdots, 17)$。经计算可得到各城市的 Borda 函数及总排序结果，见表 7-13。

表 7-13 按各城市水质污染排序结果

排序	城市																
	S_1	S_2	S_3	S_4	S_5	S_6	S_7	S_8	S_9	S_{10}	S_{11}	S_{12}	S_{13}	S_{14}	S_{15}	S_{16}	S_{17}
Borda 函数	203	136	143	234	106	139	138	378	232	271	60	357	277	264	438	214	217
总排序	11	15	12	7	16	13	14	2	8	5	17	3	4	6	1	10	9

由表 7-13 可知，各观测城市所在江段的水质污染的情况，水质最差的是观测城市S_{15}，即江西南昌赣江鄱阳湖入口地区；其次是观测城市S_8，即四川乐山岷江与大渡河的汇合地区；第三位的是S_{12}，即湖南长沙湘江洞庭湖地区；干流水质最差的是湖南岳阳段S_4，主要污染可能是来自于洞庭湖。干流水质最好的区段是江西九江（鄂赣交界）段S_6，支流水质最好的是湖北丹江口水库S_{11}。

7.5 灰色关联综合法

控制论中，人们常用颜色的深浅来形容信息的明确程度。用"黑"表示信息未知，用"白"表示信息完全明确，用"灰"表示部分信息明确、部分信息不明确。相应，信息未知的系统称为黑色系统，信息完全明确的系统称为白色系统，信息不完全明确的系统称为灰色系统。灰色系统是介于信息完全知道的白色系统和一无所知的黑色系统之间的中介系统。带有中介性的事物往往具有独特的性能，更值得开发。

灰色系统是贫信息的系统，统计方法难以奏效。灰色系统理论能处理贫信息系统，适用于只有少量观测数据的项目。灰色系统理论是我国著名学者邓聚龙教授于 1982 年提出的。它的研究对象是"部分信息已知，部分信息未知"的"贫信息"不确定性系统，通过对部分已知信息的生成、开发实现对现实世界的确切描述和认识。换句话说，灰色系统理论上主要是利用已知信息来确定系统的未知信息，使系统由"灰"变"白"。其最大的特点是对样本量没有严格的要求，不要求服从任何分布。考虑到本节要讨论的灰色综合评价问题，所以将主要讨论灰色关联度分析，即探讨基于灰色关联度分析的综合评价方法。

虽然回归分析是一种较通用的方法，但大都只用于少因素、线性的问题，对于多因素、非线性的问题则难以处理。灰色系统理论提出了一种新的分析方法，即系统的关联度分析方法。有了系统行为的数据列后，根据关联度计算公式便可算出关联程度。对理想（标准）对象的接近次序，即评价对象的优劣次序，其中灰色关联度最大的评价对象为最佳。灰色关联分析，不仅可以作为优势分析的基础，还是进行科学决策的依据。

由于关联度分析方法是按发展趋势进行分析，因此对样本量的多少没有要求，也不需要有典型的分布规律，计算量小，即使是有十个变量（序列）也可用手算，且不至出现关联度的量化结果与定性分析不一致的情况。换句话说，关联度分析方法的最大优点是它对数据量没有太高的要求，即数据多与少都可以分析。它的数学方法是非统计方法，在系统数据资料较少和条件不满足统计要求的情况下，更具有实用性。

概括地说，由于人们对评判对象的某些因素不完全了解，使评判根据不足；或者由于事物不断发展变化，人们的认识落后于实际，使评判对象已经成为"过去"；或者由于人们受事物伪信息和反信息的干扰，导致判断发生偏差等。所有这些情况归结为一点，就是信息不完全，即"灰"。灰色系统理论是从信息的非完备性出发，研究和处理复杂系统的理论，它不是从系统内部特殊的规律出发去讨论，而是通过对系统某一层次的观测资料加以数学处理，达到在更高层次上了解系统内部变化趋势、相互关系等机制。其中，灰色关联度分析是灰色系统理论应用的主要方面之一。基于灰色关联度的灰色综合评价法是利用各方案与最优方案之间关联度的大小对评价对象进行比较、排序，其计算简单，通俗易懂，因此，现在越来越多地被应用于社会、经济、管理的评价问题。

7.5.1 理论基础

客观世界中，许多因素之间的关系是灰色的，分不清哪些因素之间关系密切，哪些不密切，这样就难以找到主要矛盾和主要特征。关联度是指表征两个事物的关联程度。即关联度是因素之间关联性大小的量度，它定量地描述了因素之间相对变化的情况。

关联度分析是灰色系统分析、评价和决策的基础。灰色关联度分析是一种多因素统计分析方法，用灰色关联度来描述各因素间关系的强弱、大小和次序。从思路上看，关联度分析属于几何处理范畴。它是一种相对性的排序分析，基本思想是根据序列曲线几何形状的相似程度来判断其联系是否紧密，曲线越接近，相应序列之间的关联度就越大，反之就越少。

总之，灰色关联度分析是系统态势的量化比较分析，其实质就是比较若干数列所构成的曲线列与理想（标准）数列所构成的曲线几何形状的接近程度，几何形状越接近，其关联度越大。关联序则反映了各评价对象对理想（标准）对象的接近次序，即评价对象的优劣次序，其中灰色关联度最大的评价对象为最佳。因此，利用灰色关联度可对评价对象的优劣进行分析比较。利用灰色关联分析进行综合评价的步骤如下。

（1）根据评价目的确定评价指标体系，收集评价数据 设 n 个数据序列形成如下矩阵：

$$(X'_1, X'_2 \cdots, X'_n) = \begin{pmatrix} x'_1(1) & x'_2(1) & \cdots & x'_n(1) \\ x'_1(2) & x'_2(2) & \cdots & x'_n(2) \\ \vdots & \vdots & \vdots & \vdots \\ x'_1(m) & x'_2(m) & \cdots & x'_n(m) \end{pmatrix} \tag{7-37}$$

其中，m 为指标的个数。

$$X'_i = (x'_i(1), x'_i(2), \cdots, x'_i(m))^T \quad i = 1, 2, \cdots, n \tag{7-38}$$

（2）确定参考数据列　参考数据列应该是一个理想的比较标准，可以以各指标的最优值（或最劣值）构成参考数据列，也可根据评价目的选择其他参照值。记为：

$$X'_0 = (x'_0(1), x'_0(2), \cdots, x'_0(m)) \tag{7-39}$$

（3）对指标数据进行无量纲化　无量纲化后的数据序列形成如下矩阵：

$$(X_0, X_1, \cdots, X_n) = \begin{pmatrix} x_1(1) & x_2(1) & \cdots & x_n(1) \\ x_1(2) & x_2(2) & \cdots & x_n(2) \\ \vdots & \vdots & \vdots & \vdots \\ x_1(m) & x_2(m) & \cdots & x_n(m) \end{pmatrix} \tag{7-40}$$

（4）绝对差值计算　逐个计算每个被评价对象指标序列（比较序列）与参考序列对应元素的绝对差值，即计算 $|x_0(k) - x_i(k)|$ 的值。 $\tag{7-41}$

（5）计算关联系数　由式（7-41）分别计算每个比较序列与参考序列对应元素的关联系数：

$$\zeta_i(k) = \frac{\min\limits_i \min\limits_k |x_0(k) - x_i(k)| + \rho \cdot \max\limits_i \max\limits_k |x_0(k) - x_i(k)|}{|x_0(k) - x_i(k)| + \rho \cdot \max\limits_i \max\limits_k |x_0(k) - x_i(k)|} \tag{7-42}$$

式中，ρ 为分辨系数，在（0，1）内取值，若 ρ 越小，关联系数间差异越大，区分能力越强。通常 ρ 取 0.5。

当用各指标的最优值（或最劣值）构成参考数据列计算关联系数时，也可用改进的更为简便的计算方法：

$$\zeta_i(k) = \frac{\min\limits_i |x'_0(k) - x'_i(k)| + \rho \cdot \max\limits_i |x'_0(k) - x'_i(k)|}{|x'_0(k) - x'_i(k)| + \rho \cdot \max\limits_i |x'_0(k) - x'_i(k)|} \tag{7-43}$$

改进后的方法不仅使计算简便，而且避免了无量纲化对指标作用的某些负面影响。如果 $\{x_0(k)\}$ 为最优值数据列，$\zeta_i(k)$ 越大，越好；如果 $\{x_0(k)\}$ 为最劣值数据列，$\zeta_i(k)$ 越大，越不好。

（6）计算关联序　对各评价对象（比较序列）分别计算其各指标与参考序列对应元素的关联系数的均值，以反映各评价对象与参考序列的关联关系，称其为关联序，记为：

$$r_{0i} = \frac{1}{m} \sum_{k=1}^{m} \zeta_i(k) \tag{7-44}$$

（7）对关联系数求加权平均值　如果各指标在综合评价所起的作用不同，可对关联系数求加权平均值，即：

$$r_{0i} = \frac{1}{m} \sum_{k=1}^{m} W_k \cdot \zeta_i(k) \tag{7-45}$$

其中，W_k 为各指标权重。最终依据各观察对象的关联序，得出综合评价结果。

7.5.2 应用案例分析

1. 案例背景

利用灰色关联分析法对六位教师工作状况进行综合评价，评价指标包括：专业素质、外语水平、教学工作量、科研成果、论文、著作与出勤。

2. 案例求解

1）根据评价目的确定评价指标体系，收集评价数据。该案例评价数据和评价体系见表7-14。

表7-14　六位教师工作状况

编号	专业	外语	教学量	科研	论文	著作	出勤
1	8	9	8	7	5	2	9
2	7	8	7	5	7	3	8
3	9	7	9	6	6	4	7
4	6	8	8	8	4	3	6
5	8	6	6	9	8	3	8
6	8	9	5	7	6	4	8

2）确定参考数据列：

$$\{x_0\} = \{9,\quad 9,\quad 9,\quad 9,\quad 8,\quad 9,\quad 9\}$$

3）计算绝对差值。计算 $|x_0(k)-x_i(k)|$，结果见表7-15。

表7-15　处理后六位教师工作状况绝对差值

编号	专业	外语	教学量	科研	论文	著作	出勤
1	1	0	1	2	3	7	0
2	2	1	2	4	1	6	1
3	0	2	0	3	2	5	2
4	3	1	1	1	4	6	3
5	1	3	3	0	0	6	1
6	1	0	4	2	2	5	1

4）取 $\rho = 0.5$，计算关联系数，得：

$$\zeta_1(1) = \frac{0+0.5\times7}{1+0.5\times7} = 0.778 \qquad \zeta_1(2) = \frac{0+0.5\times7}{0+0.5\times7} = 1.000$$

$$\zeta_1(3) = 0.778, \zeta_1(4) = 0.636 \quad \zeta_1(5) = 0.467, \zeta_1(6) = 0.333$$

$$\zeta_1(7) = 1.000$$

同理得出其他各值，见表7-16。

表 7-16　六位教师工作状况的关联系数

编号	$\zeta(1)$	$\zeta(2)$	$\zeta(3)$	$\zeta(4)$	$\zeta(5)$	$\zeta(6)$	$\zeta(7)$
1	0.778	1.000	0.778	0.636	0.467	0.333	1.000
2	0.636	0.778	0.636	0.467	0.636	0.368	0.778
3	1.000	0.636	1.000	0.538	0.538	0.412	0.636
4	0.538	0.778	0.778	0.778	0.412	0.368	0.538
5	0.778	0.538	0.538	1.000	0.778	0.368	0.778
6	0.778	1.000	0.467	0.636	0.538	0.412	0.778

5）计算关联序。分别计算每个人各指标关联系数的均值（关联序）：

$$r_{01} = \frac{0.778+1.000+0.778+0.636+0.467+0.333+1.000}{7} = 0.713$$

同样，可求得 $r_{02}=0.614$，$r_{03}=0.680$，$r_{04}=0.599$，$r_{05}=0.683$，$r_{06}=0.658$。

6）得出综合评价结果。如果不考虑各指标权重（认为各指标同等重要），六个被评价对象由好到劣依次为 1 号、5 号、3 号、6 号、2 号、4 号、即：$r_{01}>r_{05}>r_{03}>r_{06}>r_{02}>r_{04}$。

 习题 •

1. 权重系数法中权重选取的差异是由什么原因造成的？

2. 什么是层次分析法？简述层次分析法的主要步骤。

3. TOPSIS 法中，"理想解"和"负理想解"分别指什么？

4. 动态加权法与普通权重系数法的"权重"确定有什么区别？主要有哪些优势？

5. 灰色系统中，"灰色"具体的含义是指什么？

6. 为何需要利用若干个指标对模型或事件进行综合评价，其目的是什么？和单一指标评价相比，多指标综合评价有什么优势？

7. 在我国，获取淡水的途径主要有江河、湖泊、地下水等，然而江河、湖泊属于开放性系统，容易受到自然和人为因素的影响，其中以水体中的有机物耗氧造成水体富营养化最为严重。中国湖泊富营养化评价标准见表 7-17，以水利部统一制定的《地表水环境质量标准》作为依据，分别以透明度、总氮、高锰酸钾、总磷和叶绿素 a 作为综合评价因子，对表 7-18 中的 2003 年 10 月图们江水库相应数据进行评级分析。其中表 7-17 中水体富营养化共分 10 个等级，假设每一级的输出相差 10 分，正好为 100 分制。得分越高其水体富营养化越严重。10 个等级对应的目标输出模式为 10、20、30、40、50、60、70、80、90、100。请结合神经网络和综合评价方法对图们江水体进行评价。

表 7-17　中国湖泊富营养化评价标准

| 富营养化程度 | 富营养化等级 | 水体综合评价指标 | | | | |
		透明度 /m	总氮 /(mg/l)	高锰酸钾 /(mg/l)	总磷 /(mg/l)	叶绿素 a /(mg/l)
贫营养	1	10	0.020	0.15	0.001	0.0005
	2	5.0	0.050	0.4	0.004	0.0010

（续）

富营养化程度	富营养化等级	水体综合评价指标				
		透明度/m	总氮/（mg/l）	高锰酸钾/（mg/l）	总磷/（mg/l）	叶绿素 a/（mg/l）
中营养	3	3.0	0.10	1.0	0.010	0.0020
	4	1.5	0.30	2.0	0.025	0.0040
	5	1.0	0.50	4.0	0.050	0.010
富营养	6	0.5	1.0	8.0	0.10	0.026
	7	0.4	2.0	10	0.20	0.064
	8	0.3	6.0	25	0.60	0.16
	9	0.2	9.0	40	0.90	0.40
	10	0.12	16.0	60	1.30	1.00

表 7-18 2003 年 10 月图们江水体富营养化数据指标

水库	透明度/m	总氮/（mg/l）	高锰酸盐/（mg/l）	总磷/（mg/l）	叶绿素 a/（mg/l）	实际水质评分	水质富营养级
安图水库	0.9	2.88	5.2	0.02	0.0466	55.8	6
玉道水库	0.8	2.17	7.3	0.02	0.0466	56.8	6
河龙水库	0.8	1.97	4.9	0.01	0.0616	55.0	6
松月水库	1.2	2.30	2.6	0.01	0	36.2	4
石国水库	1.0	2.17	3.7	0.01	0.0616	49.4	5
亚东水库	0.9	2.18	2.9	0.01	0.1356	54.6	6
大新水库	1	1.66	3.0	0.04	0	41.4	5
满台城水库	0.9	2.12	5.8	0.01	0.7264	58.8	6
东林水库	0.8	2.17	5.0	0.01	0.1862	57.4	6
凤梧水库	0.9	3.30	5.8	0.01	0.2396	59.6	6

8. 请按出院人数、病床使用率、平均住院日、病死率、危重病人抢救成功率、治愈好转率和院内感染率七个指标，用 TOPSIS 法对某儿童医院 2006—2010 年五个年度的医疗质量进行纵向综合评价，原始数据见表 7-19。

表 7-19 某儿童医院 2006—2010 年七项医疗质量指标

年份	出院人数/个	病床使用率（%）	平均住院日/天	病死率（%）	抢救成功率（%）	好转率（%）	感染率（%）
2006	21584	76.7	7.3	1.01	78.3	97.5	2.0
2007	24372	86.3	7.4	0.80	91.1	98.0	2.0
2008	22041	81.8	7.3	0.62	91.1	97.3	3.2
2009	21115	84.5	6.9	0.60	90.2	97.7	2.9
2010	24633	90.3	6.9	0.25	95.5	97.9	3.6

参 考 文 献

［1］王喜林. 加权系数法在土壤等级评价上的应用［J］. 安徽农业科学，2010，38（31）：17477-17478.

［2］同长虹，刘经华，李建政. 用权重系数法优选机械设计方案［J］. 甘肃科技，2005（11）：127-128+146.

［3］韩中庚. 基于动态加权方法的水质综合评价模型［C］. 中国运筹学会第八届学术交流会论文集. 2006.

［4］DIMATTEO A, VANNUCCI M, COLLA V. Prediction of hot deformation resistance during processing of microalloyed steels in plate rolling process［J］. The International Journal of Advanced Manufacturing Technology，2013，66（9-12）：1511-1521.

［5］苏为华. 多指标综合评价理论与方法问题研究［D］. 厦门：厦门大学，2000.

［6］余胜威. MATLAB 数学建模经典案例实战［M］. 北京：清华大学出版社，2015.

［7］杨勇. 智能化综合评价理论与方法研究［D］. 杭州：浙江工商大学，2014.

［8］张发明. 综合评价基础方法及应用［M］. 北京：科学出版社，2018.

［9］易平涛，李伟伟，郭亚军. 综合评价理论与方法［M］. 北京：经济管理出版社，2019.

［10］郭亚军. 综合评价理论、方法及应用［M］. 北京：科学出版社，2012.

［11］HEYDARZADEH M, KIA S H, NOURANI M, et al. Gear fault diagnosis using discrete wavelet transform and deep neural networks［J］. 2016. IEEE. 1494-1500.

［12］孙利荣. 动态综合评价方法的研究［M］. 杭州：浙江工商大学出版社，2019.

［13］彭张林. 综合评价过程中的相关问题及方法研究［D］. 合肥：合肥工业大学，2015.

［14］郭亚军. 综合评价理论方法及拓展［M］. 北京：科学出版社，2012.

［15］胡振涛，刘先省. 基于相对距离的一种多传感器数据融合方法［J］. 系统工程与电子技术，2006，28（2）：196-198.

［16］JIA S J, YI J, YANG G K, et al. A multi-objective optimisation algorithm for the hot rolling batch scheduling problem［J］. International Journal of Production Research，2013，51（3）：667-681.

第三篇

智能决策应用

本篇中智能决策应用针对制造过程中的决策问题。一般而言，制造过程决策可分为设备级决策、产线级决策和系统级决策三个层面。

（1）设备级决策 设备级决策指通过物理硬件、自身嵌入式软件系统及通信模块，构成含有"感知-分析-决策-执行"数据自动流动的基本的闭环，实现在设备工作能力范围内的资源优化配置（如优化机械臂、AGV 小车的行走路径等）。这一层级上，感知和自动控制硬件、工业软件及基础通信模块主要支撑和定义产品的功能。对应第 8 章设备级决策。

（2）产线级决策 产线级决策指生产管理过程中通过集成工业软件、构建工业云平台对生产过程的数据进行管理，实现生产管理人员、设备之间无缝信息通信，将车间人员、设备等运行移动、现场管理等行为转换为实时数据信息，对这些信息进行实时处理分析，实现对生产制造环节的智能决策。并根据决策信息和领导层意志及时调整制造过程，进一步打通从上游到下游的整个供应链，从资源管理、生产计划与调度来对整个生产制造进行管理、控制以及科学决策，使整个生产环节的资源处于有序可控的状态。对应本书第 9 章产线级决策。

（3）系统级决策 系统级决策指在产线基础上，通过构建智能服务平台，实现不同制造单元之间的协同优化，如多条产线或多个工厂之间的协作，以实现产品生命周期全流程及企业全系统的整合。智能服务平台能够将多个制造单元工作状态进行统一监测，实时分析，集中管控。利用数据融合、分布式计算、大数据分析技术对多个单元的生产计划、运行状态、寿命估计统一监管，实现企业级远程监测诊断、供应链协同、预防性维护。实现更大范围内的资源优化配置，避免资源浪费。对应本书第 10 章系统级决策。

本篇为本书第三部分智能决策应用篇，接下来的章节主要按照设备级决策、产线级决策、系统级决策顺序进行介绍。第三篇内容如下所示。

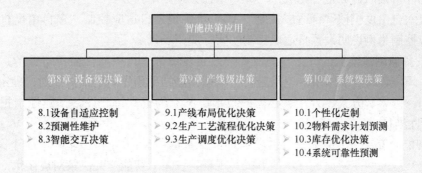

第**8**章 设备级决策

设备是具有不可分割性的信息物理系统最小单元，具备可感知、可分析、可交互、可决策的功能，每个设备都是一个可被识别、定位、访问、联网的信息载体。典型设备如智能机器人、AGV、智能数控机床等。设备级决策通过获取设备软硬件参数信息，实现设备的自适应控制。设备级决策包含如下内容：

（1）设备自适应控制 设备自适应控制是指对设备中的各种不确定性，利用反馈控制产生的信号来自行改变工作方式、调整参数，以适应差值变化的控制。对应于 8.1 节设备自适应控制。在工作过程中，系统本身能持续地检测系统参数或运行指标，根据参数或运行指标的变化，改变控制参数或控制作用，使系统运行于最优或接近最优的工作状态。它所依据的关于模型和扰动的先验知识比较少，需要在系统的运行过程中不断提取有关模型的信息，使模型逐步完善，如图 8-1 所示。

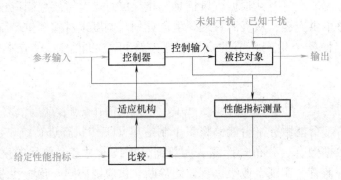

图 8-1 自适应控制系统工作原理图

设备级自适应控制多是指的单体机（单台设备），控制一个或多个装置动作，利用传感器或反馈元件来判断任务是否完成，完成一个任务或多个任务。

本章以六自由度机械臂自适应控制、AGV 轨迹规划自适应控制、多自由度机械臂目标抓取自适应控制为例说明设置自适应控制的实际应用场景。

（2）设备预测性维护 设备预测性维护是指对设备进行周期性或持续性的实时在线状态监测，来预测设备状态未来的发展趋势。根据预测结果预先制定维护计划，确定机器应该维护的时间、内容、方式、方法、必需的技术服务和物资支持。设备预测性维护对应于第 8.2 节预测性维护。

（3）智能交互决策 智能交互决策是指人工智能将用户的一些模糊行为习惯识别为具体准确的交互意图，用户通过自然的方式实现交互决策。智能交互决策对应于第 8.3 节智能交互决策。

设备级决策组织图如图 8-2 所示。

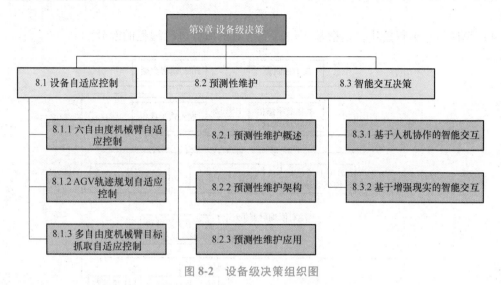

图 8-2　设备级决策组织图

8.1　设备自适应控制

8.1.1　六自由度机械臂自适应控制

随着机器人在制造业中的广泛使用，工业机器人伤害工人的事件屡见不鲜。如何在共享有限空间的前提下确保人员安全成为机器人防撞技术的研究重点。因此，研究复杂环境下工业机器人的动态碰撞避免对提高工业机器人的安全性具有重要意义。本节以 Func 六自由度机械臂为研究对象，针对机械臂运行时障碍物避碰和目标追踪问题，利用深度学习算法、双目视觉空间定位技术、虚拟样机技术对六自由度机械臂障碍物避碰和目标追踪进行研究与分析。

以 FANUC 工业机器人的基本数据为参数，对机械手的运动学进行建模和分析。使用 D-H 参数法建立机械臂的正向运动学模型，求解机械臂末端空间坐标系与关节空间坐标系之间的转换方程；在已知最终轨迹的情况下，使用代数方法求解机械手的逆运动学方程，求解机械臂每个关节的旋转角轨迹，为控制系统提供控制变量，并使用 MATLAB Robotics Toolbox 验证和分析构建的模型。

1. 机械臂控制系统架构

六自由度机械臂的四个层级，如图 8-3 所示。

1）第一层是机械臂的主体，由交流伺服电动机驱动，第二层的伺服控制级传递动力。

2）第二层伺服控制层由交流电动机伺服驱动器、串行卡、运动控制器以及 A/D、D/A、IO 等组成。电动机驱动器和控制器构成电流环、速度环、位置环，实现对机械臂六个轴的控制。多串口通信卡可以获取驱动器编码器的值。

3）第三层规划控制级是嵌入式工控机，通过总线连接到多通道多串口通信卡和多轴运动控制器。其主要功能是初始化多轴运动控制器，并将轨迹规划结果传送到多轴运动控制器。

4）第四级是编程模块，是指基于仿真平台对机械臂进行编程的部分。

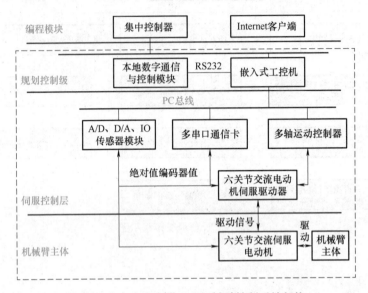

图 8-3　六自由度串联工业机械臂控制系统架构

机械臂系统的硬件包括本体、伺服控制级和规划控制级。本体包括六个连杆，各连杆的接头为伺服电动机与减速器，组成机械臂的关节，六关节的轴线相互平行或垂直。三维模型如图 8-4 所示。

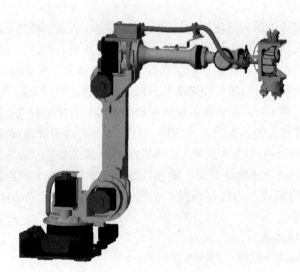

图 8-4　六自由度串联工业机械臂三维模型

交流电动机伺服驱动器内部模型如图 8-5 所示，电流环功能为控制电流与放大功率。

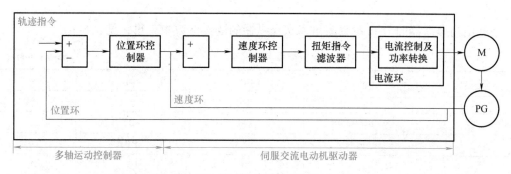

图 8-5 交流电动机伺服驱动器内部模型

2. 机械臂工作空间上轨迹跟踪控制

将工作空间中机械臂的最终位置从笛卡儿坐标转换为每个关节的角位置（q_1，q_2，q_3，q_4，q_5，q_6），为机械臂的逆运动学问题。使用 MATLAB Robotic Toolbox 工具箱建立六自由度机械臂模型，如下：

L1 = Link('d' , 0, 'a' , 0, 'alpha' , -pi/2);
L2 = Link('d' , 1, 'a' , 0, 'alpha' , pi/2);
L3 = Link('theta' , 0, 'a' , 0, 'alpha' , 0);
L4 = Link('d' , 0, 'a' , 0, 'alpha' , -pi/2);
L5 = Link('d' , 0, 'a' , 0, 'alpha' , pi/2);
L6 = Link('d' , 1, 'a' , 0, 'alpha' , 0);
myrob = SerialLink(L1 L2 L3 L4 LS L6);

参数 d 表示机械臂各连杆的偏移量，参数 a 表示机械臂各连杆的长度，而 alpha 表示机械臂的扭转角。

给定端从 $(x, y, z) = (0.2, 11.5, 0.97)$ 到 $(x, y, z) = (0.5, 13.8, 1.2)$ 的轨迹如图 8-6 所示。

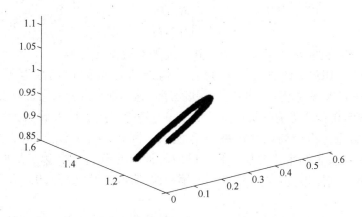

图 8-6 机械臂在笛卡儿空间末端运动轨线

在机械臂的工业应用环境中，通常选择逆运动学的最佳解决方案，使下一刻关节变量的逆运动学结果与当前关节变量之间的距离最小，以减少机械臂的能耗，并缩短机械臂的锻炼时间。

串联结构操纵器的 D-H 参数表可以从操纵器的链接参数中获得，见表 8-1。

表 8-1　六自由度串联工业机械臂的 D-H 参数　　　　　　　　（单位：mm）

关节（i）	θ_i	α_{i-1}	a_{i-1}	d_i
1	θ_1	0	0	P1
2	$\theta_2 - 90$	−90	−P2	0
3	θ_3	0	P4	0
4	θ_4	90	P5	P6
5	θ_5	−90	0	0
6	θ_6	90	0	0

机器人的两个相邻坐标系之间的转换矩阵 $^{i-1}_i\boldsymbol{T}$ 如下：

$$^0_1\boldsymbol{T} = \begin{pmatrix} c_1 & -s_1 & 0 & 0 \\ s_1 & c_1 & 0 & 0 \\ 0 & 0 & 1 & P_1 \\ 0 & 0 & 0 & 1 \end{pmatrix}, {}^1_2\boldsymbol{T} = \begin{pmatrix} s_2 & c_2 & 0 & -P_2 \\ 0 & 0 & 1 & 0 \\ c_2 & -s_2 & 1 & 0 \\ 0 & 0 & 0 & 1 \end{pmatrix}, {}^2_3\boldsymbol{T} = \begin{pmatrix} c_3 & -s_3 & 0 & P_4 \\ s_3 & c_3 & 0 & 0 \\ 0 & 0 & 1 & 0 \\ 0 & 0 & 0 & 1 \end{pmatrix}$$

$$^3_4\boldsymbol{T} = \begin{pmatrix} c_4 & -s_4 & 0 & P_5 \\ 0 & 0 & -1 & -P_6 \\ s_4 & c_4 & 0 & 0 \\ 0 & 0 & 0 & 1 \end{pmatrix}, {}^5_6\boldsymbol{T} = \begin{pmatrix} c_6 & -s_6 & 0 & 0 \\ 0 & 0 & -1 & 0 \\ s_6 & c_6 & 0 & 0 \\ 0 & 0 & 0 & 1 \end{pmatrix}, {}^6_7\boldsymbol{T} = \begin{pmatrix} 1 & 0 & 0 & 0 \\ 0 & 1 & 0 & 0 \\ 0 & 0 & 1 & P_7 \\ 0 & 0 & 0 & 1 \end{pmatrix}$$

机械臂末端相对基本坐标系的姿态可通过以下方式获得：

$$^0_7\boldsymbol{T} = {}^0_1\boldsymbol{T}{}^1_2\boldsymbol{T}{}^2_3\boldsymbol{T}{}^3_4\boldsymbol{T}{}^4_5\boldsymbol{T}{}^5_6\boldsymbol{T}{}^6_7\boldsymbol{T} \tag{8-1}$$

六自由度机械臂结构符合 Pieper 的准则，并且存在逆运动学的封闭解。从式（8-1）可以得到以下关系：

$$^0_7\boldsymbol{T} = \begin{pmatrix} R & P \\ 0 & 1 \end{pmatrix} \tag{8-2}$$

求得相应各关节运动角度 θ_1、θ_2、θ_3、θ_4、θ_5、θ_6 的对应值。

根据前文基于 DDPG 的强化学习算法，构造机械臂的运动控制算法程序。使用 TensorFlow 机器学习库来构建用于训练的算法程序。整个训练过程的回合数设置为 8000；每轮最多可以执行 500 步；奖励的折扣率 γ 为 0.9。经验回放区域 D 设置为容纳 1500000 组 (s_i, a_i, r_i, s_{i+1}) 数据；当经验回放区域 D 存满后，网络训练采样选择的数据数 N 为 32。Actor 网络的中间层包含两个隐含层，第一层中的神经元数为 80，第二层中的神经元数为 60。Critic 网络的中间层也包含两个隐含层，第一层的神经元数量为 50，第二层的神经元数量为 40。

在算法训练中，随机产生目标点以进行机械臂的交互作用，并且到达目标点时，机械臂的末端将获得更多奖励。随着训练的进行，目标点经过一定回合后会随机刷新，因此机械臂可以在不同位置学习更多的运动控制策略，从而使其更具适应性。可以通过机械臂携带的传感器测量机械臂各关节的旋转角度。将测得的关节角度信息与正运动学模型相结合，可以得到基于基本参考坐标系的三维空间坐标，在任何状态下求解机械臂的最终位置。

训练并运行算法后，将在每个回合继续运行一定数量的步骤，并在每个步骤中将（s,a,r,s'）存储在内存回放区域以进行采样和训练。使用梯度的关键网络下降方法会根据最大性能目标$J_\beta(\mu)$和最小损失函数 L 来更新网络参数。随着训练的进行，Actor 网络参数通过逐渐学习，可以控制机械臂根据目标坐标移动到目标点。

3. 采用双目视觉系统获取目标的位置信息

深度学习算法检测并识别障碍物和目标，然后通过空间定位算法将获取的信息传输到双目视觉系统，确定目标和障碍物的三维坐标，为避免碰撞到算法提供目标和障碍物对象，在Tensorflow 和 OpenCV 平台上实现目标识别和空间定位验证。

工业机器人的工作环境复杂多变，为了提高避免机械臂动态碰撞的准确性和可靠性，有必要建立一种视觉系统来准确检测、识别和定位障碍物和目标。首先，使用卷积神经网络中的 Mask R-CNN 用于检测和识别障碍物和目标。Mask R-CNN 是在以像素分割为研究对象的卷积神经网络的基础上提出的一种神经网络算法。该方法模块化了识别对象的特征，并大大提高了识别相似对象的能力，可适合复杂多变的环境。然后利用双目视觉的三维重构原理，对空间中的障碍物和目标进行定位，为机械臂避碰算法提供准确的坐标信息。

实验系统设计结构示意图如图 8-7 所示。它由视觉系统、六自由度机械臂、障碍物、目标物和工作平台组成。视觉系统由两个平行的工业双目摄像机和支架组成，它们安装在机械臂的工作范围之外，防止影响机械臂的正常操作。机械臂和视觉系统构成整个手眼工作系统。

视觉系统首先提取目标物和障碍物的图像；然后将提取的视频传输给针对目标物和障碍物不同特征而训练的检测算法，通过该算法识别障碍物和目标物；接着通过双目成像技术获取检测到目标物的三维坐标；最后，将获取的障碍物和目标物的三维坐标信息传输给防撞算法，

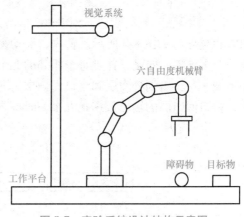

图 8-7　实验系统设计结构示意图

并将算法规划的防撞运行路径传输到机械臂，机械臂按照避碰路径实时运行，使机械臂完成抓取目标物并避开障碍物。

由于机械臂实际工作时需要在目标物和障碍物共存的工厂环境中识别出障碍物和目标物并获取三维坐标，同时机械臂是在控制系统的作用下实现对障碍物避碰和目标物的抓取，所以准确地检测出障碍物和目标物是机械臂完成避碰的前提。前面 6.2 节中介绍的卷积神经网络以自适应性强、检测速度快、检测精度高等优势成为目标检测算法研究的主流方向，其应用于目标检测时可分为 Two stage 和 One stage 两种，One stage 又称为基于回归的目标检测算法，与 Two stage 不同之处在于其去除了候选区域生成步骤，将样本特征提取、分类和目标选择集成在相同的神经网络中。主要优势在于提高了算法计算速度，主要代表算法有：YOLO、SSD. FPN、RetinaNet 等。Two stage 模型是一种以候选区域为基准的目标识别算法，算法流程主要包括两个阶段：首先从样本数据中提取候选区域，然后在该区域中执行分类和位置反馈，最后实现目标的识别和检测。其中 Mask R-CNN 是 Two stage 模型的典型代表算法之一。

与传统的目标检测算法相比，Mask R-CNN 网络增加了一个实例分割模块，又称为实例分割算法。它的卷积神经网络在 Faster R-CNN 的基础上增加了目标掩码算法。该算法在 Mask R-CNN 网络结构的特征图中添加了一个高精度的二进制掩码，以提高算法的计算速度和识别精度，如图 8-8 所示。

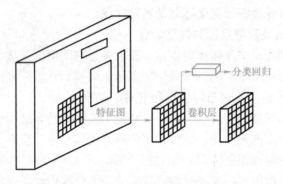

图 8-8　Mask R-CNN 网络结构示意图

Mask R-CNN 目标检测的整个过程分为以下四个阶段：

1）提取样本图片，并使用卷积神经网络获取样本特征，以获取特征图。

2）将提取的特征图输入到 **RPN（Region Proposal Networks）**中以生成目标候选区域。RPN 网络结构如图 8-9 所示。首先，滑动窗口对特征图执行卷积处理，特征图的每个位置生成一个多维特征向量，并且每个相邻的九个位置可以随机形成候选窗口 anchor。多维特征向量将被一一输出到分类层和窗口回归层。分类层的输出数据是九个锚点属于目标和背景的概率，窗口回归层的输出数据是九个 anchor 所属窗口的变化参数。

3）通过 **RollAlign** 层处理获得的候选区域，以获得包含二进制掩码的新特征。

4）使用带有二进制掩码的新功能来实现目标分类的回归和细分。

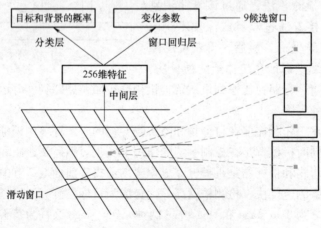

图 8-9　RPN 网络结构示意图

4. 机械臂避碰中的空间定位

首先，基于镜头成像原理建立数学模型以获取目标物和障碍物的空间位置。本节选择最普通的针孔相机对研究对象进行建模，如图 8-10 所示。

设：O_c 为镜头坐标系，$P(x_c, y_c, z_c)$ 为镜头坐标系的位置，O_f 为照片坐标系，$P'(u_1, v_1)$ 为目标在图片中位置，$O'(u_0, v_0)$ 为焦点在照片中的投影点。由针孔摄像头成像原理可得到：

$$
\begin{pmatrix} u_1 \\ v_1 \\ 1 \end{pmatrix} = \begin{pmatrix} \alpha_x f & 0 & u_0 \\ 0 & \alpha_y f & v_0 \\ 0 & 0 & 1 \end{pmatrix} \begin{pmatrix} x_c/z_c \\ y_c/z_c \\ 1 \end{pmatrix} = M_{in} \begin{pmatrix} x_c/z_c \\ y_c/z_c \\ 1 \end{pmatrix} \tag{8-3}
$$

式中，α_x、α_y 为 O_c 到图像平面两轴方向的放大系数；f 为相机的焦距；M_{in} 为由张氏标定得到的相机内参矩阵。

由双目照相机获得的图像间隙，可以得到物体距镜头的深度。因此，从双目测距原理（图 8-11）可以得到：

$$
z_c = \frac{B \cdot f}{u_L - u_R} = \frac{B \cdot f}{d} \tag{8-4}
$$

式中，B 是可以通过张氏标定获得的左右摄像机之间的基线距离；$d = u_L - u_R$，是相机之间的视差。可以求解物体在透镜坐标系中的位置 $P(x_c, y_c, z_c)$。因此，目标在基本坐标系中的坐标为：

$$
(x, y, z, 1)^T = T_o^c (x_c, y_c, z_c, 1)^T \tag{8-5}
$$

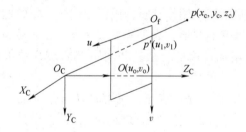

图 8-10　镜头成像模型简图

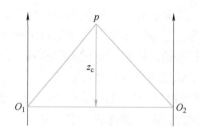

图 8-11　双目测距原理示意图

使用 TensorFlow，利用 Mask R-CNN 实现目标坐标获取实验。首先，基于 OpenCV 工具箱结合双目摄像机获得多组左右视图求解视差 d。然后通过图片大小建立图片坐标系，以确定图片 $P'(u_1, v_1)$ 中目标的坐标。参考相机参数，基线距离 B 为 55mm，焦距 f 为 12mm。使用张氏定标获得内部参数矩阵 M_{in}。

$$
M_{in} = \begin{pmatrix} \alpha_x f & 0 & u_0 \\ 0 & \alpha_y f & v_0 \\ 0 & 0 & 1 \end{pmatrix} = \begin{pmatrix} 418.1 & 0 & 308.2 \\ 0 & 419.2 & 230.1 \\ 0 & 0 & 1 \end{pmatrix} \tag{8-6}
$$

以目标物法兰为例进行实验分析。通过实验获得的机械臂基础坐标的 10 组目标物中心点的位置见表 8-2。

表 8-2　测量坐标和实际坐标值

组数	测量坐标	实际坐标
1	(2.18, −0.31, 516.19)	(0, 0, 515)
2	(0.12, 20.84, 512.51)	(0, 20, 515)

组数	测量坐标	实际坐标
3	(1.8, 39.79, 516.19)	(0, 40, 515)
4	(2.88, 60.98, 514.95)	(0, 60, 515)
5	(2.99, 80.36, 513.11)	(0, 80, 515)
6	(6.46, 98.65, 516.44)	(0, 100, 515)
7	(7.04, 116.23, 517.44)	(0, 120, 515)
8	(19.71, −4.66, 508.39)	(20, 0, 515)
9	(39.99, −4, 506.87)	(40, 0, 515)
10	(58.55, −4.35, 502.13)	(60, 0, 515)

从表 8-2 可以得出，当目标物离镜头越来越远时，定位精度会越来越差。通过分析 XY 平面误差和空间误差，发现定位误差主要来自 Z 轴，图像模糊和畸变主要影响 Z 轴坐标的采集。在机械臂的工作空间内，获取坐标时的空间误差在 8mm 以内，满足了机械臂防撞操作的要求。

5. 机械臂动态避碰

研究人工势场法在避碰中的缺陷，并采用建立速度场的方法定义人工势场，提高人工势场法在三维避碰和动态避碰中的可行性。危险区域法用作判断机械臂的连杆与障碍物之间距离的条件，并且用作排斥速度是否作用于机械臂的标准。为了解决人工势场法容易陷入局部最小值的问题，使用了在总速度法线方向上增加速度的方法，并利用 MATLAB 数值模拟方法验证了算法的合理性和可靠性。

使用 MATLAB Robotics Toolbox 验证算法的有效性。首先，使用 D-H 方法建立一个六自由度机械臂，该机械臂的工作范围为 $1.405m^2$。为了实验其有效性和可行性，设计了三组仿真实验，分别是无障碍机械臂跟踪目标、有障碍物机械臂实时避障和机械臂陷入极小值时逃出极小值。程序流程图如图 8-12 所示。

用已知参数 (0, 0, 0) 设置机械臂末端的初始位置，最大运行速度 $v_{max} = 0.16m/s$，两个吸引速度分别为 $v_{st} = v_{sp} = 0.04m/s$，合成速度权数 $k_{sp} = 0.1$、$k_{st} = 0.05$；目标的轨迹是：$x = 3$，$y = 5t$，$z = 4+3t$，其中 t 表示运行时间。完成了机械臂末端的吸引速度和各轴的吸引速度的定义，最后驱动机械臂完成对目标的跟踪。

6. 总结

1) 对机械臂的避撞问题进行研究的前提是分析运动学。机械臂的运动学分析包括正向运动学分析和逆向运动学分析。正向运动学分析是指知道机械臂每个关节的运动轨迹求解末端执行器轨迹的过程。逆运动学分析是指知道机械臂末端执行器的轨迹求解每个关节轨迹的过程。用 D-H 参数法建立机械臂各关节的变换矩阵，求解机械臂末端与基础坐标之间的变换矩阵。已知端部轨迹时，采用数值分析方法求解各关节的旋转角度，并求解机械臂的逆运动学。最后，基于 MATLAB Robotics Tool 工具，以 Func 六自由度操纵器的参数作为已知条件，验证建立的运动学模型的合理性。

2) 障碍物和目标物的空间定位是机器人防撞技术的主要内容之一。空间定位的前提是准确识别目标物和障碍物。深度学习算法 Mask R-CNN 用于各种复杂情况下准确识别障碍物

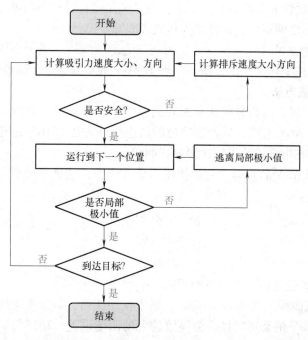

图 8-12　基于速度场的人工势场法的程序流程图

和目标物。将识别出的信息传递给双目视觉空间定位算法，利用算法的三维信息恢复特性，获得障碍物和目标物的实时三维坐标，为实现该目标奠定了基础。通过 OpenCV 和 Tensorflow 验证了所使用的方法，结果表明 Mask R-CNN 网络可以在不同的光照环境和不同的物体状态下实现准确的目标识别。同时，双目视觉与手眼校准相结合，可以得到机械臂中物体在基本坐标系下的位置，且误差在 1% 以内，可以满足机械臂防撞操作的要求。

　　3）精确的防撞算法是六自由度机械臂防撞的核心。利用深度空间算法定义基于速度场的人工势场方法，使得该算法适用于三维空间的避碰，提高了避碰精度。定义目标到机械臂末端的吸引速度，以实现对机械臂末端目标的实时跟踪。危险场法用于计算机械臂各关节与障碍物之间的距离并进行危险性评估，根据危险场来定义排斥速度。当机械臂的每个连杆与障碍物之间的距离超出危险范围时，排斥速度为零；如果在危险范围内，则产生排斥速度。最后，定义避免碰撞时机械臂的总速度，该总速度是排斥速度和空间吸引速度的总和。该速度产生了机械臂的避免碰撞轨迹，从而使机械臂可以避免碰撞。人工势场法的最大缺点是容易陷入局部最小值。在速度的法线方向上增加速度的方法用于逃避局部最小值并实现机械手的防撞任务。避撞算法使用 MATLAB Robotics Tool 和 MATLAB 编程来实现仿真分析。结果表明，基于速度场的人工势场法可以实现机械手的动态目标跟踪，避开运动障碍物并满足安全性评估。

8.1.2　AGV 轨迹规划自适应控制

　　随着智能工厂的快速发展，AGV（Automated Guided Vehicle）已被越来越广泛地使用。传统的 AGV 使用磁带、色带等进行路径导航，其定位范围和路径有很大的局限性，无法满足定位精度、轨迹灵活性和跟踪误差的要求。为了满足定位精确与高灵活性的需求，采用激光雷达来实现 AGV 的精确定位、轨迹规划和轨迹跟踪。AGV 轨迹规划是指生成过起点和终点且满足 AGV 物理约束的几何路径，并规划轨迹速度的过程。采用不依赖模型参数和全状态反馈控制率的前馈控制轨迹跟踪方法，实现了 AGV 的精确定位、轨迹规划和轨迹跟踪。

1. AGV 路径生成方法

在工厂使用 AGV 时，其行驶模式是相对固定的，通常只需要直行，转弯和改变车道即可。因此，本节研究 AGV 直线、转弯和变道的轨迹规划方法。AGV 路径生成包括直线行驶时的直线段、转弯时在极坐标系中四次多项式曲线。

（1）直线段　当 AGV 直行时，它会使用一条直线段，这是最佳距离和时间，也是最简单的路径。表达式为：

$$\begin{cases} x = s\cos(\theta) + x_0 \\ y = s\sin(\theta) + y_0 \\ \theta = \theta_0 = \theta_s \end{cases} \tag{8-7}$$

式中，s 定义了从起始位置沿直线经过的距离。

（2）四次多项式曲线　当 AGV 转弯时，通常使用圆弧，但是在圆弧和直线连接点处的曲率跳动，不符合 AGV 的物理特性，会导致较大的跟随误差。用极坐标系表示的四阶多项式曲线近似圆弧可以解决曲率跳变的问题，且其长度仅比圆弧长度稍大。四次多项式曲线是在局部坐标系中定义的，局部坐标系以通过起点和终点位姿圆弧的中心为坐标原点。极坐标系中的四次多项式曲线的表达式为：

$$r(\varphi) = a_0 + a_1\varphi + a_2\varphi^2 + a_3\varphi^3 + a_4\varphi^4 \tag{8-8}$$

式中，r 为极径；φ 为极角。

转弯时的几何路径应具有连续曲率，必须满足如下约束：

$$\begin{cases} r(0) = R, r'(0) = 0, k(0) = 0 \\ r(\varphi_s) = R, r'(\varphi_s) = 0, k(\varphi_s) = 0 \end{cases} \tag{8-9}$$

式中，r 为圆弧半径；k 为曲率；φ_s 为转动角度，即从起始位置到终止位姿转过的角度。

极坐标系中，曲率 k 是曲线切线角度对曲线长度 s 的导数，即：

$$k = \frac{\mathrm{d}\theta}{\mathrm{d}s} \tag{8-10}$$

曲线切线角度 θ 的表达式为：

$$\theta = \frac{\pi}{2} + \varphi - \tan^{-1}(r'/r) \tag{8-11}$$

将约束方程（8-9）和式（8-10）、（8-11）代入式（8-8）可得到具有连续曲率的四阶多项式曲线：

$$r(\varphi) = R\left(1 + \frac{\varphi^2}{2} - \frac{\varphi^3}{\varphi_s} + \frac{\varphi^4}{2\varphi_s^2}\right) \tag{8-12}$$

2. AGV 的轨迹跟踪

AGV 的轨迹跟踪是指以一定的控制率驱动小车来跟踪命令轨迹，保证跟踪误差和末端定位误差。控制器的性能在很大程度上受测量精度的影响，当测量精度高、周期短时，对控制器性能要求也降低；当测量精度低、周期长时，对控制器性能要求也提高。前馈控制用于执行轨迹规划参考命令，反馈控制用于减少由于系统模型不准确、路面不平整和其他干扰而导致的错误。前馈控制严重依赖于模型参数的准确性，而反馈控制对模型参数的依赖性较低，因此同时使用这两者可以获得更好的性能。

AGV 的驱动系统主要包括驱动器、电动机、编码器、减速机、车轮。系统模型如图 8-13 所示。

图 8-13　AGV 硬件系统模型

为降低系统延时，驱动器的控制系统通常采用速度环+电流环的分层控制策略。每个环节都可看作一个低通滤波器，因此可以根据速度环带宽 0 将驱动器和电动机建模成一个二阶滤波器。传递函数为：

$$G(s) = \frac{\omega_v^2}{s^2 + 2\omega_v s + \omega_v^2} \tag{8-13}$$

减速器的模型为比例环节，根据比例进行设置。

（1）确定误差模型　假设小车参考位姿为 $x_r = (x, y, \theta_r)^T$，参考控制量为 $u_r = (v_r, \omega_r)^T$，当前位姿为 $x = (xy\theta)^T$，则 AGV 局部坐标系下的误差向量为：

$$e = R(X_r - X) \tag{8-14}$$

式中，R 为全局坐标系到局部坐标系的坐标变换矩阵：

$$R = \begin{pmatrix} \cos(\theta) & \sin(\theta) & 0 \\ -\sin(\theta) & \cos(\theta) & 0 \\ 0 & 0 & 1 \end{pmatrix} \tag{8-15}$$

控制量定义为：

$$u = \begin{pmatrix} v \\ \omega \end{pmatrix} \tag{8-16}$$

误差向量对时间求导可得误差模型：

$$\dot{e} = \begin{pmatrix} \omega e_2 - v + v_r \cos(e_3) \\ -\omega e_1 + v_r \sin(e_3) \\ \omega_r - \omega \end{pmatrix} \tag{8-17}$$

（2）控制器设计　根据式（8-17），误差模型是非线性的，传统的反馈控制器不能直接用于控制。因此，误差模型需要线性化。

轨迹控制器的目的是使误差为零。一个好的控制器应该可以使错误接近于 0。因此，控制器的误差近似为 $e \approx 0$，并且有以下等式成立：

$$\begin{cases} \cos(e_3) \approx 1 \\ \sin(e_3) \approx e_3 \end{cases} \tag{8-18}$$

设反馈控制量为 Δu：

$$\Delta u = u_r - u \tag{8-19}$$

代入误差模型可得：

$$\dot{e} = \begin{pmatrix} 0 & \omega & 0 \\ -\omega & 0 & v_r \\ 0 & 0 & 0 \end{pmatrix} e + \begin{pmatrix} v_r - v \\ 0 \\ \omega_r - \omega \end{pmatrix} \tag{8-20}$$

误差模型可改写为：

$$\dot{e} = \begin{pmatrix} 0 & \omega & 0 \\ -\omega & 0 & v_r \\ 0 & 0 & 0 \end{pmatrix} e + \begin{pmatrix} 1 & 0 \\ 0 & 0 \\ 0 & 1 \end{pmatrix} \Delta u \tag{8-21}$$

当误差为 0 时，反馈控制量为 0。因此，将方程式（8-21）线性化为反馈控制量 $\Delta u = 0$，可获得：

$$\dot{e} = Ae + B\Delta u \tag{8-22}$$

$$A = \begin{pmatrix} 0 & \omega r & 0 \\ -\omega r & 0 & v_r \\ 0 & 0 & 0 \end{pmatrix}, B = \begin{pmatrix} 1 & 0 \\ 0 & 0 \\ 0 & 1 \end{pmatrix} \tag{8-23}$$

因此，反馈控制器可应用全状态反馈控制率设计，可以将反馈控制器设计为具有全状态反馈控制速率，即

$$\Delta u = -Ke \tag{8-24}$$

参数矩阵 K 可选择如下结构：

$$K = \begin{pmatrix} k_x & 0 & 0 \\ 0 & k_y & k_\theta \end{pmatrix} \tag{8-25}$$

（3）增益选择策略　AGV 轨迹跟踪方法基于线性化理论，在线性化后误差模型会引入一定的误差，控制模型中的状态转移矩阵 A 随时间变化，因此参数矩阵 K 的选择对于轨迹跟踪控制器很重要。

$$\dot{e} = (A - BK)e \tag{8-26}$$

变换后的状态转移矩阵为 $(A - BK)$，根据所需的控制器性能指标设置系统极点后，即可获得目标状态转换矩阵 A^*。

$$A^* = A - BK \tag{8-27}$$

由于矩阵 A 是随时间变化的，因此上述等式需要在每个控制周期中求解一次，这将增加控制器的计算量。可以使用分段增益的方法将命令速度空间划分为多个段，并离线计算每段的参数矩阵 K。根据式（8-27），可以看出矩阵 A 仅受参考指令速度的影响，并且参考指令速度的形式更简单，最大值受到限制，因此易于分割。

（4）最优任务同步策略　反馈控制器的性能受系统增益的影响。增益越大，反馈控制器的响应速度越快，但是系统也易于振荡。减少系统延迟可以增加系统增益而不会产生振荡。

轨迹跟踪控制器的延迟主要来自多个任务之间的不对中。假设在时刻 t_2，即在轨迹跟踪期间，定位数据尚未更新，仍然是时刻 t 的定位数据，但是轨迹规划数据已经更新，指令数据为 AGV 在 t 时需要到达的位姿。这样会导致命令和反馈之间存在两个周期的错误，这将导致计算出的误差值约为实际误差值的两倍。错误的计算很容易引起系统振荡，严重限制系统增益，从而限制反馈控制器的响应。最优任务同步策略是根据定位任务对齐轨迹规划和轨迹跟踪任务，即定位完成后立即进行轨迹规划，然后进行轨迹跟踪。

轨迹跟踪控制器的输出为 AGV 的前进速度 v 和转弯速度 w，而驱动器接受的指令依然是左右车轮转速 w_r、w_l，则：

$$\begin{pmatrix} v \\ w \end{pmatrix} = \begin{pmatrix} \dfrac{w_r \pi d_r}{2g} & \dfrac{w_l \pi d_l}{2g} \\ \dfrac{w_r \pi d_r}{g_l} & -\dfrac{w_l \pi d_l}{g_l} \end{pmatrix} \tag{8-28}$$

从上式可以看出，控制指令 u 关于左右车轮转速的转换涉及 AGV 的模型参数：左右车轮直径 d_l、d_r，减速比 g、左右车轮轮距 l。不正确的模型参数将导致实际控制命令不正确，可以通过精确测量获得模型参数，但是实际车轮直径将随 AGV 的负载而变化，而离线测量无法补偿。因此，本节着重介绍在左右车轮的减速比 g_l、g_r 和轮距 l 已知时，如何在线识别车轮直径。

定义：

$$C = \begin{pmatrix} \dfrac{\pi d_r}{2g} & \dfrac{\pi d_l}{2g} \\ \dfrac{\pi d_r}{g_l} & -\dfrac{\pi d_l}{g_l} \end{pmatrix} \tag{8-29}$$

$$\begin{pmatrix} v \\ w \end{pmatrix} = C \begin{pmatrix} w_r \\ w_l \end{pmatrix} \tag{8-30}$$

由里程计模型可得：

$$\mathrm{d}\theta = (\omega + \varepsilon_{\omega,t}) \, \mathrm{d}t = \mathrm{d}t \begin{pmatrix} \omega_r & \omega_l \end{pmatrix} \begin{pmatrix} C_{21} \\ C_{22} \end{pmatrix} \tag{8-31}$$

绝对定位可以在此期间获得方位角增量 $\mathrm{d}\theta_{m,i}$，因此在收集了 $N (N>1)$ 个数据集之后，成本函数可以构造如下：

$$J = \sum_{i=1}^{N} \| \mathrm{d}\theta_{m,i} - \mathrm{d}\theta_i \|^2 \tag{8-32}$$

可以通过最小化此函数来获得 C_{21}、C_{22} 的结果，最小二乘法的矩阵形式可以通过微分上述公式来找到最大值，即

$$Ax = b \tag{8-33}$$

式（8-33）为线性最小二乘，其解为：

$$A = \mathrm{d}t \begin{pmatrix} \omega_{r,1} & \omega_{l,1} \\ \omega_{r,2} & \omega_{l,2} \\ \vdots & \vdots \\ \omega_{r,N} & \omega_{l,N} \end{pmatrix}$$

$$b = \begin{pmatrix} \mathrm{d}\theta_{m,1} \\ \mathrm{d}\theta_{m,2} \\ \vdots \\ \mathrm{d}\theta_{m,N} \end{pmatrix}$$

x 为待标定的参数向量：

$$x = \begin{pmatrix} C_{21} \\ C_{22} \end{pmatrix}$$

$$x = (A^T A)^{-1} A^T b \tag{8-34}$$

由式（8-34）逆解求解实时的左右轮直径 d_1、d_r。

3. AGV 轨迹规划仿真

使用 MATLAB R2018a 平台进行 AGV 的轨迹规划和轨迹跟踪（图 8-14）。仿真代码用 m 语言编写，并且仿真结果显示在 MATLAB 绘图工具中。

图 8-14　AGV 模型

轨迹规划仿真验证了极坐标系中直线段和四阶多项式曲线的轨迹规划方法。仿真流程图如图 8-15 所示。

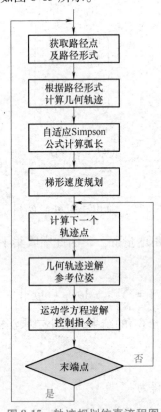

图 8-15　轨迹规划仿真流程图

（1）直线段　直线段的起点为 $(0\ 0\ \pi/4)^T$，行走距离为 6m，进行两组实验。第一组实验的开始和结束速度均为 0m/s，第二组实验的开始速度为 0.2m/s，结束速度为 0.7m/s，检查路径曲线以及相应的位移、速度、加速度曲线，结果如图 8-16 所示。

由于直线部分非常简单，因此仅检查其速度规划。由图 8-16 可以看出，直线段的速度是梯形轮廓，并且

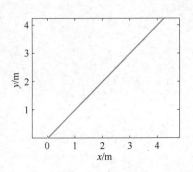

图 8-16　直行轨迹图

190

在大多数时间以最大速度行进，从而节省了时间，并且速度线性变化不会带来柔性冲击。第二组的起始速度不为 0，但速度曲线仍为梯形。因此，上述结果还表明，梯形速度曲线适用于不同的起始速度和结束速度，并且可以满足路径连接不间断的要求。

（2）转弯曲线　转弯时采用极坐标系下的四次多项式曲线，用其近似起点 $(1.50\ \pi/2)^T$，半径为 1.5m 的圆弧。进行了四次仿真实验，转角分别设置为 30°、45°、60° 和 90°，结果见表 8-3。

表 8-3　转弯曲线与圆弧曲线弧长关系表

转角（°）	曲线长度/m	圆弧长度/m	比率
30	0.7895	0.7854	1.0052
45	1.1919	1.1781	1.0117
60	1.6035	1.5708	1.0208
90	2.4644	2.3562	1.0468

四次多项式曲线的形状非常接近圆弧，具有连续变化的曲率，并且四次多项式曲线的最大曲率大于圆弧的曲率。曲线的长度非常接近圆弧的长度，并且随着转动角度的增加，曲线的长度与圆弧的长度之比也会增加，但是即使旋转角度为 90°，该比率仍仅为 1.0468，因此可以认为四次多项式曲线长度近似于圆弧长度。综上所述，极坐标系中的四次多项式曲线满足转弯时连续曲率变化的要求，并且曲线长度仅略微增加，完全满足 AGV 路径的要求。

（3）变道曲线　本例进行了四次变道曲线仿真实验，起点均为 $(0\ 0\ 0)^T$，其他参数相同，终点分别为 $(0\ 0\ 0)^T$、$(2\ 1\ 0)^T$、$(3\ 1\ 0)^T$ 和 $(4\ 1\ 0)^T$。

最大曲率关系表见表 8-4。从表 8-4 可以看出，四组实验均实现了车道变换，曲率不断变化，变化率小。其中，最大曲率随着 y_s/x_s 的增加而增加，因此 y_s/x_s 在规划时应大于下限。

表 8-4　最大曲率关系表

序号	y_s/x_s	最大曲率
1	0.5000	1.2327
2	0.3333	0.5874
3	0.2500	0.3415
4	0.5000	0.6163

四组实验的线速度曲线与命令一致，都是梯形曲线，并满足最大速度和最大加速度限制。角速度曲线是连续变化的对称曲线，具有较小的最大值和总角速度。变化很平缓，因此对电动机的要求不高。

（4）连续行走　仿真实验生成了连续的行走轨迹，模拟真实的环境。当 AGV 正常直行时，遇到障碍物后它将立即改变车道，然后直行直到越过障碍物，或改变车道，返回原始车道并继续行驶。经过一定的距离后，遇到一个路口，会立即根据调度指令转弯。路径信息与顺序表见表 8-5。

表 8-5　路径信息与顺序表

序号	路径点位姿	路径	速度/（m/s）	最大速度/（m/s）	加速度/（m/s²）
0	（0；0；0）	—	0	—	4
1	（0.5；0；0）	直行	0.3333	1	4
2	（3.5；-1.5；0）	变道	0.3333	0.3333	4

序号	路径点位姿	路径	速度/(m/s)	最大速度/(m/s)	加速度/(m/s²)
3	(4; -1.5; 0)	直行	0.3333	1	4
4	(7; 0; 0)	变道	0.3333	0.3333	4
5	(7.5; 0; 0)	直行	0.5	1	4
6	(8.5; 1.5; 1.7)	左转	0	0.5	4

由表 8-5 的结果可以看出，连续路径平滑连接，没有曲率跳变，规划线速度完全满足指令要求，角速度小、变化平稳。

4. 总结

轨迹跟踪控制性能受车辆动力学约束的限制。满足 AGV 的物理约束并具有平稳速度的轨迹可以减轻对跟踪控制器的要求，并大大提高跟踪精度和终端定位精度。因此，有必要研究轨迹规划算法。

本节分析了传统方法的缺点，针对需要精确定位、高度灵活性的场合，实现了 AGV 的精确定位、轨迹规划和轨迹跟踪。给出了基于激光雷达数据的精确定位方法，提出了 AGV 多路径的轨迹规划策略，采用不依赖模型参数进行前馈控制+全状态反馈控制率的轨迹跟踪方法来实现 AGV 精确定位、轨迹规划和轨迹跟踪。该算法定位精度高，更新频率快，完全可以满足 AGV 路径规划的要求。

8.1.3 多自由度机械臂目标抓取自适应控制

在多机械臂任务中，不仅需要机械臂进行理想的空间运动，而且还需要在机械臂运动期间保持适当的抓取力，并且要抓握的物体不一定是单个的。对于物体，机械臂需要适应不同质量和不同形状的被抓物体，甚至需要在抓取过程中确保目标物体的安全。针对上述问题，本节采用基于自建机械手的抓力模糊增量自适应控制算法，以提高机械手在实际工作中的抓力稳定性控制。

六自由度机械臂目标抓取系统主要由三部分组成：六自由度机械臂、机械臂控制平台和深度相机。对于目标物体，系统通过深度相机采集目标物体的图像，然后对图像进行处理以匹配并查询预设的物体信息数据库。预设对象信息数据库预设有多个实验对象的图像信息和平均质量信息。在获得目标物体的预设质量数据之后，目标物体的质量数据被发送到机械手控制器。控制器根据获得的目标物体的质量信息计算出机械手的预期抓取力。机械手控制器通过夹持力传感器实时获得机械手对目标物体的抓紧力，然后通过转向齿轮的位置实时调节机械手的打开和关闭。

在获取目标物体图像的过程中，深度相机还可获取目标位置信息。通过坐标变换获得机械臂坐标空间中的位置信息。机械臂控制平台结合空间环境信息和目标位置信息，计算出运动轨迹，将机械手移动到目标物体的位置，最后通过抓力控制，安全稳定地抓取目标物体。整个目标抓取系统的构造原理如图 8-17 所示。

目标抓取系统中的六自由度操纵器提供了丰富的通信方法，例如，串行端口、网络、IO 并支持 ROS/Python 二次开发。重复定位精度可达 0.5mm，具有易于使用的可视交互软件和仿真功能。该平台支持多种末端执行器，切换方便，可满足不同任务的需求。

在实验中，机械臂控件采用了基于 ROS 平台的 Move It!，机械臂运动控制实现包括关节空间运动的实现和笛卡儿空间运动的实现。

1. 关节空间运动实现

关节空间运动是机械臂末端的点对点运动。无需规划笛卡儿空间中机械臂末端的运动轨迹。机械臂的关节运动无需联动，运动轨迹可以是任何空间轨迹。

假设机械臂是从点 A 移动到点 B，可通过机械臂六个关节的位置描述确定点 B，这种方法称为正向运动学规划。具体实现过程为：首先执行初始化过程。内容包括 move_group、ROS 结点、move group 所控制的机械臂

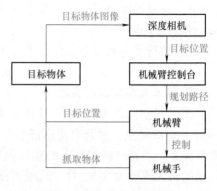

图 8-17　目标抓取系统搭建原理图

中的 arm group、机械臂初始位置，将机械臂运动的允许误差值设置为 0.001，确定在运动过程中关节旋转的最大速度为 0.5，将机械臂运动期间关节旋转的最大加速度确定为 0.5，然后确定机械臂运动的最终坐标。最后发出命令控制机械臂完成运动，使机械臂复位到初始位置。

实现过程中关键的 API 如下。

1）创建规划组的控制对象：arm = moveit commander：Move Group Commander（'m anipulator）

2）确定关节空间运动的最终坐标，采用机械臂六个关节角的数据来进行描述：joint positions = [0.391410，−0.676384，−0.376217，0.0，1.052834，0.454125]。

3）完成机械臂运动规划：arm. set joint value target(joint positions)

4）控制机械臂完成运动：arm. go()

但是实际情况往往只知 B 点在工作空间中的坐标，无法确定机械臂六个点在 B 点的准确位姿，因此另一种方式是通过逆向运动学规划实现机械臂空间运动规划。

逆向运动学规划的具体实现过程如图 8-18 所示。首先，执行初始化过程。初始化内容包括 move group，ROS 结点、机械臂初始位置。其次获取终端连杆的名称，并设置用于目标位置的参考坐标系，设置在运动规划失败后允许重新规划，将位置和姿势的允许误差分别设置为 0.001 和 0.01，将机械手运动期间的最大关节旋转速度设置为 0.5，并设置机械臂运动期间的最大关节转动加速度为 0.5。然后确定笛卡儿空间中机械臂轨迹的最终姿态，其中空间坐标由 X、Y、Z 三维坐标描述，而空间姿态由 base link 坐标系中的 D-H 参数描述。设置当前机械臂的状态作为初始运动状态，设置机械臂末端运动的目标位姿。最后，机械臂规划运动路径。规划成功后将根据规划的运动路径控制机械臂运动，完成后机械臂将返回初始位置。

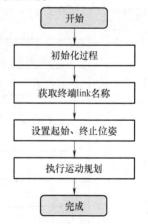

图 8-18　逆向运动学规划的
具体实现过程

实现过程中关键的 API 如下。

1）创建规划组的控制对象：arm = moveit commander：MoveGroupComm ander('m anipulator')
end effector link = am. get end effector link()

2）获取机械臂的终端连杆名称：reference frame = 'base link'

arm. set pose reference frame(reference frame)

3）设置目标位姿对应的参考坐标系和起始、终止位姿：arm. set pose target (target pose, end effector link)

4）执行运动规划并完成运动：traj = arm. plan ( )

$$\text{arm. execute (traj)}$$

2. 笛卡儿空间运动实现

笛卡儿空间运动规划的具体实现过程为：首先进行初始化，初始化内容包括 move group，ROS 结点，并开启使用笛卡儿空间的运动规划功能；然后设置目标位置所使用的参考坐标系，设置位置和姿态的允许误差分别为 0.001 和 0.01，确定机械臂运动过程中关节转动的最大速度为 0.5，确定机械臂运动过程中的关节转动的最大加速度为 0.5，获取机械臂末端连杆的名称，之后要保证当机械臂执行运动规划失败后允许再次重新规划；接着设置机械臂空间运动轨迹规划完成覆盖率，确定机械臂在一次路径规划失败后最多可以执行的重复规划次数；最后尝试规划一条笛卡儿空间下的路径，依次通过所有路径点。如果路径规划成功即覆盖率为 100%，则开始控制机械臂运动，如果路径规划失败，则打印失败信息。

实现过程中的关键 API 为：(plan, fraction) = arm. compute_cartesian path (waypoints, 0. 01, 0. 0, Thue)。

函数中四个参数的意义依次为路点列表、终端步进值、跳跃阈值、避障规划。其中返回值 plan 表示规划的运动轨迹，fraction 表示规划成功的轨迹在给定路径点列表中的覆盖率为 [0-1]，fraction<1 表明给定的路径点列表无法完成完整规划。

3. RRT 算法原理及自主避障运动实现

许多情况下，机械臂运动期间可能会存在障碍物，因此有必要考虑如何在机械臂运动期间避开障碍物。Movelt! 可以在运动规划期间检测到碰撞，并通过 Movelt! 规划轨迹绕过障碍物，其核心组件规划场景监视器框架结构如图 8-19 所示。它可以监视外围环境信息，机械臂的传感器数据以及机械臂的关节状态。

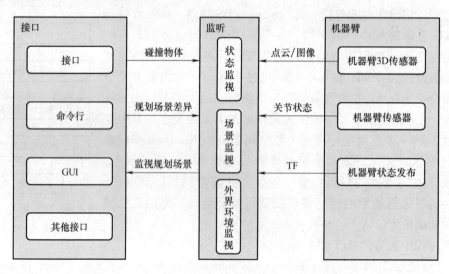

图 8-19　规划场景监视器框架结构

Movelt! 中的 OMPL 库包含了许多当前机器人方面的运动规划算法。自主避障算法为库中常用的 RRT（Rapidly-exploring Random Tree）算法。

RRT 算法的中文全称是快速搜索随机树算法。它使用随机采样的原理来检测周围环境中的碰撞并选择无障碍运动环境，直到成功规划运动轨迹。RRT 算法流程图如图 8-20 所示。

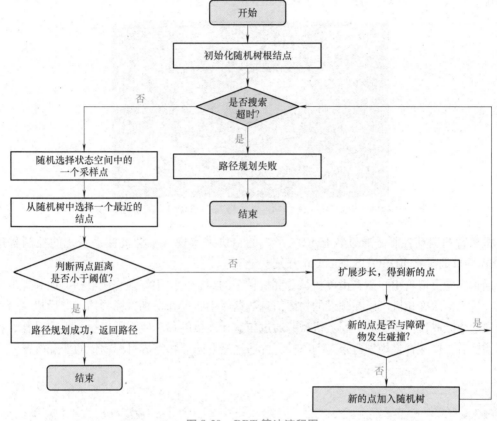

图 8-20　RRT 算法流程图

在 MoveIt！中可以通过 Rviz 可视界面将障碍物添加到机械臂的运动场景中，如图 8-21 所示，也可以通过 Python 编程在运动场景中添加障碍物。

195

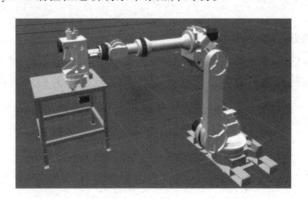

图 8-21　Rviz 中添加障碍物到机械臂运动场景

使用 Python 语言可向机械臂运动场景中添加障碍物。主要是将桌面高度设置为 0.6，将桌面的三维尺寸设置为 [0.1, 0.7, 0.01]，并设置最终三维工具尺寸为 [0.2, 0.02, 0.02]，设置末端工具的位姿，将桌面添加到机械臂运动场景中，执行避障运动路径规划，并在成功规划后完成自主避障运动，最后在 Rviz 可视化界面中展示机械臂运动场景和障碍物情况，以及自主避障运动的执行结果，如图 8-22 所示。

图 8-22　用 Python 语言实现在机械臂运动场景中添加障碍物

机械臂的运动控制是通过装有 ROS 系统的主机来实现。小型机械手系统的控制程序通过 USB 端口记录在 ROBOTIS OpenCM 开发板上。

通过实验可以看出，六自由度机械臂和机械手的组合可以很好地完成目标抓取和抓取力的控制。首先，深度相机可以在预设的物体信息数据库中匹配并识别目标物体，然后机械臂可以移动到适合抓取目标物体的空间。机械臂通过与蓝牙连接的移动应用程序执行抓取动作；抓住目标物体后，机械臂将规划避障运动路径，并通过避开障碍物完成目标物体的安全放置。

8.2　预测性维护

8.2.1　预测性维护概述

1. 什么是预测性维护

预测性维护是以状态为依据（Condition Based）的维护。当机器或设备正在运行时，会对其主要（或要求的）组件进行定期或连续（在线）状态监视和故障预测来确定设备状态，预测设备状态的未来发展趋势，并根据设备状态的发展趋势和可能的故障模式提前制定预测性维护计划，以确定机器应该维护的时间、内容和维护机器的方法，并提供必要的技术服务和材料支持。

预测性维护集成了设备状态监视，故障诊断、故障（状态）预测、维护决策支持和维护活动，是一种预防性维护方法。预测性维护具有狭义和广义的概念。狭义的概念基于状态监视（状态维护），强调故障诊断，是指对设备进行不定期或连续的状态监测，根据检测结果判断设备是否存在异常情况或故障趋势，在适当的时间安排维护任务。狭义的预测性维护没有固定的维护周期，它仅使用监视和诊断的结果来及时安排维护计划，强调监视、诊断和维护三位一体。该思想广泛适用于批量生产方式。广义上的预测性维护将状态检测、故障诊断、状态预测和维护决策制订结合在一起，状态检测和故障诊断是基础，而状态预测是重点，维护决策给出最终的维护活动要求。广义概念是一个系统过程，将维护管理纳入预测性维护的范围，并考虑整个维护过程以及与维护活动相关的内容。

2. 预测性维护作用

预测性维护是人工智能在工业领域中的应用和实现。其功能包括：

1）通过预测性维护，可以对设备整个生命周期提供支撑、运行与维护增值服务。

2）实现状态监控和故障诊断。通过智能化、组态化、模块化的监控装置，实现设备和设施状态参数的在线检测、故障诊断、离线分析、报警和预警功能。

3）实现远程运维，建立长寿命的设备、设施运维健康监测服务体系，并通过基于测量的量化指标来确定维护优先级。

4）建立疲劳模型，评估结构性能预测结构的生命周期，估算结构整个生命周期的维修或维护成本，并执行在线支持服务，通过设备跟踪和网络平台进行远程监控。

8.2.2　预测性维护架构

预测性维护是在一个预定的时间点执行维护任务，这个时间点设定在一个阈值内设备失去性能之前，并且维护活动是最具成本效益的时候。预测性维护现基本上形成了如图 8-23 所示的技术体系。当前阶段，除了预测性维护的技术以外，以可靠性为中心的维护 RCM（Reliability-centered Maintenance）更强调使用预测性维护 PM 技术。

图 8-23　预测性维护技术体系

1. 状态监测技术

状态检测通过外部传感器对关键故障点进行状态监视，是预测性维护的基础。在各种工程领域状态监测技术已经形成了各自的监测方法。根据状态检测方法的不同，状态监视方法分为多种类型。常用的包括：振动监测方法、噪声监测方法、温度监测方法、压力监测方法、油液分析监测方法、声发射监测方法等。随着设备智能的提高，一些设备本身可以提供自己的状态监测数据。

状态信息是基于数据采集生成的，采集数据用作健康状态计算的输入。健康状况取决于由历史数据组成的实际状态，实际状态通过直接或间接感测功能进行测量。典型的状态评估是将计算或测量的状态结果与阈值或参考值进行比较。此外，为了评估状态，可能需要对收集的数据进行预处理，例如，滤波、数据校正、消除叠加趋势。

根据不同的应用可以将不同的算法用于数值处理，如简单的算术函数-统计函数、微积分、快速傅里叶变换。随着组件计算能力的提高，此方法可以满足传感器级别的组件。数据驱动的方法也可以用于状态监视和通过历史数据对所需系统输出进行建模。

2. 故障诊断技术

故障诊断在连续生产系统中有着非常重要的意义。按照诊断的方法原理，故障诊断可分为时频诊断法、统计诊断法、信息理论分析法及其他人工智能诊断法（专家系统诊断、人工神经网络诊断等）、模糊诊断法、灰色系统理论诊断法以及集成化诊断法（如模糊专家系统故障诊断、神经网络专家系统故障诊断、模糊神经网络诊断）等。

3. 状态预测技术

状态预测是根据设备的运行信息评估当前状态并预测将来的状态。常用的方法包括累积损伤模型预测、随机退化模型预测、时序模型预测、灰色模型预测、粒子滤波预测和神经网络预测等。从状态预测方法的分类看，一般有三种基本的故障预测方法：物理模型驱动、可靠性模型驱动和数据驱动。实际应用中，还可以将这三种方法集成在一起，形成基于信息融合模型的故障分析和预测方法，并可以进行数字和符号信息的混合故障预测，这对于实现预测性维护更为有效。

故障预测基于检测和评估数据预测设备或系统的故障和剩余寿命。剩余寿命的研究方法有两种：一种是估计和预测平均剩余寿命，另一种是剩余寿命的概率分布。

有许多因素会影响设备的使用寿命。例如，在制造、装配、测试运输、安装和调试的过程中，任何环节都可能影响零件的可靠性。操作和维护环境，如设备的生产负荷、操作环境（温度，湿度和灰尘）、设备的维护水平以及维护人员的职责都会影响设备的剩余寿命。

从技术角度看，故障预测是可行的。随着传感器、微处理器、存储器、电池技术和无线通信网络技术的发展，可以将传感器模块和自动数据记录设备用于故障预测。作为故障预测系统的核心，信号信息处理理论也取得了长足的进步，特别是故障预测的数学模型变得更加智能和实用。此外，基于对关键组件寿命的准确预测，结合诸如射频识别（RFID）之类的自动识别技术，可以确定零件在供应链中的位置，从而可以快速地获取和提供零件。

198

4. 维护决策技术

维护决策是指基于人员、资源、时间、成本、效益等方面，根据状态监测、故障诊断和状态预测的结果，结合生产计划和备件库存的可行性分析制定维护计划，确定维护保证资源，并给出维护活动的时间、地点、人员和内容。维护决策方法通常包括故障树推理、数学模型分析、贝叶斯网络方法（适用于表达和分析不确定性和概率性事物）和智能维护决策方法等。

故障诊断是指根据故障症状信息确定系统故障原因的过程。设备的故障诊断通常是一个有限的递归过程，如图 8-24 所示。在整个故障诊断过程中，诊断专家会及时而有机地利用各种知识来确定哪个过程的状态或特征量超出指定范围，从而确定故障的位置和类型并评估故障的影响。

设备故障诊断有两种方法，一种是使用关于设备异常操作迹象的信息进行诊断，另一种是使用关于设备的结构和功能的信息进行诊断。通常将两种方法结合起来进行诊断。

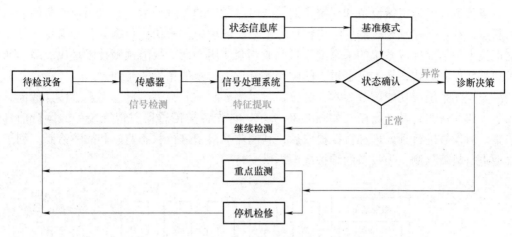

图 8-24 设备故障诊断过程

随着诊断工作的进行，会适时地把上述不同类型的知识按合理的结构化体系有机地编码到能支持系统协调一致的知识库中去，并在相应的推理机制的控制下完成故障诊断任务。

5. 设备故障诊断基本方法

研究和开发设备故障诊断技术是为了提高诊断的准确性和速度，降低误报和误报的发生率，确定故障的确切时间和位置，并估计故障的大小和趋势。由于设备故障的复杂性以及设备故障与症状之间关系的复杂性，设备故障诊断是一个探索性过程。就设备故障诊断技术而言，研究重点不仅在于故障本身，还在于故障产生的机理和故障诊断方法。由于故障诊断过程的复杂性，不可能使用一种方法，而应该使用所有用于故障诊断的方法。因此，有必要从各个学科广泛探索有利于故障诊断的原理、方法和手段，这使得故障诊断技术呈现出多学科交叉的特点。

现有的故障诊断方法概括起来可分为三类：①基于信号处理的方法；②基于解析模型的方法；③基于知识的诊断方法，如图 8-25 所示。

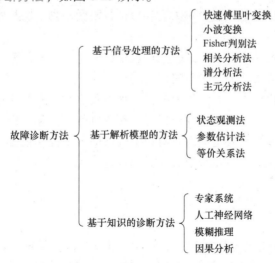

图 8-25 故障诊断方法分类

故障预测是保障机械设备和系统长期安全可靠运行的关键技术，它以当前装备的使用状态为起点，结合已知预测对象的结构特性、参数、环境条件及历史数据等各种信息，借助相关推理技术评估部件或系统的未来健康状态或剩余使用寿命。故障预测技术是比故障诊断更高级的维修保养形式，从本质上讲，故障预测是故障诊断的拓展与延伸。

故障预测系统按功能可分为六大部分：数据采集、信号处理、状态监测、故障诊断、故障预测、维护决策，其运行模式如图 8-26 所示。首先各类传感器对智能装备的运行信号进行采集，对信号进行预处理和特征提取后，利用监测模型进行状态监测和故障诊断，利于预测模型进行故障预测，为设备的维护决策提供支持。

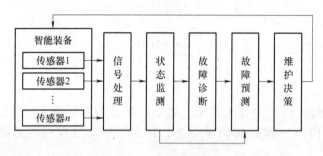

图 8-26　故障预测系统

（1）信号处理　信号处理包括两部分：进行数据预处理，如对缺失数据进行插值处理、剔除数据异常值、提取相关信号等；针对不同的信号类型特点进行信号特征提取，如统计特征分析、小波分解、经验模态分解等。

（2）状态监测　对特征信息进行实时监测，可得到智能装备运行状态，为故障报警、故障诊断、故障预测提供历史监测与统计数据。

（3）故障诊断　对故障信号进行离线或在线诊断，例如，基于总体经验模态分解法（Ensemble Empirical Mode Decomposition，EEMD）和径向基神经网络（Radial Basis Function，RBF）故障诊断方法进行故障诊断建模，确定故障类型。

（4）故障预测　其为 PHM（Prognostics and Health Management）的核心技术和能力，在状态监测与故障诊断信息的基础上，对关键参数进行时间序列上的故障预测，实现故障提前感知能力。

（5）维护决策　维护人员根据状态监测、健康评估和故障预测结果评估和判定智能装备的总体健康状态，采取合适的维护策略进行维护。

为了适应系统模块化需求，系统需要提供一种直观、智能并且自适应的方式来产生建议报告，其表现形式有多种，可以是书面形式、展现程度的数值化形式、显示趋势的图像化形式或三者的结合。维护人员需要这些信息对设备的诊断分析提供依据，管理人员和操作者需要这些信息来帮助他们在运营或者维修方面做出最优决策。

8.2.3　预测性维护应用

本节针对 VMC1000 立式加工中心（图 8-27）进行预测性维护。该设备为针对模具加工行业开发的数控加工中心，具有横向大行程、高刚度、切削功率大的特点，采用全封闭罩防护，气动换刀快速方便，主要技术参数见表 8-6。该设备具有强力切削、低速高转矩、恒功率范围宽的优点。主要构件刚度高，无齿轮传动、噪声低、振动小、热变形小，能承受重负切削，具有良好的耐磨性和精度保持性。高速定位、高速进给振动小、低速无爬行、精度稳定性高。

图 8-27　VMC1000

表 8-6　VMC1000 主要技术参数

技术参数	参数值
X 轴行程/mm	1000
Y 轴行程/mm	600
Z 轴行程/mm	600
主轴端到工作台面距离/mm	600
主轴最高转速 r/min	12000/8000
主轴电动机功率/kW	7.5/11
主轴转矩/N·m	—
快进速度 $X/Y/Z$/(m/min)	36/36/30
整机质量/kg	6500

　　VMC1000 立式加工中心的刀具故障是造成加工过程中计划外停机的主要原因，由此导致加工装备意外停机的时长占总停机时长的 7%~25%。准确识别刀具磨损状态有助于使刀具利用率最大化，从而保证加工质量，降低生产成本。刀具寿命预测对加工零部件的尺寸精度和表面质量具有重大影响，因此，本节针对 VMC1000 立式加工中心刀具加工系统的寿命进行预测。

　　刀具寿命预测实验的设置和传感器的安装如图 8-28 所示。在数控机床上安装了两个三向振动加速度传感器，分别记录主轴振动与加工件的振动情况，安装 RFID 传感器用于记录当前加工的工件标识，安装智能电表记录机床实时电流、电压数据。数控铣削刀具由全新运行到报废的过程中，一共进行了 310 次铣削，每次铣削均采集上述三种传感器信号，并使用刀具显微镜测量刀具的磨损值。本实验中铣削主要参数设定如下：主轴转速为 8000r/min，铣刀直径为 24mm，进给速度为 1200mm/min，采样频率为 30kHz，毛坯材料为铝合金。

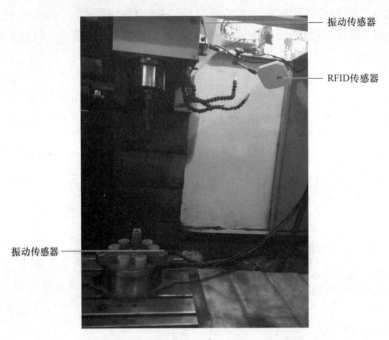

图 8-28　刀具寿命预测实验设置和传感器安装

从机床安装的传感器采集的数据为三向加速度、电流、电压。采集的原始数据会与噪声叠加，噪声主要来自工频信号、周期性干扰信号和随机干扰信号，从而导致传感器原始信号中出现较多毛刺。为了消除信号中的趋势项并减少干扰信号的影响，采用场景感知中的数据预处理方法，利用基于最小二乘法的三次多项式消除数据中的趋势项。以 X 向的振动信号为例，消除趋势项后的效果对比如图 8-29 所示。

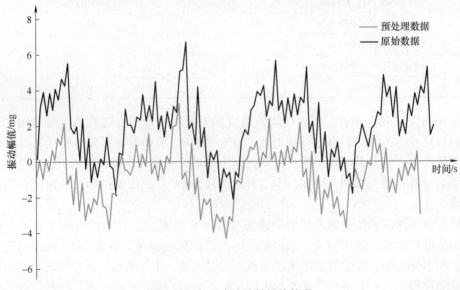

图 8-29　多项式消除数据趋势项

采用场景感知算法中的五点三次平滑方法进行数据的平滑处理和降噪，可以有效去除信号中的高频随机噪声。同样以 X 向的振动信号为例，做五点三次降噪处理。

数据预处理之后，提取时域和频域的数据特征，时域提取了均方根（RMS）、平均值和峭度。由于传感器采集卡已将数据处理为均方根值（RMS），因此仅需计算传感器数据的平均值。在频域，通过快速傅里叶变换（FFT）算法提取信号在特定主频率和谐波下的频域幅值，特征的幅度描述了特定频率下的振动能量。时域和频域的提取特征见表 8-7。

表 8-7 时域和频域提取的特征

传感器数据	时域特征	频域特征/Hz
X 方向切削力	RMS，平均值，峭度	174，521，1042
Y 方向切削力	RMS，平均值，峭度	347，521.1，1042
Z 方向切削力	RMS，平均值，峭度	521.1
X 方向振动	RMS，平均值，峭度	50.35，521.1，1042
Y 方向振动	RMS，平均值，峭度	50.35，521.1，1042
Z 方向振动	RMS，平均值，峭度	50.35，521.1，1042

上述提取特征值与刀具磨损的测量值按下式进行相关性分析，计算各个特征值与刀具磨损量的相关程度：

$$r(X,Y) = \frac{\sum_{i=0}^{n}(X_i - \overline{X})(Y_i - \overline{Y})}{\sqrt{\sum_{i=0}^{n}(X_i - \overline{X})^2}\sqrt{\sum_{i=0}^{n}(Y_i - \overline{Y})^2}} \tag{8-35}$$

刀具寿命预测是一个典型的多变量回归问题。因此，建立了 5.2 节中所述的粒子群模型，来预测刀具的磨损值。基于模型和数据融合预测刀具寿命。

采用粒子滤波算法将基于模型仿真得到的理论值与数据驱动的 RUL 预测值融合。采用数据驱动的 RUL 预测值作为粒子滤波算法的观测值，对磨损理论值进行修正。

t 时刻刀具磨损值 w 的理论推导值见式（8-36），将其作为粒子滤波算法中系统状态方程实现融合算法的初始值。同时，由数据驱动方法得到的刀具磨损预测值见式（8-37），将其作为粒子滤波算法中的系统观测值。

$$w_t = w_{t-1} + A\sigma_n v_s \exp\left(-\frac{B}{T}\right)dt + v_t \tag{8-36}$$

$$RUL_t = Data-drivenModel(features) + n_t \tag{8-37}$$

基于粒子群刀具寿命预测流程如图 8-30 所示，预测维护平台如图 8-31 所示。

RUL 是由融合算法预测得到的刀具最终磨损量。当 RUL 达到阈值时可进行刀具维护，进行换刀或刀具的修磨，否则就更新刀具几何模型的尺寸，并再次用融合型算法预测刀具的磨损量。

基于粒子滤波的融合型刀具寿命预测结果如图 8-32 所示。使用单一预测方法，如数据驱动和基于模型的方法时，预测值与实际值有较大误差。当采用融合型算法时，预测值更接近实际值，误差较小，实现了刀具寿命预测精度的提高。

融合型刀具寿命预测比单一方法误差更小，融合的预测性维护方法克服了模型的不一致性和数据算法适应性差的缺点，从而提高了预测维护结果的精度。

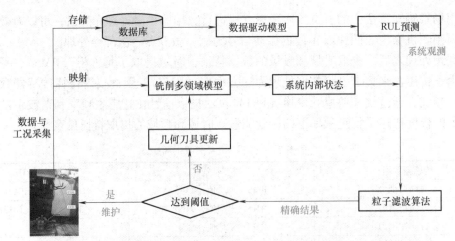

图 8-30　基于粒子群刀具寿命预测流程

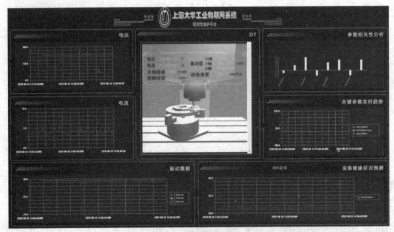

图 8-31　预测维护平台

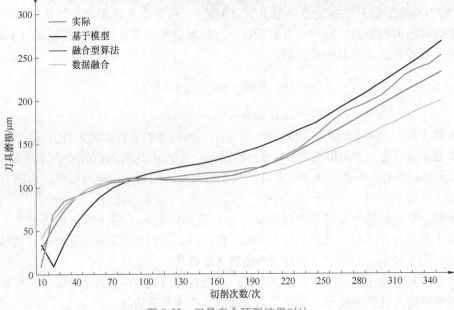

图 8-32　刀具寿命预测结果对比

8.3　智能交互决策

8.3.1　基于人机协作的智能交互

过去的半个世纪里，工业机器人广泛应用于制造业，它们代替人类完成各种任务，把工人从重复的、不利于身体健康的工作中解脱出来，但工人发生事故的风险上升。基于这种风险对人体造成的可能伤害，为了防止事故的发生，工业法规做出了相关规定。规定中将工业机器人和人一起工作的空间进行了分割，把机器人的工作空间分隔开，只有在机器人不处于自动操作状态时，授权人员才能进入机器人工作空间，完成那些需要人工进行的工作。这种模式严重影响了作业的生产效率，且占用过多的场地资源，不利于自动化生产线的配置。并且，这种分隔区域的模式，并不能完全保证工人的安全，更加严重的生产事故还是有可能发生，从而对人体造成不可逆转的伤害，风险极大。

近年来，新一代传感技术的突破和信息技术的发展，出现了越来越多的新型传感器和数据分析方式，这些技术在机器人上的应用使得工业机器人执行任务的限制变小，从而人和机器人出现了更多的协作方式，一个新的概念——协作机器人诞生了。与发展了几十年的工业机器人相比，协作机器人最大的突破在于它可以与人类直接并肩合作，而无需使用安全围栏进行隔离。这种方式不仅减小了人和机器人之间的距离，大大减少了工位所占的面积，更重要的是可以充分结合人和机器的优势，取长补短，让机器人辅助人类去完成那些高重复性、高精度的工作，而人类则解决灵活性高、需要不断人工优化的工作。

引入协作机器人的一大问题就是安全问题。由于在人-机器人协作过程中，避免碰撞往往得不到保证，因此，如何让机器人和协作者能在保证安全的同时完成协作任务，是一个非常有意义的研究方向。许多研究表明，让机器人感知环境，理解人的行为是人机协作研究的关键之处。目前很多学者将不同传感器用于机器人本体和人体上，来进行机器人和人的互相感知。一种收集环境中未知或不确定部分信息的方法是使用动作捕捉系统，利用该系统，可以生成人类和机器人的模拟表示，利用这种模拟表示，可以估计出人的行为，进而得知人与机器人之间的距离，并将其纳入碰撞前的策略中。本节主要介绍人机协作 HRC（Human-Robot Collaboration）安全性问题。

1. 人机协作系统架构

传统工业机器人明确将安全标准区分为工业机器人和工业机器人系统，协作机器人由于硬件上基本都具备力反馈控制，所以安全标准没有重点强调机器人本体相关内容。本部分内容基于标准中制定的机器人安全控制模式，结合多相机监测系统，进行安全策略研究。人机协作系统如图 8-33 所示。

最新的机器人协作安全标准 ISO/TS 15066 定义了四种协作模式，SMS 模式为监控停机模式，人类进入机器人操作空间，机器人便停止工作；HG 模式为手动引导模式，但是要求机器人同时具备 SMS 功能及手动引导启停开关；SSM 为速度与分离距离监控；PFL 主要指具备关节力感知的力控协作机器人。SMS 与 SSM 的主要区别在于 SSM 更具动态协作响应能力。基于

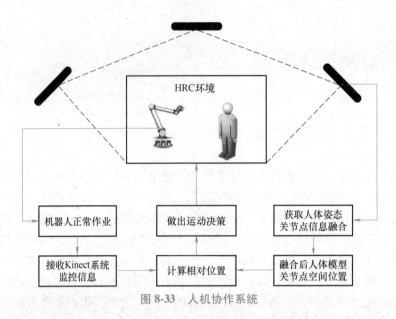

图 8-33　人机协作系统

以上对安全协作标准的分析和解读，当人类协作者的安全面临挑战时，可以采取的安全措施有：

1）降低速度，使安全距离减小，满足协作安全标准的最小距离要求。

2）重新规划选择一条遵守最小安全协作距离的路径，在保持当前速度的情况下继续运行。

3）触发强制停止指令，当人远离机器人系统使得安全距离达标时，机器人再恢复正常运动。

2. 最小安全距离计算

根据上述对安全协作标准 ISO/TS 15066 的总结，如何计算最小安全距离成为制定一切安全策略的前提，根据该标准的内容，定义如下：

$$S(t_0) \geqslant \left(\int_{\tau=t_0}^{\tau=t_0+T_R+T_S} v_H(\tau)\mathrm{d}\tau \right) + \left(\int_{\tau=t_0}^{\tau=t_0+T_R} v_R(\tau)\mathrm{d}\tau \right) + \left(\int_{\tau=t_0}^{\tau=t_0+T_R+T_S} v_S(\tau)\mathrm{d}\tau \right) + (C + Z_S + Z_R)$$
$$= S_H + S_R + S_S + C + Z_S + Z_R \tag{8-38}$$

式中，v_R 为机器人速度沿着人类协作者方向的分量；v_H 为人类协作者沿着机器人运动方向的速度；v_S 为机器人沿停止路径的速度；T_S 为机器人制动时间；T_R 为协作场景下机器人的响应时间；C 为检测环境中人类存在的不确定性扰动；Z_R 为机器人位置的不确定性；Z_S 为协作者位置的不确定性。

机器人当前运动产生的停车距离 S_S 取决于多种因素。例如，当前机器人的姿态和速度、机械手的惯性、有效载荷、制动力矩等。因此，准确计算 S_S 需要了解机器人的动态特性。这里进行简化，假设一个恒定的减速加速度为 $S_a > 0$。S_a 的值取自机器人产品文档，那么对于机器人末端执行器来说，停止的距离为：

$$S_S = \frac{V_R^2}{2a_s} \tag{8-39}$$

对于协作场景的监测，使用多 Kinect 系统进行监控。该系统能够实时检测到环境中人类的出现及精确位置情况，因此人类存在的不确定性扰动 C 将不存在。

机器人位置的不确定性 Z_R 由机器人控制精度确定，具体形式在仿真环境中由 Moveit 模块实现。

协作者位置不确定性 Z_S 受多 Kinect 系统检测精度 e 影响，人体速度造成的距离 S_H 由系统响应时间 τ、人体速度 v_H 两个量共同确定。这里需要注意的是协作环境中机器人响应时间 T_R 与机器人系统、外部传感器多 Kinect 系统的响应时间、碰撞检测算法响应时间相关，多 Kinect 系统响应时间及碰撞检测算法响应时间后文有相关讨论。

$$S_H + Z_S = e + v_H \tau = e + v_H (T_R + T_S) \tag{8-40}$$

$$T_S = \frac{v_s}{a_s} \tag{8-41}$$

因此，将最小安全协作距离的计算简化为：

$$S(t_0)_{\min} = v_R T_R + v_H (T_S + T_R) + \frac{v_R^2}{2a_s} + e + Z_R \tag{8-42}$$

式中，e 为 Kinect 检测精度。

因此我们可以对协作安全标准的研究及最小安全协作距离进行简化，基于最小安全协作距离的动态安全策略来保证协作安全。具体思想是在协作安全标准 ISO/TS 15066 中定义的第三种协作方式 SSM 中，计算最小安全协作距离，将该距离作为机器人规划中人与机器人避免碰撞的安全阈值，在阈值范围内进行机器人自主避碰，从而在不违反安全标准的基础上，使机器人和人之间的协作任务能够正常进行，并保证安全。

主要过程为：多 Kinect 系统对协作环境进行监控，融合信息得到精确人体骨骼模型，从机器人控制模型得到机器人当前位姿，计算当前时刻机器人及人体相对距离，据此安全距离来判断机器人应该采取减速作业、建立新的规划还是立刻停机缓冲，根据安全策略确定的过程采取对应的安全措施。

前述对人体姿态识别的过程中，Kinect 以 30 帧/s 的速率向服务器提供骨骼数据，得到人体速度需要 10 帧左右稳定的数据来实现。根据 ISO 13854 标准的定义，需要将协同工作时机器人的速度限制在 150mm/s 以内，因此，在计算当前最小安全距离时会存在最大 1/3s 误差，即 5cm 的误差距离，将该距离考虑在人-机器人碰撞检测过程中，实时计算机器人速度降低至能够保证最小安全距离所耗费的时间是否 >1/3s。基于最小安全距离的阈值策略流程如图 8-34 所示。不断获取 Kinect 人体信息和机械臂的位姿信息，若监测中协作者没有进入操作空间，则由机械臂单独完成作业。当需要进行人机协作完成作业时，协作者进入操作空间，进行人-机器人碰撞检测，利用上面介绍的公式计算出计算安全最小距离，以及当前规划下人体和机械臂的最小距离，判断当前规划下的人体和机械臂最小距离是否大于计算安全最小距离。如果大于则证明无安全问题出现，正常作业直到作业完成。如果当前规划下的人体和机械臂最小距离小于计算安全最小距离，则判断是否可以通过机械臂减速，使得当前规划下的人体和机械臂最小距离大于计算安全最小距离，如果可以则正常作业，如果不可以则说明存在安全隐患，立即停止并重启机械臂防止发生安全问题。

3. RRT 算法

人机协作场景属于动态环境，因此可以用基于 RRT 快速随机扩展树算法引入最小安全协作距离约束，实现机械臂自主避障。

RRT 的基本原理是起点 X_{init} 初始化之后，随机撒点，选出一个 X_{rand}，在 X_{near} 和 X_{rand} 之间选择一个 X_{new}，在原来已经存在的 x 中找到离 X_{new} 最近的点，连接 X_{new}，这个最近点作为 X_{new} 的

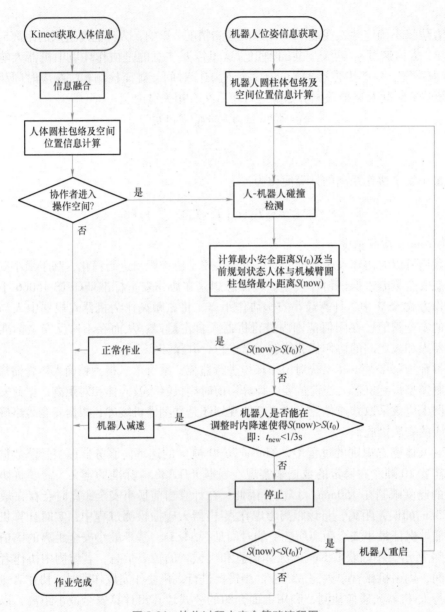

图 8-34 协作过程中安全策略流程图

父结点。此时，对于新找到的 X_{new} 结点，需要做一次碰撞检测，判断机械臂处于此种状态时是否会和环境中的障碍物产生碰撞。算法的示意图如图 8-35 所示。

4. 利用 RRT 算法和安全策略下的实时规划

在 ROS 中搭建仿真环境，在 Unity3D 中进行可视化显示。由于人体模型过于复杂，无法在仿真环境中实现人体各关节的独立驱动，因此以简化障碍物形式的方式来代替人手与机械臂进行任务交互。基于障碍物和机械臂当前的速度情况由安全距离公式计算最小安全协作距离，随后根据 RRT 算法实时规划，选择适合的安全策略。如图 8-36 所示。

当人没有进入到机械臂工作空间内时，机械臂以既定的速度完成点到点的规划，当人体

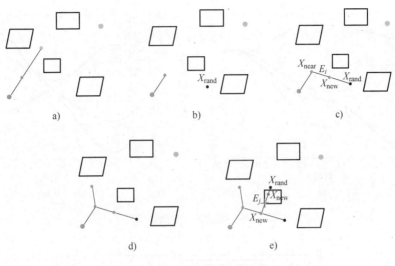

图 8-35　RRT 算法原理图

a）初始化　b）随机选择 X_{rand}　c）选择 X_{new}　d）连接 X_{new} 父结点　e）碰撞检测

图 8-36　RRT 算法下机械臂实时规划

进入到机械臂工作空间时，机械臂关节角速度迅速下降，当人体继续接近时，机械臂开始根据 RRT 算法进行避障规划，最终人体距离机械臂过近时，机械臂停止工作，各关节角速度变为 0。

动态障碍物运动规划过程如图 8-37 所示，机械臂关节运动状态曲线如图 8-38 所示，规划过程中障碍物包络与机械臂各关节包络计算最小安全距离和实际最小距离如图 8-39 所示。

图 8-37　机械臂有障碍物时的实时规划

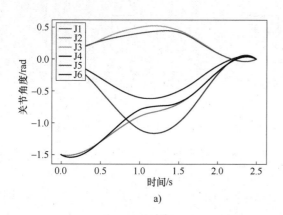 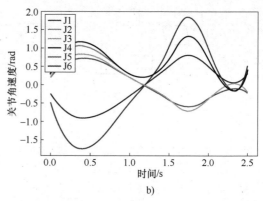

图 8-38　机械臂关节运动情况

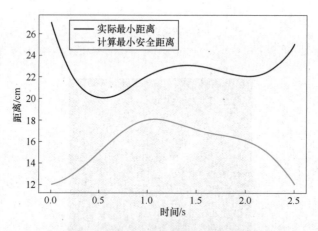

图 8-39　计算最小安全距离与实际最小距离

分析障碍物移动时机械臂避障规划过程，可以看出当障碍物接近机械臂时，根据之前制定的安全策略，为了避免碰撞，机械臂根据 RRT 算法实时规划做出移动路线。

根据规划过程计算得到的最小安全协作距离和实际运行过程障碍物与机械臂的最小距离可以看出，实际最小距离始终大于计算得到的最小安全协作距离，验证了基于最小安全距离的 RRT 算法，保证了人机协作中的安全性。

8.3.2　基于增强现实的智能交互

1. 增强现实概述

在工业生产领域，美国波音公司计算机服务研究与技术组的研究成果最为引人注目。20世纪 90 年代初期，波音公司的 Tom Caudell 和他的同事在他们设计的一个辅助布线系统中提出了"增强现实"这个名词。在他们设计的系统中，应用头盔显示器把由简单线条绘制的布线路径和文字提示信息实时地叠加在机械师的视野中，而这些信息则可以帮助机械师一步一步地完成一个拆卸过程，以减少在日常工作中出错的机会。但是由于设备和精度等方面的原因，所有这些系统都没有真正投入实际应用。

在使用 AR 技术辅助设备物联网数据的呈现与交互方面，目前国内外已有一定的探索。设备物联网和 AR 技术是互补关系，两者相互促进对方的作用发挥，并试图建立可扩展的 AR 设备物联网交互框架；AR 通过对周边空间的识别能力，为物联网数据的信息呈现引入了一个重要的维度，即距离。传统的物联网数据呈现形式是将所有数据以层级方式或并列方式呈现，消除了其中的空间因素，因此在直观性、检索速度、不同细粒度的信息呈现能力等方面有所欠缺。通过引入信息的距离这一变化的维度，基于 AR 的物联网信息呈现能够在保证信息细粒度的同时，基于距离因素对呈现信息进行动态的筛选、综合、调整呈现方式，提供更小的认知干扰。同时，AR 具有多样的信息呈现方式，除传统的数据、图表形式外，AR 支持使用色彩叠加、动态元素等非数据化、图表化的语义化直观形式呈现数据。通过选择适用的呈现形式，可以大幅降低物联网数据的阅读、分析与操作中的认知负担与操作难度。

基于 AR 的设备在线监测与预测分析系统，其基本思路是连接设备，采集设备运行的实时数据，通过算法分析预测设备关键部位的故障情况，利用增强现实技术的虚拟性、实时交互性、沉浸性的特征，可视化虚拟仪表盘和故障预测结果，并为设备维护人员提供一个以虚拟信息引导、与实物操作同步结合进行的维护环境，以降低设备维护的难度，缩短维护时间。

2. 增强现实系统开发工具框架

在系统的整体架构设计上，系统可分为模型数据库和应用两大部分。兼顾平台的整体需求，将关键技术进行提炼，可将系统进行分层设计，软件平台共用一套技术，只是在最顶层进行自由组合，搭建成为面向不同应用方向的增强现实系统。通过对平台的综合考虑、分析，最终将系统的整体架构分成：连接层、数据管理层、使能层、AR 场景构建层及应用交互层。系统开发工具的框架结构如图 8-40 所示。

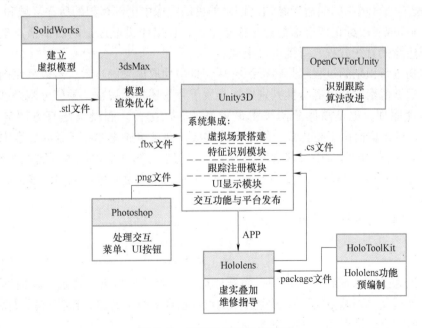

图 8-40　系统开发工具框架图

在增强现实设备维护与指导系统中，由于在混合场景中对虚拟模型三维可视化的实时性、沉浸性都有较高的要求，而且模型数据渲染计算量较大，因此该系统对于硬件运行环境和软件运行环境都有相关的要求，以保证开发工作的完成。其中硬件运行环境为移动头戴式显示设备，系统中移动头戴式设备既是输入设备也是输出设备，环境感知摄像头、红外发射/接收器、麦克风等诸多传感器为输入装置，光学透镜显示最终融合场景并引导操作者完成设备维护为输出装置。同时头戴式显示设备内置的存储空间完整存储了实验中所需要的虚拟模型，自带的 CPU，GPU 则作为整个系统坐标系运算、图形渲染等基础，支撑运行。

3. 基于标识的跟踪注册技术

物联设备可在其可视表面的适当部位附加具有唯一性的二维平面标识物，其对应的数据库中保存有该物体的类型、属性及状态等相关信息。在设备监测过程中，通过 AR 技术采用模式识别的方法对二维平面标识物进行图像匹配，即对摄像机采集的图像进行预处理之后，利用模板数据库中存储的图像模板和采集到的图像进行匹配，得出匹配结果，识别出二维平面标识物，从而获取对应物体的类型、属性、状态、空间位置等所需要的相关信息。视频检测方法是目前 AR 系统最常用的跟踪注册技术之一。视频检测不需要复杂的设备，一般情况下可以取得符合需要的定位精度。在基于标记的视频检测系统中经常通过匹配事先定义好的多种平面图形模板来标记各种虚拟物体的位置。简单的模板匹配能提高图像识别的效率，同时满足实时性的要求。

视频检测中使用的平面图形标记一般由具有一定宽度的黑色封闭矩形框和内部的各种图形或文字两部分构成，封闭的黑色矩形框能使系统在视频场景中快速判别是否存在标记。

对于平面图形标记所采取的图像处理过程如下：

1）对于视频流中的每一帧利用灰度阈值的方法分离标记和背景区域。

2）使用简单的标记法找出分割后视频帧中的连通区域。

3）匹配连通区域中的四边形结构，记录采集的图像中全部标记的所在区域和坐标。

4）分别提取各个标记四边形的边缘像素坐标，找出四边形标记的四个顶点坐标，以此计算出标记边缘的直线方程，得到屏幕坐标。

对标识物进行识别的过程就是将标识物从背景中抽取出来的过程，可以采用图像的阈值分割方法，根据像素的灰度等特性判别像素是属于背景还是标识物。阈值分割是基于图像灰度值的相似性原理，也是图像分割技术最重要的方法之一。假设灰度直方图与一幅图像 $f(x,y)$ 对应，该图像由位于亮背景上的暗物体构成，并且组成物体和背景的像素构成其两个主要的模式。从图像的背景中提取物体的方法之一就是选择一个阈值 T 将这两个模式分开，对于任意一点 (x,y)，如果其灰度值 $f(x,y) \geqslant T$，则可以认为该像素点为背景点，否则认为该点为标识物点。

一幅经过阈值化处理的图像可定义为：

$$g(x,y) = \begin{cases} 1 & f(x,y) < T \\ 0 & f(x,y) \geqslant T \end{cases} \tag{8-43}$$

式中，被标记为 1 的像素属于标识物；而被标记为 0 的像素则属于背景。阈值的选择很重要，阈值选择过高，则部分属于标识物的像素点会被误划分为背景；阈值选择过低，则部分属于背景的像素点会被误划分为标识物。

在基于摄像机跟踪注册的 AR 系统中，其注册过程包括了多个坐标系之间的变换，如图 8-41 所示。

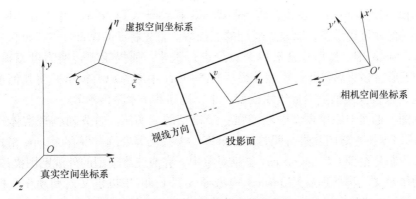

图 8-41 三维注册各坐标系关系

为获取摄像机的位置和方向，必须得到从标识物坐标系到摄像机坐标系的变换矩阵。标识物的坐标系放置在标识物的中心，从标识物坐标 (X_m, Y_m, Z_m) 通过下式转换到摄像机坐标 (X_c, Y_c, Z_c)，其中的变换矩阵由一个旋转矩阵 $V_{3\times3}$ 和一个平移矩阵 $W_{3\times1}$ 组成：

$$\begin{pmatrix} X_c \\ Y_c \\ Z_c \\ 1 \end{pmatrix} = \begin{pmatrix} V_{11} & V_{12} & V_{13} & W_x \\ V_{21} & V_{22} & V_{23} & W_y \\ V_{31} & V_{32} & V_{33} & W_z \\ 0 & 0 & 0 & 1 \end{pmatrix} \begin{pmatrix} X_m \\ Y_m \\ Z_m \\ 1 \end{pmatrix} = \begin{pmatrix} V_{3\times3} & W_{3\times1} \\ 0 \quad 0 \quad 0 & 1 \end{pmatrix} \begin{pmatrix} X_m \\ Y_m \\ Z_m \\ 1 \end{pmatrix} \tag{8-44}$$

在摄像机的定标过程中，可以得到摄像机的透视投影矩阵 P：

$$P = \begin{pmatrix} S_x f & 0 & x_0 & 0 \\ 0 & S_y f & y_0 & 0 \\ 0 & 0 & 1 & 0 \end{pmatrix} \tag{8-45}$$

式中，f 为摄像机镜头焦距；S_x 与 S_y 分别为 X 轴、Y 轴方向的尺度因子；(x_0, y_0) 为人眼坐标系中 Z 轴的位置。摄像机的透视投影矩阵实际就是从摄像机坐标系到摄像机成像平面坐标系的转换矩阵。该矩阵是摄像机坐标系和标识物坐标系之间转换的桥梁，可以推导出标识物坐标系到摄像机坐标系的变换矩阵，从而实现注册。

标识物注册成功后，即可依据注册信息，从物联网数据库中提取该标识物所对应物体的相关信息，最终利用计算机图形技术将其显示在视频中，实现虚拟信息与真实环境的融合。

AR 的创建过程如图 8-42 所示，包括建模、贴图、动作定义、发布等步骤。

213

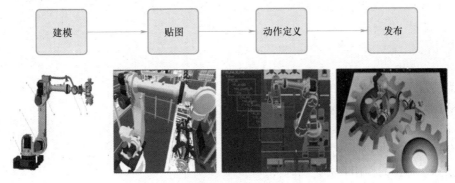

图 8-42 AR 创建过程

（1）建模　使用 3dsmax 建模，将 SolidWorks 模型导入到 3dsmax 中，在 3dsmax 中对模型轮廓进行捕捉并重建模型，以减少模型的点面数。首先将 SolidWorks 的模型保存为 IGS 格式，导入到 3dsmax 中。然后分别对单个对象进行重建，捕捉轮廓转换为可编辑的样条线，如三角形、矩形、多边形等几何模型。最后在 3dsmax 中删除原有模型并将几何模型保存为 3dsmax 格式，以较少模型点面数压缩模型大小，提高数字孪生展示效率。

（2）贴图　通过对三维模型贴图增强三维模型的真实感。首先对物理实体外观进行现场拍照，利用 PS 技术对图片进行明暗、分辨率、去杂色等处理，保存为 .jpg 格式，然后将处理后的 JPG 图片给到对应的 3dsmax 三维对象中，完成三维模型的外观贴图操作。

（3）动作定义　将处理后的 3dsmax 模型导入到 Unity 中以定义模型动作。根据设备运动类型的不同分为机械臂动作定义、AGV 动作定义等。

1）机械臂动作定义。首先根据机械臂物理实体的运动关系设置对应模型的父子关系。根据抓取信号利用 SetActive() 方法控制机械臂对应工件的显示与隐藏，实现工件的"抓取"与"释放"。利用射线检测来确定抓取的位置及工件，射线检测到要抓取的工件时，利用 transform SetParent() 方法设置该工件为机械臂的子物体，跟随机械臂一起运动；释放工件时解除父子关系，重新设置新的关系。

2）AGV 动作定义。实际产线中将 AGV 运动轨迹分为若干段，对每段设置触发信号，标识 AGV 进入该线段。在 Unity 中定义跟实际轨迹对应的线段，根据线段的进入信号按照匀速运动计算 AVG 的位置及速度，实现 AGV 的运动仿真。

（4）发布　具体发布流程可参考附录 C.3 AR 发布流程。

图 8-43 所示即为按照上述步骤开发出来的 AR 效果图。

图 8-43　AR 效果图

习题

1. 简述自适应控制系统的工作原理。
2. 简述六自由度机械臂双目视觉获取目标位置的过程。
3. 简述 AGV 小车控制系统框架。
4. 简述 AGV 轨迹规划仿真流程。
5. 预测性维护的作用有哪些？
6. 简述预测性维护流程？

参 考 文 献

［1］ 李建新，师锦航，李国钧，等. AGV 技术应用分析［J］. 汽车实用技术，2018（08）：104-106.

［2］ 黄明强. AGV 精确定位与运动控制方法［D］. 武汉：华中科技大学，2019.

［3］ 董旭阳. 基于快速控制原型的 6-DOF 机械臂轨迹跟踪无模型自适应控制［D］. 北京：北京交通大学，2018.

［4］ 武启平，金亚萍，任平，等. 自动导引车（AGV）关键技术现状及其发展趋势［J］. 制造业自动化，2013，3（10）：106-109+121.

［5］ ULLRICH G. The History of Automated Guided Vehicle Systems：Automated Guided Vehicle Systems［M］. Heidelberg：Springer，2015.

［6］ 白彪才，马殷元. 组合导航的 AGV 定位精度的改善［J］. 测控技术，2018，37（04）：138-140+145.

［7］ 刘学问，陶钧，徐海巍. 基于三阶贝塞尔曲线的 AGV 轨迹规划研究［J］. 工业控制计算机，2018，31（01）：113-114.

［8］ MATHEWS J，FINK K. 数值方法（MATLAB 版）［M］. 北京：电子工业出版社，2010.

［9］ HOC，JEAN MICHEL，LEMOINE，et al. Cognitive Evaluation of Human-Human and Human-Machine Cooperation Modes in Air Traffic Control［J］. International Journal of Aviation Psychology，2018，8（01）：1-32.

［10］ TANYA KOOHPAYEH ARAGHI，AZIZAH ABD MANAF. An enhanced hybrid image watermarking scheme for security of medical and non-medical images based on DWT and 2-D SVD［J］. Future Generation Computer Systems，2019，21（05）：1223-1246.

［11］ ANTHONY M，LEWIS，LUCIA s SIMÓ. Certain Principles of Biomorphic Robots［J］. Autonomous Robots，2011. 51（03）：221-226.

［12］ SHIM J H，CHO YIA. Shadow Removal Method for a Mobile Robot Localization using External Surveillance Cameras［J］. Procedia Computer Science，2015，6：150-155.

［13］ NAJDAWI N，BEZ HE，SINGHAI J，et al. A survey of cast shadow detection algorithms［J］. Pattern Recognition Letters，2012，33：752-764.

［14］ GOLCHIN M，KHALID F，ABDULLAH L N，et al. Shadow detection using color and edge information［J］. Joumal of Computer Science，2013，9（11）：1575-1588.

第**9**章 产线级决策

产线级别决策是指使用比较系统、规范的方法对多个生产要素、多个生产单元同时进行决策规划方法，针对多目标进行综合的一系列有效算法的总称。产线级决策围绕产线布局、产线工艺、产线调度三个方面展开。

9.1 节主要阐述产线布局优化决策，主要解决设备产能配置过程中常忽略后期对其布局影响的问题，针对设备配置与设备布局展开协同优化。基于柔性制造车间零件工艺路径可选、不同加工零件采用不同的搬运设备和搬运批量的特点，考虑规划期内待加工零件的产能需求约束，以最小化设备购置成本和物料搬运成本为目标，建立柔性制造车间设备产能配置与布局集成优化模型。

9.2 节介绍产线工艺优化决策，针对产线单元加工工艺参数优化决策问题，提出一种基于加工工艺样本预测和多目标优化算法的工艺参数优化决策方法。基于实际加工工艺样本集，以改进的多目标算法为主体模型，以最大加工设备寿命、最小加工能耗为优化目标，以加工质量、加工时间为约束条件，利用改进后的算法建立关于加工优化目标的预测模型，并将其作为多目标优化模型的适应度函数，建立多目标优化问题输入区间，构建面向待优化加工工艺问题的多目标优化模型并迭代搜索最优工艺参数集。

9.3 节介绍产线调度优化决策，融合运筹学、知识工程与人工智能等学科理论，重点研究物联网环境下生产与服务调度系统的情景实时分析，提出数据驱动的异常感知方法和基于多目标优化的资源分配与决策方法，建立数据驱动的智能调度决策方法，实现物联网环境下基于数据流的智能调度优化决策过程，并针对小车装配产线装配管理过程开展调度系统优化决策应用研究。

第 9 章内容如图 9-1 所示。

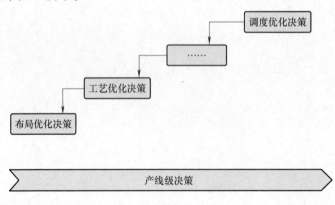

图 9-1　第 9 章内容

9.1　产线布局优化决策

9.1.1　产线布局规划概述

从一般意义上说，布局设计就是将一些物体按一定的要求合理放置在一个空间内，它是涉及参数化设计、人工智能、图形学、信息处理、优化、仿真等技术的交叉学术领域，实践证明它还是一个复杂的组合优化问题。布局问题具有广泛的应用背景，布局结果的好坏对整个行业生产的合理性、经济性、安全性等都有重大的影响。本节主要研究制造系统中车间布局设计问题。

生产车间是制造系统的基本组成部分，直接承担企业的加工、装配任务，是将原材料转化为产品的部门。所谓车间布置就是按照一定的原则，合理确定车间内部各组成单位（工段、班组）及工作地、设备之间的相互位置，从而使它们成为一个有机整体，实现车间的具体功能和任务。车间布置一般包括：基本生产部分、辅助生产部分、仓库部分、过道部分、车间管理部分等。

由于车间布置决定了以后车间的物流方向和速率，从而从结构上限定了车间的功能潜力，因此车间布置是构造一个有效车间系统最为重要的环节，相同产线、相同人员、相同设备和技术，仅仅由于布置方式不一样，生产系统的功能可以有天壤之别。本节将以模拟小车装配生产线为对象，阐述整体产线的布局。装配生产线上的设备主要有：①AGV，负责不同装配工位上的物流的转运；②机械臂，负责模拟小车的装配；③其他辅助设备。

1. AGV

Automated Guided Vehicle，简称 AGV，通常也称为 AGV 小车，指装备有电磁或光学等自动导航装置，能够沿规定的导航路径行驶，具有安全保护以及各种移载功能的运输车。工业应用中是不需要驾驶员的搬运车，以可充电的蓄电池作为其动力来源。一般可通过计算机控制其行进路径以及行为，或利用电磁轨道（Electromagnetic path-following system）来设置其行进路径，电磁轨道贴于地板上，AGV 小车则依靠电磁轨道所带来的信息进行移动与动作。可应用于无钢平台的快递分拣需求，导航/停止精度±10mm，最大运行速度 2m/s，配置自研线激光避障、超声波避障、双气动式防撞条。AGV 可负载 10kg，适用于一般物流搬运场景，本体自带翻盘，可在到达指定位置后卸下物品，本节 AGV 小车主要是完成工位之间小车的搬运任务。图 9-2 所示为模拟小车装配生产线使用 AGV。

2. 机械臂

机械臂主要应用场景包括：上下料、装配、检测、搬运、螺钉锁付、打磨、喷涂等。为实现上述应用，往往需配置不同末端执行器，最常用的末端执行器包括夹具、视觉传感器等。CR 系列协作机器人预留了丰富的 IO 和通信接口，这些接口让机器人有了极强的扩展性，辅以相应的软件或 API，可支持生态圈中大部分配件直接接入，方便快捷，即插即用，满足柔性制造多场景需求，能够适应各种不同的应用场景，拥有多种负载、高性价比、协作安全等特性，具备灵活部署、碰撞监测、轨迹复现等功能，更适用于人机协作作业的应用需求。机械臂末端安装吸盘，可以完成模拟小车部件装配。图 9-3 所示为模拟小车装配生产线使用机械臂。

图 9-2　AGV 搬运小车　　　　　　　图 9-3　五轴装配机械臂

3. 其他辅助设备

其他辅助设备包括存放小车的仓储货架、小车装配底座、小型机械臂等。例如，图 9-4 所示的五轴小型装配机械臂，主要用于工件的抓取，吸盘辅助装配等。机械臂轴数为五轴，载荷数为 500g，最大伸展距离为 320mm。具备 10 个 I/O［可配置模拟信号输入（AD）或者 PWM 输出］，可控 12V 电源输出，通信接口/步进电动机驱动接口。其辅助设备包括仓储物流货架用于存储小车以及待装配的配件，还有相关配套底座、工作台等。

图 9-4　五轴小型装配机械臂

9.1.2　产线平面布局架构

制造系统中的布局设计是工业工程研究和实践中一个重要并且长期存在的领域，是一个典型的工程问题。长期以来，制造系统的布局设计一直当作制造工业中关键的设计任务之一。它是将加工设备、物料运输设备、工作单元和通道走廊等制造资源合理放置在一个有限的生产空间里，可看作是制造系统的组织过程。在一个制造系统中，布局不是一个孤立的问题，它与整个系统设计的其他工作是紧密关联并且相互影响的，其相互关系如图 9-5 所示。

模拟小车装配生产线运行流程如下：实际的物理产线生产执行系统可以实时感知、获取个性化产线生产中与调度相关的信息，如 DOBOT-CR5，DOBOT-Magician 机械臂的位姿信号，AGV 小车的位置信号，装配零部件的位姿信息。其中 DOBOT 机械臂的位姿信号由调用 DOBOT 控制柜的 API 来获取信息，通过配套的 RCS 控制系统来获取 AGV 小车的位置信息，装配零部件通过射线检测技术来获取信息。本节设计的个性化装配产线的物理实体层如图 9-6 所示：工件由 AGV 小车 2 运送到固定的位置，然后配合机械臂 1，通过底层代码，进行实时交互，让机械臂 1 获取 AGV 小车已经到达的指令，再由机械臂 1 抓取 AGV 小车上放置的物品，配合小型机械臂 3 一起完成装配过程。

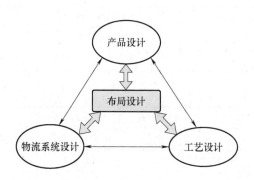

图 9-5　布局设计和产品设计的关系

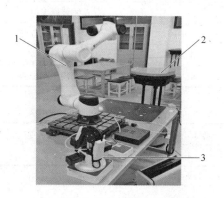

图 9-6　个性化装配产线的物理实体层
1—机械臂　2—AGV 小车　3—小型机械臂

　　如图 9-6 所示，大机械臂为 DOBOT-CR5 机械臂 1，支持脚本、图形化编程，安装方式为落地式，环境温度为 0~45℃，湿度低于 95%，且无凝露，具有紧急停止功能，预留外部安全接口（可通过 I/O 接口控制），可以通过手持示教器或者 APP 来进行示教。正常上电时，指示灯红色常亮，下电时，指示灯熄灭。

　　生产线内的 AGV 小车 2 使用 RCS 系统，能够满足生产线智能物流输送。本次个性化定制装配的目标主要为个性化定制的小车模型，以其中一个小车的装配为例，装配流程如图 9-7 所示。

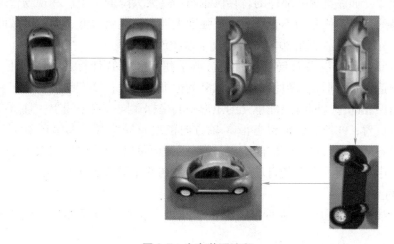

图 9-7　小车装配流程

　　作业单位是指布置图中各个不同的工作区或存在物，一般根据其职能或存放物的种类进行划分。本节对模拟小车装配生产线进行布置优化。根据生产线调研及装配工艺需求，产线主要分为八个装配作业单位，对各作业单位进行标号，见表 9-1。产线布局中的具体信息参数见表 9-2。

表 9-1　产线作业单位及标号

标号	作业单元名称	标号	作业单元名称
1	A 线装配工位一	5	B 线装配工位一
2	A 线装配工位二	6	B 线装配工位二
3	A 线装配工位三	7	B 线装配工位三
4	A 线装配工位四	8	B 线装配工位四

表 9-2　模拟小车装配生产线信息

车间名称	车间长度 l/m	车间宽度 d/m	工位行间距 s/m	边界距离 s_1/m
1	10	8	2	1.5

9.1.3　产线布局优化决策

本节以模拟小车装配生产线为研究对象，图 9-8 所示为模拟汽车装配生产线初始布局图。生产线主要作业区域包括装配线（A、B 线）、后挡风玻璃装配区域、侧门区域、天窗装配区域、引擎盖装配区域、底盘装配区域。根据现场调查，了解各个作业区域的主要生产任务，装配线 A 主要负责装配 A 型小车，装配线 B 主要负责装配 B 型小车，由于装配线上存在大量工位，所以分别将装配 A 线与装配 B 线看作整体。通过对现场进行的前期调查研究并结合装配车间初始布局图，总结出此装配车间存在的问题：由于装配区域面积限制，装配工位数量不足，导致生产能力不足，难以满足装配线需求；现场布局分布散乱，相同的零件放置不同地方，如底盘等零部件的暂存区布局，这大大降低了生产和现场管理的效率；物流相关程度高的作业单位布局不合理，物流强度大导致物流效率低；仓储区域面积过小，空间严重不足，导致装配 A 线旁边零件堆积、堵塞物流通道。

为简化装配生产线设备布局问题，进行数学建模和求解计算，做出如下简化与假设：①该生产线制造设备的形状取包络矩形，忽略其他细节形状；②产品加工工艺流程顺序与车间设备编号顺序相同；③同行装配单元的矩形中心坐标在同一水平线上，且所有的单元按照统一方位进行放置；④所有装配设备沿 X 轴方向依次布局放置，采用自动换行策略，当同一行中所有设备的长度、设备间实际距离与设备距边界的安全距离之和大于生产线横向空间约束时，该行中的最后一个设备自动进入下一行。初始布局如图 9-8 所示。

1. 确定约束条件

根据生产线布局问题的实际情况，模拟装配小车生产线设备布局的约束条件如图 9-9 所示。

因此约束条件为：①每台设备只允许使用一次；②每行设备不能超出车间的长度限制；③所有设备不能超出车间宽度的限制。对于复杂生产线的布局要求，一般以最小物流费用为目标函数，其目标函数定义为：

$$\min PED = \sum_{i=1}^{n} \sum_{j=1}^{n} D_{ij} E_{ij} R_{ij} \tag{9-1}$$

式中，n 为设备的总数目；D_{ij} 为设备 i 和设备 j 之间的物流距离；E_{ij} 为设备 i 和设备 j 之间的

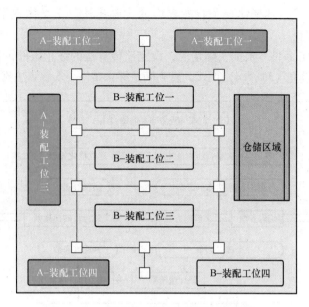

图 9-8 初始布局图

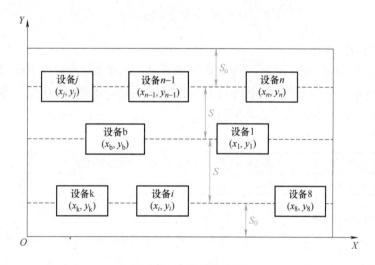

图 9-9 设备布局模型

单位物料每单位距离的物流费用；R_{ij} 为设备 i 和设备 j 之间的物料运输频率。设备之间的物流距离 D_{ij} 需充分考虑设备间的物流路径，并保证路径最短且物流路径上不存在物流干涉。

2. 决策优化求解

根据遗传算法的基本原理，遗传算法的操作步骤如下。

（1）构造染色体 在实际操作中，要提高计算效率和求解质量，需要选取合适的编码方式进行转换。

（2）随机初始化种群 搜索开始时确定适当数量的第一组染色体。

（3）确定适应性 适应度函数由优化问题的函数构造而来，适应度函数值是唯一能反映个体优劣情况的指标，适应度函数值越大，个体越优。

（4）设计遗传算子　选择体现了自然界中的优胜劣汰；交叉体现了有性繁殖；变异是进化过程中的基因突变。

（5）设定算法中止条件　根据实际情况，设定遗传算法的终止条件，应用中要考虑计算效率和优化质量。之后重复（3）、（4）两步，直到满足终止条件。求解算法流程如图9-10所示。

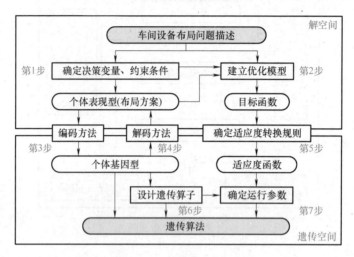

图 9-10　求解算法流程

3. 遗传算法参数设计

针对产线设备布局问题，变异 p_m 为 0.005~0.010。种群大小设置在 100~200，本节取值 150。"代沟"决定了选择操作中父代个体被复制到下一代的比例，"代沟"取值为 0.8。由此给出遗传算法的各个参数值，见表 9-3。

表 9-3　遗传算法各参数值

种群大小	代沟	交叉概率	变异概率	最大遗传代数	惩罚项值	净间距值
150	0.8	0.7	0.05	100	500	0.5

4. 遗传算法运行结果

遗传算法往往需要用编程来实现，这部分可利用 MATLAB 高效的计算能力对上述设计的遗传算法求解，结果如图9-11所示，对应的目标函数值为4842。按照自动换行策略，上述得到的最优设备布局方案排列方式为：第1行：1　4；第2行：2　3；第3行：3　2；第4行：4　1。

根据各作业单元中心坐标绘制优化布局图，如图9-12所示，虚拟布局效果图如图9-13所示。

此方案扩大了装配区域、仓储区域的面积，将待装配小车缓存区合并到一起，避免了摆放与调度的混乱，同时也节省了占地面积；缩小了装配与仓储区域的面积，并将其安排到车间最里面使其内部工位更紧凑；提高了装配区与缓存区的物流效率；为生产线以后的发展升级提供了空间。通过该生产线设施布局优化后，设计之初所提到问题基本得到改善。

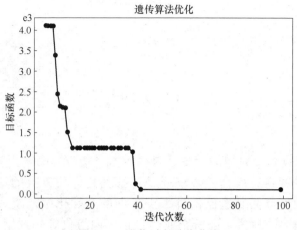

图 9-11　进化过程迭代曲线

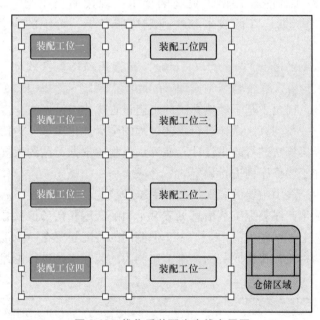

图 9-12　优化后装配生产线布局图

图 9-13　优化后装配生产线布局虚拟效果图

9.2　生产工艺流程优化决策

9.2.1　生产工艺规划概述

众所周知，工艺设计是机械制造生产过程技术准备工作的一个重要内容，是产品设计与车间实际生产的纽带，是经验性很强且随环境变化而多变的决策过程。随着市场经济飞速发展，目前的产品制造已由过去少品种的个性化生产模式转化为以市场需求控制的多品种小批量生产模式。随着企业信息化、网络化等先进制造技术的不断发展，全球化的市场竞争对现代企业提出了更高的要求。现代的企业竞争不仅要求高的产品质量，还要求缩短交货期、降低成本和快速响应服务等，传统的工艺设计方法已无法满足这种变更。

CAPP（Computer Aided Process Planning）是指借助计算机软硬件技术和支撑环境，利用计算机进行数值计算、逻辑判断和推理等的功能来制定零件机械加工工艺过程。生产工艺流程中的决策问题，提出了基于经典算法的工艺过程优化决策方法。该方法以最小变换成本为优化目标，通过一系列算法操作进行工艺过程的全局优化决策。为使加工操作序列满足工艺约束规则，对经典算法进行改进设计，在算法过程中根据工艺约束规则确定的加工操作优先关系约束集对加工操作序列进行调整。

本节模拟装配生产线中主要的装配工艺有引擎盖装配、侧门装配、后挡风玻璃装配以及底盘安装。模拟装配生产线装配工艺信息见表9-4。由于工序1、3、4用单台机械臂即可完成装配，因此在工艺上相对较为简单。工序2中侧门的装配需要在一个工位上完成左右侧门的装配，因此需要两台机械臂协同装配，本节对侧门的装配工艺进行论述。

表 9-4　模拟装配生产线装配工艺信息表

工序	工序名称
1	装配引擎盖
2	装配侧门
3	装配后挡风玻璃
4	装配底盘

9.2.2　生产工艺规划架构

工序2需要多台机械臂同时装配，可以减少资源的占用。多台机械臂同时工作时需要考虑机器人的协同问题，每台装配机械臂在完成分配的工作任务时，各台机械臂不应干涉，应独立运行。因此多台机械臂同时装配的过程可概括为：

1）对该工位装配路线上的坐标点（本节为任务点）进行合理分配，给每台机械臂分配合理的坐标点。

2）各台机械臂在各自工作过程中不发生干涉和碰撞，并且装配过程最优，即需确定单台装配机械臂路径规划问题。

与单台装配机械臂路径规划问题相比，多台装配机械臂路径规划需考虑系统整体影响因素，达到时间最优和空间最优。时间最优是指多台机械臂在满足生产线整体节拍的前提下，以最短的时间到达指定工位并完成装配任务，该工位的装配时间为该工位单台机械臂装配最长时间，即 $T = \max\{T_1, T_2, \cdots, T_m\}$；空间最优即每台机械臂到达装配区域内机械臂协同工作且不发生干涉和碰撞。

多台机械臂装配任务点分配流程可归为：装配任务分配、机械臂路径规划。图 9-14 所示为多台装配机械臂装配工艺优化架构流程图。

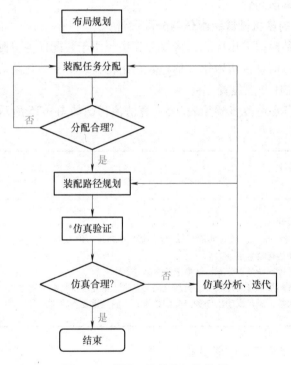

图 9-14　装配工艺优化架构流程

9.2.3　工艺流程优化决策

机械臂装配任务点分配问题数学描述：给定 n 个任务点的集合 $C = \{c_1, c_2, \cdots, c_n\}$ 和 m 台机器人 $R = \{R_1, R_2, \cdots, R_m\}$，合理地将装配任务分配给机器人，并且在满足约束的条件下，寻找系统最优装配路径。可用关系矩阵 $X_{m \times n}$ 表示装配任务分配关系，X_{ij} 表示将 i 装配任务分配给 j 机器人，1 表示分配，0 表示不分配，抽象成数学模型为：

$$\min F = \sum_{j=1}^{m} \sum_{i=1}^{n} X_{ij} V_{ij}$$

$$s.t.\begin{cases} \sum_{i=1}^{n} X_{ij} = W_j & \forall j \in \{1,2,\cdots,m\} \\ \sum_{j=1}^{m} X_{ij} = 1 & \forall i \in \{1,2,\cdots,n\} \\ D_{ij} \in Y_j & Y_j \in |r_{\min},r_{\max}| \\ X_{ij} \in \{0,1\} \end{cases} \tag{9-2}$$

式中，约束一中，V_{ij} 为装配任务 c_i 到机器人 R_j 的距离；W_j 为机器人 R_i 分配点数上限值；约束二表示每一个装配任务只分配给一台机器人，约束三表示装配机械臂的可达范围；Y_j 为第 j 台机械臂工作半径；$r_{\min}$，$r_{\max}$ 分别为工作半径最小值和最大值。装配任务分配问题是组合优化问题，存在许多智能算法求解，综合算法优势，蚁群算法求解效率高，收敛速度快，因此本节引入蚁群算法求解该问题。

1. 基于蚁群算法的多机械臂装配任务分配设计

蚁群算法也是一种模拟进化算法，将蚁群算法应用于装配任务分配的原理：种群初始化操作包括蚁群初始化、信息素初始化、禁忌表初始化；蚁群初始化将焊点看作是蚂蚁，蚂蚁数量为 n，将蚂蚁放在任务点位置。

基于蚁群算法任务点分配步骤见表 9-5。算法流程图如图 9-15 所示。

表 9-5 基于蚁群算法任务点分配步骤表

输入：任务点分配约束条件
输出：任务点分配结果

(1) 焊点分配约束条件设计
(2) 初始化参数，α，β，ρ，η，τ_0，Q，蚂蚁数量为 n，迭代次数最大值 $I_{\max}$
(3) 初始化信息素以及初始化禁忌表
(4) 蚂蚁 k 根据选择策略进行任务点分配，结果记录在禁忌表中
(5) 焊点分配完成，计算蚂蚁选择路径长度，更新全局信息素，重复步骤 (4)
(6) 是否满足最大迭代次数，满足则输出任务点分配结果，不满足重复步骤 (3)

2. 多机械臂装配路径干涉数学分析

多台焊接机器人工作时，考虑焊点任务合理分配的同时还需验证多台机器人协同工作的干涉问题，避免机器人之间发生碰撞。一般采用两种思路解决该问题：尽可能将离机械臂较近的点分配给该台机械臂，避免焊接区域的交叉重叠；预留尽量多的装配空间，保证末端之间的安全距离。以两台机器人为例，装配机械臂 Rob1 和 Rob2，两台机器人分配到的焊点为 $C_a = \{c_{a1}, c_{a2}, \cdots, c_{am}\}$ 和 $C_b = \{c_{b1}, c_{b2}, \cdots, c_{bn}\}$，数学上两台机械臂工作区域不重叠的约束条件为：

$$\begin{cases} \max d(\text{Rob1}, c_{ai}) < \min d(\text{Rob1}, c_{bj}) \\ \max d(\text{Rob2}, c_{ai}) < \max d(\text{Rob2}, c_{bj}) \end{cases} \tag{9-3}$$

图 9-16 所示为两台机械臂干涉区域分析，设置装配机械臂的安全装配区域并不能完全保证装配时是安全的，还应当设置末端安全距离，其模型如图 9-17 所示。

```
                        开始

                        约束条件 ◄──────────────┐
                                                │
                     算法参数初始化              │
                                                │
                   初始化信息素、对蚂 ◄────┐     │
                   蚁设置初始禁忌表         │     │
                                          │     │
                   根据概率公式分配路       │     │
                   径、填充禁忌表          │     │
                                          │     │
              ┌──────────────┐    否       │     │
              │ 任务点分配完毕 ├─────► 释放禁忌表 │
              └──────┬───────┘           │     │
                     │是                  │     │
                  信息素更新               │     │
                     │                    │     │
              ┌──────────────┐    否       │     │
              │   仿真合理?   ├────────────────┘
              └──────┬───────┘
                     │是
                   输出任务点
                   分配结果

                        结束
```

图 9-15　基于蚁群算法的任务点分配流程图

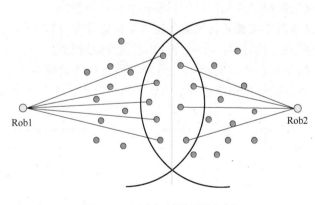

图 9-16　两台机械臂干涉区域

机械臂 Rob1 从任务点 (x_k, y_k) 到达任务点 (x_{k+1}, y_{k+1})，机械臂 Rob2 从任务点 (x_d, y_d) 到达焊点 (x_{d+1}, y_{d+1})，假设两台机械臂匀速运动，速度 v，在 t 时间内经过的路径长度为 vt，机械臂运动路径长度和任务点直线距离比值为：

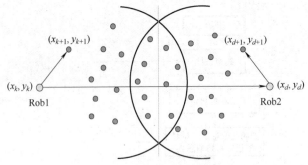

图 9-17　末端安全距离模型

$$\begin{cases} \lambda_1 = \dfrac{vt}{\sqrt{(x_{k+1}-x_k)^2+(y_{k+1}-y_k)^2}} \\[3mm] \lambda_2 = \dfrac{vt}{\sqrt{(x_{d+1}-x_d)^2+(y_{d+1}-y_d)^2}} \end{cases} \tag{9-4}$$

t 时间后，机械臂 Rob1 坐标 (x_i, y_i) 为

$$[x_k+\lambda_1(x_{k+1}-x_k), y_k+\lambda_1(y_{k+1}-y_k)] \tag{9-5}$$

t 时间后，机械臂 Rob2 坐标 (x_j, y_j) 为

$$[x_d+\lambda_2(x_{d+1}-x_d), y_d+\lambda_2(y_{d+1}-y_d)] \tag{9-6}$$

两台机械臂的距离为：

$$d=\sqrt{(x_i-x_j)^2+(y_i-y_j)^2} \tag{9-7}$$

设置安全距离阈值为 μ，当 $d-\mu>0$ 时则在安全距离内，反之会出现干涉。

3. 多机械臂装配路径规划验证

多台机械臂装配任务路径规划分为两个问题：路径坐标点分配和单台机器人路径规划，采用遗传算法寻找最优焊接路径。因此，多台机械臂装配路径规划可分为三个步骤：

1）设计多机械臂装配路径规划问题的目标函数和约束条件。

2）利用蚁群算法求解多机械臂协同装配路线坐标点分配背包问题。

3）采用遗传算法分别对该工位每一台机器人进行路径规划。

以模拟装配生产线中左右侧门装配工位两台机械臂作为研究对象，利用 python 语言和相关工具包进行任务点分配仿真和路径规划仿真，给定蚁群算法参数见表 9-6。

表 9-6　蚁群算法参数表

参数	数值	含义
n	60	蚂蚁数量
α	1	信息素相关因素
B	5	启发函数相关因素
ρ	0.1	信息素消失系数
τ_0	1	初始化信息素
η_{ij}	d_{ij}	距离强度因子
Q	1	信息素计算常数因子
I_{max}	50	最大迭代次数

求解两台机器人的任务点分配，得到的计算结果如下：

基于蚁群算法求得的机械臂 Rob1 最短路径为：1，2，3，4，5，60，59，55，56，7，6，8，22，29，26，24，23，21，20，18，17，19，28，10，11，12，13，14，16，15，9；总路径长为：673.886mm。基于蚁群算法求得的机械臂 Rob 2 最短路径为：48，49，47，42，43，41，40，39，38，37，25，30，31，54，53，52，57，58，51，33，32，35，26，44，45，50；总路径长为：646.3349mm。从两台机械臂任务点分配结果上看，分配的点数均衡，且装配距离较为接近，满足分配要求。蚁群算法装配机械臂装配路径如图 9-18 所示。遗传算法收敛曲线如图 9-19 所示。

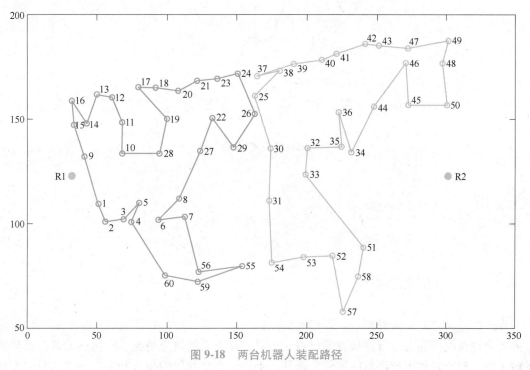

图 9-18　两台机器人装配路径

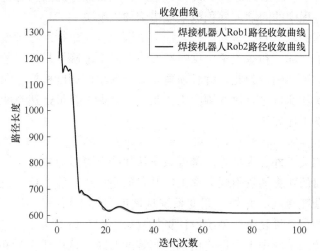

图 9-19　遗传算法收敛曲线

229

由两台机械臂末端极点的位置和距离得到分布曲线，设置末端工作安全距离阈值 $\mu = 20$，距离曲线值始终大于安全阈值，如图 9-20 所示。

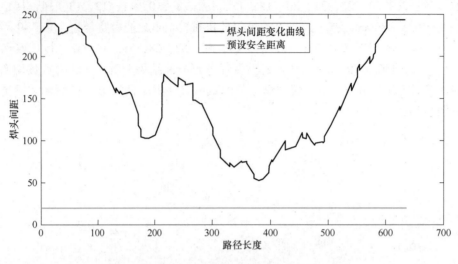

图 9-20　机械臂末端极点距离曲线

9.3　生产调度优化决策

9.3.1　生产调度概述

生产调度工作的内容是检查、督促和协助有关部门及时做好各项生产作业准备。根据生产需要合理调配劳动力、督促检查原材料、工具、动力等的供应情况、厂内运输情况及厂内运输工作。检查各种生产环节的零件、部件、毛坯、半成品等的投入和生产进度，及时发现生产作业计划执行过程中的问题，并积极采取措施加以解决。

对生产调度工作的基本要求是快速和准确。所谓快速，是指对各种偏差发现快，采用措施处理快，向上级管理部门和有关单位反映情况快。所谓准确，是指对情况的判断准确，查找原因准确，采用对策准确。为此，就必须建立健全的生产调度机构，明确各级调度工作分工，建立一套切合实际和行之有效的调度工作制度，掌握一套可迅速查明偏差产生原因，并采取有效对策的调度工作方法。

车间生产线调度系统包括对单机、并行机、流水线、作业车间的调度。调度对象包括生产线的生产机器、相关工件、人员等。调度系统从架构上可以分为单工厂调度及分布式调度两种，两种架构针对的业务场景不同。单工厂针对的是单一产线、单工位的调度，而分布式则是并发调度，复杂度更高。此外，调度系统从调度目标上可分为单目标调度、多目标调度，多目标调度的约束条件复杂，系统设计更加复杂。图 9-21 所示为制造调度系统结构。

将生产调度系统决策应用于个性化模拟汽车装配产线，该产线主要布局如图 9-22 所示。模拟汽车装配产线设备由 DOBOT-CR5 型号机械臂、DOBOT Magician 机械臂和 AGV 小车组

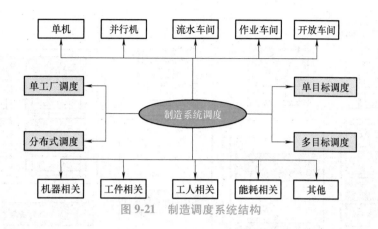

图 9-21　制造调度系统结构

成。模拟装配生产线的布局在第 9.1 节已做相关介绍。中间线路为 AGV 主线，根据各个工位的需求，服务器指派 AGV 将待装配的小车运送至各个工位。

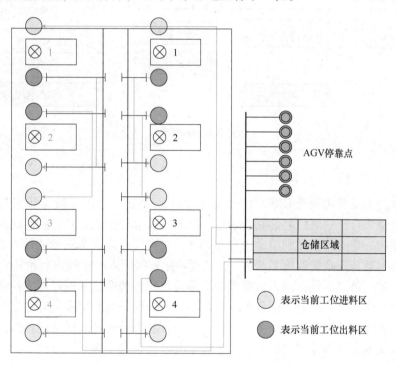

图 9-22　模拟装配生产线布局

9.3.2　生产调度架构

生产线调度系统针对的是车间产线各个工位生产计划的安排，以及相应的生产要素资源协调。调度系统可在资源给定的情况下使生产效率最大化。根据车间生产的调度划分，可将调度系统划分为作业计划、作业计划分解、任务排序等模块，初步完成订单层面的调度，在生产要素一定的情况下合理完成生产要求。图 9-23 所示为生产调度系统流程。

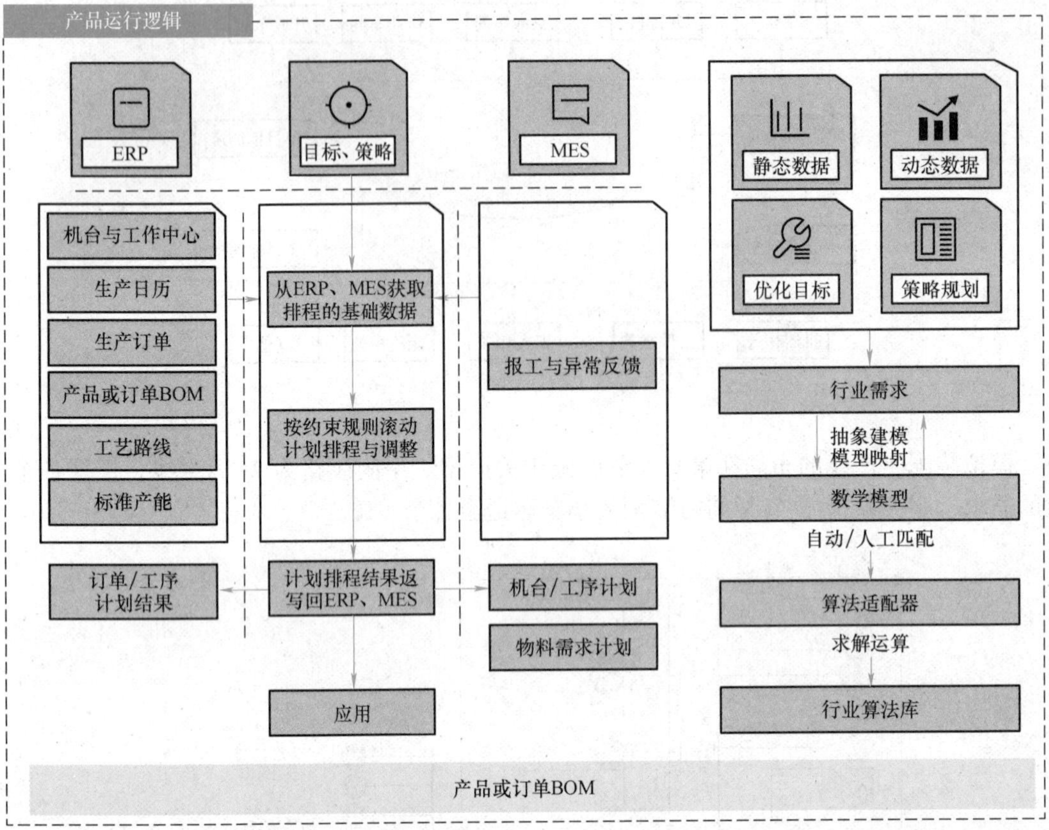

图 9-23　生产调度系统流程

生产调度的上层系统属于 ERP/MES，统称为上层系统。上层系统接收来自外部的订单计划。该订单是来自计划部门之前制定的生产计划，或者是紧急生产任务的插单。生产部门将生产计划按照一定的约束规则滚动，并与调度系统进行通信，常见的通信方式为 API，根据订单格式将参数传入指定调度系统 API，调度系统根据传入的参数进行解析，综合考虑最高效的调度方式，将调度任务插入数据库中，最后系统将调度任务通过网络传递至各个执行器中，以执行具体的生产或者调度任务，至此整个调度任务基本完成。考虑整个系统的通用性、鲁棒性，实时跟踪整个调度任务，并将调度任务状态传回至上层系统，因此现场决策工作人员，可以实时观察到任务状态，并根据需求做出调整，整个过程是完整的调度闭环过程。

9.3.3　生产调度优化决策

1. 调度系统决策流程概述

9.3.2 节所述的生产调度系统不具备决策功能，只是执行人为设定的调度程序，完成调度任务。而现代智能生产调度系统具备决策功能，生产调度系统的各个模块将订单初步分解之后，需要进一步验证调度的合理性，因此具备决策性的生产调度系统需要对输入的订单进行合理性验证，并利用相关的智能算法进行优化计算，主动寻找最优的调度方案供系统执行，并在执行过程中实时调整任务调度，以达到整体调度系统效率最优的状态，具备智能决策的调度系统决策流程如图 9-24 所示。

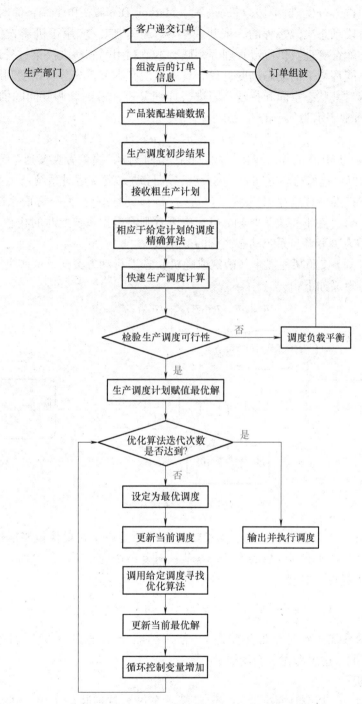

图 9-24 基于遗传算法优化的调度系统决策流程

2. 调度系统决策理论

针对很多的实际调度问题，从建立数学模型到理论分析乃至有效的实用算法都有很多瞩目的进展，很多实际的生产调度问题不仅是 NP-Hard 问题，还受到极为复杂的约束条件限制。对于这类问题，相对简单的调度模型很难从理论上分析最优的调度方案性质，给出有效的最优调度算法也十分困难。马尔科夫决策（Markov Decision Process，简写 MDP）是处理随机环境下多阶段动态决策过程的一般建模工具。MDP 广泛应用于机器人控制、计算机通信、金融管理、库存管理及供应链管理等领域。本节利用马尔科夫决策过程进行调度问题建模，综合考虑不同环境下的动态调度过程。具体来说，本节首先分析调度问题的结构特性及调度流程，接着对其状态空间和行动空间进行详细分析，得到该调度问题的 MDP 模型。在数学上，MDP 通常表示为如下的五元组：

$$(S, A(i) \ \forall i \in S, p(j \mid i, a), r(i, a), V) \tag{9-8}$$

图 9-25 所示为 MDP 的动态演化规律。在决策时刻 n，决策者观察到系统处于状态 i，并从可用行动集 $A(i)$ 选取行动方案 a。决策者采取行动方案 a 后对系统产生两方面影响：一方面系统自身将按照转移规律以概率 $p(j \mid i, a)$ 转移到状态 j；另一方面系统获得既得报酬或支付费用 $r(i, a)$。在下一决策时刻 $n+1$，决策者则需根据系统此时的状态来选取决策。如此循环往复，即为决策者与系统动态演化的交互过程。

决策者在时刻 t 按照某种规律（确定或随机）选取行动方案 π_t，这些决策序列 π_t 便构成了所谓的策略，定义如下：

$$\pi = (\pi_0, \pi_1, \pi_2, \ldots, \pi_{t-1}, \pi_t, \ldots) \tag{9-9}$$

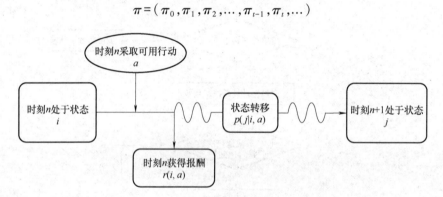

图 9-25　系统演化示意图

MDP 的目标是决策者通过选取最优策略使得准则函数 V 在最优策略下达到最优。马氏科夫决策过程中有多种准则函数的定义，本节针对复杂调度，所以仅给出一个准则函数：有限阶段总报酬（费用）准则：

$$V_N(i, \pi) = \sum_{t=0}^{N-1} E_\pi^i [r(X_t, a_t)] + E_\pi^i [r(X_N)], \forall i \in S \tag{9-10}$$

式（9-10）表示系统初始时刻处于状态 i，使用策略 π 到时刻 N 获得期望总报酬，其中 $r(X_N)$ 为终止报酬，这里考虑了费用情形。

3. 流程分析

对于决策中心，某个时刻决策者决定装配小车进入首道装配工序，开始加工（可能允许多道工序同时开工），并观察工装配件的加工过程，因此针对模拟装配生产线，AGV 需要将上一个工位装配完成的小车搬运至下一个装配工位，如出现下一个工位装配未完成状况，且剩余装配时间大于设定的阈值，则需要将该工位装配完成的小车运送至存储区，等待下一个工位呼叫。因此，上下两个工位的时间关系是：下一个工位所需的加工时间，应该在上一个工位加工开始一段时间之后，这样才可以保持"供销"平衡。其决策过程如下：

1）装配小车进入第一道工序装配（可能有多道工序同时开工），决策者观察加工过程。

2）任一时刻决策中心感知结果为以下三种之一：①决策者决定第一道开工工序，工件进入第一道工序开始装配；②装配小车仍在第一道工序装配，该道加工工序还没有加工完成；③第一道工序装配完毕，决策中心记下第一道工序的持续装配时间，并从第一道工序的后继工艺中选一道或若干道可开工的工序继续装配。

3）第二道工序开工（可能有多道工序同时开工），决策者继续观察小车装配过程。

4）同样，任一时刻决策者观察结果包括：决策中心决定第二道开工工序，工件转到第二道工序继续开始装配；工件仍在第二道工序装配，该道加工工序还没有装配完成；第二道工序装配完毕，决策中心记下第二道工序的持续装配时间，并从第二道工序的后继工艺中选择一道或若干道可开工的工序继续加工。

5）在上述调度过程中，决策中心每次选取一道或若干道工序开工并观察加工过程，直到工序装配完毕，此时决策中心在感知该工序加工时间的同时，根据当前的资源等情况决定下一次的开工工序。对于工件自身，任一时刻它的状态信息为以下三种情况之一：①工件不在某道工序加工；②工件在某道工序加工；③工件在某道工序加工完成后由决策中心决定转入下一道（或多道）工序加工。

4. MDP 建模

由流程分析可知，工件在任一道工序的加工状态信息可用如下方式表示：$\Delta = \{\delta:\delta\}$，表示工件在任一道工序的加工状态信息。其中 $\Delta = \{0,1,2\}$ 表示三种加工状态信息："0"表示工件不在某道工序加工；"1"表示工件在某道工序加工；"2"表示工件在当前工序已经加工完成。事实上，工件所处的工序及在当前工序的加工状态信息已知，就意味着工件的状态信息也就确定了，即任一时刻工件的状态信息至少应包括两方面：当前装配小车所在的工序；装配小车在当前工序的装配状态。

接下来利用 MDP 对典型的工艺结构（并行结构）进行建模，重点在于状态空间和行动空间的描述。并行结构允许多道工序同时开工，而且各工序的加工时间不一致，即便同时开工的装配工序也未必同时完工。此时装配小车的装配状态比串行结构更复杂，即某些工序同时装配，一段时间后某些工序完工而某些工序仍在装配，因此在调度系统的次序上可分为串行结构和并行结构。由于串行结构中，工件任一时刻只能在某道工序加工，而并行结构则可以同时在多道工序加工，因此对于并行结构，只需对串行结构的状态工件做相应改变，以描述多道工序同时开工的情形即可，串行结构的状态空间进行扩充，即用各工序状态信息的组合描述并行结构的状态空间。图 9-26 所示为并行小车装配调度任务流程示意图。

实际调度系统中既得报酬可以根据不同的性能指标来确定。如果以小车完工的总装配时间为性能指标，那么小车在每道工序的装配时间可作为既得报酬。也即如果小车在工序 i 完工后，决策中心选取工序 j 为下一道开工工序，那么既得报酬 $r(i,a_i)$ 即为工序 j 的加工时间 $t_{a_i}[a_i=(i,j)]$，这里 $t_{a_i}=t_j$ 表示工序 j 的加工时间。

上述说法仅仅是为了便于理解，实际上并不精确。精确的说法是：直到下一个状态转移发生的时刻为止的时间是既得报酬，其中 i、j 分别表示状态转移前、后的系统状态。理论上，工件尚未完工（所有工序装配完毕）之前任意时刻决策中心都可以进行决策，而实际

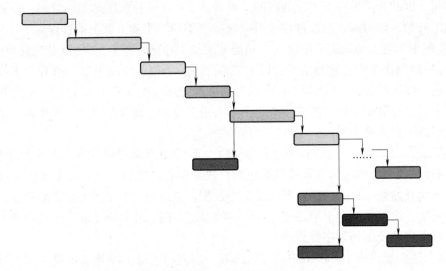

图 9-26 并行小车装配调度流程图

调度时往往不允许出现工件中断加工的情形，即当小车正在某些工序装配时，决策中心实际上是不允许决策的，其可用行动集为空集，仅在状态发生转移的时刻以及某些特定（有限个）的时刻可用行动集非空。选取在某一调度方案（策略）下工件完工的总加工时间作为该调度方案（策略）的准则函数值：

$$V(1, \pi) = \sum_{i=1}^{M} t_{ai} \tag{9-11}$$

此时考虑小车完工的总装配时间，通常需要极小化这个目标函数，这里的报酬应该理解为费用。MDP 允许决策中心灵活地选取策略，决策中心既可以在当前工序完工后确定性地选取开工工序，也可以随机选取装配工序；既可以依据已完工的工序和已选取的行动（历史信息）进行决策，也可以只根据当前完工的工序进行决策。最优调度方案是调度中心通过寻找最优的调度方案（调度策略）来控制调过程。在本模型中，求解最佳调度方案问题表述如下：

1）计算最优值函数：$V^*(1) = \min_{\pi \in \Pi} V(1, \pi)$。

2）寻找最优策略：$\pi^* = \underset{\pi \in \Pi}{\mathrm{argmin}} \{\pi : V(1, \pi) = V^*(i), \forall i \in S\}$，其中 π 是所考虑的策略类集合，即全体策略的并集。

为验证本节所提方法在策略生产线调度工程问题中的应用，设计了模拟装配生产线调度虚拟仿真平台，包含六个工件和八台生产设备，工程实验的生产数据见表 9-7。

表 9-7 生产数据

工序	机器	Job1	Job2	Job3	Job4	Job5	Job6	Job7	Job8
OP1	M1	20	25	35	22	35	35	30	30
OP2	M2	25	15	20	25	40	30	25	28
OP3	M3	30	20	30	18	30	40	24	32
OP4	M4	15	20	15	15	18	33	18	25

（续）

工序	机器	Job1	Job2	Job3	Job4	Job5	Job6	Job7	Job8
OP5	M5	20	18	20	18	28	24	24	22
OP6	M6	18	16	20	24	23	28	25	31
OP7	M7	16	20	35	35	30	32	38	28
OP8	M8	35	22	35	35	30	32	38	28

图 9-27 所示为基于 MDP 获得的算例最佳解决方案的甘特图，相同的工件用相同的颜色表示，纵坐标为加工设备（工位）编号，横坐标为时间轴，求解得到最优解为 1200。

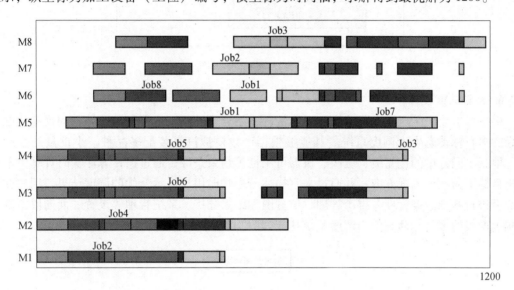

图 9-27　调度方案甘特图

5. 调度系统设计及实现

对汽车装配模拟生产线软件现有的各模块进行归纳总结、调整和整合，统一集成到新的调度系统之下。根据这一理念构建该信息系统，所有主要业务将尽可能以可视化和模块化方式呈现。基于模拟汽车装配生产线调度特殊性和模块化思想，模拟装配生产线调度系统的总体方案为：

① 根据现有软件系统能够提供的数据接口，调度系统基于这些接口适应性设计调度所需相关数据表格和数据库，对调度数据库和数据中心主机采取数据保护措施，调度系统产生的数据库不影响数据中心的数据。最后结果上传数据中心备份以供其他系统使用。

② 调度系统所关注的调度核心算法，通过 java 开发相关的代码并且通过 java 工具打包成相应的算法包模块，以整合到模拟装配生产线调度系统中并很好地嵌入已有的软件系统，实现无缝衔接和整体的优化设计。

③ 设计良好的人机交互模式并且建立调度业务接入模块，允许操作人员根据实际情况录入相关的关键信息，并根据调度算法的结果更新数据库，实现和数据中心的交互。调度系统的总体结构如图 9-28 所示。

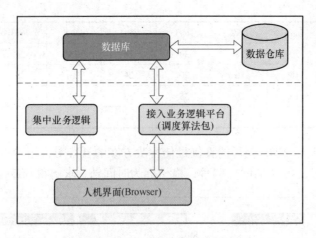

图 9-28   调度系统的总体结构

6. 系统功能设计

根据模拟装配生产线实际的生产运作情况，结合硬件系统，开发出一款面向模拟装配生产线的多目标动态生产调度系统。其能够根据产线模拟汽车装配多品种、小批量的生产特点，根据不同订单的优先级、班次、机器可用性等约束条件，通过遗传算法实时计算出不同优化目标下的最佳调度方案，并通过文字描述等方式向用户展示最优的调度结果。用户在该系统可进行基础数据管理、排产管理、仿真图和结果分析、系统管理等设置。面向模拟汽车装配生产线的多目标动态生产调度系统功能如图 9-29 所示。

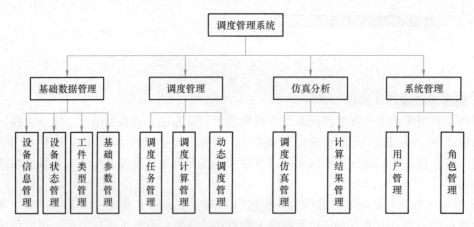

图 9-29   调度系统功能

7. 系统结构设计

面向模拟汽车装配生产线的多目标动态生产调度系统的构成主体，主要包括动态网页人机交互界面、数据库和核心调度算法包模块三部分。根据系统的建设目标，依据系统的建设原则，综合考虑语言、平台中间件等的特点和数据库系统、仿真引擎、算法开发工具、应用服务器系统、应用系统等的关系，整合不同角度设计要求，搭建多层应用架构。按照面向模拟汽车装配生产线的多目标动态生产调度系统的功能要求，设计基于系统功能体系的逻辑结构。

1）业务层。业务层从产线管理系统中获取业务数据，结合计算和仿真需求，转换数据结构，建立基于动态调度的业务数据源；对相关业务数据进行建立、修改、删除、查询等的管理，并建立模型索引库。有调度任务需求时，调用第三方算法包即可处理相关调度数据，为展示层的调度结果和仿真应用提供快速的展示应用服务。

2）展示层。以 J2EE 框架为基础，展示调度结果，可以通过图形方式方便地展示相关信息。通过 B/S 结构可以以报表等形式方便操作人员查看。

8. 关键技术路线

J2EE 多层 B/S 技术架构综合面向产品的多目标动态生产调度系统需求情况，采用基于 J2EE 规范的多层 B/S 体系结构。基于 J2EE 的开发可以从两个不同的方面，或者更准确地说，从两个不同的层次来处理。其中一种涉及用于系统实现的技术，另一种是以前和更抽象的层次，重点放在解决方案的逻辑结构上，而不考虑技术问题。模型驱动的体系结构通过区分与平台无关的模型和特定于平台的模型来促进这种分离，从分层的、独立于平台的体系结构到 J2EE 平台中可用的结构，将表示逻辑、业务逻辑与数据逻辑相分离，使系统的整体性能得以优化。并基于 Spring 框架和 iBatis 框架开发，降低了模拟汽车装配生产线的多目标动态生产调度系统软件组件的耦合度，极大地增强了软件的可维护性、可扩展性，满足了模拟汽车装配生产线的多目标动态生产调度系统的设计要求。

用户界面采用浏览器的方式作为调度系统的交互界面，利用页面组件化设计相关模块，完整的界面如图 9-30 所示。在设计上系统界面一共分为 Split. jsp、Menu. jsp、Tree. jsp、Top. jsp、Bottom. jsp、Content 六个 JSP 文件模块，各个模块采用 DIV 技术确定网页基本布局。Top. jsp 类似于导航条，可以完成用户注销功能，并且设定网站的图标及单位名称；Bottom. jsp 设定版权信息的附属信息；Menu. jsp、Tree. jsp 设定分界面导航，单击相应的图标更新 Content 部分数据。Content 部分基于 JSP 模板开发，可以提高系统的响应速度，提升用户的体验满意度，模板 Content 部分总体与 Index. jsp、Show. jsp、Edit. jsp、New. jsp、List. jsp、Creat. jsp 等 JSP 文件对应，对应的功能按钮分别是搜索、查看、编辑、新建、删除、创建等。

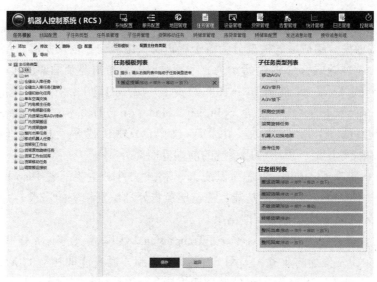

图 9-30　模拟汽车装配生产线 AGV 调度完整界面图

239

9. Spring 框架和 iBatis 框架

Spring Web 模型-视图-控制器（MVC）框架是围绕处理所有 http 请求和响应的扩展框架而设计的。Spring MVC 框架是一个开源的 Java 平台，它为开发鲁棒的基于 Java 的 Web 应用程序提供了全面的基础设施支持。Spring 是模块化的，允许用户选择那些适用模块，而不必引入其他模块。

iBatis 是一个持久性框架，iBatis 使得构建数据库更容易、应用程序更快，它使 Rubyon-Rails、Java、.NET 中 SQL 数据库对象（如表）和 Java 中的对象（如用户定义的类或集合对象）之间的映射自动完成。此映射可使用 XML 配置文件创建和维护。这些配置文件包含各种与框架相关的选项以及其他的 SQL 语句。为顺利使用 iBatis Data Map，用户需要依赖自己的对象 XML 和 SQL。有了 iBatis Data Map，用户就拥有了 SQL 和存储过程的全部功能。iBatis 是一个简单但完整的框架，它使项目很容易地将对象映射到 SQL 语句或存储过程中。一个简单的 Spring+iBatis 框图如图 9-31 所示。

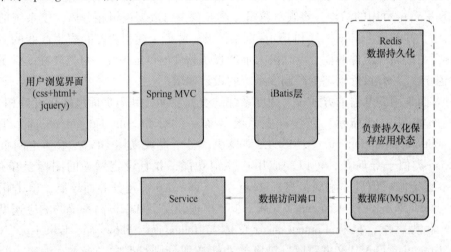

图 9-31　Spring+iBatis 框架结构图

在实际的代码组织中，本节将 Spring 框架和 iBatis 框架集成在一起，实现无缝连接，可提高软件开发的效率。集成后的框架分为五个逻辑层，由顶向下依次是客户层、控制层、业务层、持久层、数据源层，图 9-32 所示为五个逻辑层的分布情况及框架层次。

1）客户层。客户层（即前端 UI 视图）负责传送用户的请求，接受系统的 response，显
示处理结果。在设计上一共分为 Split.jsp、Menu.jsp、Tree.jsp、Top.jsp、Bottom.jsp、Content 六个类型的 JSP 文件模块。由 DIV 代码、HTML 代码、JSP 代码、CSS 代码、JavaScript 代码和标签组成，属于应用系统的前端界面部分。

2）控制层。带有 Controller 注解标识的 Java 格式文件，主要配置 Dispatcher Servlent 后端控制器。用户单击相应界面层的功能，控制层负责处理识别相应的需求，并且分配、调用业务层的 Service 处理，及时获取反馈结果。

3）业务层。业务层主要是带 Service、Transactional 注解标识的 java 格式文件。负责处理由控制层 Controller 分配的业务，采用 Spring Ioc 机制，通过读取相应的 XML 配置文件进行各个对象信息的交互。业务模型组件通过调用持久层 DAO 操作数据库，完成业务逻辑。

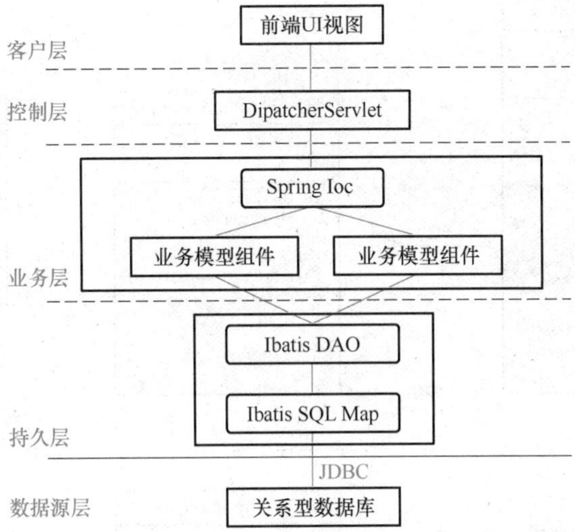

图 9-32 逻辑层分布图

4）持久层。持久层主要是 Sqlmap 的 XML 文件及带 Respository 注解标识的 java 格式文件。Spring 框架下 iBatis 框架融合在持久层，iBatis 主要负责对数据库的操作。iBatis 框架工作在持久层，iBatis DAO 通过调 iBatis Data Map 文件完成 SQL 数据库对象（如表）和 Java 中的对象（如用户定义的类或集合对象）之间的映射。此映射可使用 XML 配置文件创建和维护。要使用 iBatis Data Map，需要依赖页面创建的对象 XML 和 SQL，每次访问数据库都会产生一个 resultmap 对象。

5）数据源层。业务实体对象，由关系型数据库 SQL Server 构成。设计中主要是通过创建实体页面对象实现数据库的读出和修改。根据实际需求，可分为 Algorithm Info、compoent Type、Equipment Type、Equip Default Status、Equipment、Equip Shift、Equip Shift Status、Equip Type、Mission、mission Mod、mission Product、optimization Info、Process、Process Equip、Shift、Schedu Result 等界面模块。具体实施的类图如图 9-33 所示，图中表示了算法界面相关的类。

10. 数据库设计

一个组织必须有准确可靠的数据才能做出有效的决策。数据库系统为相关文件的综合收集以及其中所载数据的详细解释。数据库系统是一个基于计算机的记录保存系统，即其总体目的是记录和维护信息/数据。调度仿真管理系统数据库总体目的是实现排产数据管理的系统化、自动化和规范化，实现对排产仿真信息管理，主要功能为管理有关排产数据和角色权限等。可以帮助计划员更加方便地管理排产任务及工件信息。系统数据库需建立两个实例库，分别为调度业务数据库、历史数据库。库间关系如图 9-34 所示，历史数据库主要存储历史数据。

仿真数据库主要记录仿真系统所涉及仿真单元的仿真数据；调度业务数据库主要包括调度管理系统所需的数据；原系统数据库是指模拟汽车装配生产线生产管理系统的数据库。该系统需要建立的数据库表结构关系见表 9-8。

241

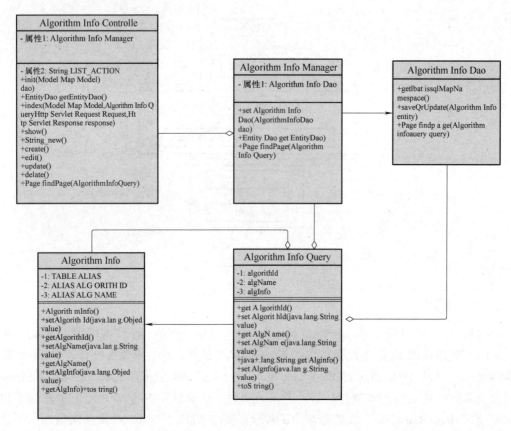

图 9-33　算法界面类图

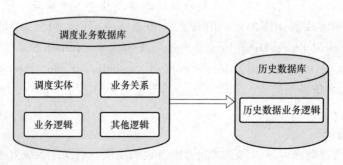

图 9-34　数据库实例关系图

表 9-8　数据库设计

表名称	描述	备注
Algorithm Info	算法表	选择调度算法
Mission	任务表	任务基本信息
Mission Mod	任务-工件表	存储所有任务的工件列表及小车数
Mission Product	任务-产品表	列表中的同一批工件的不同个体
Current Mission	当前任务表	当前任务的基本信息

（续）

表名称	描述	备注
Equip Type	设备类型表	设备 ID，rate 利用率
Equipment	设备表	设备具体信息及其他信息
Equip Default Status	设备默认状态	所有设备的班次
Equip Shift Status	设备班次表	设备排班
Equip Use Status	设备不正常状态	不正常的设备状态表
Component Type	小车设备类型表	小车信息表
Process	工序表	小车的工序详细信息
Process Equip	机器-工序表	与工序相对的可用设备和处理时间
Schedu Result	调度结果表	排产的调度结果的具体信息
Schedu Result Info	是否进行滚动排产	是否进行滚动排产

对模拟汽车装配生产线软件现有的各模块进行归纳总结、调整和整合，提出系统总体设计方案，再根据需求提出系统的功能设计方案。针对模拟汽车装配生产线调度系统设计和建模，选择合适的 J2EE 架构并选择 Spring 和 iBatis 相结合的框架设计交互界面，完成数据库及数据库表的设计。图 9-35 所示为 AGV 调度系统界面。

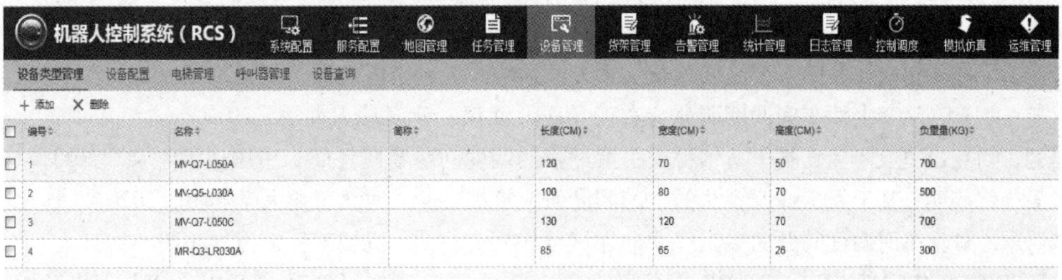

图 9-35　模拟装配生产线 AGV 调度系统界面

📝习题 •

1. 简述生产线布局优化决策系统的工作原理。
2. 生产布局优化过程中优化的变量有哪些？
3. 简述生产工艺优化决策系统的优化的变量。
4. 工艺优化决策主要解决什么问题？其主要目的是什么？
5. 简述生产工艺优化决策系统的工作原理。
6. 简述生产线调度系统的工作原理。
7. 简述生产线调度优化决策系统原理。
8. 生产调度系统常见的调度模式有哪几种？
9. 马尔科夫结构建模的模式有哪些？
10. TSP 问题（旅行商问题，也是经典调度问题中的一种）是指商人要旅行 n 个城市，

243

要求遍历各个城市且仅经历一次然后回到出发城市，并要求所走的路程最短。假设现在有四个城市，0，1，2，3。它们之间的成本如图 9-36 所示。现在要从城市 0 出发，最后又回到 0，期间 1，2，3 都必须并且只能经过一次，使成本最小，求解该条路径。

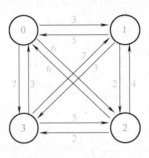

图 9-36　题 10 图

参 考 文 献

［1］ 闻亮. 基于遗传算法的车间布局优化［J］. 物流科技，2017.

［2］ 杨晓楠，孙博，郎燕生. 基于深度学习的特高压直流闭锁故障智能调度决策［J］. 中国电力，2020.

［3］ 刘连发，张振明，田锡天，等. 基于遗传算法的工艺过程优化决策方法研究［J］. 机械制造，2008.

［4］ 国蓉，于高耀，孟详众，等. 基于蚁群算法的工艺路线优化决策［J］. 制造业自动化，2015.

［5］ 叶林. 面向多制造任务的工艺路线优化决策方法研究［J］. 中国机械工程，2006.

［6］ 彭超. 基于数字孪生的车间调度研究与实现［D］. 武汉：武汉理工大学，2019.

［7］ 刘翱，刘克，刘广，等. 基于马尔科夫决策过程的调度问题建模［C］. 中国运筹学会，2011.

［8］ 易天，雷德明. 基于人工蜂群算法的生产调度研究进展［J］. 河北工业大学学报，2020.

［9］ 赵诗奎. 作业车间调度问题的多工序联动邻域结构研究［J］. 机械工程学报，2020

［10］ BIESINGER F, MEIKE D, KARB, et al. A Case Study for a Digital Twin of Body-in-White Production Systems General Concept for Automated Updating of Planning Projects in the Digital Factory［C］2018 IEEE 23rd International Conference on Emerging Technologies and Factory Automation（ETFA）. IEEE，2018，1：19-26.

［11］ VACHÁLEK J, BARTALSK Ý L, ROVN Ý O, et al. The digital twin of an industrial production line within the industry 4.0 concept［C］. 2017 21st International Conference on Process Control（PC），Strbske Pleso，2017，pp. 258-262.

［12］ BROSINSKY C, WESTERMANN D, KREBS R. Recent and prospective developments in power system control centers：Adapting the digital twin technology for application in power system control centers［C］. 2018 IEEE International Energy Conference（ENERGYCON），Limassol，2018，pp. 1-6.

［13］ PELLEGRINELLI S, PEDROCCHI N, TOSATTI L M, et al. Design and motion planning of body-in-white assembly cells［C］. 2014 IEEE/RSJ International Conference on Intelligent Robots and Systems. IEEE，2014：4489-4496.

［14］ WANG X, TANG B, YAN Y, et al. Time-Optimal Path Planning for Dual-Welding Robots Based on Intelligent Optimization Strategy：Transactions on Intelligent Welding Manufacturing［M］. Singapore：Springer，2018：47-59.

第10章 系统级决策

系统级是"一硬、一软、一网"的有机组合。通过工业网络（如工业现场总线、工业以太网等，简称"一网"），信息物理系统的多个设备可实现更大范围、更宽领域的数据自动流动，就可构成智能生产线、智能车间、智能工厂，实现多个单元级CPS的互联、互通和互操作，进一步提高制造资源优化配置的广度、深度和精度。系统级CPS是基于多个单元级最小单元的状态感知、信息交互、实时分析，实现局部制造资源的自组织、自配置、自决策和自优化。由传感器、控制终端、组态软件、工业网络等构成的分布式控制系统（DCS）和数据采集与监控系统（SCADA）是系统级CPS，由数控机床、机器人、AGV小车、传送带等构成的智能生产线是系统级CPS，通过制造执行系统（MES）对人、机、物、料、环等生产要素进行生产调度、设备管理、物料配送、计划排产和质量监控而构成的智能车间也是系统级CPS。

系统级决策主要包括：

（1）产品个性化定制决策　个性化定制是以生产商品和服务满足个性化的客户需求，其目标是通过增加多样化和定制化，提供令客户满意的商品并提供相应的服务。

（2）物料需求计划决策　根据产品结构和各层次物品的从属和数量关系，以每个物品为计划对象，以完工时间为时间基准倒排计划，按提前期长短区别各个物品下达计划时间的优化决策。

（3）库存优化决策　基于预测性维护与配件库存联合优化模型，探索智能工厂内基于故障预测的维护优化调度与决策模型，给出面向智能工厂的备件库存的联合优化决策。系统级决策章内容如图10-1所示。

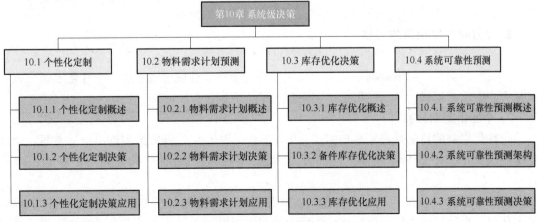

图 10-1　系统级决策章内容

10.1 个性化定制

10.1.1 个性化定制概述

1. 什么是个性化定制

个性化定制的定义最早是由 Davis（1990）提出的。他将个性化定制定义为：一种可以通过高度灵敏、柔性和集成的过程，为每个顾客提供个性化设计的产品和服务。在不牺牲规模经济的情况下，以单件产品的制造来满足顾客个性需求的生产模式。Pine Ⅱ（1992）将个性化定制定义为：在个性化的基础上生产和销售定制产品并提供相应的服务，它是制造业和服务业的新范式，是透视企业竞争的新方法，它将识别并实现个性化客户的需求作为重点，同时不放弃效率、效力和低成本。Mitchell 等（1996）认为：个性化定制是以生产商品和服务满足个性化的客户需求，其目标是通过增加多样化和定制化，提供令客户满意的商品并提供相应的服务，但并不相应增加成本和延长交货期。

个性化定制生产具有如下显著特征：

（1）以客户需求为导向　个性化定制是一种需求驱动的生产方式，从客户的个性化需求出发，根据客户的需求设计、制造和销售产品或服务。

（2）先进的信息技术和制造技术提供支持　个性化定制生产需依靠先进的信息技术对客户需求快速响应。首先通过互联网准确获取客户需求，然后利用 CAD 工具快速设计出虚拟样机让用户确认需求。最后通过柔性制造与智能制造快速交付满足客户需求的产品。

（3）专业化的产品制造　一般而言，机械产品中有 70% 以上的部件存在相似性，如果低于该比例则很可能为个性化生产。产品研发企业研发相似部件并交由专业化制造企业生产组件，然后根据客户个性化需求按需装配，同时要求专业化制造企业具备一定的个性化生产能力，能够在一定程度上具备可调性或可重构性。

（4）基于模块化设计、标准化装配　通过模块化设计将个性化产品转换为通用型组件。企业提前批量生产通用型组件，然后根据客户需求装配为个性化产品，进而实现个性化产品的快速、高质量交付，缩短产品交货期、减少定制产品的成本。

2. 个性化定制决策的内容

个性化定制决策是指以客户需求与产品约束规则为前提，从所有配置结果中选择出最接近客户需求的结果。约束规则一般为产品配置中的事物属性或可选对象，个性化定制决策以满足客户需求为原则，从所有可选方案中找出最优方案。

3. 个性化定制分类

个性化定制的目的是根据客户需求，采用相关算法在可选择方案中选出最优方案。个性化定制决策算法如图 10-2 所示。主要分为两类：单目标决策优化算法和多目标决策优化算法。

（1）单目标决策优化算法　当客户过分关注产品功能的某个方面，追求产品一个目标最大化时，则使用单目标决策算法。实际上客户需求通常关注产品的多个属性，这属于可配

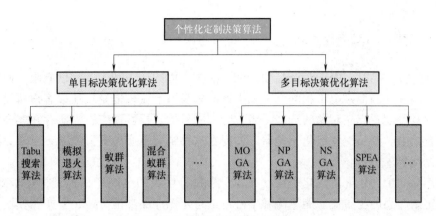

图 10-2　个性化定制决策算法

置产品的可选配置结果中的多目标决策优化，单目标决策问题几乎不存在，但是单目标决策问题是产品配置优化中最简单、最基本的算法，也是多维决策问题的基础。单目标决策优化方法可分为两类：

1）直接法。 这类优化方法是根据一定规则取多个标准点来计算其函数值，然后通过比较函数值来确定最佳产品配置结果。直接法有斐波那契方法 FM（Fibonaui Method）和黄金分割方法 GSM（Golden Section Method）。

2）间接法。 这类方法需要使用优化函数的导数，也称为解析法。常用的方法包括牛顿法 NM（Newton's Method）和二次插值法 QIM（Quadratic Interpolation Method）等。

（2）多目标决策优化算法　多目标决策优化是针对产品性能、成本等多维目标，在配置求解过程中同时优化产品的结构和参数变量，并选择客户最满意的配置方案。根据产品配置优化的不同阶段，将多目标决策优化方法分为两类：

1）基于配置方案的进化技术。 该类优化方法结合配置方案和演化机制，将优化设计中所需要的模式引入可选配置的初始结果中，并以此作为优化设计的初始信息源，从而组成优化设计的初始群体。初始群体采用智能化的方法如复制、交叉、变异等进行操作，进而评价初始群体，得到一组个体的适应度，经过多代智能操作，确定可选配置方案中的最优解。

2）面向多目标的优化方法。 主要以产品综合性能、成本等为目标函数进行多目标优化求解，获得一组均匀分布的 Pareto 最优前沿（Pareto Front），进而根据设计偏好选择出优化的产品方案。为了获得 Pareto 的最优解，常采用的方法有：Pareto 秩的确定、适应度函数和共享函数的设计、Pareto 最优群体和有限制交叉等，这几种方法在目前比较著名的算法中均有所体现，例如：多目标遗传算法（Multi-Objective Genetic Algorithm，MOGA）、细分的 Pareto 遗传算法（Niched Pareto Genetic Algorithm，NPGA）、非支配排序遗传算法（Nondominated Sorting Genetic Algorithm，NSGA 或 NSGA-Ⅱ）、增强的 Pareto 进化算法（Strength Pareto Evolutionary Algorithm，SPEA）等。

个性化定制产品配置的优化属于多目标模糊优化问题，在上述多目标模糊进化算法中，NSGA-Ⅱ是其中最有效力、最流行的多目标优化算法。因此，本节采用改进的 NSGA-Ⅱ算法求解个性化产品的多目标配置优化。

10.1.2　个性化定制决策

客户在选择产品时，由于对产品功能和性能等方面的认识和了解程度有限，而且不同客户对产品不同属性的偏好也不相同，再加上产品本身可能比较复杂，所以客户所设定的标准或准则，即对可配置产品对象的选择，时常会和配置的可行性冲突，即不存在完全符合客户需求的配置结果。产品配置优化正是研究如何在这种情况下实施配置策略，以最大限度地满足客户定制化要求。

定制产品的个性化配置优化是建立在基于事物特性表的定制产品模型构建基础之上的，因此根据定制产品的物质流、能量流和信号流进行定制产品功能分解，并按照模块单元多尺度规划重组的方法进行模块划分，确定出个性化定制产品所包含的功能模块族及各个功能模块间的接口。对功能模块进行再次分类，可以得到核心模块（一个产品实现其功能的主要模块）、附属模块（按照一定的规则，从定制产品主结构的指定模块中选择的辅助模块）及选配模块（根据客户的需要进行选择添加的模块）。令构成个性化定制产品的模块总数为 S，则有：

$$S = \sum_{j=1}^{M_1} N_{1j} + \sum_{j=1}^{M_2} N_{2j} + \sum_{j=1}^{M_3} N_{3j} \tag{10-1}$$

式中，M_i 为第 i 类功能模块（核心模块、附属模块、选配模块）的模块系列数；N_{ij} 为第 i 类功能模块的第 j 个模块系列的实例数。

最终配置出的产品中，定制产品的个性化配置过程可以描述为：在 M_1 个核心模块系列中各优选一个实例，在 M_2 个附属模块系列中各优选一个实例，在 M_3 个选配模块系列中优选 Z 个模块，在 Z 个模块中各选取一个实例。在最终配置出的产品中，包含核心模块 M_1 个、附属模块 M_2 个、选配模块 Z 个，则产品包含模块总数为：

$$N = M_1 + M_2 + Z \quad Z \leqslant M_3 \tag{10-2}$$

对不同的模块实例进行组合会配置出不同性能、成本及出货期等特征参数的个性化定制产品，定制产品个性化配置优化所要解决的问题就是如何合理选取模块族中的模块实例并对它们进行组合，配置出最能满足客户需求的个性化产品实例。因此，以影响企业订单的三个主要参数（**产品性能、成本及出货期**）为出发点，对个性化定制产品的性能、成本及出货期三方面进行多目标优化，求取满足不同客户需求的产品最佳个性化配置方案。

图 10-3 所示为定制产品的多目标个性化配置优化过程模型。

1. 定制产品的个性化多目标配置寻优建模

在分析定制产品的个性化单元配置结构的基础上，考虑影响企业订单的三个主要参数（产品性能、成本及出货期），对定制产品的性能、成本及出货期三方面进行多目标优化，兼顾价格、时间、配置和权值等多种约束，建立完整的满足不同客户需求定制产品的个性化多目标配置模型。

2. 定制产品性能驱动的个性化配置寻优

产品性能包括产品的功能和质量两个方面，功能是实现某种行为的能力，质量是指功能的程度，包括功率、安全性、时间连续性、环境等方面。令产品的性能矢量为 $P = (P_1, P_2, \cdots, P_d)$，其中 P_d 为产品的第 d 个性能，$d = 1, 2, \cdots, D$，D 为产品性能项总数，对应的权重矢量为

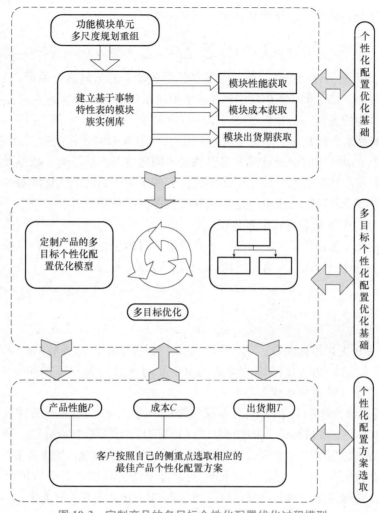

图 10-3　定制产品的多目标个性化配置优化过程模型

$W_d = (w_1, w_2, \cdots, w_D)$。

（1）构建模块实例和产品性能的关联度矩阵　关联度矩阵为

$$P = \begin{pmatrix} \gamma_{111,1} & \gamma_{111,2} & \cdots & \gamma_{111,d} & \cdots & \gamma_{111,D} \\ \vdots & \vdots & & \vdots & & \vdots \\ \gamma_{1M_1N_{1M_1},1} & \gamma_{1M_1N_{1M_1},2} & \cdots & \gamma_{1M_1N_{1M_1},d} & \cdots & \gamma_{1M_1N_{;M_1},D} \\ \vdots & \vdots & & \vdots & & \vdots \\ \gamma_{ijk,1} & \gamma_{ijk,2} & \cdots & \gamma_{ijk,d} & \cdots & \gamma_{ijk,D} \\ \vdots & \vdots & & \vdots & & \vdots \\ \gamma_{3M_3N_{3M_3},1} & \gamma_{3M_3N_{3M_3},2} & \cdots & \gamma_{3M_3N_{3M_3},d} & \cdots & \gamma_{3M_3N_{3M_3},D} \end{pmatrix} \tag{10-3}$$

式中，$\gamma_{ijk,d}$ 为第 i 类功能模块（核心模块、附属模块、选配模块）的第 j 个核心模块系列的第 k 个实例和产品的第 d 个性能的相关度。其量化值可用模糊数学评价理论中的强、较强、中、弱或无关来表示，相对值衡量度分别为：9，7，4，1，0。

（2）构建产品性能的个性化优化模型　其模型为

$$\max P_Z = \sum_{i=1}^{3} \sum_{j=1}^{M_i} \sum_{k=1}^{N_{ij}} \varepsilon_{ijk} \sum_{d=1}^{D} w_d \gamma_{ijk,d} \qquad (10\text{-}4)$$

式中，P_z 为产品性能的评价指数，表示产品的综合性能，其值越高，说明产品的性能越好；ε_{ijk} 为二元决策变量，表示第 i 类模块中的第 j 个模块系列的第 k 个实例在产品中是否被配置（0 为未配置，1 为配置）；w_d 为产品性能集的权重矢量。

针对定制产品的个性化多目标配置寻优模型，采用 NSGA-Ⅱ算法对三者进行并行优化，获得一系列基于 Pareto 集的配置重组方案以满足不同客户对产品性能、成本及出货期的个性化要求，从而实现产品的动态个性化设计模式，实现定制产品的个性化配置寻优求解，为在概念设计阶段进行产品性能、成本与出货期的权衡提供了依据。

3. 定制产品的个性化多目标配置寻优

对产品个性化配置优化模型的求解属于有约束多目标优化问题。其数学描述为：

$$F(X) = [P_Z(X), C_Z(X), T_Z(X)] \qquad (10\text{-}5)$$

$$\text{s.t.} g_a(X) \geqslant 0 \qquad a = 1, 2, \cdots, m \qquad (10\text{-}6)$$

$$\text{s.t.} h_b(X) = 0 \qquad b = 1, 2, \cdots, n \qquad (10\text{-}7)$$

$$X = (\varepsilon_{111}, \varepsilon_{112}, \cdots, \varepsilon_{ijk}) \qquad (10\text{-}8)$$

式中，$P_Z(X)$ 为极大化目标函数；$C_Z(X)$、$T_Z(X)$ 为极小化目标函数；$g_a(X)$ 为优化问题的不等式约束；$h_b(X)$ 为优化问题的等式约束；m 与 n 分别为不等式和等式约束的个数；ε_{ijk} 为二维决策变量（其值为 0 或 1）。

近年来，越来越多的多目标智能优化算法被提出，例如，多目标进化算法（MOEA）、多目标基因算法（MOGA）、多目标粒子群优化算法（MOPSO）、多目标蚁群算法（MOACA）等，多目标优化方法已被成功应用于求解复杂的带有约束条件的多目标优化问题求解中。

在众多智能优化算法中，基于改进的非支配排序遗传算法（NSGA-Ⅱ）具有运算速度快、稳健性强、鲁棒性好、解集分散等特点，已成功应用于许多工程优化设计问题。NSGA-Ⅱ算法使用 $O(MN^*)$ 复杂性的快速非支配排序机制（其中，M 为优化目标个数，N 为种群规模）、优势点保持方法和无外部参数的拥挤距离计算方法来求解多目标多约束问题的 Pareto 最优集。该方法对于组合优化等问题的求解，能得到比较理想的优化方案。NSGA-Ⅱ算法的优化求解流程如图 10-4 所示。

采用非支配排序遗传算法（Non-dominated Sorting Genetic Algorithm，NSGA）对多目标解群体进行逐层分类，每代种群配对之前先按解个体的支配关系进行排序，并引入基于决策向量空间的共享函数法。NSGA 在群体中采用共享机制来保持进化的多样性，共享机制采用一种被认为是退化的适应度值，其计算方法是将该个体的原始适应度值除以该个体周围包含的其他个体数目。NSGA 算法的优化目标数目不限，且允许存在多个不同的 Pareto 最优解。但该算法的主要缺点是计算效率较低，计算复杂度为 O（MN3），且算法收敛性对共享参数的取值较敏感，算法的稳定性较差。

Deb 等对原始的 NSGA 进行改进，提出了改进型非支配排序遗传算法（Non-Dominated Sorting Genetic Algorithm IⅡ，NSGA-IⅡ），基于快速非支配排序、优势点保持和无外部参数的拥挤距离计算求解多目标优化问题的 Pareto 最优集。算法中的密度估计算子用于估计某个个体周围所处的群体密度，方法是计算两个解点之间的距离远近程度。拥挤距离比较算子是为了形成均匀分布的 Pareto 前沿，这与原始 NSGA 中共享机制的效果类似，但不再采用小环境参数，提高了算法的鲁棒性。

拥挤距离比较算子需要计算每个个体的非劣级别和拥挤距离值，以产生非支配排序结果。拥挤距离排序结果表明，如果两个个体具有不同的非劣级别，则选择级别低的个体；如果两个个体具有相同的非劣级别，则选择具有较大矩形体的个体，因为该个体的邻居距其较远，引导个体向 Pareto 前沿的分散区域进化，以增强算法的全局寻优能力。NSGA-Ⅱ算法的计算复杂度为 O（MN2），它具有比 NSGA 更高的运算效率与稳定性，已成功应用于许多工程优化设计问题。

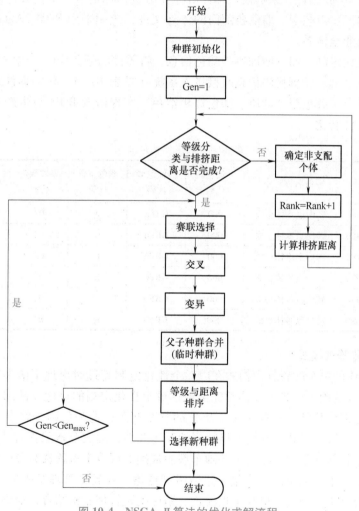

图 10-4　NSGA-Ⅱ算法的优化求解流程

10.1.3　个性化定制决策应用

定制产品个性化配置结构模型是产品个性化配置优化设计的基础，一个有效的个性化配置结构模型包含了多种可行的产品个性化配置方案。定制产品个性化配置结构模型可以在开发时建立，也可以通过对企业现有产品进行系列化、标准化处理进行归纳。定制产品的个性化配置结构模型并不是一成不变的，在企业实际设计及生产过程中可以不断对模型进行改进，使之更加适应企业产品发展的需要。

1. 针对整车个性化定制方案

要实现整车个性化定制模式的目标，需要从两个方向实现突破：企业级 BOM 管理与全流程的配置管理。个性化定制需要全体系的通力配合，研发端、生产准备、制造物流及销售端均需要依据可配置 BOM 开展相应工作。因此，需要将研发端实施的可配置 BOM 推行至全体系实施运用，从研发至销售均以零件为单位开展工作。研发设计师针对零件定义其基本属性、设计属性及 BOM 属性，采购设计师针对零件组织招标定点，工艺设计师针对零件定义供货方式并编制工位工艺卡。取消各部门的体外文件，统一采用 BOM 作为正式文件，通过变更管理贯穿企业全体系。

在颜色个性化定制方面，增加零件颜色信息，将零件的颜色代码、内饰色调代码、外饰色调代码、颜色名称、纹理代码信息直接录入系统（见表 10-1），作为零件的颜色信息，取代原有的颜色清单、颜色组合清单、颜色样板清单，实现研发 BOM 与生产 BOM 无缝对接，无需任何中间文件转化。

表 10-1　零部件颜色信息

组号	零件号	零件名称（中）	外饰色调代码	内饰色调代码	颜色位置代码	零件颜色代码	颜色代码	纹理代码
321	5GA2-32980	转向盘本体总成	000	GRF6	A	02	黑色	P32S
321	5GA2-32980	转向盘本体总成	000	GRF6	C	02	黑色	P26B
321	5GA2-32980	转向盘本体总成	000	GRF6	D	02	星座银	
321	5GA2-32980	转向盘本体总成	000	GRF6	E	02	黑色	P32S
321	5GA2-32980	转向盘本体总成	000	GRF6	G	02	黑色	P55
321	5GA2-32980	转向盘本体总成	000	GRF6	H	02	星座银	

2. 建立配置管理模式

一车一 BOM 的单车配置管理模式在应对个性化定制管理时出现了诸多问题，通过采用基础车型+选装包的配置管理模式能够完美地达成个性化定制的目标。基础车型是指在同一车型平台上固化部分特征，形成一个可出售的整车配置；选装包则是将多个特征组合在一起，在基础车型上进行选装，利用同组特征的互斥关系，形成全新配置的可销售车型。同一平台下可设置多款基础车型，在每个基础车型的基础上可设定多款选装包供客户选择，选装包的数量与研发及生产准备的工作量呈指数级别递增。在配置管理基础上，打通 OTD 业务流程，实现销售订单、制造订单与工程配置、销售配置管理紧密结合，最终实现面向客户的线上车型的个性化定制。

（1）建立特征库　特征编码库是指对参与配置的特征族、特征值进行编码管理。特征族用于描述整车某项装备、功能或特性，通常由三位英文字母组成，而特征值用于描述整车同一特征族下不同的特征选项，由字母和数字组成。特征编码库的维护独立于具体车型，即在特征编码库中维护的特征族和特征可以被不同的开发车型所用。引入特征、构建全配置化 BOM 管理方式，可以大大地减少数据的冗余，由以前的多个单一车型 BOM 转变为一个可配置 BOM，提高了更改的效率与数据的准确性，当有变更发生时，只需要在一处更改。使用特征定义产品型号的规格要求和具体零部件的使用条件，可以很方便地生成单车 BOM。只有在特征编码库中维护了的特征族、特征值才可以被具体的车型采用，并形成车型特征清单，如图 10-5 所示。

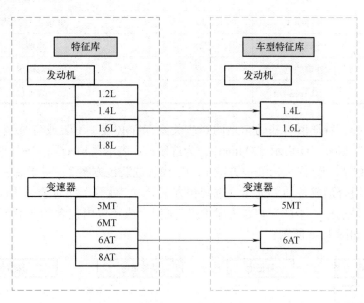

图 10-5　特征编码库

（2）定义整车型谱　以平台为基础形成整车型谱定义：将平台-车系-基础车型-车型规格（无颜色整车）-整车销售编码作为型谱的重要组成部分，统一从研发到生产的整车层面信息，存储在 M1、M2、M3、FMA、FME 等平台。在每个平台基础上开发出多个车系，例如，在 M1 平台基础上开发出 B50/B70/X80 等车系，在每个车系内定义基础车型、颜色定义及选装包信息，最终形成包含车型、颜色、配置信息，用于指导车间生产装配。

（3）建立整车配置表　为实现个性化定制模式，需要在当前一车一配置的管理模式基础上增加选装包信息及颜色选装信息，形成整车工程配置表，主要包含特征值、基础车型以及特征值与基础车型的对应关系值。工程配置表中仅体现整车上的差异配置项，例如，某项功能的高低配，或者某些功能、零件的有无等。每一个车型配置都对应着一组特征值的组合，该组合中任何一个特征的变化，都需要更改最终的整车销售编码，见表 10-2。

表 10-2　工程配置表

序号	特征名称	特征编码	特征值名称
1	座椅材质	7A0	座椅织物面料
2	座椅材质	7A4	座椅真皮面料打孔
3	座椅材质	7A5	座椅超纤皮+PVC
4	内饰颜色	BLF4	黑色面料
5	内饰颜色	BLL4	黑色超纤

（续）

序号	特征名称	特征编码	特征值名称
6	内饰颜色	GRF4	灰色面料
7	内饰颜色	GRL4	灰色超纤
8	外饰颜色	2A	北极白+幻影黑
9	外饰颜色	32V	玛瑙红
10	外饰颜色	A7	幻影黑
11	选装包	P1	天窗包

工程配置表中，特征值与基础车型的对应关系存在必装、不装或者选装，用符号"O""-"和"E（P$_n$）"区分。O表示"Option"，为选装；E表示"Elect"；"-"表示不装。P为选装方案，n为数字。P$_1$代表选装包方案1，P$_2$代表选装包方案2，对于选装包方案P$_n$，由多个特征值打包组合形成。如果选择"选装包方案P$_n$"，就等于同时选择了选装包内包含的全部特征值；如果选择"不装选装包方案P$_n$"，则P$_n$选装包内包含的所有特征值均不被选择。选装包定义如图10-6所示。

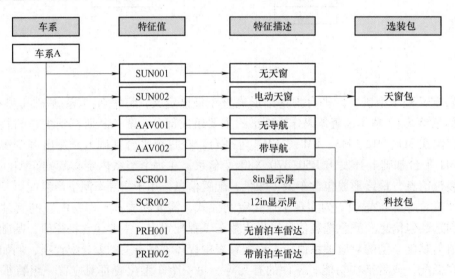

图10-6 选装包定义

（4）建立特征约束 在工程配置表层面形成特征约束，用于定义特征与特征、特征与整车间的逻辑关系，主要由特征值与逻辑符号组成，见表10-3。

表10-3 整车配置约束

规则	符号	用法	说明	适用范围
与	&	1A2&1C0	1.6L 与自然吸气	用于零件的使用条件
或	|	1A2 | 1A3	1.6L 或 1.8L	
非	-	-1A2	除 1.6L	

（续）

规则	符号	用法	说明	适用范围
强制	=>单向 <=>双向	1A2=>1C0 1A2<=>1C0	选择 1.6L，必须选择自然吸气 1.6L 与自然吸气同时选或同时不选	用于工程配置表中特征间的约束关系
禁止	<|>	1A3<|>1C0	1.8L 与自然吸气不能共存	

特征约束主要分为以下五类：①基础约束是同一特征组内不同特征值互斥。②技术约束主要用于由于研发资源及开发验证范围导致的车型限制，例如，1.8T 车型仅匹配 AT 变速器，不能匹配 MT 变速器。③法规约束主要用于由于法规发布或切换导致的车型在个别地区产生的准入限制，例如，自 2019 年 7 月 1 日以后，国 V 及以下车型不能在北京等地区上牌。④销售约束主要用于由于销售策略和库存等原因导致的车型销售限制，例如，基础车型的设定组合、内外饰颜色组合约束等。⑤物流约束主要用于物流原因导致车间装配受限，进而无法生产而设定的约束。

特征约束的主要作用在于保证工程配置表中车型特征描述的正确性，简化 BOM 中零件使用条件的用法，同时可进行车辆订单规则校验，针对不同生产地、不同销售地的线上实时订单进行校验，确保订单可生产、可销售，信息准确无误。

（5）整车有效性管理　在工程配置表中增加 ECN（变更单号），起始生效日期、截止生效日期及生效状态，通过变更单对工程配置表进行整车有效性管理。工程配置表见表 10-4。ECN 编号代表关联工程配置表发布的更改代号。起止生效日期代表工程配置表标的开始和截止生效时间，通过时间判断该配置信息有效性。

表 10-4　工程配置表

序号	特征名称	特征编码	特征值名称	生效日期	失效日期	发布状态
1	座椅材质	7A0	座椅织物面料	2019-1-1		已发布
2	座椅材质	7A4	座椅真皮面料打孔	2019-1-1		已发布
3	座椅材质	7A5	座椅超纤皮+PVC	2019-1-1		已发布
4	销售国家	0A0	中国销售	2019-1-1		已发布
5	销售国家	0A1	欧洲销售	2019-1-1		已发布
6	外饰颜色	A4D	北极白	2019-1-1		已发布
7	外饰颜色	A7	幻影黑	2019-1-1		已发布

（6）建立产品配置　在工程配置表基础上增加产品配置形成产品配置表，主要包含了产品特征、工程配置特征以及特征约束信息，作为整个后台基础信息。客户在此系统中选择想要的车型、动力组合、基础配置、个性化配置，即可获得自己想要的车型配置、价格等信息，当选装包数量足够多且符合市场需求时，多数客户都能在线上获得自己满意的车型配置，如图 10-7 所示。

3. 基于客户异构数据的整车需求知识挖掘

整车厂作为制造业的重要一员，发展过程中积累了大量的数据资源，在整车设计方面有如下两个方面的作用：

（1）客户及需求数据　客户与企业之间的交互和交易行为将产生大量的数据，如客户

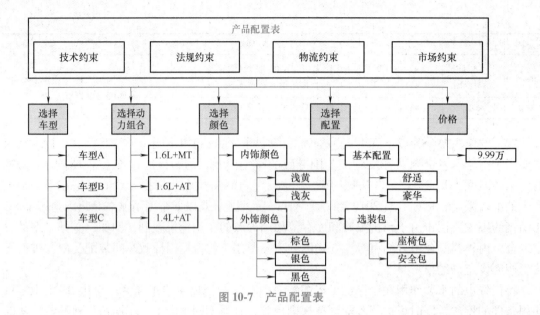

图 10-7 产品配置表

在购买之前会进行询价, 在这个过程中, 企业会收集客户的需求信息数据, 这些数据包含客户的个性化需求信息、客户的背景信息等。询价不一定带来成功的订单, 企业往往把失败的询价信息丢弃在询价数据库中, 对询价过程中收集的客户需求信息不够重视。

（2）设计知识及过程数据 企业在多年的研发设计过程中积累了大量的设计数据, 这些数据是企业宝贵的知识积累, 是企业竞争力的内在体现。这些数据包含设计参数、设计方法、建模数据等。轿车是一个复杂的系统, 对于设计人员来说, 它的设计不是一朝一夕就可以完成的, 需要设计人员融合多领域的知识以及多年的经验。设计数据是设计人员的知识结晶, 有效管理和组织这些数据并将其利用起来, 将大大减轻设计人员的负担, 提高企业的设计效率。

在信息化时代, 整车设计面临新的挑战。包括：①轿车客户需求具有模糊性、动态性、多样性的特点, 用传统的市场调查方法对客户进行抽样, 无法掌握全面的客户需求信息。②整车设计人员需要凭借设计经验将客户需求转换为模块的功能参数, 具有主观性和随意性。③在整车设计过程中, 实例库中可能匹配不到满足需求的功能-结构模块, 并且对于整车模块结构的修改设计过于复杂。针对以上问题, 基于客户需求实现整车模块化设计具有重要的意义。

客户需求（CR）可以用需求单元组合表示：

$$CR = \sum_{i=1}^{n} R(R_i, \cdots)$$

整车客户需求属性见表 10-5。

表 10-5 客户需求属性

序号	需求属性名称
1	外观
2	内饰
3	乘员空间和乘降性

（续）

序号	需求属性名称
4	储物空间
5	多媒体、信息及娱乐系统
6	座椅
7	室内环境系统
8	视野
9	日常维护方便性
10	操控性

采用系统抽样的方法，取 $n = 1000$，得到客户样本数据，见表 10-6。

表 10-6 客户需求样本数据

序号	外观	内饰	乘员空间和乘降性	储物空间	媒体、信息及娱乐系统	座椅	室内环境系统	视野	日常维护方便性	操作性
1	8	8	7	5	7	8	8	7	9	9
2	7	9	7	6	7	8	8	7	10	10
3	7	9	8	6	7	7	7	7	10	9
4	7	9	8	7	8	8	8	8	8	9
5	8	9	8	7	8	8	8	7	9	9
6	6	8	10	7	9	8	8	8	7	8
7	9	8	8	6	8	7	8	7	7	8
8	9	7	8	6	8	7	8	9	7	7
9	9	7	8	7	7	7	7	7	9	9
10	9	7	8	8	8	7	7	9	9	10

采用改进的 K-均值聚类算法对客户样本数据进行聚类，通过聚类有效性曲线可以发现聚类有效函数的最大值都集中在聚类数目的第八处。将聚类中心作为客户数据聚类的初始化中心，可以看出，第八处客户要求日常维护性及操控性方便，对于外观、内饰等要求较低，此类客户追求高性价比，因此在整车设计时应多考虑维护性及操控性。

10.2 物料需求计划预测

10.2.1 物料需求计划概述

物料需求计划（MRP）是将企业所有资源进行整合集成管理，简单地说就是将企业的三大流（物流、资金流、信息流）进行全面一体化管理的管理信息系统。在企业，管理主要包括三方面的内容：生产控制（计划管理、生产管理）、物流管理（分销管理、采购管理、库存管理）和财务管理（会计核算、财务管理）。这三大系统本身就是集成体，它们互相之间有相应的接口，能够很好地整合在一起来对企业进行管理。物料需求计划（MRP）系统模块间的概要流程如图 10-8 所示。

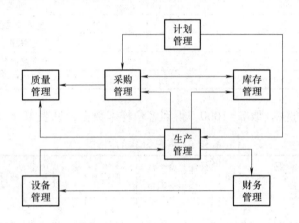

图 10-8 物料需求计划系统概要流程图

MRP 有三种输入：主生产计划（Master Production Schedule，MPS）、物料清单（Bill of Materials，BOM）和库存状态。MPS 是针对最终产品的生产计划，计划期一般为一年，也可以跨年度，包括生产数量和完成时间，生产数量包括已有的订单及市场预测得到的需求。

物料清单（**Bill of Materials，BOM**）是指产品所需零部件明细表及结构，为了便于计算机识别，把用图示表达的产品结构转化为某种数据格式，这种以数据格式来描述产品结构的文件就是物料清单，即 BOM 是定义产品结构的技术文件，因此又称为产品结构树、产品结构表或 BOM 表。

库存状态表示企业仓库中存有零部件的情况。**MRP** 的输出是采购计划、加工计划。MRP 的运行机制或称算法是依据 MPS 规定的最终产品生产的数量和时间要求，以及零部件库存、在制品数据、前期计划执行情况和生产提前期等决定采购计划与加工计划。

物料需求计划是根据产品结构各层次物品的从属和数量关系，以每个物品为计划对象，以完工时期为时间基准倒排计划，按提前期长短区别各个物品下达计划时间的先后顺序。物料需求计划是 MPS 需求的进一步展开，也是实现 MPS 的保证和支持。它根据 MPS、物料清单和物料可用量，计算出企业要生产的全部加工件和采购件的需求量；按照产品出厂的优先顺序，计算出全部加工件和采购件的需求时间，并提出建议性的计划订单。

10.2.2 物料需求计划决策

物料需求计划（MRP）的基本思想是将生产过程中的需求，分成独立需求和相关需求。相关需求是独立需求的函数，是可以计算出来，如某一产品的零部件、材料及工时的需求量。独立需求是无法通过确定性的数学方法计算出来，如产品需求量、废品数量、设备完好率等，这些只能通过预测进行估计。

1. 产品结构的数学描述

产品结构又称物料清单，一般呈树状结构，如图 10-9 所示。

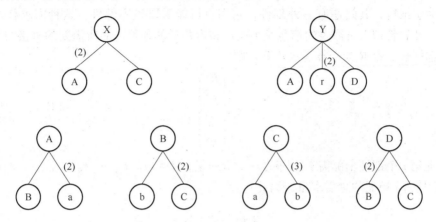

图 10-9　产品结构

由图 10-8 可知该产品结构由两个最终产品（X、Y）、四个部件（A、B、C 和 D）及三种零件（a、b 和 r）组成。它是一种具有四个层次的树状结构，树根是最终产品，树叶是加工或装配的最基本零件，中间层是各种装配的部件。连线上标的数字表明要组成上层父项部件所需子件的数量。

MRP 不同于传统的按"台份"投料的生产管理模式，它是按零部件组织批量生产。将加工工艺相似的零部件，按成组技术组织批量生产，从而大大提高了生产效率。在确定某类零件批量时，还要权衡为更换生产零件需调整工艺而损失的加工时间和在制品管理费用。一般批量越大，在制品管理费用越大，损失的时间就越小，这里需要确定所谓"经济批量"。式（10-9）所示的 BOM 结构可用矩阵 B 来描述，令：

$$B = \begin{pmatrix} B^1 \\ B^2 \\ \vdots \\ B^n \end{pmatrix} \tag{10-9}$$

$$B^i = (b_{i1}, b_{i2}, \cdots, b_{ij}, \cdots, b_{in}) \tag{10-10}$$

式中，b_{ij} 表示生产一个最终产品 i 所需要第 j 种零部件数。B 是一个 $n \times n$ 矩阵，为了使矩阵 B 正确描述产品结构的树状关系，避免出现一子多父的错误情况，应在正确输入数据的同时，对原始矩阵 B 进行线性变换，直至对角线左下方的元素全部为零，形成标准的产品结构矩阵 B。可以看出，变换后 B 将是个上三角的产品结构矩阵，并且也是个稀疏矩阵。实际产品结构远比式（10-10）复杂，部件、零件及层次数目，在理论上是没有限制的，所以 B 也将表现为一个高阶稀疏矩阵，可以借助矩阵代数分析方法求解。

2. 直接相关需求

设 $\boldsymbol{d}_n$ 为第 n 层需求矢量，$\boldsymbol{dd}(n)$ 为与第 n 层需求直接相关的需求，则有：

$$\boldsymbol{dd}(n) = \boldsymbol{d}_n \times \boldsymbol{B} \tag{10-11}$$

3. 全部需求的计算

对于企业管理人员，在制订生产计划或采购计划时，只知道由式（10-11）算出的直接相关需求是不够的，它只表示了完成一定数量的某层部件或最终产品时，所需零部件的直接相关数量。实际上，产品结构表中的零部件是相互关联的，即除了直接相关的需求量，由于某部件是多层结构，其间还有另外部件，它们也可能需要该零部件，这种需求称为间接需求。因此，计划管理人员需要的信息是为生产特定数量的各种产品所需要的直接与间接相关的全部零部件数。设 R 为全部需求矩阵，则：

$$R = \begin{pmatrix} R^1 \\ R^2 \\ \vdots \\ R^n \end{pmatrix} \qquad (10\text{-}12)$$

式中，R^i 是第 i 个部件全部需求矩阵的一个行向量，$R^i = (r_{i1}, r_{i2}, \cdots, r_{ij}, \cdots, r_{in})$，$r_{ij}$ 表示生产一个 i 单元所需 j 单元的总需求量，因此：

$$r_{ij} = \begin{cases} \sum_{k=1}^{n} b_{ik} r_{Aj} & i \neq j \\ 1 & i = j \end{cases} \qquad (10\text{-}13)$$

所以

$$R = BR + I \qquad (10\text{-}14)$$
$$R = (I - B)^{-1} \qquad (10\text{-}15)$$

式（10-14）中，I 是单位阵，B 是三角阵，因而（I-B）是行列式为 1 的三角阵，而且是非奇异阵，它的逆是存在的。因此，全部生产需求矢量 X 为：

$$X = d(I - B) \qquad (10\text{-}16)$$

式中，$d(d_1, d_2, \cdots, d_n)$，$X(X^E, X^S, X^P)$ 是第 i 种最终产品需求量，X^E、X^S、X^P 分别是为满足需求 d 所需生产的最终产品的部件和零件的全部数量。一般矩阵 R 维数高，但是一种稀疏矩阵。因此，可用分块矩阵技术和稀疏矩阵技术来简化式（10-13）的计算过程。

4. 工程变化的计算

实际生产与管理过程中，经常会有更改设计的需求，如顾客改变产品的需求，临时加入新订单等，这将导致要经常修改产品结构矩阵 B。每修改一次，仍按式（10-15）矩阵求逆的办法重新计算一次全部需求及矩阵，那将十分麻烦。因此，采用工程变化的计算办法，只计算变化部分，这可通过迭代算法求得，即：

$$R_{k+1} = R_k + \Delta R_k \qquad (10\text{-}17)$$

式中，ΔR_k 为第 k 次工程变化引起的变化；R_k 为第 k 次变化前的 R；R_{k+1} 为第 k 次工程变化后的 R，则有：

$$\Delta R_k = R_k \Delta B_k R_k + \Delta R_k \Delta B_k R_k \qquad (10\text{-}18)$$

式（10-18）是从式（10-17）经过变换和推演出来的。因为 B 中某一项元素不是该项的部件，所以，若在 B 中改变第 i 个部件，则 ΔR 行中相应于 i 项的元素必为零。因此，式（10-18）中的 $\Delta R_k \Delta B_k R_k = 0$，所以：

$$R_{k+1} = R_k + R_k \Delta B_k R_k \qquad (10\text{-}19)$$

实际应用中需要有好的人/机界面和交互方式，使建立产品结构矩阵 B 时，能直观方便地输入数据，只需考虑局部的父子关系，不需考虑全局的父子关系（即全部最终产品和全局生产过程）。而全局检查、变换和简化等复杂工作可按本节描述的形式化方法由计算机处理，工程变化的计算过程也如此。这些思想与方法是设计一个方便、有效和高品质信息系统的基础，没有合适的人/机接口使用起来就不方便：没有抓住管理中的主要问题，系统的性能品质与效率就不可能高。

10.2.3 物料需求计划应用

X、Y 两种产品包含的子件和需用数量（括号内数字）及产品结构树如图 10-10 所示。两种产品已推算出计划投入量和产出量，所含物料的提前期、批量、安全库存、现有量、已分配量等均为已知。

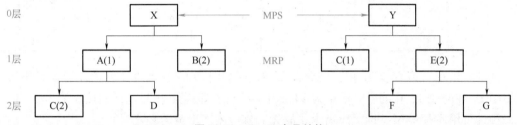

图 10-10   X、Y 产品结构

图 10-10 中 A、B 是产品 X 的子件，C 是 X、Y 两种产品的通用件（所处层级及数量不同）。各种物料的需求是由 BOM 进行分解，X、Y 的需求量由生产计划确定，A、B 的需求量由 X 确定，C 的需求量是由 X、Y 确定。

推算 Y 对 C、E 的毛需求量见表 10-7。在时段 1，由于 Y 的计划投入量为 10，因此对应 C 的毛需求量为 10，对应 E 的毛需求量为 20。

表 10-7   推算 Y 对 C、E 的毛需求量

提前期	低层码	物料	时段	当期	1	2	3	4	5	6	7	8
2		Y	MPS 计划产出量				10		20		15	5
			MPS 计划投入量		10		20	15	5			
2	1	C	毛需求		10		20	15	5			
4	1	E	毛需求		20		40	30	10			

推算 X 对 A、B、C 的毛需求量，见表 10-8。在时段 1，1 件 X 需要 2 件 C，由于 X 的计划投入量为 7，因此 C 的毛需求量为 7×2＝14。

表 10-8   推算 X 对 A、B、C 的毛需求量

提前期	低层码	物料	时段	当期	1	2	3	4	5	6	7	8
1		X	MPS 计划产出量			7		10		15		12
			MPS 计划投入量		7		10	15		12		
1	1	B	毛需求		14		20	30		24		
2	1	A	毛需求		7		10	15		12		
2	2	C	毛需求		14		20	30		24		

推算 X、Y 对 C 形成的总毛需求量，见表 10-9。在时段 5，由于 X 的计划投入量为 15，因此 X 对 C 件的需求量为 30，Y 的计划投入量为 15，对 C 的需求量为 15，合并可得对 C 件的需求量为 45。

表 10-9　推算 X、Y 对 C 的总毛需求量

提前期	低层码	物料	时段	当期	1	2	3	4	5	6	7	8
1		X	MPS 计划产出量			7		10		15		12
			MPS 计划投入量		7		10		15		12	
2		Y	MPS 计划产出量				10		20		15	5
			MPS 计划投入量			10		20		15	5	
2	2	C	X 对 C 的毛需求		14		20		30		24	
2	2	C	Y 对 C 的毛需求		10		20		15	5		
2	2	C	C 总毛需求		24		40		45	5	24	

计划初始现有库存量为 40，已分配量 5，所以计算出当期预计可用库存量为 35，见表 10-10。在时段 1，C 的毛需求量为 24，由于 C 现有库存量为 35，计划接收量 50，可以满足，预计可用库存量 61，即无净需求，故无安排计划产出量的必要。

在时段 5，C 的前期可用库存量 21 不能满足毛需求量 45，系统显示负值-24（PAB 初值）。说明将出现短缺，合并考虑安全库存量 10 的要求，计算出净需求量是 34，故需要引发两个批量的计划产出，即 2×20＝40 以补足短缺，即计划产出量 40，从而预计可用库存量 40+21-45＝16。推算 C 的计划投入量（考虑提前期），见表 10-11。

表 10-10　推算 PAB 初值、净需求、计划产出量和预计库存量

批量	现有量	分配量	安全库存	低层码	物料号	时段	当期	1	2	3	4	5	6	7	8
20	40	5	10	2	C	毛需求		24		40		45	5	24	
						计划接收量		50							
						（PAB 初值）	35	11	61	21	21	-24	11	-13	
						预计可用库存量	35	61	61	21	21	16	11	27	
						净需求						34	0	23	
						计划产出量						40		40	

表 10-11　推算计划投入量

批量	前提期	现有量	分配量	安全库存	低层码	物料号	时段	当期	1	2	3	4	5	6	7	8
1	1					X	MPS 计划产出量			7		10		15		12
							MPS 计划投入量		7		10		15		12	
1	2					Y	MPS 计划产出量				10		20		15	5

（续）

批量	前提期	现有量	分配量	安全库存	低层码	物料号	时段	当期	1	2	3	4	5	6	7	8
							MPS 计划投入量		10		20		15	5		
20	40	5	10	2	C	毛需求		24		40		45	5	24	
							计划接受量		50							
							（PAB 初值）	35	11	61	21	21	−24	11	−13	
							预计可用库存量	35	61	61	21	21	16	11	27	
							净需求						34	0	23	
							计划产出量						40		40	
	2						计划投入量				40		40			

按 C 的提前期为 2 时段倒排计划，在时段 3 生成 C 的计划投入量 40 才能满足时段 5 40 个产出的需求。

10.3 库存优化决策

10.3.1 库存优化概述

针对智能工厂各种维护策略所产生的维护服务需求以及采用的配件库存控制策略，本节从维护需求的种类与维护策略、维护与配件库存的联合优化策略、预测性维护与配件库存联合优化模型等方面，探索智能工厂内基于故障预测的维护优化调度与决策模型，给出面向智能工厂的备件库存的联合优化决策。

复杂设备系统维护策略涉及单部件与多部件设备系统、库存控制策略、维护特征、维护延迟、多级维护网络、业务优化目标函数和优化仿真技术等内容，根据已有的联合优化模型，给出一个复杂设备维护与备件库存联合优化模型的特征分类框架。

1. 优化准则

在同一维护策略下，不同维护成本结构或不同维护恢复程度（最小、不完美、完美）的维护模式将归入同一维护策略。一般来说，最优系统维护策略，主要包括：①最大限度地降低系统维护费用率；②最大限度地提高系统可靠性措施；③在满足系统可靠性要求的情况下，最大限度地降低系统维护费用率；④满足系统维护成本的要求时，最大限度地提高系统可靠性措施。

263

2. 单部件和多部件系统

单部件系统为由一个部件组成的系统，也可以把设备作为一个整体看作一个单部件系统。多部件系统是由多个部件组成的系统，其中的部件可能是相同的，也可能是不相同的，有时多台设备也可以看作一个多部件系统。

3. 库存控制模型与备件库存策略

库存控制模型与备件库存策略（Inventory Polices）已被广泛研究，Basten 和 van Houtum（2014）、van Houtum 和 Kranenburg 提供了备件库存策略的研究综述。

（1）库存控制模型　根据其主要参数，常见的独立需求库存控制模型可分为确定型库存控制模型和随机型库存控制模型。

（2）备件库存策略　最基本的备件库存策略有四种：连续性检查的固定订货量、固定订货点策略、即（s,Q）策略；连续性检查的固定订货点、最大库存策略，即（s,S）策略；周期性检查策略，即（t,S）策略；综合库存策略，即（t,s,S）策略。

4. 预测性维护策略

预测性维护（Predictive Maintenance，PdM）策略又称状态维护，维护部门通过监测不同的设备特征，如振动、温度等信号特征，测量设备的状态，当测量值达到某种阈值或系统正常功能受到影响时，零件被替换。与其他维护策略相比，预测性维护策略基于实际的系统状态进行维护操作，可以更加高效、减少故障数量（从而降低停机时间），最小化维护成本（但会增加检测成本），并提高操作安全性。

在维护过程中，对于不可修复部件，采用失效后完全替换的维护策略；对于可修复部件，可以根据备件修复或恢复到正常状态的程度来区分维护程度。维护程度可分为如下几种情况。

（1）完美维护/维修（Perfect Maintenance/Repair）　维护后能像新的一样好，例如，失效系统的替换。

（2）最小维护/维修（Minimal Maintenance/Repar）　维护后故障率与原系统持平。

（3）不完美维护/维修（Imperfect Maintenance/Repair）　介于完美维护/维修和最小维护/维修之间的维护。不完美维护/维修的主要原因在于：维修了失效零件；部分维修了失效零件；部分维修了失效零件，但损伤了其他零件；没有正确评估、检查单元/构件的状况；维修活动不及时等。

（4）糟糕维护/维修（Worse Maintenance/Repair）　维修活动使系统的故障率提高，但没有宕机。主要原因在于：没有检查出隐藏的故障；人为错误导致进一步损伤；错误的零件替换。

（5）最糟维护/维修（Worst Maintenance/Repair）　使系统宕机的维护或维修。

10.3.2　备件库存优化决策

备件需求通常是由预测性、预防性或故障的维护需求产生的，这些需求很难根据过去备件使用历史数据进行预测，因此，最优的备件库存控制策略也很难获得。然而，维护费用与备件的可用性和不可用备件的惩罚费用有关，例如，为等待备件而延长的停机成本和为购买备件而产生的紧急考察成本等。而且，适当的计划维护干预可以减少零件失效的数量和相关的成本，但其绩效取决于备件的可用性。

1. 基于仿真的联合优化模型

基于仿真的联合优化模型由 n 个完全相同的独立部件组成，每个部件的一般假设如下。

1）各部件劣化程度可以用随机变量 X_i 描述，在部件的使用寿命内单调增加。为了方便起见，当部件被认为是新的状态时，可以定义为 $t=0$，$X_0=0$。X_t 越大，系统越接近失效。

2）当部件故障发生时，不同的生命周期中，退化水平 X_t 不同。与时间导致失效相比，X_t 也被称为退化失效。总之，X_t 是随机且不确定的，可以假设 X_t 遵循某种失效分布，如泊松分布、伽马分布等。

3）部件的退化程度可以由在离散时间点（是检测的单位时间长度）的瞬时和无损检查确定，为了省钱，可能没有必要每次都在 t_k 时刻检查某个单元。

4）X_t 在两个连续时间 t_{k-1}、t_k 之间的增量为：$\Delta X_k = X_k - X_{k-1}$。

2. 仿真模型

评估维护策略下系统相关成本（可靠性或可用性）的方法主要有两种。第一种，建立系统成本率的数学模型，从而得到成本率的精确值，并利用数学方法使成本率最小化。然而，许多维护策略并不是易于分析的，因此必须使用仿真来分析这些策略。第二种，通过仿真对维护策略进行优化，往往是利用算法对确定性优化问题进行优化。当采用仿真方法时，只能求出成本率的近似值，而"优化"策略只是最接近最优解。

在建议的状态替换和备件供应策略下，系统内各部件的维护活动是根据相应部件的退化情况和库存水平而进行的，库存水平由备件供应活动和部件替换产生的效果决定，很难建立一个计算成本率的数学模型。可以采用蒙特卡洛（Monte Carlo，MC）仿真来评估策略的性能——成本率。通过模拟大量的系统生命周期历史数据，MC 方法可以估计相关量的总体平均值，用作计算策略性能标准。每个模拟的历史都可以看作是一个虚拟实验，在整个生命周期中，单元退化过程都被跟踪。

（1）建模部件的退化和替换 首先，该过程需要对部件的退化进行建模：

$$x_j = x_j^{last} + \Delta x_j$$

式中，Δx_j 是单位时间内部件 j 退化程度的一个随机增量，由给定函数 $g_x(x)$ 随机生成。

最后，确定部件 j 在当前生命周期中是否失效：

$$F_j = \begin{cases} 0, & x_j < X_{fj} \\ 1, & x_j \geq X_{fj} \end{cases} \tag{10-20}$$

式中，X_{fj} 基于已知的失效函数 $Fx(x)$ 在当前生命周期随机生成。

根据提出的订单替换策略的规则，式（10-21）~式（10-27）表示立即或延迟预防性替换的决策。

（2）建模部件的检测 I_j 表示需要检测的部件 j，在任何替换决策之前设置，即

$$I_j = \begin{cases} 1 & t_k - ST_j \neq 0 \\ 0 & 其他 \end{cases} \tag{10-21}$$

如果 $x_j \geq L_p$ 且没有备用部件，则部件 j 继续运行，此次检测后不再进行检测，具体如下：

$$IN_j = \begin{cases} 0 & ST_j \neq t_k \\ 1 & ST_j = t_k \\ IN_j & 其他 \end{cases} \tag{10-22}$$

（3）建模备件订单 在当前离散时间做出决定之前，如果之前下过订单，应检查订购的备件是否在此时交付，即

$$NA = \begin{cases} S-s & t_k - LastOT = t, OC = 1 \\ 0 & 其他 \end{cases} \tag{10-23}$$

（4）建模平均成本率　在当前离散时间所有替换活动执行完成后，累积 N_i、N_p、N_c，并记录 N_s，表示为：

$$N_i = N_i + \sum_{j=1}^{n} I_j \tag{10-24}$$

$$N_p = N_p + \sum_{j=1}^{n} IPR_j \tag{10-25}$$

$$N_c = N_c + \sum_{j=1}^{n} ICR_j \tag{10-26}$$

$$N_s = N_s + NA \tag{10-27}$$

在模拟完时间跨度 t_m 内所有事件后，可以得到平均成本率。

由于用于建模订单-替换策略的离散时间网格，无法准确确定失效单元状态的时间，根据上述仿真模型，当一个单元在 t 时刻（$t_{k-1} < t \leq t_k$）失效时，t 时刻失效状态的时间长度就一直被认为是一个单元，而确切的结果应该是 $t_k - t(<1)$ 个单元时间。因此，故障状态下单元所产生的导出成本是一个近似的结果。

10.3.3　库存优化应用

将 10.3.2 节模型在汽车照明设备行业的生产场景中进行验证。生产过程包括汽车前照灯组件的生产和自动化运输装配，将传感器和测量设备嵌入质量评估设备来收集各个生产阶段的数据。由于生产过程量大，复杂零件生产设备昂贵，检测、预测和消除故障或减轻其影响的改进成本高。前照灯的一个组成部分是覆盖镜头，制造过程包括两个步骤：成形和上漆。成形过程要确保镜头的几何形状，喷漆是为了外部车辆环境。故障是报废率的 25%。企业实行计划维护，每周一、四 9：00 对注射机进行除尘清洗。目的是将维护转换为基于预测的维护，以减少维护成本，同时在没有足够库存的条件下用 JIT 订购备件。

用传感器测量车间灰尘水平、环境因素，如温度和湿度等已知影响成形机的因素，以及覆盖镜头的报废率。在检测（诊断）阶段，一个复杂事件处理（Complex Event Processing，CEP）引擎检测到一个复杂模型设备的异常行为和退化过程的开始，并发送该事件到预测阶段并触发预测分析服务，该服务使用统计/机器学习来提供报废率超 25% 的预测，该预测事件触发了决策阶段，在线制定并给出清洁的最佳时间的建议。执行阶段处理关键性能指标的配置和持续监控，以及"检测-预测-决策-执行"流程周期中所有阶段的适应性，该流程可以导致业务性能的持续改善。联合优化决策模型解决了决策阶段的问题。

10.4　系统可靠性预测

10.4.1　系统可靠性预测概述

系统可靠性预测用于估计产品在给定的运行工作条件下的可靠性。在可靠性指标预测的原理中，以往的工程经验和故障数据可作为预测的基础，并结合当前的技术水平，由子系统的失效率作为基础依据，推测系统可能达到的可靠度。将预测值与规定的可靠性指标值进行比较，若无法满足设计任务要求，则需要对系统各阶段的设计方案进行验证或改进。可靠性预测是由小到大、由局部到整体、自下而上的推测过程，如先求出零部件、元器件或模块单元可靠性水平，再求出子系统、系统的可靠性水平。可靠性预测可以在产品设计的各个阶段反复进行，并且随着反复过程中可用信息的增加，预测结果会逐渐具有准确性。

1. 可靠性指标预测方法

现阶段复杂系统常用的可靠性指标预测方法有：相似系统法、故障率预计法、修正系数法、元器件计数法等，各方法的基本原理见表 10-12。

表 10-12 可靠性预测方法的基本原理

方法	适用阶段	原理
相似系统法	方案阶段	利用相似的已有成熟系统估计新系统可靠性，分析两者在结构、性能、设计水平、制造工艺、使用环境等方面的差异
故障率预计法	工程研制中后期	在实验室常温环境下测得零部件的基本故障率，再结合产品使用环境和使用应力条件对其进行修正，得到零部件的工作故障率
修正系数法	工程研制早期	以零部件故障率为基础，建立影响其故障模式的主要设计参数和使用参数的函数关系（即故障率模型），用这种函数关系计算新零部件的故障率水平
元器件计数法	工程研制中后期	根据元器件信息，在已有的数据手册中查找各元器件故障率，通过元器件之间可靠性逻辑关系计算产品的故障率，适用于电子产品

2. 系统可靠性预测特点分析

1）机电控制一体化、系统结构复杂、故障机理复杂多样。系统包括机械、电子、电气、液压气动等多种类型的元器件和控制软件在内，系统组成较为复杂，同时，不仅系统的影响因素多，而且影响因素之间关系错综复杂，不能直接建立可靠性预测模型。

2）系统中的智能设备（如机器人、AGV、数控机床）需要有出色的通用性、灵活性、高精度和高速度。智能设备生产企业会加工制造自己专门设计的零部件。在制造装配过程中，由于对新设计零部件的加工制造技术以及装配技术的不成熟而影响系统的可靠性。

3）缺乏足够的可靠性数据信息。目前我国系统可靠性研究工作开展较晚，没有系统性地对智能产线进行可靠性管理，导致可靠性基础数据信息缺乏。

10.4.2 系统可靠性预测架构

智能产线系统主要包括数控机床、机器人和 AGV 等主要智能设备，对智能产线可靠性预测首先要预测智能设备的可靠性，以智能设备中的机器人为例进行可靠性预测如下。

机器人分为机械结构子系统、驱动子系统和控制子系统。其中，控制子系统包含大量的电子元器件，故可选择元器件计数法对控制子系统进行可靠性指标预测，对机械结构子系统和驱动子系统可选择相似产品法进行可靠性预测。

1. 元器件计数法

元器件计数法主要适用于早期研制阶段的电子产品可靠性预测。可将电子产品的可靠性模型等效为串联结构，明确各类元器件的自身种类、所处环境等条件，并整理出详细的元器件清单，包括元器件数量、型号、规格、质量等级、工作环境等，再通过查表获得不同元器件的通用故障率，最后计算电子产品的故障率。

每类元器件的故障率计算公式如下：

$$\lambda_S = \sum_{i=1}^{n} N_i \, \lambda_{Gi} \, \pi_{Qi} \tag{10-28}$$

式中，N_i 为第 i 种元器件的数量；λ_{Gi} 为第 i 类元器件的通用故障率；π_{Qi} 为第 i 类元器件的质量系数；n 为产品所用元器件的种类数量。

将子系统内元器件的工作故障率相加，即可得到子系统的故障率。

2. 相似产品法

相似产品法的基本理论来源于相似理论。选取在组成结构、性能特点和功能用途等方面与研制对象相类似的现有产品，比较两者的可靠性水平，从而估算出研制对象可靠性的预测值。这种方法简单、高效，适用于设计过程各阶段，可对电子、机械、机电等产品进行可靠性预测。相似产品的相似性越大，详细故障信息数据越充足，专家组对产品的了解程度越高，预测的准确性就越高。

相似产品法的具体步骤：

（1）确定相似产品并统计相似因素　考虑新设计产品与相似产品在结构功能、设计水平、制造工艺、使用环境等方面的相似因素，确定出有充足可靠性数据的相似产品。

（2）量化新产品与相似产品之间的差异　考虑在每种相似因素下，新产品与相似产品的差异，即两者可靠性水平的差异。设置专家组对产品可靠性水平差异进行量化打分，制定可靠性修正因子评分表，见表 10-13。

表 10-13　修正因子评分表

	相似因素 1	相似因素 2	…	相似因素 n
专家 1	K_1^1	K_2^1	…	K_n^1
专家 2	K_1^2	K_2^2	…	K_n^2
…	…	…	…	…
专家 m	K_1^m	K_2^m	…	K_n^m
均值	$\overline{K_1}$	$\overline{K_2}$	…	$\overline{K_n}$

（3）新产品的可靠性指标预测　在各个相似因素方面确定新设计产品与相似产品可靠性水平的比值，若新产品在某方面比相似产品有所进步，则取其相应的修正因子 $K_i > 1$；若与相似产品没有区别，则取 $K_i = -1$；否则取 $K_i < 1$。评定时，可取各专家给出的各修正因子的平均值作为相似因素 i 下产品的修正因子。

再由式（10-29）得到新产品的综合可靠性修正因子：

$$W = \prod_{i=1}^{n} \overline{K_i} \tag{10-29}$$

最后用相似产品故障率除以综合可靠性修正因子，估计出新设计产品的可靠性水平，公式为：

$$\lambda = \overline{\lambda} / W \tag{10-30}$$

式中，λ 为新产品预测得出的故障率；$\bar{\lambda}$ 为相似产品的故障率，主要来源于现场统计和实验室的实验结果；W 为新产品与相似产品的可靠性水平变化倍数，即可靠性修正因子。

3. 基于区间层次分析的相似产品法

传统的相似产品法，是指通过对比新产品和相似产品的相似因素进而得到可靠性修正因子的方法。但在专家组对差异进行判断评分过程中，会发现上述指标过于笼统，难以将定性分析转化为定量分析，造成量化不准确。因此，引入基于区间层次分析法，该方法将相似因素拆分为更为详细具体、易于量化的子因素，建立一个更全面的评价模型来判断差异程度。

在引入基于区间层次分析法后，对各指标因素下新产品与相似产品之间的差异程度评分时，采用区间数进行评分，能有效地解决评分的不确定性问题，从而保证差异评估的正确有效。

（1）层次分析法　层次分析法（Analytic Hierarchy Process，AHP）是一种将定性转为定量的层次分析方法，把主观上的评价程度用数值的形式表达出来。其基本原理就是以评价指标为目的，把影响目标变化的各种因素划分为更加详细、易于量化的子因素。然后将各层次的因素相互比较，将差异程度转换为数值，从而计算出各因素之间的权重比，最后根据此数值对目标做出正确的评价和决策。

层次结构模型大致可分为以下三层，如图 10-11 所示。

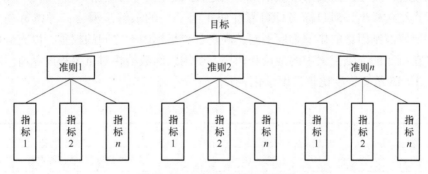

图 10-11　层次结构模型示意图

1）最高层。又称目标层，即层次分析所要达到的预期目标。

2）中间层。又称准则层，这一层次包含影响目标层的各个准则，又称为准则因素。

3）最低层。又称指标层，这一层次包含准则因素下更为详细的指标因素。按照传统相似产品法的基本原理，专家组直接对指标层的各个指标因素进行评分。某准则因素 i 下各指标因素修正因子评分表见表 10-14。

表 10-14　某准则因素 i 下各指标因素修正因子评分表

	指标因素 1	指标因素 2	…	指标因素 v
专家 1	K_{i1}^1	K_{i2}^1	…	K_{iv}^1
专家 2	K_{i1}^2	K_{i2}^2	…	K_{iv}^2
…	…	…	…	…
专家 m	K_{i1}^m	K_{i2}^m	…	K_{iv}^m
均值	$\bar{K}_{i1}$	$\bar{K}_{i2}$	…	$\bar{K}_{iv}$

若新产品在某指标因素 j 方面比相似产品有所进步，则取其相应的修正因子 $K>1$；若与相似产品没有区别，则取 $K=1$；否则取 $K<1$。最后得出的评分均值用 E 表示。由此计算准则因素 i 的可靠性修正因子：

$$\overline{K_i} = \prod_{j=1}^{v} \overline{K_{ij}} \tag{10-31}$$

最后可计算出目标，即新产品的可靠性修正因子：

$$W = \prod_{i=1}^{n} \overline{K_{ij}} \tag{10-32}$$

在层次结构模型中，考虑每个因素对其所属的上层因素所占的权重值可能不同，例如，因素 1 与因素 2 对所属上层因素所造成的影响程度是不一样的，故需引入重要程度的衡量。

（2）区间评分法　在传统的相似产品法中，只根据经验对两者之间的可靠性水平差异进行量化时，会有很大的不确定性，导致评价结果容易出现偏差。针对这一认知不确定性的问题，专家组对两者之间差异评分时，引入区间数，从而有效处理不确定性因素，保证差异评价的正确有效。

（3）区间层次分析法　区间层次分析法是通过将区间评分法和层次分析法相结合，建立层次结构模型，使用区间数来解决认知不确定性问题的一种方法。

参照层次结构模型，对目标（即可靠性修正因子）的求解步骤为：考虑每一个指标因素对上一层所属准则因素的影响程度不同，确定各个指标因素之间的权重，以充分体现每一个指标因素在所属的准则因素中的地位和作用。引用区间数给相对重要程度赋值。赋值过程中可参考表 10-15 重要程度比较尺度量化表。

表 10-15　重要程度比较尺度量化表

尺度 a_{kj}	定义
1	k 因素与 l 因素同等重要
3	k 因素略重要于 l 因素
5	k 因素较重要于 l 因素
7	k 因素重要于 l 因素
9	k 因素绝对重要于 l 因素
2，4，6，8	以上两判断的中间状态

10.4.3　系统可靠性预测决策

上海市智能制造及机器人重点实验室已经实现智能产线自动化生产，拥有 HTC50100、FANUC 机器人、EMCO、VMC1000、MILACRON、激光自动运输叉车、AGV 小车、RFID 读写器、激光扫描仪以及多种传感器和采集卡等设备。如何保障智能工厂设备能够安全、可靠地稳定运行，直接关系到智能工厂的生产效率。系统可靠性预测可以有效地保证智能产线系统的可靠性和稳定性，是提高数控机床无故障运行时间，减少非计划停机的有效手段。

　　对智能产线系统划分，是建立智能产线可靠性模型的前提和基础。本节对智能产线系统的结构划分和可靠性模型进行简化，因此，在开展智能产线可靠性分析和可靠性指标预测前，需要对其系统的划分有明确的认识。

　　在对智能产线进行可靠性分析时，需要对其故障信息进行整理，明确故障模式及故障原因，以便采取有效的改进补偿措施，因此结合智能产线系统结构特征，本节将智能产线系统划分为以下三部分：

　　（1）数控机床部分　包括 HTC50100、VMC1000 等加工设备。

　　（2）机器人部分　主要包括线首机器人、线中机器人、线尾机器人等。

　　（3）AGV 部分　主要为两台 AGV，负责加工件的运输。

　　智能产线部分设备如图 10-12 所示。

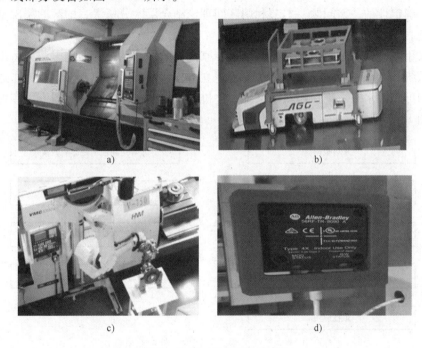

图 10-12　智能产线部分设备

a）HTC50100 机床　b）AGV 小车　c）Fanuc 机器人　d）RFID 识别器

　　根据系统划分，编制相应的子系统代码，智能产线系统名称及代码见表 10-16。

表 10-16　智能产线系统名称及代码

系统	代码
数控机床	N（NC machine）
机器人	R（Robot）
AGV	A（Automated Guided Vehicle）

　　智能产线系统由三个子系统组成，若其中一个子系统发生故障，则整个智能产线不能正常工作，因此可以将智能产线简化为一个串联模型，其可靠性框图如图 10-13 所示。

　　通过分析可以得出其可靠性模型为：

图 10-13 智能产线可靠性框图

$$R(t) = R_N(t) \cdot R_R(t) \cdot R_A(t)$$

1. 机器人系统可靠性预测

机器人的机械结构子系统和驱动子系统均包含大量的机械零部件，且包含有企业的自制件，并没有相关的可靠性数据，不能通过查阅相关手册获取其故障数据。故本节采用相似产品法对这两个子系统进行可靠性指标预测，但是在专家评分的过程中，简单的评分结果正确性往往受制于主观因素的不确定，即对系统的认知不确定性较大。事实上，专家或技术人员对工业机器人的了解程度不尽相同，而且各评价因素之间往往具有一定的相关性。为了处理这一认知不确定性的关键问题，本节利用区间理论结合层次分析法，即区间层次分析法来处理这一问题。

本节采用一种基于区间层次分析法以及专家评分的可靠性指标预测方法，将工业机器人的机械子系统和驱动子系统作为研究对象，建立可靠性影响因素的定量化模型，通过对比相似子系统的可靠性水平，来预测新子系统和整机的可靠性指标。工业机器人可靠性指标预测流程，如图 10-14 所示。

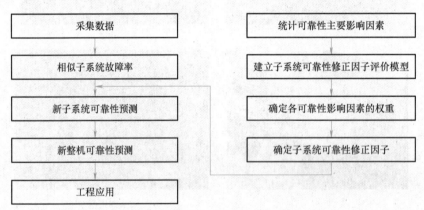

图 10-14 工业机器人可靠性指标预测流程图

2. 统计相似子系统的可靠性数据

对工业机器人的机械结构子系统 S_R 和驱动子系统 S_D 进行可靠性指标预测。挑选与其相似的子系统，分别选择四台相似子系统 $\overline{S}_{Rj}$ 和 $\overline{S}_{Dj}$ （$j = 1, 2, 3, 4$），并对相似子系统的现场数据进行统计，S_R、S_D 的相似子系统平均故障率数据，见表 10-17 和表 10-18。

表 10-17 S_R 的相似子系统平均故障率

序号 j	$\overline{S}_{R1}$	$\overline{S}_{R2}$	$\overline{S}_{R3}$	$\overline{S}_{R4}$	P 平均值
故障率 $\overline{\lambda}_{Rj}$	8.470×10^{-5}	8.234×10^{-5}	8.699×10^{-5}	8.388×10^{-5}	8.698×10^{-5}

表 10-18 S_D 的相似子系统平均故障率

序号 j	$\overline{S}_{D1}$	$\overline{S}_{D2}$	$\overline{S}_{D3}$	$\overline{S}_{D4}$	P 平均值
故障率 $\overline{\lambda}_{Dj}$	8.645×10^{-5}	8.249×10^{-5}	9.008×10^{-5}	8.816×10^{-5}	8.680×10^{-5}

3. 建立可靠性修正因子综合评价层次模型

可靠性修正因子综合评价层次模型的建立，是以工业机器人的子系统为单位进行的。对新子系统与相似子系统进行比较得出的对比程度，可用可靠性修正因子描述。要保证预测结果的准确性，就需要保证可靠性修正因子的准确程度。因此，合理建立可靠性修正因子评价模型显得尤为重要。

针对工业机器人的特点，统计机械结构子系统和驱动子系统的可靠性影响因素，分别为组成结构、设计要求、制造装配、组织管理、使用环境五个因素。将这五个可靠性影响因素作为准则层的准则因素，再通过查阅相关手册和对大量现场故障数据进行分析，得出工业机器人各个可靠性影响因素下更详细具体的指标因素，进而建立子系统可靠性修正因子综合评价层次模型，如图 10-15 所示。

此层次模型中，目标层为子系统可靠性修正因子，准则层包含有五个准则因素，分别记为 U_1、U_2、U_3、U_4、U_5。各准则因素下细分为五个指标因素，分别记为 u_{i1}、u_{i2}、u_{i3}、u_{i4}、u_{i5}，表示第 i 个准则因素。

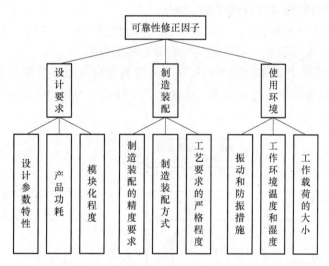

图 10-15　子系统可靠性修正因子综合评价层次模型

4. 计算子系统以及整机的可靠性指标

计算机械结构子系统 S_R 和驱动子系统 S_D 的平均故障率 λ_R 和 λ_D 为：

$$\lambda_R = \frac{1}{4} \sum_{j=1}^{4} \left(\overline{\frac{\lambda_{Rj}}{W_{Rj}}} \right) = 7.9211 \times 10^{-5} \ h^{-1} \tag{10-33}$$

$$\lambda_D = \frac{1}{4} \sum_{j=1}^{4} \left(\overline{\frac{\lambda_{Dj}}{W_{Dj}}} \right) = 7.6440 \times 10^{-5} \ h^{-1} \tag{10-34}$$

从计算结果看，机械结构子系统和驱动子系统的故障率水平都要低于现有相似子系统的平均值。

由建立的可靠性模型求得的控制子系统的故障率 $\lambda_C = 7.7852 \times 10^{-5} h^{-1}$，计算出工业机器人整机的故障率：

$$\lambda(t) = \lambda_R(t) + \lambda_D(t) + \lambda_C(t) = 2.3350 \times 10^{-4} h^{-1} \tag{10-35}$$

由此计算出工业机器人的平均故障间隔时间：

$$T_{\mathrm{BF}} = \frac{1}{\lambda(t)} = 4282.6\mathrm{h} \qquad (10\text{-}36)$$

针对分析结果，可以得知研究对象工业机器人的平均故障间隔时间为 4282.6h。由于工业机器人的设计方案要求平均故障间隔时间为 5000h，由此结果，可以确定工业机器人的设计方案未能达标。

深入探究两个子系统以及零部件可靠度水平，同时借鉴可靠性分析的结果，重点关注系统及零部件的薄弱环节，并对其进行改进，优化工业机器人的设计方案，以提高工业机器人的可靠性水平。

5. 数控机床可靠性预测

数控设备综合可靠性评价是根据设备历史履历数据、运行特性及加工精度保持性，对数控装备进行多维度分析和评价的过程。多源信息融合的数控机床可靠性评价模型如图 10-16 所示。

1）目标层。数控机床多源数据可靠性评估。

2）准则层。故障时间数据、运行状态数据（在规定的加工工况下，加工 S 形试件过程中，采集振动信号、电流信号）和 S 形试件的加工精度数据。

3）指标层。采用平均故障间隔时间和平均故障修复时间来评价固有可靠性，选用特征信号的信息熵和峭度来评价运行可靠性，选择 S 形试件的三坐标检测结果来评价加工质量的可靠性。

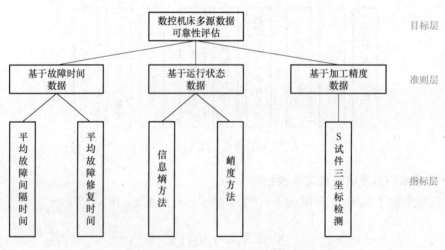

图 10-16　数控机床可靠性评估层次结构

采集运维系统中某立式五轴加工中心在一年内的历史履历数据，得到平均故障间隔时间为 1250h，平均故障维修时间为 6h，加工 S 试件过程中采集主轴前端的振动信号和主轴电流信号，采样频率为 5120Hz，S 试件加工完成后，采用三坐标测量机进行检测，并生成检测报告。

（1）建立判断矩阵　根据图 10-15 所示的层次结构模型，构建准则层对目标层的评价矩阵 A_1，指标层对准则的评价矩阵 A_{21} 和 A_{22}

$$A_1 = \begin{pmatrix} 1 & 1/3 & 1/2 \\ 3 & 1 & 5/4 \\ 2 & 4/5 & 1 \end{pmatrix} A_{21} = \begin{pmatrix} 1 & 5/2 \\ 2/5 & 1 \end{pmatrix} A_{22} = \begin{pmatrix} 1 & 4/3 \\ 3/4 & 1 \end{pmatrix}$$

（2）计算各级权重向量

$$W_1 = [w_1, w_2, w_3] = [0.1681, 0.4746, 0.3573]$$
$$W_{21} = (w_{21}, w_{22}) = (0.7143, 0.2857)$$
$$W_{22} = (w_{23}, w_{24}) = (0.5714, 0.4286)$$

（3）故障数据可靠度 构建模糊矩阵：

$$R = \begin{pmatrix} 0 & 0 & 0.875 & 0.125 \\ 0 & 0 & 0.2 & 0.8 \end{pmatrix}$$

$$B = W_{21}R = [0.7143, 0.2857]\begin{pmatrix} 0 & 0 & 0.875 & 0.125 \\ 0 & 0 & 0.2 & 0.8 \end{pmatrix} = (0\ 0\ 0.682\ 0.318)$$

故障数据可靠度为：

$$R_{(V)} = \zeta B = [0.55\ 0.70\ 0.851][0\ 0\ 0.6822\ 0.318] = 0.897$$

6. 智能产线可靠性评价

收集智能产线三个维度的可靠性数据，分别见表 10-19 ~ 表 10-21。

表 10-19 用户运维的 *MTBF*

编号	故障间隔时间/h	编号	故障间隔时间/h
1	18.6	7	344.43
2	282.56	8	255.45
3	26.48	9	123.25
4	70.12	10	70.5
5	78.48	11	410.63
6	969.83	12	227.63

表 10-20 相似智能产线的 *MTBF*

编号	故障间隔时间/h	编号	故障间隔时间/h
1	14.6	5	1002.22
2	335.37	6	305.63
3	125.23	7	223.42
4	24.67	8	112.07

表 10-21 可靠性实验的 *MTBF*

编号	故障间隔时间/h
1	1510.32
2	616.97
3	24.32
4	232.85

融合后的 MTBF 值为：

$$MTFB_{总} = w_1 \times MTBF_1 + w_2 \times MTBF_2 + w_3 \times MTBF_3$$
$$MTFB_{总} = 429.44$$

根据智能产线的可靠性评价函数，计算模糊隶属度为：0.853。根据模糊评价集 ｛不可用、可用、满意、优｝判断得：该智能产线性能为"可用"的概率为 85.3%，为"满意"的概率为 14.7%。

 习题

1. 简述个性化定制生产方式的特点。
2. 简述个性化定制决策流程。
3. 简述整车个性化定制方案。
4. 简述物料需求计划决策过程？
5. 简述库存优化准则。
6. 可靠性指标预测方法有哪些？
7. 简述机器人系统可靠性预测过程。

参 考 文 献

[1] 谭建荣，冯毅雄. 大批量定制技术：产品设计、制造与供应链 [M]. 北京：清华大学出版社，2020.

[2] 黄魁，苏春. 基于灰色神经网络组合模型的故障预测 [J]. 系统工程与电子技术，2020 (01).

[3] 张瑞舒，张昶，郑卫刚. 浅谈工业机器人的现状与发展 [J]. 智机器人，2018，(04)：37-39.

[4] 周济. 中国智能制造的发展路径 [J]. 中国经济报告，2019 (02).

[5] 李素，袁志高，王聪，等. 群智能算法优化支持向量机参数综述 [J]. 智能系统学报，2018 (01).

[6] 李成蒙. 智能生产线故障预测分析方法研究与应用 [D]. 沈阳：中国科学院大学（中国科学院沈阳计算技术研究所），2020.

[7] 蔡俊. 考虑认知不确定性的工业机器人可靠性指标预测方法 [D]. 成都：电子科技大学，2019.

[8] 孙英飞，罗爱华. 我国工业机器人发展研究 [J]. 科学技术与工程，2012，12 (12)：2912-2918.

[9] 周健，杨柳，张致嘉. 工业机器人可靠性分析 [J]. 现代制造技术与装备，2015，(01)：25-26.

[10] 李海洋，谢里阳，张林林. 基于模糊 FMECA 的齿轮制造工艺可靠性分析 [J]. 机械设计，2019，36 (0)：30-33.

[11] J WANG, Z YANG, F. Chen, et al. Minimum effort reliability allocation method considering fuzzy cost of punching machine tools [J]. Journal of Applied Sciences, 2013, 13 (20)：4107-4113.

[12] J YU, S YU, Y SONG, et al. Application of reliability prediction in the design of CNC machine tools [J]. Advanced Materials Research, 20 13, 694-697：1795-1798.

[13] Z ZHANG, C JIANG, G G WANG, et al. An efficient reliability analysis method for structures with epistemic uncertainty using evidence theory [C]. ASME 2014 International Design Engineering Technical Conferences and Computers and Information in Engineering Conference, New York, USA, 2014.

[14] C Y LI, X CHEN, X YI, et al. Interval-valued reliability analysis of multi-state systems [J]. IEEE Transactions on Reliability, 2011, 60 (1)：323-330.

附　录

附录主要介绍本书用到的各种软件及工具编程语言。

附录 A　本书涉及的数据类型与常用数据库简介

A.1　数据类型

通常数据集可以看作数据对象的集合。数据对象有时也称作记录、点、向量、模式、事件、案例、样本、观测或实体。数据对象用一组刻画对象基本特性（如物体质量或事件发生时间）的属性描述。属性有时也称为变量、特性、字段、特征或维。

1. 属性与度量

本节考虑使用何种类型的属性描述数据对象来处理描述数据的问题。首先定义属性，然后考虑属性类型的含义，最后介绍经常遇到的属性类型。

（1）属性的定义

1）定义 A.1。属性（Attribute）是对象的性质或特性，它因对象而异或随时间而变化。

例如，加工刀具类型因工件特征而异，AGV 小车速度随时间和空间条件而变。刀具类型是一种符号属性，具有少量可能的值［车刀，铣刀，拉刀，镗刀，钻头，……］，而速度是数值属性，可以取无穷多个值。

追根溯源，属性并非数字或符号。然而，为了讨论和精细分析对象的特性，为它们赋予了数字或符号。为了用一种明确定义的方式做到这一点，需要测量标度。

2）定义 A.2。测量标度（Measurement Scale）是将数值或符号值与对象的属性相关联的规则。

形式上，测量过程是使用测量标度将一个值与一个特定对象的特定属性相关联。这似乎有点抽象，但是任何时候，人们总在进行这样的测量过程。例如，工件表面粗糙度对应工件质量；刀具磨损量与剩余使用寿命关联；查看主轴转速、进给量等，以确定是否能够按时完成任务。在所有这些情况下，对象属性的"物理值"都被映射为数值或符号值。

有了上述背景，就可以讨论属性类型了，这对于确定特定的数据分析技术是否适用于某种具体的属性是一个重要的概念。

（2）属性类型　从前面的讨论显而易见，属性的性质不必与用来度量它的值的性质相同。即用来代表属性的值可能具有不同于属性本身的性质，并且反之亦然。下面用一个例子解释。

例 A.1　工件的表面粗糙度值和 ID 编号

与工件相关的两个属性是 ID 和表面粗糙度值，这两个属性都可以用数值表示。然而，谈论工件的平均表面粗糙度值是有意义的，但是谈论工件的平均 ID 却毫无意义。ID 属性所表达的唯一方面是它们互不相同，因而，对工件 ID 的唯一合法操作就是判定它们是否相等。

由属性类型可知，属性的哪些性质反映在用于测量它的值中。知道属性的类型是重要的，因为由此可知测量值的哪些性质与属性的基本性质一致，从而可以避免出现诸如计算雇员的平均 ID 这样的愚蠢行为。注意，通常将属性的类型称为测量标度的类型。

（3）属性的不同类型　一种指定属性类型的有用（和简单）办法是，确定对应于属性基本性质的数值性质。例如，长度属性可以有数值的许多性质。按照长度比较对象，确定对象的排序，以及谈论长度的差和比例都是有意义的。数值的如下性质（操作）常用于描述属性。

1）相异性=和≠。

2）序<、≤、>和≥。

3）加法+和-。

4）乘法 * 和/。

给定这些性质，可以定义四种属性类型：标称（Nominal）、序数（Ordinal）、区间（Interval）和比率（Ratio）。表 A-1 给出了这些类型的定义，以及每种类型有哪些合法的统计操作等信息。每种属性类型拥有其上层属性类型的所有性质和操作。因此，对于标称、序数和区间属性合法的任何性质或操作，对于比率属性也合法。即属性类型的定义是累积的。但对于某种属性类型合适的操作，对其上层的属性类型却不一定合适。

表 A-1　不同的属性类型

属性类型		描述	例子	操作
分类的（定性的）	标称	标称属性的值仅仅只是不同的名字，即标称值只提供足够的信息以区分对象（=，#）	工件编号、雇员 ID 号、机床型号	众数，熵，列联相关，χ^2 检验
	序数	序数属性的值提供足够的信息确定对象的序（<，>）	阈值、[好，较好，最好]、表面粗糙度	中值、百分位、秩相关、游程检验、符号检验
数值的（定量的）	区间	对于区间属性，值之间的差是有意义的，即存在测量单位（+，-）	日历日期、公差、速度范围	均值、标准差、皮尔逊相关、t 和 F 检验
	比率	对于比率变量，差和比率都是有意义的（*，/）	绝对温度、质量、长度、电压、电流	几何平均、调和平均、百分比变差

标称和序数属性统称分类的（Categorical）或定性的（Qualitative）属性。顾名思义，定性属性（如员工 ID）不具有数的大部分性质。即便使用数（即整数）表示，也应当像对待符号一样对待它们。其余两种类型的属性，即区间和比率属性，统称定量的（Quantitative）

或数值的（Numeric）属性。定量属性用数表示，并且具有数的大部分性质。注意：定量属性可以是整数值或连续值。

属性类型也可以用不改变属性意义的变换来描述。例如，如果长度分别用米和英尺度量，其属性意义并未改变。对特定的属性类型有意义的统计操作是：当使用保持属性意义的变换对属性进行变换时，它们产生的结果相同。例如，用米和英尺为单位度量时，同一组对象的平均长度数值是不同的，但是两个平均值都代表相同的长度。

（4）用值的个数描述属性　区分属性的一种独立方法是根据属性可能取值的个数来判断。

1）离散的（Discrete）。离散属性具有有限个值或无限个可数值。这样的属性可以是分类的，如邮政编码或 ID 号，也可以是数值的，如计数。通常，离散属性用整数变量表示。二元属性（Binary Atribute）是离散属性的一种特殊情况，并只接受两个值，如真/假、是/否、男/女或 0/1。通常，二元属性用布尔变量表示，或者用只取两个值 0 或 1 的整型变量表示。

2）连续的（Continuous）。连续属性是取实数值的属性。如温度、高度或质量等属性。通常，连续属性用浮点变量表示。实践中，实数值只能用有限的精度测量和表示。

理论上讲，任何测量标度类型（标称的、序数的、区间的和比率的）都可以与基于属性值个数的任意类型（二元的、离散的和连续的）组合。然而，有些组合并不常出现，或者没有什么意义。例如，很难想象一个实数数据集包含连续的二元属性。通常，标称和序数属性是二元的或离散的，而区间和比率属性是连续的。然而，计数属性（Count Attribute）是离散的，也是比率属性。

2. 数据集的类型

数据集的类型有多种，并且随着数据挖掘的发展与成熟，还会有更多类型的数据集将用于分析。本节介绍一些常见的类型。为方便起见，将数据集类型分成三组：记录数据、基于图形的数据和有序的数据。这些分类不能涵盖所有的可能性，肯定还存在其他的分组。

（1）数据集的一般特性　在提供特定类型数据集的细节之前，首先讨论适用于许多数据集的三个特性，它们对数据挖掘技术具有重要影响，分别是维度、稀疏性和分辨率。

1）维度（Dimensionality）。数据集的维度是指数据集中的对象具有的属性数目。低维度数据往往与中、高维度数据有质的不同。确实，分析高维数据有时会陷入所谓维灾难（Curse of Dimensionality），正因为如此，数据预处理的一个重要动机就是减少维度，称为维归约（Dimensionality Reduction）。

2）稀疏性（Sparsity）。有些数据集，如具有非对称特征的数据集，一个对象的大部分属性值都为 0，而在许多情况下，非零项还不到 1%。实际上，稀疏性是一个优点，可以节省大量的计算时间和存储空间。因为只有非零值才需要存储和处理。此外，有些数据挖掘算法仅适合处理稀疏数据。

3）分辨率（Resolution）。在不同的分辨率下可得到不同的数据，并且在不同的分辨率下数据的性质也不同。例如，在几米的分辨率下，地球表面看上去很不平坦，但在数十公里的分辨率下却相对平坦。数据模式也依赖于分辨率。如果分辨率太高，模式可能看不出，或者掩埋在噪声中；如果分辨率太低，模式可能不出现。例如，几小时记录一次气压变化可以反映出风暴等天气系统的移动；而在月的标度下，这些现象就检测不到。

（2）记录数据　许多数据挖掘任务都假定数据集是记录（数据对象）的汇集，每个记录包含固定的数据字段（属性）集。对于记录数据的大部分基本形式，记录之间或数据字段之间没有明显的联系，并且每个记录（对象）具有相同的属性集。记录数据通常存放在平展文件或关系数据库中。关系数据库不仅是记录的汇集，它还包含更多的信息，但是数据挖掘一般并不使用关系数据库的这些信息。更确切地说，数据库是查找记录的方便场所。下面介绍不同类型的记录数据。

1）事务数据或购物篮数据。事务数据（Transaction Data）是一种特殊类型的记录数据，其中每个记录（事务）涉及一系列的项目。考虑一个杂货店，顾客一次购物所购买的商品的集合就构成一个事务，而购买的商品是项目。这种类型的数据称作购物篮数据（market basket data），因为记录中的项目是顾客"购物篮"中的商品。事务数据是项目的集族，但是也能将它视为记录的集合，其中记录的字段是非对称的属性。这些属性常常是二元的，指出商品是否已买。更一般地，这些属性还可以是离散的或连续的，例如，购买的商品数量或购买商品的花费。

2）数据矩阵。如果一个数据集族中的所有数据对象都具有相同的数值属性集，则数据对象可以看作多维空间中的点（向量），其中每个维代表对象的一个不同属性。这样的数据对象集可以用一个 $m×n$ 的矩阵表示，其中 m 行，一个对象一行；n 列，一个属性一列（也可以将数据对象用列表示，属性用行表示）。这种矩阵称作数据矩阵（data matrix）或模式矩阵（pattern matrix）。数据矩阵是记录数据的变体，但是，由于它由数值属性组成，可以使用标准的矩阵操作对数据进行变换和处理，因此，对于大部分统计数据，数据矩阵是一种标准的数据格式。

3）稀疏数据矩阵。稀疏数据矩阵是数据矩阵的一种特殊情况，其中属性的类型相同并且是非对称的，即只有非零值才是重要的。事务数据是仅含 0-1 元素的稀疏数据矩阵的例子。另一个常见的例子是文档数据。特别地，如果忽略文档中词（术语）的次序，则文档可以用词向量表示，其中每个词是向量的一个分量（属性），而每个分量的值是对应词在文档中出现的次数。文档集合的这种表示通常称作文档-词矩阵（document-term matrix）。

（3）基于图形的数据　有时，图形可以方便而有效地表示数据。考虑两种特殊情况：①图形捕获数据对象之间的联系；②数据对象本身用图形表示。

带有对象之间联系的数据常携带重要信息。在这种情况下，数据常常用图形表示。一般把数据对象映射到图的结点上，而对象之间的联系用对象之间的链和诸如方向、权值等链性质表示。考虑万维网上的网页，页面上包含文本和指向其他页面的链接。为了处理搜索查询，Web 搜索引擎收集并处理网页，提取它们的内容。然而，众所周知，指向或出自每个页面的链接包含了大量该页面与查询相关程度的信息，因而必须考虑。

具有图形对象的数据如果对象具有结构，即对象包含具有联系的子对象，则这样的对象常常用图形表示。

（4）有序数据　对于某些数据类型，属性具有涉及时间或空间序的联系。下面介绍各种类型的有序数据。

1）时序数据。时序数据（Sequential Data）也称时间数据（temporal data），可以看作记录数据的扩充，其中每个记录包含一个与之相关联的时间。考虑存储事务发生时间的零售事务数据。时间信息可以帮助发现"十月份汽车销量更好"之类的模式。时间也可以与每个属性相关联，例如，每个记录可以是一台设备的维修记录，包含每台设备维修的时间记录。使用这些信息，就有可能发现"在维修完机械臂 A 之后不久就需要维修机床 I"之类的模式。

2）序列数据。序列数据（Sequence Data）是一个数据集合，它是各个实体的序列，如词或字母的序列。除没有时间戳之外，它与时序数据非常相似，只是要考虑有序序列项的位置。

3）时间序列数据。时间序列数据（time series data）是一种特殊的时序数据，其中每个记录都是一个时间序列（time series），即一段时间以来的测量序列。例如，刀具磨损数据集包含每个时间点刀具磨损量及其剩余使用寿命。

4）空间数据。有些对象除了其他类型的属性之外，还具有空间属性，如位置或区域。空间数据的一个例子是，从车间不同的位置采集环境信息，如温湿度，气压，粉尘。空间数据的一个重要特点是空间自相关性（spatial autocorrelation），即物理上靠近的对象趋向于在其他方面也相似。

A. 2　常用数据库

数据仓库是数据库概念的升级，从逻辑上理解，数据库和数据仓库没有区别，都是通过数据库软件实现存放数据的地方，只不过从数据量来说，数据仓库要比数据库更庞大得多。数据仓库主要用于数据挖掘和数据分析，辅助领导做出决策，数据库是构建数据仓库的关键工具，下面介绍几种常用的数据库类型，并做简单对比，见表 A-2。

表 A-2　常用数据库对比

数据库	简介	性能
Oracle	Oracle 前身为 SDL，由 Larry Ellison 和另两个编程人员在 1977 创办，目前 Oracle 关系数据库产品的市场占有率名列前茅	性能最高，保持 Windows NT 下的 TPC-D 和 TPC-C 的世界记录。并行服务器通过使一组结点共享同一簇中的工作来扩展 Window NT 的能力，提供高可用性和高伸缩性的簇的解决方案。如果 Windows NT 不能满足需要，用户可以把数据库移到 UNIX 中，具有很好的伸缩性。Oracle 的并行服务器对各种 UNIX 平台的集群机制都有着相当高的集成度。能在所有主流平台上运行（包括 Windows）。完全支持所有的工业标准。采用完全开放策略。多层次网络计算，支持多种工业标准，可以用 ODBC，JDBC，OCI 等网络与客户连接。可以使客户选择最适合的解决方案。对开发商全力支持
MySQL	MySQL 是一个小型关系型数据库管理系统，开发者为瑞典 MySQL AB 公司	MySQL 是一个开源的关系数据库管理系统。MySQL 服务器是一个快速的、可靠的和易于使用的数据库服务器，它使用的核心线程是完全多线程，支持多处理器。MySQL 服务器工作在客户/服务器或嵌入系统中，有大量的 MySQL 软件可以使用。通过一个高度优化的类库实现 SQL 函数库，并像它们能达到的一样快速，通常在查询初始化后不再有任何内存分配，没有内存漏洞。可以在同一查询中混合来自不同数据库的表，支持 ANSI SQL 的 LEFT OUTER JOIN 和 ODBC，MySQL 可以工作在不同的平台上，支持 C、C++、Java、Perl、PHP、Python 和 TCL API

（续）

数据库	简介	性能
SQL Server	Microsoft SQL Server 是微软公司开发的大型关系型数据库系统。SQL Server 的功能比较全面，效率高，可以作为中型企业或单位的数据库平台	老版本多用户时性能不佳，新版本的性能有了明显的改善，各项处理能力都有了明显的提高。保持了多项 TPC-C 纪录。以前版本 SQL Server 并行实施和共存模型并不成熟，很难处理大量的用户数据和数据卷，伸缩性有限。新版本性能有了较大的改善，在 Microsoft Advanced Servers 上有突出的表现。操作简单，采用图形界面。管理也很方便，而且编程接口特别友好，从易维护性和价格上 SQL Server 明显占有优势 只能在 Windows 上运行，C/S 结构，没有丝毫的开放性，操作系统的系统稳定对数据库是十分重要的
Sybase	美国 Sybase 公司研制的一种关系型数据库系统，是一种典型的 UNIX 或 WindowsNT 平台上客户机/服务器环境下的大型数据库系统	性能较高，支持 Sun、IBM、HP、Compaq 和 Veritas 的集群设备的特性，实现高可用性。性能接近于 SQL Server，但在 UNIX 平台下的并发性要优于 SQL Server。适应于安全性要求极高的系统。操作复杂，使用命令行操作，对数据库管理人员要求较高。同时提供 GUI 和命令行。但 GUI 较差，常常无法及时反馈状态，建议使用命令行。能在所有主流平台上运行，C/S 结构，可以用 ODBC、Jconnect、Ct-library 等网络与客户连接
DB2	DB2 是 IBM 著名的关系型数据库产品，DB2 系统在企业级的应用中十分广泛	适用于数据仓库和在线事物处理，性能较高。客户端支持及应用模式。操作简单，同时提供 GUI 和命令行，在 Windows NT 和 Unix 下操作相同。能在所有主流平台上运行（包括 windows）。有较好的开放性，最适用于海量数据。跨平台，多层结构，支持 ODBC，JDBC 等客户
Teradata	Teradata 数据库是世界上最富盛名、功能最强大的数据仓库管理系统，是 Teradata 公司产品，1991 年被 NCR 收购。Teradata 为运行世界上最大的商业数据库而设计，是企业级数据仓库的首选解决方案，基于 Linux/UNIX 与 NT 的开放式系统平台，完全符合 ANSI 标准	MPP 架构，为提供商业大数据分析处理而设计构建（OLAP），通过 PE、BYNET、AMP 中间件构建出高效的并行数据库系统。通过 PI 和 SI 构建数据的均匀分布和高效的读写能力，提供了丰富的 SQL 请求工具和完备的管理工具。提供了丰富的二次开发接口（PP2、CLI、ECLI、ODBC、Oracle Transparent Gateway、WinCLITS /API） 扩展性不足，作为一款 MPP 体系架构产品，对比开源 hadoop 以及商业 Vertica 数据库，其扩展性表现十分有限。兼容性不足，同时 IO 能力有限，行式存储数据库的通病，在压缩比较低的情况下，加剧了 OLAP 场景中对于数据库 IO 能力瓶颈的产生

附录 B 本书涉及的编程语言、软件及系统框架等开发工具简介

B.1 编程语言

1. Python 语言

Python 由荷兰数学和计算机科学研究学会的 Guido van Rossum 于 20 世纪 90 年代初设计，作为一门称作 ABC 语言的替代品。Python 提供了高效的高级数据结构，还能简单有效地面向对象编程。Python 语法和动态类型，以及解释型语言的本质，使它成为多数平台上写

脚本和快速开发应用的编程语言。随着版本的不断更新和语言新功能的添加，逐渐被用于独立的、大型项目的开发。

由于 Python 语言的简洁性、易读性以及可扩展性，在国外用 Python 做科学计算的研究机构日益增多，一些知名大学已经采用 Python 来教授程序设计课程。例如，卡耐基梅隆大学的编程基础、麻省理工学院的计算机科学及编程导论就使用 Python 语言讲授。众多开源的科学计算软件包都提供了 Python 的调用接口，例如，著名的计算机视觉库 OpenCV、三维可视化库 VTK、医学图像处理库 ITK。而 Python 专用的科学计算扩展库就更多了，例如，典型的科学计算扩展库：NumPy、SciPy 和 matplotlib，它们分别为 Python 提供了快速数组处理、数值运算以及绘图功能。因此 Python 语言及其众多的扩展库所构成的开发环境十分适合工程技术、科研人员处理实验数据、制作图表，甚至开发科学计算应用程序。

2. C#语言

C#是一种最新的、面向对象的编程语言。它使得程序员可以快速地编写各种基于 Microsoft. NET 平台的应用程序，Microsoft. NET 提供了一系列的工具和服务来最大程度地开发利用计算与通信领域。正是由于 C#面向对象的卓越设计，使它成为构建各类组件的理想之选——无论是高级的商业对象还是系统级的应用程序。使用简单的 C#语言结构，这些组件可以方便地转化为 XML 网络服务，从而使它们可以用任何语言在任何操作系统上通过 Internet 进行调用。最重要的是，C#使得 C++程序员可以高效地开发程序，而绝不损失 C/C++原有的强大功能。因为这种继承关系，C#与 C/C++具有极大的相似性，熟悉类似语言的开发者可以很快地转向 C#。

C#吸收了 C++、Visual Basic、Delphi、Java 等语言的优点，体现了当今最新的程序设计技术的功能和精华。其中 Unity3D 支持两种编程语言：C#和 Java Script，目前普遍使用 C#作为 Unity3D 编程语言来开发。

B. 2　编程软件

1. MATLAB

MATLAB 是美国 MathWorks 公司出品的商业数学软件，用于数据分析、无线通信、深度学习、图像处理与计算机视觉、信号处理、量化金融与风险管理、机器人，控制系统等领域。

MATLAB 是 matrix & laboratory 两个词的组合，意为矩阵工厂（矩阵实验室），软件主要面对科学计算、可视化以及交互式程序设计的高科技计算环境。它将数值分析、矩阵计算、科学数据可视化以及非线性动态系统的建模和仿真等诸多强大功能集成在一个易于使用的视窗环境中，为科学研究、工程设计以及必须进行有效数值计算的众多科学领域提供了一种全面的解决方案，并在很大程度上摆脱了传统非交互式程序设计语言（如 C、Fortran）的编辑模式。

MATLAB 和 Mathematica、Maple 并称为三大数学软件。在数学类科技应用软件中 MATLAB 在数值计算方面首屈一指，例如，行矩阵运算、绘制函数和数据、实现算法、创建用户界面、连接其他编程语言的程序等。MATLAB 的基本数据单位是矩阵，它的指令表达式与数学、工程中常用的形式十分相似，故完成相同的事情用 MATLAB 来解算问题要比用 C，

FORTRAN 等语言简捷得多，并且 MATLAB 也吸收了像 Maple 等软件的优点，使 MATLAB 成为了一个强大的数学软件。在新的版本中也加入了对 C，FORTRAN，C++，JAVA 的支持。

2. 虚拟现实建模软件 3dsMax

SolidWorks 构建的机械类三维虚拟模型，结构点面数庞大，直接导入到 Unity3D 引擎中不仅加载时间长，而且不利于正常开发。3dsMax 软件具有强大的模型渲染优化能力，不仅可以对模型进行贴图渲染，而且可以对庞大的模型进行轻量化处理，方便在 Unity3D 中进行开发。

3. 虚拟现实引擎 Unity3D

Unity3D 引擎是由 Unity Technologies 公司开发的一个交互图型化开发工具，具有引擎层级式的综合开发环境，包含了视觉化编辑窗口、属性编辑器、窗口以及动态的画面预览。同时引擎集成了粒子系统、物理引擎、虚拟场景布置碰撞包围盒、音效、动画等模块，可以高效地实现复杂的虚拟场景的创建和功能脚本的编写。并且 Unity3D 引擎支持跨平台发布，借助相应的 SDK 就可在 Windows，MacOS，Android，IOS 等平台上开发应用。Unity3D 主要特性有：

（1）业界领先的多平台支持　Unity3D 引擎的多平台支持在游戏开发业界闻名，使用者能够轻松地在多种设备上部署自己开发的系统，通过 Unity3D，一键部署系统到移动网络，使得 VR、桌面、网页和 TV 等平台变得简单。

（2）强大的内嵌服务　Unity3D 不仅仅是一个引擎，它集成了多种扩展服务以方便开发者应用。通过广告服务来增加开发者的收益，分析服务能够获取用户习惯，合作服务令团队协作无缝连接，云服务能够自动分享开发成果，性能报告能够帮助发现游戏的异常点，多用户服务令网络通信变得简单，认证服务能够证明开发者自身实力。

（3）灵活，快速和高端的编辑器　在编辑器中，Unity3D 现成的解决方案使用直观而且高度自定义。工作流中定义了强大的渲染引擎，高度优化的物理着色器，多种脚本应用规范，令游戏开发变得效果出众而且开发快速。

（4）内容丰富的资源库　Unity3D 得益于广泛的用户基础，在 Unity3D 编辑器或网站中能够下载各种类型的资源，众多的已经开发完成的优秀资源够免费或是通过购买的方式进行下载，满足使用者的特定需求。资源可以是编辑器扩展，插件环境，模型等，大大缩短了开发者的时间成本。

相比较而言，使用 DirectX，OpenGL 等技术开发三维展示系统的难度比较大，时间也比较长，而采用 Unity3D 作为可视化展示系统的开发平台，在很大程度上降低了系统的开发难度并且提高了系统的开发效率。

4. HoloToolKit

HoloToolKit 是微软针对 Hololens 设备开发集成的一系列功能脚本，其对于增强现实场景下的凝视、手势、语音等交互特性进行了功能预编制，开发人员可以根据工程中不同的应用场景对这些功能脚本进行定制，满足在硬件设备下的渲染和实现交互。

B.3　系统框架

1. Spring 框架

Spring 是一个开源框架，由 Rod Johnson 创建，是为了解决企业应用开发的复杂性而创建的。Spring 使用基本的 JavaBean 来完成以前只可能由 EJB 完成的事情。然而，Spring 的用途不仅限于服务器端的开发。从简单性、可测试性和松耦合的角度而言，任何 Java 应用都可以从 Spring 中受益。Spring 是一个轻量级的控制反转（IoC）和面向切面（AOP）的容器框架。

（1）轻量　从大小与开销两方面而言 Spring 都是轻量的。完整的 Spring 框架可以在一个大小只有 1MB 多的 JAR 文件里发布。并且 Spring 所需的处理开销也是微不足道的。此外，Spring 是非侵入式的。典型地，Spring 应用中的对象不依赖于 Spring 的特定类。

（2）控制反转　Spring 通过一种称作控制反转（IoC）的技术促进了松耦合。当应用了 IoC，一个对象依赖的其他对象会通过被动的方式传递进来，而不是该对象自己创建或者查找依赖对象。可以认为 IoC 与 JNDI 相反——不是对象从容器中查找依赖，而是容器在对象初始化时不等对象请求就主动将依赖传递给它。

（3）面向切面　Spring 提供了面向切面编程的丰富支持，允许通过分离应用的业务逻辑与系统级服务［如审计（auditing）和事务（transaction）管理］进行内聚性的开发。应用对象只实现它们应该做的——完成业务逻辑，仅此而已。它们并不负责（甚至是意识）其他的系统级关注点，如日志或事务支持。

（4）容器　Spring 包含并管理应用对象的配置和生命周期，在这个意义上 Spring 是一种容器，用户 bean 可以创建一个单独的实例，或者每次需要时都生成一个新的实例，或者每次需要时都生成一个新的实例，以及确定它们是如何相互关联的。然而，Spring 不应该被混同于传统的重量级的 EJB 容器，EJB 经常是庞大与笨重的，难以使用。

（5）框架　Spring 可以将简单的组件配置组合成为复杂的应用。在 Spring 中，应用对象被声明式地组合，典型地是在一个 XML 文件里。Spring 也提供了很多基础功能（事务管理、持久化框架集成等），将应用逻辑的开发留给了用户。所有 Spring 的这些特征使用户能够编写更干净、更可管理、并且更易于测试的代码。这些代码也为 Spring 中的各种模块提供了基础支持。

2. ROS 机器人操作系统

ROS（Robot Operating System，机器人操作系统）系统起源于 2007 年斯坦福大学人工智能实验室的项目与机器人技术公司 Willow Garage 的个人机器人项目（Personal Robots Program）之间的合作，2008 年之后由 Willow Garage 来进行推动。**ROS 提供了一系列程序库和工具以帮助软件开发者创建机器人应用软件，并提供了硬件抽象、设备驱动、库函数、可视化、消息传递和软件包管理等诸多功能。**

ROS 的首要设计目标是在机器人研发领域提高代码复用率。ROS 是一种分布式处理框架。这使得可执行文件能被单独设计，并且在运行时松散耦合。这些过程可以封装到数据包和堆栈中，以便于共享和分发。ROS 还支持代码库的联合系统，使得协作也能被分发。这种从文件系统级别到社区一级的设计让独立发展和实施工作成为可能。上述所有功能都能由 ROS 的基础工具实现。ROS 主要特点如下：

（1）点对点设计　ROS 的运行架构是一种使用 ROS 通信模块实现模块间 P2P 的松耦合的网络连接的处理架构，它执行若干种类型的通信，包括基于服务的同步 RPC（远程过程调用）通信、基于 Topic 的异步数据流通信、参数服务器上的数据存储。如图 B-1 所示。

（2）多语言支持　ROS 支持许多种不同的语言，例如，C++、Python、Octave 和 LISP，也包含其他语言的多种接口实现。

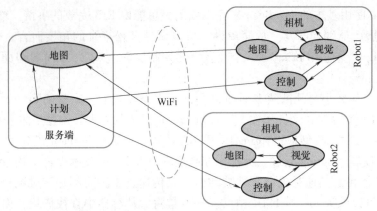

图 B-1　运行架构

（3）精简与集成　ROS 建立的系统具有模块化的特点，各模块中的代码可以单独编译，而且编译使用的 CMake 工具使它很容易地就实现精简的理念。ROS 基本将复杂的代码封装在库里，只需创建一些小的应用程序显示库的功能，允许对简单的代码超越原型进行移植和重新使用。作为一种新添加的优势，当代码在库中分散后测试也变得非常的容易，一个单独的测试程序可以测试库中很多的特点。

ROS 利用了很多现在已经存在的开源项目的代码，例如，从 Player 项目中借鉴了驱动、运动控制和仿真方面的代码，从 OpenCV 中借鉴了视觉算法方面的代码，从 OpenRAVE 借鉴了规划算法的内容，还有很多其他的项目。在每一个实例中，ROS 都用来显示多种多样的配置选项以及和各软件之间进行数据通信，同时也对它们进行微小的包装和改动。ROS 可以不断地从社区维护中进行升级，包括从其他的软件库、应用补丁中升级 ROS 的源代码。

（4）工具包丰富　为了管理复杂的 ROS 软件框架，利用了大量的小工具去编译和运行多种多样的 ROS 组件，从而将 ROS 设计成了内核，而不是构建一个庞大的开发和运行环境。ROS 软件框架如图 B-2 所示。

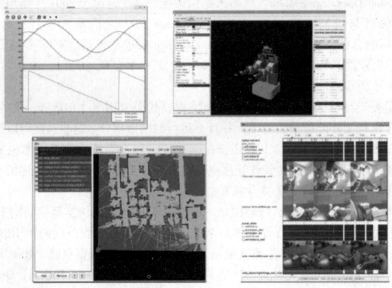

图 B-2　ROS 软件框架

（5）免费并且开源 ROS 所有的源代码都是公开发布的。

3. AR 发布流程

Vuforia 是比较流行的 AR 技术之一，官方开发网址是 https：//developer.vuforia.com/，目前，Unity 已经将 Vuforia 内置在了 Unity 的安装包中，如图 B-3 所示。

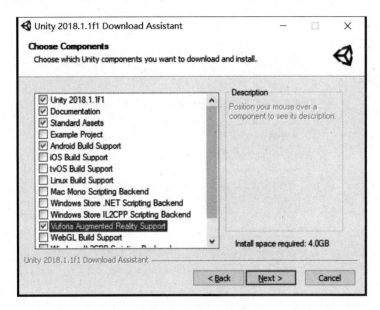

图 B-3　安装 Unity 时选中 Vuforia Augmented Reality Support

在开始 Vuforia 项目前，需要申请一个与当前 Unity 工程相关联的授权密钥。新建 Unity 工程场景，将其添加到 Scene In build 中，注意要选择 3D 类型的工程。在菜单栏选择 Edit-Project Settings-Player 打开设置窗口，选中 Vuforia Augmented Reality support，这时如果出现授权之类的提示，选择 Accept，之后在 Resources 文件夹中会出现一个 Vuforia Configuration 文件。需要登录 Vuforia 官网并且注册账号，注册完账号之后按照图 B-4 所示的步骤来获取产品密钥。

然后将获取到的产品密钥复制到 Unity 中 Resources 文件夹下面的 Vuforia Configuration 中，如图 B-5 所示。如果找不到 Vuforia Configuration，就拖入 AR Camera，单击就会出来了。

随后创建上传图片所需要的文件夹。如果要扫描图片，文件夹类型需要设置为 Device 类型。创建完文件夹之后，单击 Add Target 就可以添加要用到的图片了。如图 B-6 所示。

把下载好的图片拖入 Unity 中，把 unity 场景中的摄像机删除，添加 AR Camera。添加顺序为 Game Object>Vuforia Engine>AR Camera。然后用跟调出 AR Camera 一样的步骤调出 Imager Target。如果之前上传的图片已经托入 Unity 中，那么单击 Database 就可以看到之前创建的文件夹，单击 Image Taraget 就可以看到上传的图片了。之后把扫描出来的模型放到 Image Target 下面就可以了。将三维模型转换为 FBX 格式导入到 Unity3D 中，将此模型放到 Image Target 下面即可。如图 B-7 所示。

最后按照图 B-8 所示的步骤设置 XR Settings，选中 Vuforia 就行了，打包，进行发布。

图 B-4　获取产品密钥

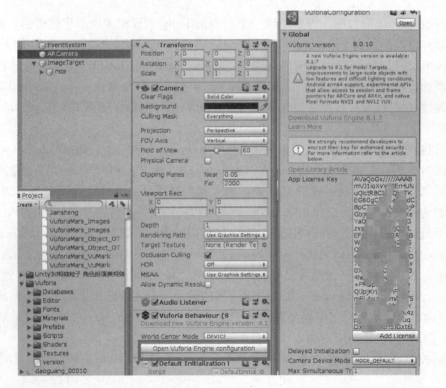

图 B-5　导入 Unity

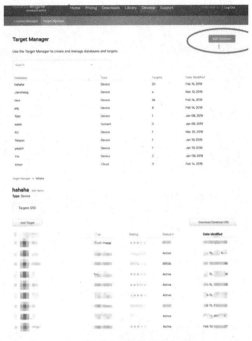

图 B-6　添加图片

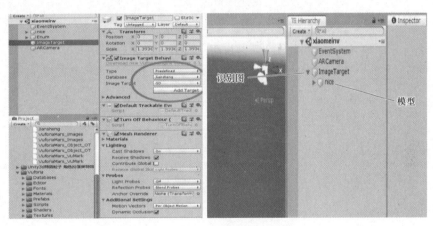

图 B-7　添加模型与识别图

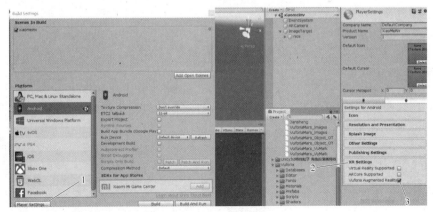

图 B-8　发布设置

289

《智能决策技术及应用》
项目式教学指导书

目　　录

引　言

　　智能制造工程专业作为人工智能的典型交叉学科，涉及机械工程、控制工程、电子技术、计算机网络、嵌入式技术和人工智能技术等，学生需要具备扎实的数学和物理基础，同时要具有较强的学习能力和动手实践能力。这不但对教学模式和教师的讲授水平提出了挑战，也对学生的理解和学习能力提出了考验。项目式教学的出现突破了传统的课堂教学范式，突破"以教师为中心、以课本为中心、以课堂为中心"，实现了以"教"为中心，向以"学"为中心的转化，实现了理论与实践一体化，实现学用统一，实现了学生专业知识、业务技能、方法能力等职业素质的综合培养，既可以培养学生的动手能力，也可以保证学生可持续发展能力的培养，是实现教育目标的重要手段。

　　本项目式教学指导书，通过将智能决策技术等相关知识点与技术，穿插到完整项目中，照应教材的章节顺序，由浅入深，并结合算法到应用案例中，实现项目式教学与课程教学的精准契合。在讲解相关理论知识时候，学生的学习点不单独局限在公式理论，更能结合实验案例进行动手操作。这不仅充分保证了项目式教学效果的最大化，也为持续深化教学改革，提升课堂教学质量进行一次有益的探索和实践。教材与该项目式教学指导书的章节对应关系如下：

　　1）第一部分智能决策基础，介绍制造数据感知基础与原理和制造数据分析与原理，包含 2、3 章，对应"认知研究"。

　　2）第二部分智能决策方法，介绍人工智能算法在智能决策中的应用，并将各类智能决策方法的结果统一起来，构建系统的综合评价体系，包含 4~7 章，作为基础理论知识的学习准备阶段。

　　3）第三部分智能决策应用，主要针对制造过程中的决策问题并结合案例进行讲解说明，包含 8~10 章。其中，第 8 章介绍设备级决策应用，对应"人机协作装配研究"；第 9 章介绍产线级决策，对应"AGV 线路规划研究"；第 10 章介绍系统级决策，对应"任务排程计划研究"。

一、背景介绍

　　2021 年 10 月 13 日，中共中央、国务院印发《深化新时代教育评价改革总体方案》，强调扭转不科学的教育评价导向，以教育评价改革为牵引，通过完善评价方式、拓展评价内容、改进评价标准，加快推进新时代教育高质量发展。

随着教改的推进，如何让学生学会学习、深入学习，综合运用所学知识，解决面临的实际问题越来越成为教育研究的主要关注点。项目式学习被认为是实现上述目标的重要学习方式之一，因而受到学界越来越多的关注与实践。

项目式教学，又称作专题研究、项目学习、基于项目的学习等（Project Based Learning，PBL）。项目式教学目的是：让学生以一个完整的流程，学习和解决所设置的"项目"中包含多门课程的知识及问题。该教学法的内涵是指：学生在老师的指导下，将一个相对独立的项目交由学生自己处理，信息的收集、方案的设计、项目实施及最终评价，都由学生自己负责，学生通过该项目的进行，了解并把握整个过程及每一个环节中的基本要求。项目式教学法最显著的特点具体表现在：目标指向的多重性；培训周期短，见效快；可控性好；注重理论与实践相结合。项目式教学法是师生共同完成项目，共同取得进步的教学方法。

项目式教学的作用体现在："以项目为主线、教师为引导、学生为主体"，教师和学生的身份发生了天翻地覆的变化。项目教学法注重人与实践的结合，注重学习的过程而非学习结果。学生在这个学习过程中锻炼各种能力，如：岗位能力、实践能力、自主学习能力、综合应用能力、团队协作能力等。这些也是在传统的课堂知识点讲授教学所缺少。项目式教学能充分发挥学生与教师不同角色的各自的作用，进一步提升教学课程建设质量，凸显课程育人特色，为探索新的教学模式改革提供一定借鉴。

二、项目总体思路

车间是制造活动的执行主体，也是各类信息数据流的交汇点，实现车间生产智能化是智能制造的必经之路。作为智能制造工程专业的项目式教学指导书，本项目立足当前智能制造和人工智能的时代背景，建设"智能决策系统实验室"，创新性地开发了一整套集教学、实验、项目、操作实战于一体的微型智能车间及教学实验平台。围绕智能生产中面临的常见问题，进行针对性教学实训场景定制并集成个性化定制、人机协作装配、智能调度与路径规划、生产管控与任务排程等课程研究内容，为学生和指导老师提供简单易用的教、学、练、测、评、管等管理功能。教学实验平台将工业界实战项目划分为独立的研究内容，并引入到课堂教学，知识点层层深入，培养学生自主学习与知识综合应用的能力，发挥项目式教学的优势，助力教学质量升级。本项目分为四个研究内容：认知研究、人机协作装配研究、AGV线路规划研究和任务排程计划研究，各个部分层层递进，各研究内容间的对应关系与研究目的如图0-1所示。

2

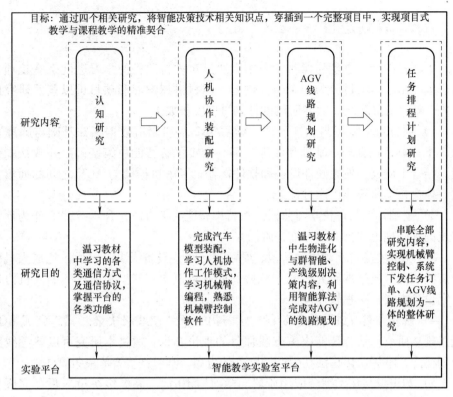

图 0-1　各研究内容间的对应关系与研究目的

1）通过"认知研究"，让学生熟悉产线的装配流程，并体验各类机械臂以及 AGV 的运行操作，温习各类通信方式及通信协议，初步学习教学实验室平台的各类功能。

2）通过"人机协作装配研究"，体验配合机械臂完成汽车模型的装配方案，讲授人机协作这一新兴的工作模式，并学习机械臂编程，熟悉机械臂控制软件，温习第 8 章设备级决策应用中"设备自适应控制""智能交互与决策"等知识点，完成人机协作任务设计方案。

3）通过"AGV 线路规划研究"，学习针对个性化定制问题的 AGV 线路规划，温习第 5 章生物进化与群智能、第 9 章产线级别决策等内容，利用各类智能算法完成 AGV 的路径智能规划。

4）通过"任务排程计划研究"，完整串联前面的研究内容，针对特定任务的排程与智能调度，实现机械臂控制、系统下发任务订单、AGV 线路规划调度为一体的整体研究。并温习第 7 章智能决策综合评价、第 10 章系统级决策等内容，最终完成本项目的全部研究内容学习。

3

三、计划进度

本项目的计划进度为课时学习制，通过对教材课程的学习进度来掌控项目的进度，由于本项目分为四个研究内容，教材讲授学习和项目可以按照研究内容先后顺序交叉进行，其各阶段的计划进度安排如下：

1）项目初步学习与认知阶段。学习第 2 章"制造数据感知基础与原理"、第 3 章"制造数据分析基础和原理"后，初步了解智能决策基础后完成认知研究。结合本研究，熟悉硬件设备和软件操作，了解机械臂与 AGV 之间的通信方式，体会自动化智能生产过程。

2）基础知识与理论学习阶段。教材中智能决策方法包含 4~7 章，作为项目涉及的基础理论知识的学习准备阶段。

3）动手实操与互动体验阶段：学习第 8 章"设备级决策"后，完成人机协作装配研究。通过本研究了解人机协作的基本概念，掌握装配任务的人机协作方案设计方法，熟悉软件操作。

4）研究方案改进与优化阶段。学习第 9 章"产线级决策"后，完成 AGV 线路规划研究。结合智能决策方法部分的理论知识，通过本研究可以熟悉线路规划概念，掌握遗传算法在生产调度中的应用，学习编写智能决策算法。

5）知识点与技术综合应用阶段。学习第 10 章"系统级决策"后，完成任务排程计划研究。通过本研究熟悉任务排程概念，进一步加深算法学习，结合物料需求和具体生产任务订单深入应用算法进行任务排程调度。

四、项目内容

本项目分 4 个研究内容：认知研究、人机协作装配研究、AGV 线路规划研究和任务排程计划研究，各个部分层层递进，最终完成本项目的全部研究内容学习。

实验室如图 0-2 所示。

各研究的具体内容如下：

1）认知项目。以微型车辆装配产线为应用背景，使用 Dobot-CR5 机械臂完成车辆的自动装配，并呼叫 AGV 运输车下料，模拟自动化产线的装配流程，目的在于通过演示与观看的方式对机械臂和 AGV 有初步认识。

2）人机协作装配项目。结合人机协作这一新兴工作模式，配合机械臂完成汽车模型的人机协作装配方案，体验人机协作装配与传统装配的区别，了解人机协作的基本内容和方案设计。

3）AGV 线路规划项目。智能制造的基本要求之一就是应对个性化需求，高效柔性地进行多品种小批量订单的生产。随着个性化定制需求越来越高，个性化定制任务随机性强，订单到达时产线状态不稳定，调度模型难以确定。项目提出利用遗传算法解决面对 AGV 线路规划的优化。

4）任务调度排程项目。对于柔性车间，任务排程非常重要，根据最优解安排任务可以节约大量时间，本项目主要目的是学习智能制造中任务排程的过程。

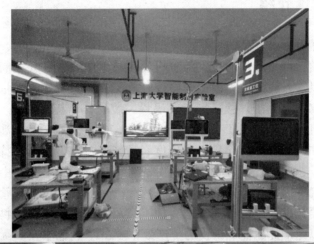

图 0-2　项目实验室

项目一　认　　知

一、背景介绍

近年来，随着国内产业的发展，装配机器人的需求有所增加，装配机器人在制造业中开始占据重要的地位，随着机器人技术的发展和现代制造技术的转型升级，工业机器人逐渐成为制造业中代替人类完成大批量高质量工作不可或缺的一部分，广泛应用于焊接、搬运、码垛、装配、包装、点胶、加工、检测等领域。装配机器人主要用于工业生产线上的零部件装配任务，涉及机械、视觉、自动控制和通信等方面，具有高速度、高精度、高柔韧性等特点，已成为汽车、消费电子、家电行业自动化制造中的重要一员。智能车间中，生产由传统的人工制造蜕变为机器自动化生产，从人工管理转变为机器人管理。智能产线的建设，需要减少人工的参与，减少加工过程中的纸质图样、物料单、检验单的使用量，以此来提高整个产线的生产效率。AGV 运输车在实际生产过程中主要负责物料的运输，也是实现自动化生产过程中不可缺少的一部分。实际生产中，通过通信协议能够有效实现产线的半自动化或自动化生产，从而提高工厂生产运作的效率，辅助智慧工厂的进一步建立。

本研究以微型车辆装配产线为应用背景，使用 Dobot-CR5 机械臂完成车辆的自动装配，并呼叫 AGV 运输车下料，模拟自动化产线的装配流程，目的在于通过演示与观看的方式对机械臂和 AGV 有初步认识。

二、研究目的

1. 了解模拟产线的车辆装配流程。
2. 体会 Dobot-CR5 机械臂以及 AGV 的运行以及通信方式。
3. 熟悉机械臂控制软件（DobotSCStudio.exe）的基本操作。
4. 实现人机协作任务设计方案，体会人机协作。

三、软硬件设备

1. 软件设备：DobotSCStudio。

2. 硬件设备：海康智能运输车（AGV）和越疆协作机械臂（Dobot-CR5）。

四、方法与步骤

起动所有硬件前，所有工位需将所有待装配物料放至桌面上对应的料架上，包括左车门、右车门、前盖、车架以及装有车轮的底盘，如图 1-1 所示。

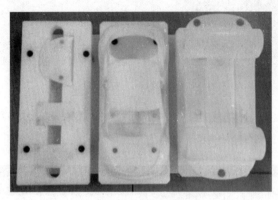

图 1-1　工位料架

1）安装机械臂控制软件 DobotSCStudio。DobotSCStudio 软件到 Dobot 官网 https://cn.dobot.cc/进行下载，如图 1-2 所示。按下开关给控制柜上电，再按下控制柜按钮起动机械臂，如图 1-3 所示。

图 1-2　软件下载示意图

图 1-3　控制柜开关示意图

2）打开软件，若连接成功，软件界面如图 1-4 所示。各个按钮功能如下：

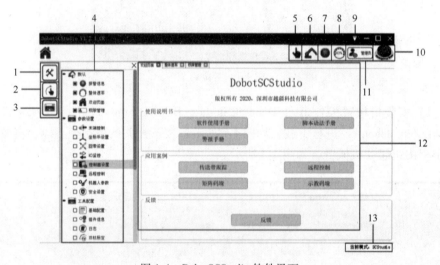

图 1-4　DobotSCStudio 软件界面

① 工程。用户可导入工程，并对工程进行调试、运行等操作。

② 点动。在不同坐标系下控制机械臂的运动，仅在手动模式下有效，若在关节坐标系下点动，从上往下表示点动 J1、J2、J3、J4、J5、J6 。若在笛卡尔坐标系下点动，从上往下表示点动 X、Y、Z、Rx、Ry、Rz。

③ 系统。用户可在该页面进行系统设置，如网络设置、机器人参数设置、坐标系设置和工艺包设置等。

④ 系统菜单栏。

⑤ 单击图标可切换手动模式和自动模式。

8

⑥ 手动模式仅表示机械臂电动机使能状态，自动模式下单击此按钮控制电动机使能。

⑦ 机械臂报警信息查询。当机械臂有报警时，该图标变为红色，可在操作面板查看具体的报警信息并将控制柜切换至手动模式后清除报警。

⑧ 设置机械臂全局速率比例。

⑨ IP 设置及检查更新。通过网线连接控制柜和电脑后，用户需在"IP 设置"页面勾选"真实"，然后选择控制柜 IP 地址，以连接 DobotSCStudio。如果用户无设备使用时，可在"IP 设置"页面勾选"虚拟"，通过连接虚拟控制柜来体验 DobotSCStudio。

⑩ 急停开关。机械臂运行过程中出现突发情况时可按下急停开关，使控制柜伺服驱动断电，机械臂紧急停止。

⑪ 用户模式选择。

⑫ 交互窗口。

⑬ 显示当前的运行模式。运行模式包括：I/O、Modbus 和 SCStudio。

3）连接所在工位的 Dobot-CR5 机械臂。DobotSCStudio 与 Dobot-CR5 机械臂的连接有两种方式，分别为网线连接和 WiFi 连接，具体连接方式如下：

图 1-5　软件 IP 设置

① Wifi 连接。计算机搜索并连接 WiFi，使机械臂和计算机处于同一网络环境，打开"DobotSCStudio"，单击右上方小箭头下拉菜单中的 IP 设置，如图 1-5 所示。

在 DobotSCStudio 界面的右上角修改 IP，选择"真实控制器"，IP 地址自定义为"192.168.101.xx"，如图 1-6 所示（"xx"请参照控制柜上标签，如图 1-7 所示）。

图 1-6　DobotSCStudio 软件 IP 设置

图 1-7　控制柜 IP 地址

连接成功后，DobotSCStudio 界面如图 1-8 所示，右键单击右上角机械臂图标，为机械臂使能。图标变为绿色说明机械臂成功负载。

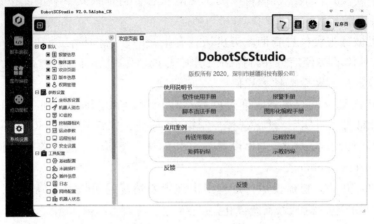

图1-8 DobotSCStudio 界面"使能"位置

② 网线连接。通过网线连接 Dobot 机械臂的控制柜与电脑，此时控制柜的 IP 地址与电脑 IP 地址处于同一网段。通过网线连接，用户需修改电脑的 IP 地址，使其与控制柜的 IP 地址在同一网段，控制柜网段同控制柜标签，具体步骤同 WiFi 连接。可将电脑 IP 地址修改为与控制柜同一网段未被占用的任意 IP 地址，其子网掩码和默认网关与控制柜一致，具体设置如图1-9所示。

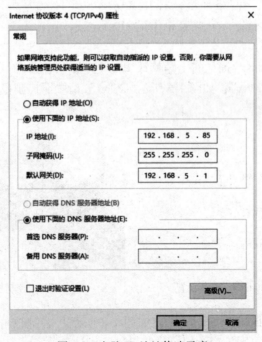

图1-9 电脑 IP 地址修改示意

③ 进入编程界面，打开所连接机械臂控制柜内存储的机械臂控制程序。运行该程序起动机械臂，进行自动化装配任务，图 1-10 所示为部分车辆装配代码，完成后呼叫空闲 AGV 从停驻区运行至工位旁的工作区下料。

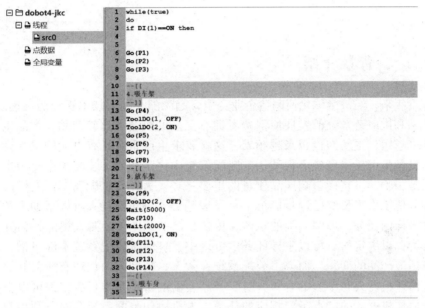

图 1-10　部分装配代码

④ 机械臂完成装配操作后，将装配完毕的车辆运送至 AGV 上。利用 Modbus 通信协议，机械臂会利用线圈寄存器回 0，通知上层系统已经装配完成，上层系统收到指令后，下发任务，使 AGV 回到指定位置下料，整个装配流程结束。

项目二　人机协作装配

一、背景介绍

近年来，经济全球化使制造企业竞争日趋激烈，制造技术正经历飞速发展。物联网和供应链系统的发展使消费者拥有更多的机会去比较产品，产品生命周期越来越短，更新迭代越来越频繁，这就要求生产系统具有更大的灵活性。传统的批量生产模式已经不再适用，装配系统中更是如此。装配操作作为生产中的关键步骤，可直接影响产品质量的重要一环，为提高装配效率，人机协作替代部分传统手工装配已逐步成为一种发展趋势。协作机器人可以帮助人类完成各种各样的任务，理解人类的意图，传达自己的意图，预测人类的行为并适应其行为，以决定何时可以主导任务。传统中，自动化装配系统不够灵活，无法快速适应产品的变化，而人工装配系统在效率、精度方面往往有所欠缺。如今通过协作机器人与工人的合作，对于产品装配的每个基本任务，都可以根据工人和协作机器人的特点指定相应的任务。人机协作装配系统会充分利用双方的优势，既充分利用工人强大的认知能力，又利用协作机器人强度大、精度高、不会疲劳的特点，拥有广阔的应用前景。

本研究结合人机协作这一新兴工作模式，配合机械臂完成汽车模型的人机协作装配方案，体验人机协作装配与传统装配的区别，了解人机协作的基本内容和方案设计。

二、研究目的

1. 了解人机协作的基本概念。
2. 掌握装配任务的人机协作方案设计方法。
3. 学习机械臂编程，熟悉机械臂控制软件（DobotSCStudio.exe）。
4. 实现人机协作任务设计方案，体会人机协作。

三、软硬件设备

1. 软件设备：DobotSCStudio。
2. 硬件设备：越疆协作机械臂（Dobot-CR5）。

四、方法与步骤

本研究要求按照限定要求，设计协作方案并与 Dobot-CR5 机械臂合作完成汽车模型的装配任务。其中，汽车模型的待装配零件包括：两门一盖、车架、底盘、车轴以及轮胎。作为协作机器人，Dobot-CR5 在本研究中的主要工作任务是将每一步工作需要的部件抓取到操作人员面前，以便于操作人员进行下一步的装配任务，装配任务清单见表 2-1。

表 2-1　装配任务清单

装配任务名称		人完成所需时间	机械臂完成所需时间	备注
安装	安装轮胎	40s	—	仅可人工装配
	安装左车门	8s	25s	
	安装右车门	8s	25s	
	安装前盖	5s	20s	
	安装车架	10s	10~25s	
下料	底盘	10s	20s	
	车架	10s	15s	
	两门一盖	10s	15s	
	车轴及轮胎	10s	—	

注：本实验仅涉及安装任务，下料部分任务仅供拓展参考。

1）人机协作装配方案设计示例。开始前，根据人机装配任务分别对应的任务数，结合任务清单，分配装配任务并绘制人机协作装配方案，表 2-2 所示装配任务分配方案为实验设计示例，仅供参考。

表 2-2　装配方案实验设计示例

工步	人	机械臂
1	两车轴分别与轮胎连接	从物料库抓取车底盘，将底盘交至操作人员手中

工步	人	机械臂
2	将轮胎安装至车底盘 	叉取两门一盖料架盘至操作人员方便拿取的位置，运送两门一盖
3	将装有轮胎的车底盘放置到固定架上 	吸取车架，移动至操作人员面前
4	分别安装两门一盖 	按照装配顺序依次旋转车架，便于操作人员完成安装

工步	人	机械臂
5		将车架（含两门一盖）安装至车底盘
6		安装完成，等待下料

2）确认上述装配分案的合理性，梳理每一步骤机械臂的点位顺序及每一关节的移动操作。以工步1"抓取底盘"为例，首先对该步骤进行点位分析。抓取底盘共分四步：移动至物料（底盘）所在位置，打开吸盘以抓取物料，移动至目标位置，释放吸盘放下物料。根据上述分析，共涉及两个点位，即起点（抓取位）和终点（释放位）。两点之间的运动指令共11种，本实验设计调用"Go"指令。该指令以直线运动方式从一点移动到另一点。为避免机械臂运动时碰到障碍物，同时提高运动动作的柔顺型，故需要额外增加2个运动中间点。

3）按照认知实验中提到的连接方式，打开并连接机械臂，进入DobotSCStudio软件的编程界面进行人机协作装配任务中机械臂部分的程序编写。开始编写程序前，必须确认用户权限为程序员及以上模式，软件用户权限设置如图2-1所示。

4）Dobot CR5机械臂编程以工程形式来管理，其中包括存点信息、全局变量、程序文件，编程流程如图2-2所示。

图2-1　软件用户权限设置

图2-2　Dobot 机械臂编程流程

选择"脚本编程"，右键单击"工作空间"，选择"新建工程"，如图2-3所示。新建工程中会同步创建"点数据""全局变量"及"src0（主线程）"三个子页面。本实验编程主要涉及点数据获取、储存、调用，以及主线程任务的程序编写。

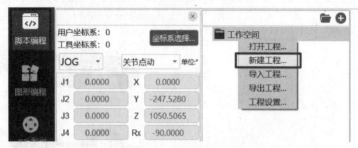

图 2-3 脚本编程界面

　　进入新建工程中的点数据页面，通过示教进行机械臂位置存点。点击机械臂末端顶部中心按键（图 2-4），进入拖拽示教模式，长按至指示灯变为蓝灯闪烁即可拖动机械臂。

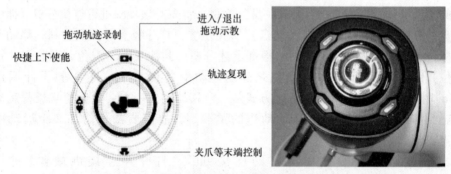

图 2-4 机械臂末端按键图

　　根据装配方案的整体设计和具体点位分析，将机械臂拖动至单步目标位置后，依次添加需要使用的点位信息，即可获取并记录机械臂当前所在位置的数据，便于后续编写程序时调用。"抓取底盘"步骤的四个点位如图 2-5所示。

	No.	Alias	X	Y	Z	Rx	Ry	Rz	R	D	N	Cfg	Tool	User
1	P1		683.4406	92.9253	331.8691	-178.6895	-0.7884	-70.5059	-1 ▾	-1 ▾	-1 ▾	1	No.0 ▾	No.0 ▾
2	P2		597.2739	62.3640	534.5263	-160.9010	-0.7416	-70.7460	-1 ▾	-1 ▾	-1 ▾	1	No.0 ▾	No.0 ▾
3	P3		-563.8156	-299.1676	519.8259	-169.8821	12.2414	129.1410	-1 ▾	-1 ▾	-1 ▾	1	No.0 ▾	No.0 ▾
4	P4		-801.8549	0.4029	382.1936	-133.5002	2.5009	91.6526	-1 ▾	-1 ▾	-1 ▾	1	No.0 ▾	No.0 ▾

图 2-5 "抓取底盘"的点位信息

5）按照装配方案，重复进行机械臂位置调整和存点动作，完成所有装配步骤点位信息的存储，图 2-6 所示为部分存点信息。其中除装配步骤涉及的起点与终点外，还添加了部分中间点位，以便于对机械臂进行更加柔顺的运动规划。

	No.	Alias	X	Y	Z	Rx	Ry	Rz	R	D	N	Cfg	Tool	User
1	P1		683.4406	92.9253	331.8691	-178.6895	-0.7884	-70.5059	-1	-1	-1	1	No.0	No.0
2	P2		597.2739	62.3640	534.5263	-160.9010	-0.7416	-70.7460	-1	-1	-1	1	No.0	No.0
3	P3		-563.8156	-299.1676	519.8259	-169.8821	12.2414	129.1410	-1	-1	-1	1	No.0	No.0
4	P4		-801.8549	0.4029	382.1936	-133.5002	2.5009	91.6526	-1	-1	-1	1	No.0	No.0
5	P5		568.5877	71.6078	639.7202	-158.4677	-1.5305	-77.0074	-1	-1	-1	1	No.0	No.0
6	P6		806.6344	94.1330	359.0658	-179.8587	1.0337	-81.5690	-1	-1	-1	1	No.0	No.0
7	P7		675.7047	47.7004	536.6172	178.0350	0.7378	-82.2552	-1	-1	-1	1	No.0	No.0
8	P8		-797.1320	-14.6082	431.7385	-166.9781	1.9446	97.0211	-1	-1	-1	1	No.0	No.0
9	P9		-796.8244	26.5270	431.7385	167.1809	-3.0181	-90.6167	-1	-1	-1	-2	No.0	No.0
10	P10		-804.4073	-20.9289	353.5241	-178.9309	-0.8797	-173.09...	-1	-1	-1	-1	No.0	No.0
11	P11		-596.5056	11.1580	539.4347	174.4968	-1.2855	5.4137	-1	-1	-1	2	No.0	No.0
12	P12		-600.7750	1.0468	408.7114	178.9485	-5.0635	1.3746	-1	-1	-1	2	No.0	No.0
13	P13		-557.6207	10.9467	491.2073	177.2602	3.1426	1.4032	-1	-1	-1	2	No.0	No.0
14	P14		-581.4532	5.5460	480.7430	177.0232	4.3100	1.3802	-1	-1	-1	2	No.0	No.0
15	P15		-794.6333	19.8999	433.1374	175.6202	11.0486	-3.3599	-1	-1	-1	2	No.0	No.0
16	P16		-794.6330	19.9024	435.1370	168.5725	-3.2505	-87.2452	-1	-1	-1	-2	No.0	No.0
17	P17		662.2562	95.5584	537.6007	-178.4957	-1.3468	-83.5486	-1	-1	-1	1	No.0	No.0
18	P18		692.7455	98.0256	396.5239	176.7487	5.0826	-85.6091	-1	-1	-1	1	No.0	No.0
19	P19		232.4796	-118.2687	583.7527	177.1534	4.4651	-101.20...	-1	-1	-1	1	No.0	No.0

图 2-6　存点信息

6）存点完成后，选择主线程，即进入"src0"页面，编写机械臂运动程序。实验使用的机械臂采用 Lua 语言编程，已封装了常用的运动指令以及基本的运算和逻辑指令，部分封装指令如图 2-7 所示。

以步骤"抓取底盘"为例，机械臂从抓取位置到释放位置，共调用 4 个点，即抓取位置 P1、中间位置 P2 及 P3、释放位置 P4。运动指令调用"MOVE"-"Go"，输入/输出指令调用"IO"-"ToolDO"。Go 及 ToolDO 指令相关参数见表 2-3、表 2-4。

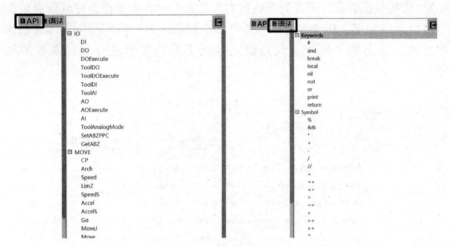

图 2-7　部分封装指令

表 2-3　Go 指令相关参数表

原型	Go（P，"User＝1 Tool＝2 CP＝1 Speed＝50 Accel＝20 SYNC＝1"）
功能	从当前位置以点到点方式运动至笛卡尔坐标系下的目标位置
参数	P：目标点，可直接调用示教点，也可自定义笛卡尔坐标下的点位 User：用户坐标系，取值 0～9 Tool：工具坐标系，取值 0～9 CP：运动时设置平滑过渡，取值 0～100 Speed：运动速度比例，取值 0～100 Accel：运动加速度比例，取值 1～100 SYNC：同步标识，0 表示异步执行（调用后无论指令是否执行均立即返回），1 表示同步执行（调用后待指令执行后返回）

表 2-4　ToolDO 指令相关参数表

原型	ToolDO（index，ON/OFF）
功能	设置外接设备输出端口状态（本实验中为吸盘）
参数	index：输出索引，取值 1～24 ON/OFF：输出端口状态，ON 为高电平，OFF 为低电平

本实验初始设备输出端口状态设置为 ToolDO（1，ON）。抓取底盘代码按照上述调用参数，如图 2-8 所示。

7）按照设计方案，编写机械臂运动程序，部分运动程序如图 2-9 所示。

8）运行编写完成的程序，测试程序合理性，完成人机协作装配。

```
--[[抓取底盘--]]
Go(P1, "User=0 Tool=0 CP=0 Speed=50 Accel=20 SYNC=1")
ToolDO(1, OFF)
Go(P2, "User=0 Tool=0 CP=0 Speed=50 Accel=20 SYNC=1")
Go(P3, "User=0 Tool=0 CP=0 Speed=50 Accel=20 SYNC=1")
Go(P4, "User=0 Tool=0 CP=0 Speed=50 Accel=20 SYNC=1")
```

图 2-8　底盘抓取代码

点数据 ☒　全局变量 ☒　src0 ☒

💾 保存　↶ 撤消　↷ 重做　✂ 剪切　📋 复制　📋 粘贴　📝 注释

```
 1  ToolDO(1, ON)
 2  Go(P2, "User=0 Tool=0 CP=0 Speed=50 Accel=20 SYNC=1")
 3  --[[抓取底盘--]]
 4  Go(P1, "User=0 Tool=0 CP=0 Speed=50 Accel=20 SYNC=1")
 5  ToolDO(1, OFF)
 6  Go(P2, "User=0 Tool=0 CP=0 Speed=50 Accel=20 SYNC=1")
 7  Go(P3, "User=0 Tool=0 CP=0 Speed=50 Accel=20 SYNC=1")
 8  Go(P4, "User=0 Tool=0 CP=0 Speed=50 Accel=20 SYNC=1")
 9  --[[待操作者拿取--]]
10  ToolDO(1, ON)
11  Wait(12000)
12  Go(P5, "User=0 Tool=0 CP=0 Speed=50 Accel=20 SYNC=1")
13  --[[抓取车架--]]
14  Go(P6, "User=0 Tool=0 CP=0 Speed=50 Accel=20 SYNC=1")
15  ToolDO(1, OFF)
16  Go(P7, "User=0 Tool=0 CP=0 Speed=50 Accel=20 SYNC=1")
17  --[[左车门--]]
18  Go(P8, "User=0 Tool=0 CP=0 Speed=50 Accel=20 SYNC=1")
19  Wait(3000)
20  --[[前盖--]]
21  Go(P10, "User=0 Tool=0 CP=0 Speed=50 Accel=20 SYNC=1")
22  Wait(3000)
23  --[[右车门--]]
24  Go(P9, "User=0 Tool=0 CP=0 Speed=50 Accel=20 SYNC=1")
25  Wait(3000)
26  --[[放置车架--]]
27  Go(P11, "User=0 Tool=0 CP=0 Speed=50 Accel=20 SYNC=1")
28  Go(P12, "User=0 Tool=0 CP=0 Speed=50 Accel=20 SYNC=1")
29  ToolDO(1, ON)
30  --[[END--]]
31  Go(P13, "User=0 Tool=0 CP=0 Speed=50 Accel=20 SYNC=1")
32
33  --[[质检--]]
34  Go(P12, "User=0 Tool=0 CP=0 Speed=50 Accel=20 SYNC=1")
35  ToolDO(1, OFF)
36  Go(P14, "User=0 Tool=0 CP=0 Speed=50 Accel=20 SYNC=1")
37  Go(P15, "User=0 Tool=0 CP=0 Speed=50 Accel=20 SYNC=1")
38
39  --[[下货--]]
40  Go(P16, "User=0 Tool=0 CP=0 Speed=50 Accel=20 SYNC=1")
41  Go(P17, "User=0 Tool=0 CP=0 Speed=50 Accel=20 SYNC=1")
42  Go(P18, "User=0 Tool=0 CP=0 Speed=50 Accel=20 SYNC=1")
43  ToolDO(1, ON)
44  Go(P19, "User=0 Tool=0 CP=0 Speed=50 Accel=20 SYNC=1")
```

图 2-9　机械臂部分运动程序

项目三 AGV 线路规划

一、背景介绍

当前的制造企业的产线生产过程十分复杂，生产方式越来越偏向个性化定制生产，传统的车间调度方式已不再适应这种新的生产方式。一方面，由于现代制造企业加工和生产环节众多，相互关系复杂，生产连续性强，变化迅速，生产资源之间无法进行相关信息的互联共通，对生产过程中的信息无法自动及时地感知并处理，导致某一局部响应延迟引起的变化波及整个生产系统的运行；另一方面，生产加工过程通常是动态变化的，产品订单、原料库存、设备运行状态和加工过程等实时信息也在不断调整，调度中心无法对变化的信息进行及时整合更新，并进行及时动态的决策响应以调整调度方案。因此在实际车间生产制造过程中，调度方案经常偏差，且实时响应较慢，引起生产资源的严重浪费，造成生产制造效率低下。

本实验针对传统制造产线在新形势下制造能力的不足，研究新一代智能制造产线的关键技术。随着个性化定制的需求越来越高，个性化定制任务随机性强，订单到达时产线状态不稳定，调度模型难以确定。智能制造的基本要求之一就是应对个性化需求，高效柔性地进行多品种小批量订单的生产。本实验提出利用遗传算法解决面对 AGV 线路规划的优化问题。

二、研究目的

1. 了解海康智能运输车（AGV）下发任务操作。
2. 初步感受调度算法。

三、软硬件设备

1. 机器人控制系统（RCS）。
2. 海康智能运输车（AGV）。

四、方法与步骤

1）单击 Pad 端首页的"AGV 线路规划"实验模块进入实验界面，如图 3-1 所示。

2）查看实验相关介绍（图 3-2），包括实验过程。右键单击"实验开始"，正式开始实验流程。

图 3-1　Pad 端首页

图 3-2　AGV 线路规划实验介绍

3）根据后台配置自动生成发车计划表和生产装配时间，确认数据模型（图 3-3）后单击"下一步"选择算法。其中，发车计划表中 OP1～OP8 代表 8 个工位，即 8 台机械臂，V1～V6 代表 6 台 AGV。例如，勾选 V4，即代表工位一需要 4 号 AGV 送料，且每台 AGV 小车到达工位的时间不同，忽略 AGV 运送物料的时长，每台工位装配时间也不同。该实验发车计划表由后台系统配置自动生成。

4）"选择算法"界面如图 3-4 所示，系统内部已设置内置算法，该调度算法基于遗传算法编写，作为实验参考。新增算法可导入新编写的算法，通过系统计算，生成 AGV 调度任务方案并执行。

5）为了模拟 AGV 线路规划，本实验所使用内置遗传算法参数设置如下：种群数量 300，最大遗传代数 50，交叉率 0.8，变异率 0.6。图 3-5 描述了 AGV

运行甘特图，可以看出最优解为60s。

图 3-3　数据模型确认

图 3-4　选择算法

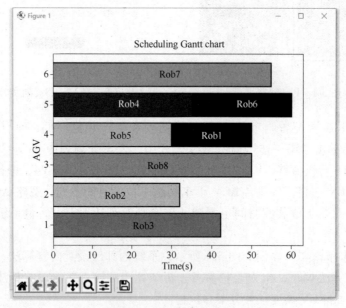

图 3-5　算法运行甘特图

22

根据算法得出的调度方案，通知 AGV 按照方案执行。执行完成后，得出执行结果，如图 3-6 所示。

6）单击实验详情可以看到线路规划和实际耗时的对比，如图 3-7 所示，以便于改进和优化算法。该实验结果差异受算法本身以及 AGV 运行速度、交通管制等多种因素的影响。

图 3-6　算法执行结果

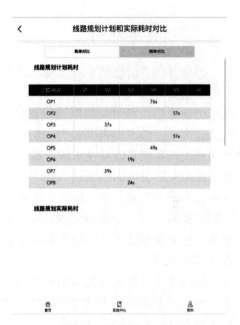

图 3-7　结果耗时比较

项目四　任务调度排程

一、背景介绍

当今时代，信息技术与工业化呈加速融合趋势，世界发达国家纷纷提出相应的智能制造发展规划和战略布局，美国提出互联网络制造强国，未来用互联网打造制造业，利用大数据进行智能分析和管理，提升传统制造。德国是全球制造业大国，为了提振其强大的制造业，2013 年提出工业 4.0，主要体现在怎么用嵌入式系统和信息技术切入装备制造业，提升制造水平。日本早在 1989 年就已提出发展智能制造系统，在 1990 年 4 月倡导发起了"智能制造系统 IMS"国际合作研究计划。中国提出"中国制造 2025"，但目前我国是制造大国，还不是制造强国。为了使制造大国向制造强国转型，我们要加快制造业转型，提出用新一代的新型技术，以制造业深度融合为主线，推进智能制造这一主攻方向，发展智能制造。

智能制造代表未来先进制造业的发展方向，已受到广泛重视，多国政府均将此列入国家发展计划并大力推动实施。对于柔性车间，任务排程非常重要，最优解安排任务可以节约大量时间。本次实验意在让学生体会智能制造过程中任务排程的过程。

二、研究目的

1. 掌握 DobotSCStudio 控制机械臂。
2. 掌握机器人控制系统（RCS）下发任务订单。
3. 了解越疆协作机械臂（Dobot-CR5）与海康智能运输车（AGV）基本结构。
4. 了解调度算法。

三、软硬件设备

1. Hikserver ECS。
2. 机器人控制系统（RCS）。

3. 海康智能运输车（AGV）。

4. DobotSCStudio。

5. 越疆协作机械臂（Dobot-CR5）。

四、方法与步骤

1. 方法

遗传算法（Genetic Algorithm, GA）是一类借鉴生物界自然选择和自然遗传机制的高度并行、随机、自适应的搜索算法，由美国 J. Holland 教授于 1975 年首先在《自然和人工系统中的适应性》一书中提出，它是模仿自然界"物竞天择，适者生存"的原理而进行的一种多参数、多群体同时优化的方法。主要特点是群体搜索策略和群体中个体之间的信息交换，搜索不依赖于梯度信息。它尤其适用于处理传统搜索方法难以解决的复杂和非线性问题。由于它具有这些特点，自 20 世纪 80 年代以来，关于它的理论和应用研究都成了十分热门的课题，尤其是应用研究格外活跃，不仅扩大了应用领域，而且利用遗传算法进行优化和规则学习的能力也显著提高，目前它已广泛应用于组合优化、机器学习、自适应控制、规划设计和人工生命等领域，认为是 21 世纪有关智能计算中的关键技术之一。

遗传算法的主要处理步骤是：

① 编码。首先对优化问题的解进行编码，编码的目的主要是使优化问题解的表现形式适合遗传算法中的遗传运算。

② 构造适应度函数。适应度函数的构造和应用基本上依据优化问题的目标函数而定，当适应度函数确定以后，自然选择规律是以适应度函数值的大小决定的概率分布来确定哪些染色体适应生存，哪些被淘汰，生存下来的染色体组成种群，形成一个可以繁殖下一代的群体。

③ 染色体的交叉互换。父代的遗传基因结合是通过父代染色体之间的交叉并到达下一代个体。子代的产生是一个生殖过程，它产生了一个新解。

④ 染色体变异。新解产生过程中可能发生基因变异，变异使某些解的编码发生了变化，使解有更大的遍历性。

图 4-1 描述了典型遗传算法的流程以及关键步骤，包括种群初始化、选择操作、适应度函数、基因编码、交叉操作以及变异操作和算法终止条件相关的参数。

多品种小批量制造作为离散型制造的生产模式之一，通常会有多个工件一起加工，并且工序路径不同。由于多品种小批量生产过程具备离散化制造的特点，经过简化和抽象后，其生产调度的数学模型至少需如下基本约束：

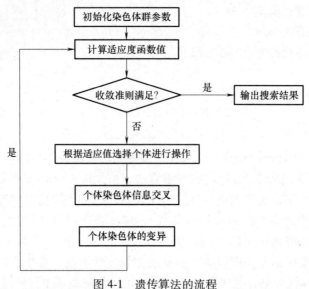

图 4-1　遗传算法的流程

① 如果工序具有优先级，工件遵循按照工序优先级进行加工。

② 任何时刻每台加工设备只能对一个工件进行加工。

③ 调度以同一批的订单为单位，调度对象是同一批订单的所有任务，不可分割。

④ 工件在设备上准备的时间（包括抓取操作、工件检查等）及 AGV 运输时间，都添加在此装配过程的装配时间中。

⑤ 工件在装配过程中不会中断，即一旦工件进入装配，装配结束前将不会意外终止。

⑥ 设备在这个调度中都处于装配状态或者等待装配状态。这条约束对装配过程进行了简化，意味着设备不会发生故障。

⑦ 同一批订单所有路径的规划，在装配之前都事先规定。即调度在生产之前，且加工过程中需保持不变。

假设产线中一共有 n 个工件 $j_i(i=1,2,\cdots,n)$，每个工件都有 n_i 个工序 $O_{ij}(j=1,2,\cdots,n_i)$，产线中一共有 m 台设备 $e_i(j=1,2,\cdots,m)$，每台设备都可以进行 w_i 种工序的加工，每种工序记作 $p_{ij}(j=1,2,\cdots,w_i)$。

目标函数：
$$\min(\max(c_i)),\, i\in(1,n) \tag{4-1}$$

式（4-1）中，c_i 表示工件 j_i 的完工时间，本实验的优化目标是最迟完成时间。

约束 1：
$$c_{ij}-q_{ij}\geqslant c_{i(j-1)} \tag{4-2}$$

式（4-2）中，c_{ij} 为工序 O_{ij} 的完工时间；p_{ij} 为工序 O_{ij} 的装配时长。式（4-2）表示后续工序的开工时刻不能早于先前工序的完工时刻。

26

约束2：
$$e_i(t) \neq e_j(t), i \neq j \qquad (4\text{-}3)$$

式（4-3）中，$e_i(t)$ 为 t 时刻工件 j 所在的设备。式（4-3）表明了不同的工件在同一时刻、不同设备上的装配，任意时刻一个设备只能同时装配一个工件。

约束3：
$$\left[st_{ij}^k, ed_{ij}^k \right] \cap \left[st_{ij}^k, ed_{ij}^k \right] = \phi \qquad (4\text{-}4)$$
$$i, i' \in [1, n] \quad j, j' \in [1, n] \quad k \in [1, m] \quad i \neq i \quad j \neq j$$

式（4-4）中，S_{ij}^k 为第 k 个设备上第 i 个工件的第 j 个工序的开工时刻；ed_{ij}^k 为第 k 个设备上第 i 个工件的第 j 个工序的完工时刻；式（4-4）表明了一台设备上加工的两道工序在时间上不能重合。

约束4：
$$O_{ij} \in w_k, i \in [1, n], j \in [1, n_i], k \in [1, m] \qquad (4\text{-}5)$$

式（4-5）表明每个工件的每道工序都至少有一个设备可以完成。

本实验以实验室内的微型个性化定制小车装配产线为硬件基础，构建相应的系统，验证遗传算法。该实验模拟每台工位送料，由于每个工位所需要的 AGV 送料由用户指定，最后所得结果也不同，本实验内置算法为遗传算法。

其中 GAmain.py 为主程序，如图 4-2 所示。可以设置种群数量、交叉概率、变异概率，选择何种方式交叉，采用何种方式进行变异以及迭代次数等重要参数。

AGV 送料装配时间如图 4-3 所示，Processing_time 为对应工位装配所需时间，根据用户个人选择生成，以其中一个为例，其中每一行代表一个工位，8 行代表 8 台机械臂，每台机械臂可以选择不同的 AGV 小车送料，9999 代表不能选择，以第一行为例，表示第一台机械臂可以选择 4 号 AGV 送料，也可以选择 6 号 AGV 送料，不同 AGV 送来的物料装配时间不同。

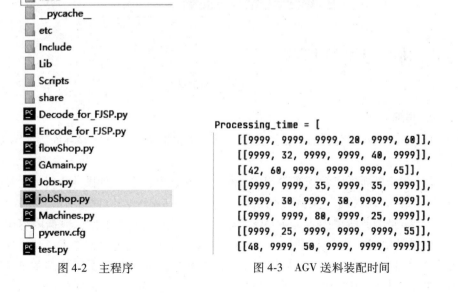

图 4-2　主程序　　　　　　　　图 4-3　AGV 送料装配时间

参数 J 表示各车型对应的个数，如图 4-4 所示，M_num 表示 AGV 的个数，J_num 表示机械臂的个数。J 代表每个工位需要送几次料。

```
J = {1: 1, 2: 1, 3: 1, 4: 1, 5: 1, 6: 1, 7: 1, 8: 1}
M_num = 6
O_Max_len = 4
J_num = 8
O_num = 8
```

图 4-4　参数 J

为了模拟 AGV 线路规划，本实验所使用遗传算法参数设置如下：种群数量 300，最大遗传代数 50，交叉率 0.8，变异率 0.6。图 4-5 描述了 AGV 运行甘特图，可以看出最优解为 60s。

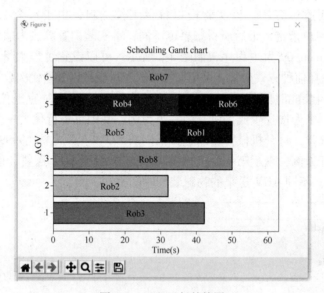

图 4-5　AGV 运行甘特图

2. 步骤

1）单击 Pad 端首页的"任务排程计划"实验模块进入该实验界面，如图 4-6 所示。

2）在该界面可以看到实验相关介绍，包括实验过程，如图 4-7 所示。单击"实验开始"，跳转到"实验准备清单"界面。

3）实验准备清单内容分为 AGV 运送工件和工位准备工件，数据内容由后台数据模型生成，如图 4-8 所示。该清单同步在立库处展示，操作人员从立库中按照清单内容依次向 AGV 上料。每个工位处的操作人员则根据工位准备工件清单，准备物料。

28

图 4-6　Pad 端首页

图 4-7　生产排程调度实验介绍

图 4-8　实验准备清单

29

4）单击实验准备清单的"开始"按钮，跳转到"工位生产任务"界面，如图4-9所示。界面内显示的工位生产车型和AGV叫料清单均通过系统后台统一设置。单击"下一步"，跳转到"AGV配送方案"，如图4-10所示。

图4-9 生产任务列表

图4-10 AGV配送方案

5）根据系统后台的任务排程计划的数据模型生成AGV的配送工件方案和排程调度计划，单击"下一步"，跳转选择调度算法。

6）除了系统提前内置的算法，还可通过后台系统上传算法以供选择来进行算法测试，如图4-11所示。

7）确认算法后，系统将根据工位生产任务和调度算法计算生成AGV排程计划，算法结果如图4-12所示。

单击"执行"，AGV开始按照计划送料。AGV每到达一个指定送料工位，由当前该工位的操作人员人工下料至桌面。在送料的同时，机械臂调用系统内置程序，与操作人员共同协作完成装配任务。

8）AGV送料任务执行完成后，生成执行结果页面，显示对应的小组信息和执行时间，单击实验详情，展示线路规划计划耗时和线路规划实际耗时的表格，展示每个AGV到每个工位的计划实际和实际时间，如图4-13所示。

9）当所有工位都装配完成后，点击执行结果页面"AGV下料"按钮和任务排程调实验的"AGV下料"按钮，开始AGV下料，必须确保实验装配已结束再下料。单击执行结果页面的"统计"按钮，可以查看按钮查看该实验的计划耗时和实际耗时，如图4-14所示。

图 4-11 调度算法选择

图 4-12 算法结果

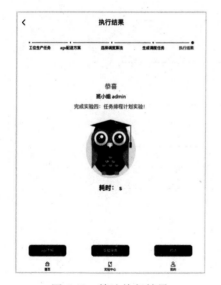

图 4-13 算法执行结果

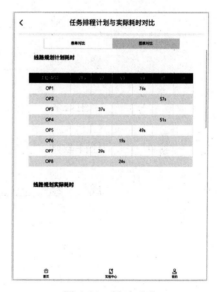

图 4-14 耗时对比

附录 项目报告模板

项目一 认　知

学　院 _____

专　业 _____

学　号 _____

学生姓名 _____

任课教师 _____

成　绩 _____

＊＊大学

年　月　日

一、背景介绍

近年来，随着国内产业的发展，装配机器人的需求有所增加，装配机器人在制造业中开始占据重要的地位，随着机器人技术的发展和现代制造技术的转型升级，工业机器人逐渐成为制造业中代替人类完成大批量高质量工作不可或缺的一部分，广泛应用于焊接、搬运、码垛、装配、包装、点胶、加工、检测等领域。装配机器人主要用于工业生产线上的零部件装配任务，涉及机械、视觉、自动控制和通信等方面，具有高速度、高精度、高柔韧性等特点，已成为汽车、消费电子、家电行业自动化制造中的重要一员。智能车间中，生产由传统的人工制造蜕变为机器自动化生产，从人工管理转变为机器人管理。智能产线的建设，需要减少人工的参与，减少加工过程中的纸质图样、物料单、检验单的使用量，以此来提高整个产线的生产效率。AGV 运输车在实际生产过程中主要负责物料的运输，也是实现自动化生产过程中不可缺少的一部分。实际生产中，通过通信协议能够有效实现产线的半自动化或自动化生产，从而提高工厂生产运作的效率，辅助智慧工厂的进一步建立。

本研究以微型车辆装配产线为应用背景，使用 Dobot-CR5 机械臂完成车辆的自动装配，并呼叫 AGV 运输车下料，模拟自动化产线的装配流程，目的在于通过演示与观看的方式对机械臂和 AGV 有初步认识。

二、研究目的

1. 了解模拟产线的车辆装配流程。
2. 体会 Dobot-CR5 机械臂以及 AGV 的运行以及通信方式。
3. 熟悉机械臂控制软件（DobotSCStudio. exe）的基本操作。
4. 实现人机协作任务设计方案，体会人机协作。

三、软硬件设备

1. 软件设备：DobotSCStudio。
2. 硬件设备：海康智能运输车（AGV）和越疆协作机械臂（Dobot-CR5）。

四、方法与步骤

五、结果分析

1. 在 DobotSCStudio 中，根据步骤操作机械臂进行装配，车体-车架装配过程中的代码是什么？

2. 在 DobotSCStudio 中，利用拖拽示教进行车盖-车体装配时，装配前和装配后 X、Y、Z、R 点的值各为多少？

六、思考题

本研究中，机械臂与 AGV 之间使用 Modbus 通信协议下达指令，请说出 Modbus 通信协议的优势。

项目二　人机协作装配

学　院　_____

专　业　_____

学　号　_____

学生姓名　_____

任课教师　_____

成　绩　_____

＊＊大学

年　　月　　日

一、背景介绍

近年来，经济全球化使制造企业竞争日趋激烈，制造技术正经历飞速发展。物联网和供应链系统的发展使消费者拥有更多的机会去比较产品，产品生命周期越来越短，更新迭代越来越频繁，这就要求生产系统具有更大的灵活性。传统的批量生产模式已经不再适用，装配系统中更是如此。装配操作作为生产中的关键步骤，可直接影响产品质量的重要一环，为提高装配效率，人机协作替代部分传统手工装配已逐步成为一种发展趋势。协作机器人可以帮助人类完成各种各样的任务，理解人类的意图，传达自己的意图，预测人类的行为并适应其行为，以决定何时可以主导任务。传统中，自动化装配系统不够灵活，无法快速适应产品的变化，而人工装配系统在效率、精度方面往往有所欠缺。如今通过协作机器人与工人的合作，对于产品装配的每个基本任务，都可以根据工人和协作机器人的特点指定相应的任务。人机协作装配系统会充分利用双方的优势，既充分利用工人强大的认知能力，又利用了协作机器人强度大、精度高、不会疲劳的特点，拥有广阔的应用前景。

本研究结合人机协作这一新兴工作模式，配合机械臂完成汽车模型的人机协作装配方案，体验人机协作装配与传统装配的区别，了解人机协作的基本内容和方案设计。

二、研究目的

1. 了解人机协作的基本概念。
2. 掌握装配任务的人机协作方案设计方法。
3. 学习机械臂编程，熟悉机械臂控制软件（DobotSCStudio.exe）。
4. 实现人机协作任务设计方案，体会人机协作。

三、软硬件设备

1. 软件设备：DobotSCStudio。
2. 硬件设备：越疆协作机械臂（Dobot-CR5）。

四、方法与步骤

五、结果分析

1. 请写出所设计的人机协作装配方案。

2. 完成 Dobot-CR5 程序编写并调试运行，并附上程序代码。

六、思考题

1. 相比于传统人工及传统机器人作用，人机协作的工作方式有何优势？
2. 请列举可能会影响人机协作的因素，并简要说明理由。

项目三　AGV 线路规划

学　　院　_____

专　　业　_____

学　　号　_____

学生姓名　_____

任课教师　_____

成　　绩　_____

＊＊大学

年　　月　　日

一、背景介绍

当前的制造企业的产线生产过程十分复杂，生产方式越来越偏向个性化定制生产，传统的车间调度方式已不再适应这种新的生产方式。一方面，由于现代制造企业加工和生产环节众多，相互关系复杂，生产连续性强，变化迅速，生产资源之间无法进行相关信息的互联共通，对生产过程中的信息无法自动及时地感知并处理，导致某一局部响应延迟引起的变化波及整个生产系统的运行；另一方面，生产加工过程通常是动态变化的，产品订单、原料库存、设备运行状态和加工过程等实时信息也在不断调整，调度中心无法对变化的信息进行及时整合更新，并进行及时动态的决策响应以调整调度方案。因此在实际车间生产制造过程中，调度方案经常偏差，且实时响应较慢，引起生产资源的严重浪费，造成生产制造效率低下。

本实验针对传统制造产线在新形势下制造能力的不足，研究新一代智能制造产线的关键技术。随着个性化定制的需求越来越高，个性化定制任务随机性强，订单到达时产线状态不稳定，调度模型难以确定。智能制造的基本要求之一就是应对个性化需求，高效柔性地进行多品种小批量订单的生产。本实验提出利用遗传算法解决面对 AGV 线路规划的优化问题。

二、研究目的

1. 了解海康智能运输车（AGV）下发任务操作。
2. 初步感受调度算法。

三、软硬件设备

1. 机器人控制系统（RCS）。
2. 海康智能运输车（AGV）。

四、方法与步骤

五、结果分析

1. 在线路规划实验中，利用本实验提供的数据、算法，最优时间为多少？达到最优时间所需要的迭代次数为多少？

2. 在线路规划实验中，利用本实验提供的数据，简述算法运行的甘特图。

六、思考题

1. 在线路规划实验中，尝试修改算法的参数。

2. 尝试使用其他数据运行。

项目四　任务调度排程

学　　院 _____

专　　业 _____

学　　号 _____

学生姓名 _____

任课教师 _____

成　　绩 _____

＊＊大学

年　　月　　日

一、背景介绍

当今时代，信息技术与工业化呈加速融合趋势，世界发达国家纷纷提出相应的智能制造发展规划和战略布局，美国提出互联网络制造强国，未来用互联网打造制造业，利用大数据进行智能分析和管理，提升传统制造。德国是全球制造业大国，为了提振其强大的制造业，2013 年提出工业 4.0，主要体现在怎么用嵌入式系统和信息技术切入到装备制造业，提升制造水平。日本早在 1989 年就已提出发展智能制造系统，在 1990 年 4 月倡导发起了"智能制造系统 IMS"国际合作研究计划。中国提出"中国制造 2025"，但目前我国是制造大国，还不是制造强国。为了使制造大国向制造强国转型，我们要加快制造业转型，提出用新一代的新型技术，以制造业深度融合为主线，推进智能制造这一主攻方向，发展智能制造。

智能制造代表未来先进制造业的发展方向，已受到广泛重视，多国政府均将此列入国家发展计划并大力推动实施。对于柔性车间，任务排程非常重要，最优解安排任务可以节约大量时间。本次实验意在让学生体会智能制造过程中任务排程的过程。

二、研究目的

1. 掌握 DobotSCStudio 控制机械臂。

2. 掌握机器人控制系统（RCS）下发任务订单。

3. 了解越疆协作机械臂（Dobot-CR5）与海康智能运输车（AGV）基本结构。

4. 了解调度算法。

三、软硬件设备

1. Hikserver ECS。

2. 机器人控制系统（RCS）。

3. 海康智能运输车（AGV）。

4. DobotSCStudio。

5. 越疆协作机械臂（Dobot-CR5）。

四、方法与步骤

五、结果分析

1. 编写不同的调度算法并验证实验结果。

2. 尝试根据人机协作装配实验教程并编写程序装配小车，装配时间为多少？

六、思考题

如果输入都按照图 4-8，那么最终的算法执行结果为多少？